Ludger Schwienhorst-Schönberger

Ein Weg durch das Leid

Das Buch Ijob

HERDER

FREIBURG · BASEL · WIEN

MIX
Papier | Fördert gute Waldnutzung
FSC® C083411

Neuausgabe 2022

www.herder.de
Umschlaggestaltung: Verlag Herder
Umschlagmotiv: © Kseniya Lapteva / GettyImages
Satz: dtp studio eckart | Jörg Eckart
Herstellung: CPI books GmbH, Leck
Printed in Germany
ISBN (Print) 978-3-451-39672-4
ISBN E-Book (PDF) 978-3-451-84672-4

Inhalt

Vorwort zur Neuausgabe

Die anhaltende Nachfrage nach dem *Weg durch das Leid* hat Autor und Verlag bewogen, eine Neuausgabe herauszugeben. Es wurden Druckfehler beseitigt und das Literaturverzeichnis ergänzt. Mein Dank gilt Herrn Clemens Carl vom Herder-Verlag für tatkräftige Unterstützung. Eine Übersetzung ins Portugiesische ist im Verlag Paulinas erschienen: *Um caminho através do sofrimento, o Livro de Jó, São Paulo 2011.*

Die Auslegung selbst wurde nicht verändert. Ihr zentraler Gedanke, dass das Ijobbuch von einem Weg erzählt, der durch das Leid hindurch zu Gott führt, scheint mir nach wie vor den Sinn des Buches richtig zu erfassen. Ijob bleibt nicht im Leid stecken, sondern wird in seinem Leiden, Klagen und Anklagen, in seinem Ringen mit Gott und nicht zuletzt auch in der geistigen Auseinandersetzung mit seinen Freunden einen Weg geführt, der ihn noch vor seinem Tod zum *Schauen Gottes*, zur *Contemplatio Dei* führt: „Vom Hörensagen nur hatte ich von dir gehört, jetzt aber hat mein Auge dich geschaut" (Ijob 42,5). Was Ijob voller Sehnsucht erhoffte, dass es doch einen gäbe, der ihn hört und ihm Antwort gibt (Ijob 31,35), geht am Ende tatsächlich in Erfüllung.

Besonders gefreut hat mich, dass die amerikanische Philosophin Eleonore Stump in ihrem magistralen Werk *Wandering in Darkness. Narrative and the Problem of Suffering, Oxford 2010,* das Buch Ijob in einer verblüffend ähnlichen Weise liest, wie es hier in diesem Kommentar geschieht. Auch sie wundert sich über eine in der exegetischen Literatur verbreitete Ansicht, das Buch würde nichts zur Antwort auf die Frage nach dem Leid beitragen: „Contrary to the common interpretation [...], I think that Job does get what he wants in this story – namely, an explanation of why he suffers. Consequently, I also think that the book of Job is helpful for thinking about *solutions* to the problem of suffering – but only if the story is read with careful attention to its character as a series of second-person accounts" (ebd. 184). Zu einer solch sorgfältigen Lektüre will der vorliegende Kommentar verhelfen. Er bemüht sich, die großen Linien der Erzählung und des Diskurses zwischen Ijob und seinen Freunden und – was oft zu wenig beachtet wird – zwischen Ijob und Gott nachzuzeichnen und zu verstehen. Auch Eleonore Stump sieht in den Gottesreden und den sich daran anschließenden Antworten Ijobs den Schlüssel zum Verständnis des Buches. So gesehen bleibt das Buch nicht in der Aporie stecken. Offensichtlich sind wir unabhängig voneinander zu einem übereinstimmenden Verständnis des Ijob-Wortes in 42,5 gekommen, wo der Protagonist zu Gott hin gerichtet bekennt: „Vom Hörensagen nur hatte ich von dir gehört, jetzt aber hat mein Auge dich geschaut." Im Kommentar deute ich diese Erfahrung in Analogie zur mystischen Tradition als eine Form „bildloser Gottesschau". Ähnlich schreibt Eleonore Stump: „When Job says to God, ‚Now my own eye has seen *you,*' he must be speaking of seeing not mediated by visual system. And yet, as the narrative portrays it, it is a kind of inner vision that is powerfully provocative of intimate acquaintance, as literal face-to-face interaction mediated by the visual system is. So, however exactly Job's seeing God is to be understood, in the narrative the second-person account of God's speeches to Job is set within the context of a second-person experience in which God is present to Job with significant personal presence" (ebd. 192). Stump spricht von einer „face-to-face communication" und sieht darin den entscheidenden Unterschied zu einem „Sprechen über" in der dritten Person. Dieser Aspekt, so Stump, werde bei der Interpretation der Gottesreden gewöhnlich kaum beachtet.

Mit Gottes Antwort im Rahmen personaler Interaktion gewinnt Ijob eine besondere Form von Wissen. Thomas von Aquin spricht in seinem Ijob-Kommentar von einer inneren Unterweisung (*interius instruendo*), einer *inspiratio interior.* Im Anschluss an Wolfgang Wieland, *Platon und die Formen des Wissens, Göttingen ²1999,* habe ich dieses Wissen als ein nicht-propositionales Wissen bezeichnet. Demnach gibt es Wahrheiten, die sich nicht in Form von Aussagesätzen (*propositiones*) objektivieren und vermitteln lassen. In Bezug auf das Buch Ijob heißt das: Das Buch Ijob gibt keine Antwort auf die Frage nach dem Leid, aber es erzählt von einem Weg, der zu einer Antwort führt. Bindet man Wahrheit ausschließlich an Aussagen über etwas oder jemanden, dann endet das Buch Ijob in der

Tat in der Aporie. Rechnet man jedoch auch mit Wahrheit in Form nicht-propositionalen Wissens, dann bleibt das Ijobbuch keineswegs in der Ausweglosigkeit stecken. Vor dem Hintergrund dieser Unterscheidung kann das Ijobbuch als ein Plädoyer für die Anerkennung nicht-propositionalen Wissens verstanden werden. Ijob wird durch die Gottesreden zu einer Erkenntnis geführt, die ihm auf der Ebene des von den Freunden vermittelten Wissens nicht zugänglich war. Dem entspricht, dass Ijob einige Male auf die Grenzen menschlicher Rede verweist: „Dass ihr endlich schweigen wolltet; das würde Weisheit für euch sein" (Ijob 13,5). Ähnlich deutet Eleonore Stump: „The sight of the face of a God whose parental love is directed even toward rain and ravens is also an explanation of Job's suffering. It explains Job's suffering to Job not by giving him knowledge *that*, but by giving him Franciscan knowledge of persons with respect to God and God's relations to Job. This is a second-personal explanation. Like knowledge of persons, it is non-propositional and so not the sort of thing to be true or false; but it can be a veridical explanation nonetheless" (ebd. 193).

Letztlich, so die hier vertretene Deutung, will das Buch Ijob seine Leser einladen, in eine Haltung hineinzufinden, die sich auf Gott hin ausrichtet. Die Reden der Freunde enthalten viel Wahres, doch sie führen Ijob letztlich nicht weiter. Sie verbleiben in einer Sprechhaltung der dritten Person; sie sprechen *über* Gott, durchaus klug und gescheit, doch auf dieser Ebene kann die Frage, die Ijob und damit im Grunde jeder Mensch *ist*, nicht beantwortet werden. So ist das Buch Ijob nach dem hier entfalteten Verständnis nicht nur ein Buch über das Leid und den leidenden Menschen, sondern ein Buch über *jeden* Menschen, insofern dieser nicht nur Fragen hat, sondern aus seinem innersten Wesen heraus eine Frage *ist*, eine Frage nach dem lebendigen Gott. Schon der Name des Protagonisten deutet dies an. In seiner ursprünglichen Bedeutung heißt *Ijob* übersetzt: „Wo ist der göttliche Vater?" Nur Gott selbst kann diese Frage beantworten, indem er sich mitteilt und sich zu erkennen gibt. Das kann lange dauern. Auch Ijob begegnet zunächst und vor allem einem Gott, der schweigt, einem Gott, der nicht da ist: „Gehe ich nach Osten, so ist er nicht da, nach Westen, so bemerke ich ihn nicht, nach Norden, sein Tun erblicke ich nicht; bieg ich nach Süden, sehe ich ihn nicht"

(Ijob 23,8f). Gottes Abwesenheit und sein Schweigen auszuhalten, gehört wesentlich zu jenem Weg, den Ijob geht. Vielleicht ist es sogar das Wichtigste, was ein gläubiger Mensch heute neu lernen muss. Auch Ijob steht fragend, klagend und anklagend vor dem „schweigenden Geheimnis" (Karl Rahner). Wahr ist aber auch, dass dieser Gott nicht im Schweigen verbleibt. Er ist ein Gott, der Antwort gibt. So wird es im Buch Ijob erzählt: „Da antwortete der Herr dem Ijob aus dem Wettersturm und sprach" (Ijob 38,1). Diese Antwort gilt es zu vernehmen und zu verstehen. „Soll Gott wahrhaft sprechen, so müssen alle Kräfte schweigen" (*Sol Got werlichen sprechen, alle die krefte muͤssent swigen*), sagt Johannes Tauler (*Die Predigten Taulers, hg. von F. Vetter, Deutsche Texte des Mittelalters, Berlin 1910,* Bd. XI, 60f, 314, 21f; vgl. Ijob 40,3–5).

Beim schweigenden Verweilen vor der Tür, die Christus ist, kann es sein, so schreibt der anonyme Autor der *Wolke des Nichtwissens,* dass wir in der Tiefe unseres Herzens angerührt werden und uns ein Zeichen gegeben wird einzutreten. „Diese verborgene Einladung des göttlichen Geistes ist das unmittelbarste und sicherste Zeichen, dass Gott einen Menschen ruft und ihn in ein höheres Leben in der Gnade der Kontemplation hereinholen möchte" (*Brief persönlicher Führung,* 180). Mir scheint, dass das Ijobbuch von einer solchen Erfahrung erzählt. Nach der *Wolke des Nichtwissens* handelt es sich dabei um den Übergang von der Meditation zur Kontemplation: „Christus ist die Tür; was soll einer nun tun, wenn er diese Tür gefunden hat? Soll er davor stehenbleiben, ohne einzutreten? Ja, sage ich, genau das sollte er tun. Er tut gut daran, an der Tür stehenzubleiben; denn bisher führte er ein ungeordnetes Leben entsprechend seinem Eigenwillen, und seine Seele ist mit schwerem Rost bedeckt. Er sollte daher so lange vor der Tür warten, bis sein Gewissen und sein geistlicher Führer darin übereinstimmen, dass nun der gröbste Rost abgeschabt ist. Vor allem muss er ein Gespür entwickeln für die verborgene Führung des Geistes in der Tiefe seines Herzens und warten, bis dieser ihn anrührt und ihm ein Zeichen gibt einzutreten. [...] Gleich, ob du draußen wartest in Meditation oder eintrittst durch die Kontemplation, du hast keinen Grund zur Klage, beides ist kostbar. Das erste ist gut und nötig für jedermann, doch das zweite ist besser" (*Brief persönlicher Führung,* 181).

Wer sich ein wenig in der christlichen Mystik auskennt, wird erkennen, dass die hier vorgelegte Auslegung des Ijobbuches einige Inspirationen von Meister Eckhart empfangen hat. Natürlich gilt auch hier, dass sich jede von außen kommende Anregung am Text selbst zu bewähren hat. Doch mir scheint, dass es eine gewisse Verwandtschaft zwischen dem Buch Ijob und Eckharts *Buch der göttlichen Tröstung* gibt. In einem ausführlichen Aufsatz, der im Literaturverzeichnis angegeben ist, habe ich auf diese Zusammenhänge hingewiesen und sie für das Verständnis beider Werke erschlossen. Ähnlich scheinen die Dinge bei Johannes vom Kreuz zu liegen, der in der *Dunklen Nacht* ausführlich aus dem Ijobbuch zitiert.

In Ijob wird uns eine Art von neuem Adam vor Augen gestellt. Im Unterschied zum ersten Adam bricht der neue Adam seine Beziehung zu Gott jedoch nicht ab. Auch nach dem Sündenfall unterliegt der Mensch nicht dem Wiederholungszwang. Mit göttlicher Hilfe kann er der satanischen Versuchung widerstehen (vgl. Ijob 1,9–11.20–22; 2,3–10): „By depicting Job as a new Adam, the sacred author suggests that even after the Fall, not everyone is condemned to repeat Adam's fateful decision to rupture his relationship with God when faced with evil and suffering. There is a path of fidelity, blazed by Job, that accepts the testing of Satanic forces in the world while maintaining communion with God, even while protesting injustice and holding out hope for ultimate vindication" (*John Bergsma / Brant Pitre, A Catholic Introduction to the Bible. The Old Testament, San Francisco 2018,* 549). Auch unter diesem Gesichtspunkt ist Ijob, wie bereits Gregor der Große gesehen hat, eine *figura Christi*.

Möge seine Geschichte alle Menschen guten Willens, alle Suchenden und Leidenden, alle Mühseligen und Beladenen ermutigen, den Weg durch das Leid (vgl. Ijob 7,1) in Hoffnung und Zuversicht zu gehen.

Wien, 26. März 2022 Ludger Schwienhorst-Schönberger

Vorwort

Über zwei Jahre hindurch durfte ich in der Wochenzeitschrift „Christ in der Gegenwart“ (6/2005 – 10/2007) das alttestamentliche Buch Ijob auslegen. Die Beiträge haben ein nachhaltiges Echo hervorgerufen, das mich ermutigt hat, sie nun zusammenhängend einer breiteren Leserschaft zugänglich zu machen.

Die Auslegung erschließt den Weg Ijobs als den Weg der Kontemplation. Ijob wird von schweren Schicksalsschlägen heimgesucht. Er verliert seinen Besitz, seine Kinder und seine Gesundheit. Erst nach und nach wird ihm das ganze Ausmaß seines Elends bewusst. Er fällt in tiefe Einsamkeit und Gottverlassenheit. Doch darin wird er, von ihm zunächst unbemerkt, einen Weg geführt. Am Ende wird ihm von Gott her die Welt neu erschlossen. Er darf Gott schauen und wird überreich gesegnet.

Auf seinem Weg zu Gott wird Ijob mit äußeren und inneren Widerständen konfrontiert. Das anfängliche Wohlwollen seiner Freunde wandelt sich in Unverständnis und Feindschaft. Die Vorstellungen, die Ijob sich von Gott gemacht hatte, halten der Wirklichkeit nicht stand, der er in seinem Leid ausgesetzt ist. So muss er einen schmerzhaften Weg der Auseinandersetzung gehen. Am Ende wird ihm zuteil, was er in seiner tiefsten Not erhofft hatte (19,26): die contemplatio Dei, das Schauen Gottes (42,5).

Der Kommentar legt den Text des Ijobbuches durchgehend aus. Die Übersetzung orientiert sich an der Einheitsübersetzung, geht aber doch in nicht wenigen Fällen eigene Wege. Jede Texteinheit soll in ihrer vorherrschenden Thematik erfasst und ausgelegt werden. Die bisweilen kreisenden Bewegungen des Textes wollen nicht im Sinne eines geradlinigen Durchmarschierens übersprungen werden. Gerade der mäandrische Verlauf des Weges ist *ein* Kriterium seiner Echtheit. Vieles muss mehrfach – auf unterschiedlichen Ebenen – durchgearbeitet werden. So wird Ijob zuteil, was Jesus denen verheißen hat, die „reinen Herzens sind“ (Mt 5,8).

Meiner Sekretärin Frau Gabi Bauer danke ich für die sorgfältige Fertigstellung des Manuskripts, Frau Dipl. theol. Marie Kajewski, Passau, und Frau Mag. theol. Elisabeth Birnbaum, Wien, für das Korrekturlesen des Textes.

Ich widme das Buch meiner Frau Annette Schönberger (1962–2006).

Passau, März 2007 Ludger Schwienhorst-Schönberger

Erprobung und Bewährung (Ijob 1–2)

Wo ist Gott?

Das Ijobbuch erzählt die Geschichte eines Mannes namens Ijob, der von schwerem Leid getroffen wird: Er verliert seinen Besitz, seine Dienerschaft und seine zehn Kinder (1,13–19). Schließlich wird er selbst mit schwerem Aussatz geschlagen (2,7f). Den Hintergrund dieser Schicksalsschläge bildet ein Gespräch zwischen Gott und dem Satan (1,6–12; 2,1–6). Es findet im Himmel statt. Ijob und seine Freunde erfahren nichts davon. Nur der Leser wird davon in Kenntnis gesetzt. Ijob wird in der Erzählung als gerecht und gottesfürchtig vorgestellt (1,1–5). Doch der Satan vermutet, Ijobs Frömmigkeit sei eigennützig: Er sei fromm, weil er davon „etwas habe" (1,9f). Um den „satanischen" Verdacht zu überprüfen, gestattet Gott dem Satan, Ijob schweres Unheil zuzufügen. Ijob nimmt zunächst sein Leid gottergeben an (1,20–22; 2,9f). Drei seiner Freunde besuchen ihn, um ihn zu trösten (2,11–13). Nach einer Zeit siebentägigen Schweigens bricht es aus Ijob heraus: Er klagt und verflucht den Tag seiner Geburt (3). An dieser Klage entzündet sich eine lange Auseinandersetzung zwischen Ijob und seinen drei Freunden (4–31). Ijob beklagt die Sinnlosigkeit seines Leids. Seine Klage steigert sich zur Anklage Gottes. Die Freunde weisen die Maßlosigkeit seiner Klage zurück. Sie erteilen ihm Ratschläge und unterschiedliche Deutungsangebote: Er möge das Leid aus der Hand Gottes geduldig annehmen und ertragen; möglicherweise sei es eine Strafe für eine verborgene Schuld; er solle sich mit ganzem Herzen Gott zuwenden. Ijob beteuert seine Unschuld und weist das Ansinnen seiner Freunde zurück. Es kommt zum Zerwürfnis. In zunehmendem Maße wendet sich Ijob klagend und anklagend an Gott. Er fordert ihn zu einer Antwort heraus (31,35–40). Bevor Gott antwortet, ergreift ein vierter Freund, von dem der Leser bisher nichts erfahren hatte, das Wort: Elihu (32–37). Er äußert seine Unzufriedenheit mit dem Verlauf des Streitgesprächs und unterbreitet Ijob seinerseits ein theologisch fundiertes Deutungsangebot. Schließlich antwortet in zwei großen Reden Gott, der hier mit seinem Namen JHWH eingeführt wird (38,1–40,2; 40,6–41,26). In seiner Reaktion auf die Gottesreden erklärt Ijob den Streit für beendet (40,3–5): „Vom Hörensagen nur hatte ich von dir gehört; jetzt aber hat mein Auge dich geschaut" (42,5). Am Ende tadelt Gott die Freunde (42,7–9). Ijob wird wiederhergestellt (42,10–17): Er erhält seinen Besitz in doppeltem Maße zurück, bekommt erneut sieben Söhne und drei Töchter und stirbt hochbetagt und lebenssatt.

Die Erzähleröffnung und die märchenhaften Züge der Einleitung (1,1–5) deuten daraufhin, dass die Ijoberzählung kein historischer Bericht, sondern eine fiktionale Erzählung ist. Um eine im Englischen übliche Unterscheidung aufzugreifen: Das Ijobbuch ist eine *story*, keine *history*. Allerdings ist bei dieser Unterscheidung zu bedenken, dass in traditionalen Erzählgemeinschaften die Unterscheidungsmerkmale von fiktionalen und nicht-fiktionalen Texten andere waren als diejenigen, die unser neuzeitliches Textverständnis prägen. In traditionalen Gesellschaften gibt es keine scharfe Unterscheidung zwischen fiktionalen und nicht-fiktionalen Texten. Ob Ijob tatsächlich gelebt hat, ist für das Verständnis des Buches irrelevant. Ijob ist Bedeutungsträger. Als Bedeutungsträger ist eine literarische Figur in einer traditionalen Erzählgemeinschaft weitaus „wirklicher" als eine reale Person, von der es keine Erzählung gibt.

Nicht etwas historisch Einmaliges wird also im Ijobbuch erzählt, sondern ein Geschehen, das das Menschsein unabhängig von individuellen und kulturellen Besonderheiten betrifft. So gesehen erzählt das Ijobbuch nicht etwas Vergangenes, sondern etwas zutiefst Gegenwärtiges. Oft wird es übersehen. Ganze Kulturen tendieren dazu, es zu verschleiern. Dann bricht es nicht selten mit umso überwältigenderer Schrecklichkeit über uns herein, und wir sind sprachlos und stehen wie gelähmt vor der Frage: Wo ist Gott? Die Frage „Wo ist Gott (im Leid)?" klingt bereits im Namen unseres „Bedeutungsträgers" an. Das Wort „Ijob" ist wahrscheinlich vom akkadischen *'ajja-'abu* abzuleiten, was soviel heißt wie „Wo ist der (mein) Vater?" „Vater" ist als so genanntes theophores (d.h. „gotthaltiges") Namenselement auf eine Gottheit zu beziehen. Der Name „Ijob" deutet also bereits das Thema des Buches an: Wo ist mein Vater? Wo ist Gott?

Ein untadeliger Mann (1,1–5)

1,1 Ein Mann lebte einst im Lande Uz. Ijob war sein Name. Dieser Mann
war untadelig und rechtschaffen, gottesfürchtig und dem Bösen fern. 2 Ihm
wurden sieben Söhne und drei Töchter geboren. 3 Sein Besitz umfasste sie-
bentausend Stück Kleinvieh, dreitausend Kamele, fünfhundert Gespanne
Rinder, fünfhundert Eselinnen und eine sehr große Dienerschaft. Dieser
Mann war vermögender als alle Bewohner des Ostens. 4 Seine Söhne pfleg-
ten Gastmahl zu halten im Haus eines jeden an seinem Tag. Dabei ließen
sie ihre drei Schwestern rufen, um mit ihnen zu essen und zu trinken. 5
Wenn die Tage des Gastmahls vorüber waren, sandte Ijob hin und heiligte
sie, indem er früh am Morgen aufstand und Brandopfer darbrachte ent-
sprechend ihrer aller Anzahl. Denn Ijob sagte sich: „Vielleicht haben meine
Söhne gesündigt und Gott gelästert (‚gepriesen‘) in ihrem Herzen.“ So tat
Ijob alle Tage.

In der Einleitung (1,1–5) wird die Hauptfigur der Erzählung vorgestellt. Ihr Name ist Ijob. Der Name, der außer in Ez 14,14.20 und Sir 49,9 innerhalb des Alten Testaments nicht mehr begegnet, ist in altorientalischen Texten des 2. Jahrtausends v. Chr. mehrfach belegt. Wahrscheinlich ist er, wie bereits weiter oben gesagt, vom akkadischen *'ajja-'abu* abzuleiten, was soviel heißt wie „Wo ist der (mein) Vater?“ „Vater“ ist als sogenanntes theophores (d. h. „gotthaltiges“) Namenselement auf eine Gottheit zu beziehen: Wo ist mein Vater? – Wo ist Gott? Ijob ist gleichsam die persongewordene Frage nach Gott im Leid (vgl. 23,8f). Die lateinische Bibelübersetzung (Vulgata) gibt den Namen mit *Job* wieder, Martin Luther mit *Hiob*, die Einheitsübersetzung in Anlehnung an den hebräischen Text mit *Ijob*. Als Heimat dieses Mannes wird das Land Uz angegeben (vgl. Gen 10,23; Jer 25,20). Wir wissen nicht, wo dieses Land liegt. Auch zeitgenössische Leser dürften keine klare lokale Vorstellung damit verbunden haben. Von 1,3 her gelesen („Söhne des Ostens“) dürfte sich am ehesten die Vorstellung eines Landes irgendwo östlich von Israel anbieten, vielleicht im nördlichen Ostjordanland. Die Vulgata zählt ihn zu den „Orientalen“ (1,3). Aufgrund von Name und Wohnort wird Ijob somit als eine nichtisraelitische Person eingeführt. Das Thema, um das es in dieser Schrift geht, scheint nicht ein spezifisch israelitisches zu sein, sondern eines von *allgemein* menschlicher Bedeutung.

Ijob wird als gerechter und frommer Mann par excellence vorgestellt: untadelig, rechtschaffen, gottesfürchtig und dem Bösen fern (Vers 1). Vollkommen sind auch seine familiären und wirtschaftlichen Verhältnisse. Zahlreiche Nachkommen galten in der altisraelitischen Gesellschaft als hohes Gut. Kinder sichern den Lebensunterhalt der alt gewordenen Eltern (vgl. Dtn 5,16), in ihnen lebt der Name der verstorbenen Eltern fort (vgl. Gen 48,16). Mit sieben Söhnen und drei Töchtern kann Ijob sich überaus glücklich preisen (Vers 2). Damit dürfte der Fortbestand seiner Familie gesichert sein. Die fantastisch hohen Zahlen seines Viehbestandes (7 000, 3 000, 500, 500) und die Größe seiner Dienerschaft sind Zeichen eines märchenhaften Reichtums (Vers 3). Die Verse 4–5 veranschaulichen noch einmal seine eingangs herausgestellte Frömmigkeit. Die regelmäßig begangenen Gastmähler seiner Kinder sind wohl nicht als tadelnswerte Ausschweifungen zu deuten, sondern ganz einfach als Ausdruck des familiären Glücks, der Gastfreundschaft und der geschwisterlichen Eintracht (Vers 4). Gleichwohl kann im Überschwang eines Festes das ein oder andere unbedachte Wort (gegen Gott) gefallen sein. Um negative Auswirkungen eines solchen möglichen Fehltritts von seiner Familie fernzuhalten, bringt Ijob – gleichsam vorsorglich – „so viele Brandopfer dar, wie er Kinder hatte“ (Vers 5) – ein rührender und bewundernswerter Zug seiner umsichtigen Frömmigkeit.

Ist Ijob fromm ohne Eigennutz? (1,6–12)

> *6 Eines Tages kamen die Gottessöhne, um vor JHWH hinzutreten. Auch der Satan kam in ihre Mitte. 7 Da sagte JHWH zum Satan: „Woher kommst du?“ Der Satan antwortete JHWH und sagte: „Vom Umherstreifen auf der Erde und vom Umherziehen auf ihr.“ 8 JHWH sagte zum Satan: „Hast du dein Augenmerk gerichtet auf meinen Diener (Knecht) Ijob? Fürwahr, es gibt keinen wie ihn auf der Erde, ein Mann, untadelig und rechtschaffen, gottesfürchtig und dem Bösen fern.“ 9 Der Satan antwortete JHWH und sagte: „Ist Ijob ohne Grund gottesfürchtig? 10 Beschützt du ihn nicht, sein Haus und alles, was ihm gehört, von allen Seiten? Das Werk seiner Hände hast du gesegnet, und sein Besitz hat sich ausgebreitet im Land. 11 Aber streck doch deine Hand aus und rühr an alles, was ihm gehört. Wahrhaftig, er wird dir (dich) ins Angesicht fluchen (preisen)!“ 12 JHWH sagte zum Satan: „Siehe, alles, was ihm gehört, ist in deiner Hand, nur gegen ihn*

selbst streck deine Hand nicht aus!" Da ging der Satan vom Angesicht JHWHs fort.

Die Handlung der Erzählung beginnt mit einer Szene im Himmel (1,6–12). In 1,6 wird der Leser Zeuge einer himmlischen Ratsversammlung: „Söhne Gottes kommen, um vor JHWH hinzutreten." Als religionsgeschichtlicher Hintergrund klingt von ferne die in polytheistisch (d.h. durch Verehrung vieler Götter) geprägten Hochreligionen anzutreffende Vorstellung an, dass ein oberster Gott (Königsgott) seine Weltherrschaft im Verbund mit anderen, ihm zu- und untergeordneten Göttern ausübt. Im Rahmen der Herrschaftsausübung finden regelmäßig Sitzungen statt, bei denen Beratungen angestellt, Beschlüsse gefasst, verkündet und ausgeführt werden. Es gibt eine Reihe von Texten des Alten Testaments, in denen die Vorstellung eines himmlischen Hofstaates oder Thronrates anklingt (vgl. 1 Kön 22,19; Jer 23,18.22; Jes 6,1–8). Natürlich sind die Göttersöhne im Kontext des Alten Testaments keine wirklichen Götter mehr. Sie sind entmachtet (vgl. Ps 82), sie sind Diener und Boten („Engel" – so die griechische Übersetzung) des einen Gottes JHWH – so auch hier in Ijob 1,6. Unter diesen Göttersöhnen, die bei JHWH zur Ratsversammlung eintreffen, tritt eine Gestalt hervor, die im hebräischen Text als „Satan" bezeichnet wird. Als Verb bedeutet das Wort *satan* bzw. *satam* „anfeinden, feindlich gesinnt sein, sich jemandem entgegenstellen". In einem noch nicht religiös geprägten Gebrauch bezeichnet das Wort ein feindliches Verhalten im zwischenmenschlichen Bereich (Gen 27,41; 50,15; Ps 38,21; 109,4). Entsprechend kann das Nomen *satan* den militärischen und politischen Gegner (1 Sam 29,4; 1 Kön 5,18; 11,14.23.25) und den Ankläger bei Gericht (Ps 109,6) bezeichnen. Erst in der Zeit nach dem Exil (586–538 v. Chr.) wird das Wort durch Hinzufügung des Artikels zur Funktionsbezeichnung eines *himmlischen* Anklägers (vgl. Sach 3,1f). In dieser Tradition steht auch Ijob 1,6. Der Satan tritt hier in einer göttlichen Ratsversammlung als Ankläger auf. Die griechische Bibelübersetzung (Septuaginta) übersetzt das hebräische Wort *satan* mit *diabolos*. Das heißt wörtlich übersetzt: „derjenige, der entzwei wirft, der Zer-würfnis stiftet". JHWH bezeichnet Ijob als seinen „Diener", seinen „Knecht" (Vers 8), das heißt als jemanden, der zu ihm steht, der ihn als seinen Herrn anerkennt. JHWH bestätigt, ja überbietet die vom Erzähler gegebene Charakterisierung Ijobs: „Fürwahr, es gibt keinen wie ihn auf der Erde, ein Mann, untadelig und rechtschaffen, gottesfürchtig und dem Bösen fern" (1,8).

Der Satan versucht, zwischen JHWH und Ijob ein Zerwürfnis zu stiften. Er äußert den Verdacht, Ijob fürchte Gott aus reinem Eigennutz (1,8). Mit anderen Worten: Ijob liebe Gott nicht um Gottes willen, sondern um seiner selbst willen, das heißt: Ijob liebe (fürchte) im Grunde nicht Gott, sondern (nur) sich selbst. Demnach wären Gott und Ijob Partner in einem Handelsgeschäft: Ijob gewährt Gott Anerkennung, Opfer und Ehrfurcht, Gott gibt ihm dafür Nachkommenschaft und Reichtum, kurz: sein ganzes Lebensglück zurück. Religion funktioniert hier nach dem Prinzip des *do ut des* („ich gebe, damit du gibst"). Wird Ijob auch dann JHWHs Diener sein, wenn dieser ihm nichts dafür gibt, ja, ihm sogar alles, was ihm gehört, nimmt? Das soll im Folgenden überprüft werden. So gibt JHWH dem Satan die Erlaubnis, an alles, was Ijob gehört, und dazu zählen nach alttestamentlichem Recht auch Mägde und Knechte, Söhne und Töchter, seine Hand anzulegen (Vers 12).

Ijobs erste Erprobung (1,13–22)

> *13 Als seine Söhne und Töchter eines Tages aßen und Wein tranken im Hause ihres erstgeborenen Bruders, 14 kam ein Bote zu Ijob und sagte:*
> *„Als die Rinder pflügten und die Eselinnen an ihrer Seite weideten, 15 fiel Saba ein und nahm sie weg, die Knechte aber erschlugen sie mit der Schneide des Schwertes. Entkommen bin nur ich allein, um es dir zu berichten."*
> *16 Während dieser noch redete, kam schon ein anderer und sagte: „Feuer Gottes fiel vom Himmel, versengte das Kleinvieh und die Knechte und raffte sie hinweg. Entkommen bin nur ich allein, um es dir zu berichten."*
> *17 Während dieser noch redete, kam schon ein anderer und sagte: „Chaldäer stellten drei Abteilungen auf, fielen über die Kamele her und nahmen sie weg, die Knechte aber erschlugen sie mit der Schneide des Schwertes. Entkommen bin nur ich allein, um es dir zu berichten."*
> *18 Während dieser noch redete, kam schon ein anderer und sagte: „Als deine Söhne und Töchter Wein tranken im Hause ihres erstgeborenen Bruders,*
> *19 siehe, da kam ein heftiger Sturm von jenseits der Wüste, stieß an die vier Ecken des Hauses, so dass es auf die jungen Leute stürzte und sie starben. Entkommen bin nur ich allein, um es dir zu berichten."*

20 Da stand Ijob auf, zerriss sein Obergewand, schor sein Haupt, fiel zur Erde, warf sich nieder 21 und sagte:

„Nackt kam ich hervor aus dem Schoß meiner Mutter,
und nackt kehre ich dorthin zurück.
JHWH hat gegeben, und JHWH hat genommen,
der Name JHWHs sei gepriesen!“

22 Bei alldem sündigte Ijob nicht und stieß keine Verwünschung aus gegen Gott.

Die Szene 1,13–22 spielt wieder auf der Erde. Ijob weiß von der vorangegangenen „Wette im Himmel“ (1,6–12) nichts. Er wird von vier schweren Unglücksfällen heimgesucht. Es trifft ihn „Schlag auf Schlag“. Mit den Darstellungsmitteln eines antiken Dramas wird ihm (und dem Leser) das jeweilige Unglück durch den Bericht eines Boten mitgeteilt („Hiobsbotschaften“). Zweimal handelt es sich um eine von Menschen verursachte Katastrophe, zweimal um eine Naturkatastrophe: (A) Raubzug (1,14–15) – (B) Blitz (1,16) – (A’) Krieg (1,17) – (B’) Orkan (1,18–19). Nacheinander verliert Ijob: (A) seine Rinder, Eselinnen und Knechte (1,14–15) – (B) sein Kleinvieh und seine Knechte (1,16) – (A’) seine Kamele und seine Knechte (1,17) – (B’) seine Söhne und Töchter (1,18–19).

Die Verse 1,20–22 schildern die Reaktion Ijobs. Sie zeigt, dass der Satan sich getäuscht hat. Ijob vollzieht von der Tradition vorgegebene Riten der Trauer: Er zerreißt sein Gewand und schert sein Haupt (vgl. Gen 37,34; Jes 22,12). Eine weitere in der alttestamentlichen Überlieferung breit bezeugte Ausdruckshandlung im Fall von Trauer und Not ist die Klage. Es wäre nun zu erwarten, dass Ijob ein Klagegebet spricht. Doch diese Erwartung wird zunächst enttäuscht. Ijob klagt nicht, er spricht einen Lobpreis. Er klagt JHWH nicht an, sondern er preist seinen Namen (1,21), er „betet an“ *(adoravit)* – wie die Vulgata übersetzt. Es fällt auf, dass Ijob in einer ganz einfachen, geradezu urwüchsigen Weise vom Handeln JHWHs spricht: „JHWH hat gegeben und JHWH hat genommen“ (1,21). Ijob preist nicht nur den *gebenden* Gott, sondern in gleicher Weise den *nehmenden* Gott. Der Lobpreis gründet offensichtlich in einer tiefen menschlichen Einsicht: „Nackt kam ich hervor aus dem Schoß meiner Mutter, nackt kehre ich dorthin zurück“ (Vers 21a). Im „kehre ich dorthin zurück“ klingt die Vorstellung von der Erde als Mutterschoß an (vgl. Gen 3,19; Ps 139,13–15; Sir 40,1).

Hat der Satan sich wirklich getäuscht? Der hebräische Text arbeitet hier mit einer eigenartigen Doppeldeutigkeit. Für „fluchen" und „preisen" verwendet er ein und dasselbe Wort: *barak*. In 1,11 hatte der Satan zu JHWH gesagt: „Aber streck doch deine Hand aus und rühr an alles, was ihm gehört. Wahrhaftig er wird dich ins Angesicht ‚preisen' *(barak)*." Der Satan bedient sich hier der Stilfigur des Euphemismus: Er meint „fluchen", verwendet aber das Wort „preisen". Auf Grund dieser Doppeldeutigkeit muss sich Satan mit Ijobs Reaktion in 1,22 noch nicht geschlagen geben. Ijob hatte gesagt: „Der Name JHWHs sei gepriesen *(m^eborak)*!" – Oder hatte Ijob vielleicht gemeint: „Der Name JHWHs sei verflucht"? Der Erzähler stellt im Folgenden klar, dass dies nicht gemeint sein kann, denn: „Bei alldem sündigte Ijob nicht" (1,22). Aber schon die folgende Aussage enthält einen Nebensinn: Ijob „stieß keine Verwünschung aus gegen Gott" (1,22). Aus dem hebräischen Wort *tiflā* („Verwünschung", „Anstößiges") kann bei etwas anderer Punktierung aber auch das Wort *t^efillā* herausgehört werden. Das Wort *t^efillā* bezeichnet das Klagegebet. Die Psalmen werden in der jüdischen Tradition als „Buch der *t^efillōt*" bezeichnet. So könnte man aus 1,22 auch heraushören: „Und er richtete kein (Klage-)Gebet an Gott." Tatsächlich klagt Ijob nicht. Er spricht *über* JHWH, nicht *zu* ihm.

So deuten sich bereits in den wenigen Versen des Anfangs die Abgründe an, die der reine Wortlaut noch zu verbergen scheint. Kann auch die Verfluchung Gottes ein Lobpreis sein?

Ijobs zweite Erprobung (2,1–10)

> *1 Eines Tages kamen die Gottessöhne herbei, um vor JHWH hinzutreten. Auch der Satan kam in ihre Mitte, um vor JHWH hinzutreten. 2 Da sagte JHWH zum Satan: „Von wo kommst du?" Der Satan antwortete JHWH und sagte: „Vom Umherstreifen auf der Erde und vom Umherziehen auf ihr." 3 JHWH sagte zum Satan: „Hast du dein Augenmerk gerichtet auf meinen Diener Ijob? Fürwahr, es gibt keinen wie ihn auf der Erde, ein Mann, untadelig und rechtschaffen, gottesfürchtig und dem Bösen fern. Noch immer hält er fest an seiner Frömmigkeit, obgleich du mich gegen ihn aufgestachelt hast, ihn grundlos zu ruinieren." 4 Der Satan antwortete JHWH und sagte: „Haut um Haut! Alles, was der Mensch besitzt, würde er für sein Leben geben. 5 Aber streck doch deine Hand aus und rühr an sein Gebein und an sein Fleisch. Wahrhaftig, er wird dir (dich) ins Angesicht flu-*

chen (preisen)!" 6 JHWH sagte zum Satan: „Siehe, er ist hiermit in deiner Hand. Nur schone sein Leben!" 7 Da ging der Satan fort vom Angesicht JHWHs und schlug Ijob mit einem schlimmen Ausschlag von seiner Fußsohle bis zu seinem Scheitel. 8 Er nahm sich eine Scherbe, um sich damit zu schaben; dabei saß er mitten im Staub. 9 Da sagte seine Frau zu ihm: „Noch immer hältst du fest an deiner Frömmigkeit? Verfluche (‚preise') Gott und stirb!" 10 Er sagte zu ihr: „Wie eine von den Törinnen redest du. Ach, das Gute sollen wir annehmen von Gott, und das Übel sollen wir nicht annehmen?" Bei alldem sündigte Ijob nicht mit seinen Lippen.

Erneut werden wir Zeugen einer himmlischen Ratsversammlung. Die zweite Himmelsszene (2,1–7a) stimmt weitgehend wörtlich mit der ersten (1,6–12) überein. Es ist dem Satan nicht gelungen, ein Zerwürfnis zwischen JHWH und Ijob zu stiften. Ijob – so konstatiert JHWH – „hält noch immer fest an seiner Frömmigkeit" (2,3). Der Verdacht Satans hat sich nicht bestätigt. Ijob fürchtet Gott – auch, wenn er nichts davon hat. Dies ist ungewöhnlich. Eine solche Haltung scheint das den Menschen mögliche Maß zu übersteigen. Das weiß auch JHWH: „Es gibt keinen wie ihn auf der Erde, ein Mann, untadelig und rechtschaffen, gottesfürchtig und dem Bösen fern" (2,3). Doch Satan gibt sich noch nicht geschlagen. Er fordert eine Verschärfung der „Versuchsbedingungen": Ijob selbst, „sein Gebein und sein Fleisch", soll angegriffen werden (2,5), nicht nur das, was ihm gehört. JHWH willigt ein, allerdings unter der Bedingung, dass Ijob dabei am Leben bleibt (2,6). Daraufhin schlägt der Satan Ijob mit bösartigen Geschwüren „vom Scheitel bis zur Sohle" (2,7). Ijob nimmt sich eine Scherbe, um sich damit zu schaben, und setzt sich in die Asche (2,8). „Asche" verweist auf jenen Ort außerhalb der Stadt (so die Ergänzung der Septuaginta), an dem sich Aussätzige, weil sie als unrein galten, aufhalten mussten (vgl. Lev 13,46; Lk 17,12). Ijob befindet sich von nun an außerhalb der menschlichen Gemeinschaft.

Ijob scheint ein Mensch zu sein, den nichts erschüttern kann. Seine Standhaftigkeit wird in einer kleinen Szene veranschaulicht, in der seine Frau auftritt (2,9f). Sie fordert ihn auf, das zu tun, was der Satan prophezeit hatte: Gott zu verfluchen. Der Glaube an Gott bringt nichts (mehr). Doch Ijob weist dies zurück. Er reagiert in gleicher Weise wie nach den ersten Schlägen, die ihn getroffen hatten. In Form einer rhetorischen Frage begründet er sein Verhalten: „Nehmen wir das Gute an von Gott, sollen wir dann nicht auch das Böse annehmen?“ (2,10a) Ijob nimmt sein Leid ohne Murren, ohne Klage aus der Hand Gottes an. Wird er standhaft bleiben?

Besuch dreier Freunde (2,11–13)

> *11 Drei Freunde Ijobs hörten von all diesem Übel, das über ihn gekommen war, und es kamen – ein jeder aus seinem Ort – Elifas, der Temaniter, und Bildad, der Schuchiter, und Zofar, der Naamatiter; sie vereinbarten, hinzugehen, um ihm ihr Mitleid zu bekunden und ihn zu trösten. 12 Als*
> *sie von Ferne ihre Augen erhoben, erkannten sie ihn nicht; da erhoben sie ihre Stimme und weinten und zerrissen jeder sein Obergewand und warfen Staub über ihre Häupter gegen den Himmel. 13 Sie saßen mit ihm auf der*
> *Erde sieben Tage und sieben Nächte; keiner redete ein Wort mit ihm, denn sie sahen, dass sein Schmerz sehr groß war.*

In der Szene 2,11–13 werden drei neue Personen eingeführt: die Freunde Ijobs. Sie sind gekommen, um ihn zu trösten (2,11). Wie Ijob kommen sie von außerhalb des Landes Israel: Elifas („mein Gott ist Feingold“) aus Teman (vgl. Jer 49,20; Am 1,11f), Bildad („Sohn des Hadad“) aus Schuach (vgl. Gen 25,2) und Zofar („kleiner Vogel“) aus Naama. Beim Anblick des Aussätzigen erschrecken sie und vollziehen – ähnlich wie Ijob (vgl. 1,20) – Riten der Trauer. Ihre Anteilnahme ist echt gemeint. Sie reden nicht von oben herab, sondern sitzen bei Ijob auf der Erde und schweigen. Schweigen ist hier das der Größe des Unglücks angemessene Verhalten (vgl. Ps 39,3; Klgl 2,10; Koh 3,7). Die Zeitangabe („sieben Tage und sieben Nächte“) erinnert an die konventionell vorgegebene Zeit der Totenklage (vgl. Gen 50,11; 1 Sam 31,13; Sir 22,12). Doch nach dieser Zeit bricht es aus Ijob heraus (vgl. Ps 39,4f). Tut er nun das, was der Satan vorhergesagt hat? Wird er Gott verfluchen?

Mit dem Besuch der drei Freunde wird der zweite Teil des Ijobbuches eingeleitet: der so genannte Dialogteil (3,1–42,6). Die Auseinandersetzung zwischen Ijob und seinen drei Freunden Elifas, Bildad und Zofar lässt sich in drei Redegänge untergliedern. Sie wird provoziert durch die große Klage Ijobs in Kapitel 3 und abgeschlossen durch die auf Gott hin ausgerichteten Herausforderungen Ijobs in den Kapiteln 29–31:

3 Ijobs Klage

Erster Redegang

4–5	*Elifas*
6–7	*Ijob*
8	*Bildad*
9–10	*Ijob*
11	*Zofar*
12–14	*Ijob*

Zweiter Redegang

15	*Elifas*
16–17	*Ijob*
18	*Bildad*
19	*Ijob*
20	*Zofar*
21	*Ijob*

Dritter Redegang

22	*Elifas*
23–24	*Ijob*
25	*Bildad*
26	*Ijob*
–	*–*
27–28	*Ijob*

29–31 Herausforderungsrede Ijobs

Im dritten Redegang (22–28) fehlt eine zu erwartende Rede Zofars. Den Freunden scheinen die Worte ausgegangen zu sein. In der Abfolge der Reden lässt sich eine zunehmende Entfremdung zwischen Ijob und seinen Freunden erkennen, zugleich aber auch eine im Ausdruck von Klage und Hoffnung stärker werdende Hinwendung Ijobs zu Gott.

In Kapitel 29–31 fordert Ijob Gott zu einer Antwort heraus. Doch eine Antwort Gottes bleibt zunächst aus. Stattdessen taucht – wie aus dem Nichts – eine weitere Person auf: Elihu, ein junger Bursche, der schlauer sein will als alle anderen. Er ist verärgert über die drei Freunde, „weil sie keine Antwort mehr fanden, um Ijob schuldig zu sprechen" (32,3). Er ist aber auch zornig auf Ijob, „weil er sich vor Gott für gerecht hielt" (32,2). Mit vier beeindruckenden Reden möchte er den Streit – gewissermaßen von einer höheren Warte aus – zu einem klärenden Abschluss führen:

32,1–6	*Einführung Elihus*
32,7–33,33	*Erste Rede Elihus*
34	*Zweite Rede Elihus*
35	*Dritte Rede Elihus*
36–37	*Vierte Rede Elihus*

Schließlich meldet sich Gott in zwei großen Reden selbst zu Wort:

38–40,2	*Erste Rede JHWHs*
40,3–5	*Erste Antwort Ijobs*
40,6–41,26	*Zweite Rede JHWHs*
42,1–6	*Zweite Antwort Ijobs*

Mit einer Art Epilog läuft die Erzählung aus. JHWH tadelt die drei Freunde und gewährt Ijob, nachdem dieser für seine drei Freunde Fürbitte eingelegt hat, neues Glück:

42,7–9	*JHWHs Urteil über die drei Freunde*
42,10–17	*Ijobs Wiederherstellung*

Grob lässt sich das Buch also in drei Teile gliedern:

1–2	*Prolog*
3–42,6	*Dialog*
42,7–17	*Epilog*

Ijob – Dulder oder Rebell?

Bisher hat sich Ijob als der große Dulder erwiesen: kein Wort der Klage, kein Aufschrei, kein Hadern mit Gott. Ab dem 3. Kapitel des Buches wird das anders: „Ijob öffnete seinen Mund und verfluchte seinen Tag." Mit einer Klage, die nicht nur die eigene Not beklagt, sondern den Sinn und die Ordnung des Lebens und der Welt grundsätzlich in Frage stellt, beginnt der sogenannte Redeteil des Buches (Kap. 3,1–42,6). Hier kommt uns ein anderer Ijob entgegen, nicht mehr der gottergebene Dulder, sondern der gegen Gott aufbegehrende Rebell.

Die Bibelwissenschaft sieht im Allgemeinen in diesen unterschiedlichen Ijob-Bildern Hinweise auf die Entstehungsgeschichte des Buches: Eine ältere Form des Buches, so wird gesagt, habe lediglich einen Teil der Rahmenerzählung umfasst, etwa 1,1–3.13–22 und

42,12–17. Es habe sich um eine kleine weisheitliche Lehrerzählung gehandelt, in der Ijob in seiner gottergebenen Annahme des Leids dem Leser als eine vorbildliche Person („persona imitabilis") vor Augen gestellt wird. Später sei diese Lösung als zu einfach empfunden worden. Die Erzählung wurde aufgebrochen und um einen umfangreichen Redeteil erweitert. Hier wird ein harter Kampf ausgefochten zwischen Ijob und seinen Freunden, zwischen Ijob und seinem Gott. Der Dulder wird zum Rebell.

Es ist durchaus möglich, dass das Ijobbuch auf diese oder eine ähnliche Weise entstanden ist. Allerdings bietet auch die vorliegende Form des Buches Möglichkeiten des Verstehens. Klaudia Engljähringer hat in einer lesenswerten Studie zur Dynamik der Dialoge des Buches Ijob zu Recht darauf hingewiesen, dass sich Ijob, der Dulder, und Ijob, der Rebell, näher stehen, „als es zunächst den Anschein hat". Denn am Ende des Buches „kommt die Gestalt Ijobs, wie sie der Redeteil profiliert, genau dort an, wo der Ijob der Rahmenerzählung zu finden ist: Er ist mit Gott und mit seiner schrecklichen Lage versöhnt" (Theologie im Streitgespräch, SBS 198, Stuttgart 2003, 195). Diese Beobachtungen scheinen durch die moderne *Trauerforschung* eine Bestätigung zu finden. Die Psychotherapeutin Verena Kast weist in ihrem Buch: „Trauern – Phasen und Chancen des psychischen Prozesses" (Stuttgart 1982; 1999), darauf hin, dass eine erste Phase, die Menschen, die von einem schweren Leid getroffen werden, häufig durchleben, als eine Art von „Empfindungslosigkeit" zu bezeichnen ist. Diese Phase kann „von einigen Stunden bis zu etwa einer Woche dauern" (ebd. 71). Letzteres entspräche den „sieben Tagen und sieben Nächten" in Ijob 2,13. „Diese Empfindungslosigkeit" – so Verena Kast – „entspringt ... nicht einer Gefühllosigkeit, sondern einem Gefühlsschock. Der Trauernde ist unter dem einen starken Gefühl ‚erstarrt'" (ebd. 72). Das in Ijob 1–2 Erzählte kann durchaus nach diesem Modell verstanden werden. Ijob zeigt hier keinerlei Emotionen. Er vollzieht den von der Tradition vorgegebenen Ritus der Trauer. Über sein Innenleben erfahren wir nichts. Nach der Phase der Empfindungslosigkeit folgt in den meisten Trauerprozessen die Phase der aufbrechenden Emotionen. Bei Ijob beginnt dieser Prozess in 3,3: „Ausgelöscht sei der Tag, an dem ich geboren bin, die Nacht, die sprach: Ein Mann ist empfangen."

Wie aber lassen sich die beiden so unterschiedlichen Reaktionen – gottergebene Annahme und aufbegehrende Klage – theologisch und spirituell nachvollziehen? Das Bekenntnis: „JHWH hat gegeben, und JHWH hat genommen, der Name JHWHs sei gepriesen!" (1,22), dürfte im Hinblick auf den weiteren Verlauf der Erzählung wohl so zu verstehen sein, dass die in ihm enthaltene Wahrheit von Ijob erst noch einzuholen ist. Sie muss erst noch in ihrem Gehalt er-lebt und erlitten werden. Darin artikuliert sich die natürliche Diskrepanz zwischen (religiöser) Tradition und Erfahrung, eine Diskrepanz, die im Ijobbuch eine Schlüsselrolle spielt. Es ist ein Unterschied, sich zu Gott zu *bekennen* und die Wahrheit dieses Bekenntnisses zu *leben*. Das Bekenntnis mag durchaus als Vor-Gabe der Tradition am Anfang stehen, die Aneignung seines Gehaltes aber ist die Auf-Gabe, ohne die es seine rettende Kraft nicht entfalten kann. Um diese rettende Kraft geht es im Ijobbuch. Sie wird Ijob am Ende eines langen und harten Ringens zuteil: „Vom Hörensagen nur hatte ich von dir gehört, jetzt aber hat mein Auge dich geschaut" (42,5). Der fromme Ijob des Anfangs hat von Gott gehört und sich zu ihm bekannt, der gereifte Ijob des Endes hat ihn geschaut. Bis zu diesem Ende ist es noch ein harter und weiter Weg, aber zugleich ein Weg der Befreiung und Erlösung.

Abstieg (Ijob 3–14)

Ijobs Klage (3,1–10)

1 *Danach öffnete Ijob seinen Mund*
und verfluchte seinen Tag.
2 *Ijob hob an und sprach:*
3 *Ausgelöscht sei der Tag, an dem ich geboren,*
die Nacht, die sprach: Ein Knabe ist empfangen.
4 *Jener Tag werde Finsternis,*
nicht suche Gott von droben nach ihm,
nicht erstrahle über ihm des Lichtes Glanz.
5 *Einfordern mögen ihn Finsternis und Todesschatten,*
schweres Gewölk lagere sich auf ihm,
erschrecken mögen ihn des Tages Dunkelheiten.
6 *Jene Nacht – Dunkel raffe sie hinweg,*
nicht reihe sie sich ein in die Tage des Jahres,
in die Zahl der Monate gehe sie nicht ein.
7 *Ja, jene Nacht sei unfruchtbar,*
nicht komme Jubel auf in ihr.
8 *Verwünschen sollen sie die Verflucher des Tages,*
die es verstehen, den Leviatan zu wecken.
9 *Verfinstern mögen sich die Sterne ihrer Morgendämmerung,*
sie harre auf Licht – doch vergebens,
der Morgenröte Wimpern erblicke sie nicht.
10 *Denn sie hat die Tore an meiner Mutter Leib nicht verschlossen,*
und Mühsal (Leid) vor meinen Augen nicht verborgen.

Der Dialogteil wird mit einer großen Klage Ijobs eröffnet. Im Unterschied zum traditionellen Klagepsalm (vgl. Ps 13) findet sich in ihr jedoch weder eine Bitte um ein Ende der Not noch ein Vertrauensbekenntnis. Allein der Tod kommt als Erlöser von allem Leid in den Blick. Ijobs Klage lässt sich in drei Teile gliedern: Im ersten Teil (Verse 3–10) verwünscht Ijob den Tag seiner Geburt und die Nacht seiner Empfängnis, ein für die alttestamentliche Tradition zwar nicht singulärer (vgl. Jer 20,14–18), aber doch ungewöhnlicher Wunsch. In erschütternden, tief in der menschlichen Seele verwurzelten Bildern spricht hier ein zu Tode erschrockener Mensch. Licht und Finsternis sind die bewegenden Bilder, Tod und Geburt. In der Klage Ijobs bricht der Anfang seines Lebens auf und mit ihm verbunden die Frage nach dessen Sinn. Die Geburt eines Menschen wird in der biblischen Tradition – und nicht nur in ihr – als eine große Sinneröffnung erlebt und gefeiert. Die Tore des Mutterschoßes öffnen sich unter Schmerzen, ein Mensch gelangt aus der Dunkelheit ans Licht. Doch nun zeigt sich, dass dies eine große Täuschung war. Die Tore des Mutterschoßes haben sich geöffnet, doch Ijob sieht Mühsal und Leid (Vers 10). Er möchte zurück in die Dunkelheit. Er wünscht, ja er fleht darum, nie das erlebt zu haben, was ihm jetzt widerfährt.

Die Klage Ijobs ist Ausdruck einer tiefen Erfahrung von Sinnlosigkeit. Wir stehen noch ganz am Anfang seiner Not. Die Größe seines Elends wird erst nach und nach sichtbar. Und doch blitzt bereits in der Dunkelheit des Anfangs der Funke eines rettenden Endes auf. Selbst in der Sinnlosigkeit, in den Bildern der Dunkelheit, die die zu Tode verwirrte Seele aus sich hinauswirft, schälen sich Umrisse eines Weges heraus. Ijob leugnet nicht, dass er Licht geschaut, dass er Sinn erfahren hat. In der Nacht empfangen und am Tage geboren (Vers 3) – in diesem wunderschönen, der menschlichen Erfahrung abgeschauten Bild deutet sich der Weg eines Menschenlebens an: aus der Finsternis zum Licht. Doch nun wünscht sich Ijob nichts sehnlicher, als dass dieser Vorgang wieder rückgängig gemacht wird: „Jener Tag werde wieder Finsternis, nicht erstrahle über ihm des Lichtes Glanz“ (Vers 4). Warum? Die einzige Begründung findet sich in Vers 10: Weil im Licht, das ihm mit der Geburt entgegenkam, auch das Leid seines Lebens sichtbar wird. Jetzt ist es geschehen, jetzt hat es ihn mit elementarer Wucht getroffen. Jetzt sieht und erfährt er dieses Leid – und nur das. Die einzige Möglichkeit, die Ijob in dieser Lage in den Sinn kommt, ist der Weg zurück, der Weg in die Dunkelheit des Mutterschoßes „vor dem Erstrahlen des Lichtes“. – Gibt es nur Licht und Finsternis, oder gibt es ein LICHT, das Licht und Finsternis umgreift, weil es beides in sich enthält? Steht Ijob eine zweite Geburt bevor, oder bleibt ihm nur der Weg zurück in den Mutterschoß?

Todessehnsucht (3,11–19)

11 *Warum starb ich nicht vom Mutterschoß weg,*
kam ich aus dem Mutterleib und verschied nicht gleich?
12 *Weshalb nur kamen Knie mir entgegen*
und wozu Brüste, dass ich daran trank?
13 *Denn still läge ich dann und könnte rasten,*
entschlafen wäre ich und hätte Ruhe
14 *bei Königen und bei Ratsherren im Land,*
die Grabkammern für sich erbaut,
15 *oder bei Fürsten, reich an Gold,*
die ihre Häuser mit Silber gefüllt.
16 *Oder wäre ich nicht mehr – wie eine verscharrte Fehlgeburt,*
Kindern gleich, die das Licht nie geschaut.
17 *Dort hören Frevler auf zu toben,*
und dort ruhen aus, deren Kraft erschöpft ist,
18 *zusammen mit Gefangenen, die frei von Sorgen,*
die nicht mehr hören die Stimme des Treibers.
19 *Klein und groß sind dort beisammen,*
der Sklave ist frei von seinem Herrn.

Eine tiefe Todessehnsucht spricht sich in der ersten, großen Klage Ijobs offen aus. In drei Anläufen bricht sie sich Bahn. Sie entsprechen drei Knotenpunkten des menschlichen Lebens, an denen die Weichen gestellt werden in Richtung Tod oder Leben. Dreimal wurde bei Ijob die Weiche in Richtung Leben gestellt, dreimal möchte er nun diesen Entscheid des Schicksals rückgängig machen: Einmal bei seiner Empfängnis (Verse 3–10), das zweite Mal bei seiner Geburt (Verse 11–19), das dritte Mal jetzt, in seinem leiddurchtränkten Leben (Verse 20–26).

Der zweite Teil von Ijobs Klage beginnt mit der Frage: „Warum?" (Vers 11) Die Warum-Frage findet sich häufig in Klagepsalmen: „Mein Gott, mein Gott, *warum* hast du mich verlassen, bist fern meinem Schreien, den Worten meiner Klage?" (Ps 22,2) „Ich sage zu Gott, meinem Fels: ‚*Warum* hast du mich vergessen? *Warum* muss ich trauernd umhergehen, von meinem Feind bedrängt?'" (Ps 42,10) Ijob richtet seine Warum-Frage nicht an Gott. Er wünscht sich den Tod.

Das bestimmende Motiv seiner Todessehnsucht ist Ruhe. Ijob wünscht sich den Tod, weil er hofft, durch ihn an einen Ort bleibender Ruhe zu gelangen: „Still läge ich dann und könnte rasten, entschlafen wäre ich und hätte Ruhe" (Vers 13). Dabei ist es ihm gleichgültig, ob er bei Königen und Ratsherren, bei Fürsten und Vornehmen zu liegen käme (Verse 14–15) oder als Fehlgeburt namenlos in der Erde verscharrt wäre, „Kindern gleich, die das Licht nie geschaut" (Vers 16). Zugleich aber versteht Ijob den Ort des Todes als einen Ort der Freiheit, der Gleichheit und der Selbstbestimmung: Gefangene sind dort frei von Sorgen, sie hören nicht mehr die Stimme ihres Treibers (Vers 18), der Sklave ist frei von seinem Herrn, die Kleinen und die Großen sind nicht mehr getrennt, sondern am selben Ort beisammen (Vers 19), der Terror von Frevlern findet ein Ende (Vers 17).

Der Wunsch zu sterben wird oft mit Angst und Schrecken wahrgenommen und nicht selten abgewehrt und übertönt. Aus einer manchmal etwas oberflächlich verstandenen, nicht selten auch christlich motivierten „Liebe zum Leben" wird jede Form der Todessehnsucht gern mit einem Bann versehen. Hören wir aber genau hin, so vernehmen wir in ihr eine Sehnsucht, die noch tiefer reicht. Es fällt auf, dass die Vorstellungen, die Ijob sich vom Tod macht, Merkmale eines sinnerfüllten Lebens sind: Freiheit, Selbstbestimmung, gleiche Würde und Wertschätzung von Groß und Klein, ein Leben in Ruhe ohne Schrecken. Die Herausführung Israels aus der Knechtschaft Ägyptens, „den Gefangenen Entlassung und den Gefesselten Befreiung verkünden" (Jes 61,1; vgl. Lk 4,18), „unter seinem Weinstock und Feigenbaum sitzen und niemand schreckt auf" (Mi 4,4) – das sind tief in der Geschichte Israels und der biblischen Tradition verwurzelte Erfahrungen und Bilder eines gelungenen und erhofften Lebens. Zeigt sich in Ijobs Todessehnsucht eine tiefe Sehnsucht nach Leben? Der Weg zu diesem Leben aber – das ist die Wahrheit seiner Klage – scheint kein anderer zu sein als ein Weg des Sterbens.

Warum schenkt er dem Elenden Licht? (3,20–26)

20 *Warum schenkt er dem Elenden Licht*
und Leben denen, die verbittert sind?
21 *Sie hoffen auf den Tod, doch er kommt nicht,*
sie suchen ihn mehr als verborgene Schätze.
22 *Sie würden sich freuen über einen (Grab-)Hügel,*
sie würden frohlocken, fänden sie ein Grab.
23 *(Warum schenkt er Licht) dem Mann, dessen Weg verborgen ist,*
dem Gott den Weg versperrt?
24 *Noch bevor ich esse, kommt mir das Seufzen,*
wie Wasser ergießen sich meine Klagen.
25 *Was ich befürchtete, das traf mich,*
wovor mir bangte, das kam über mich.
26 *Noch hatte ich nicht Frieden, nicht Rast,*
nicht Ruhe, da kam (schon wieder) Schrecken.

Der dritte Teil der großen Eröffnungsklage Ijobs beginnt wie der zweite (Vers 11) mit der Frage „Warum?“ (Vers 20). Ijob klagt über ein Leben, das nur noch Leid und Schrecken kennt. Menschen, die nichts als Leid erfahren, sehnen nicht selten den Tod als Erlösung herbei (Verse 21–22). Im abwägenden, nüchternen Urteil eines Weisheitslehrers findet sich ein ähnlicher Gedanke in Sir 41,1–2: „Tod, wie bitter ist es, an dich zu denken, für den, der ruhig sein Heim bewohnt, für den, der ohne Sorge ist und in allem Erfolg hat und noch kräftig genug ist, die Lust zu genießen. Tod, wie gut ist es, dass du auferlegt bist für den betrübten und kraftlosen Menschen, für den, der strauchelt und überall anstößt, der verzweifelt ist und die Hoffnung verloren hat.“ Entsprechend der Devise von Sir 30,17: „Besser sterben als ein unnützes Leben, besser Ruhe für immer als dauerndes Leid“, sehnt sich Ijob nach der Todesruhe – doch sie stellt sich nicht ein.

In den Versen 20–21 findet eine Umkehrung dessen statt, was nach biblischer Tradition normalerweise einem Menschen in Not zugesprochen wird: seine Hoffnung auf Gott zu setzen. Das hebräische Wort *ḥakā,* das in Vers 21 mit „hoffen“, in der Einheitsübersetzung mit „warten“ wiedergegeben wird, findet sich im Alten Testament einige Male mit Gott als Objekt: „Unsere Seele *hofft/wartet* auf JHWH, er ist unsere Hilfe und unser Schild“ (Ps 33,20) – auch, wenn sich dieser Gott verborgen hat: „Ich will *warten* auf JHWH, der sein Angesicht verborgen hat vor dem Haus Jakob, auf ihn will ich hoffen" (Jes 8,17). Jes 64,3 bekennt den Gott Israels als einen Gott, „der denen Gutes tut, die auf ihn *hoffen*." In Ijob 3 findet sich keine Spur davon. Gott als Hoffnung für den Menschen in seinem Elend – das kommt Ijob nicht in den Sinn. Rettung aus der Not wird nicht von Gott, sondern vom Tod erwartet – doch selbst diese Hoffnung ist vergebens, der Tod „kommt nicht" (Vers 20).

Und doch findet sich eine Äußerung im Munde Ijobs, deren Bedeutung ihm in der Situation der Not, in der er sich befindet, noch gar nicht bewusst ist, die sich aber in dem, was ihm am Ende zuteilwird, als die eigentliche und wahre Bedeutung offenbart: „Warum schenkt er dem Elenden Licht und Leben denen, die verbittert sind?" (Vers 20) Im vorliegenden Zusammenhang handelt es sich um eine rhetorische Frage. Der Sache nach enthält der Fragesatz einen schweren Vorwurf, der sich gegen Gott richtet, ohne dass dieser direkt angesprochen wird: Gott schenkt Menschen das Leben, die darin aber nichts als Elend und Bitterkeit erleben. Was soll das? Ist Gott ein Sadist, der Freude daran hat, Menschen grundlos zu quälen? – Die Frage lässt aber zugleich eine zweite Deutung zu: Der Satz: „Warum schenkt er dem Elenden Licht / und Leben denen, die verbittert sind?", kann auch als Ausdruck der Hoffnung verstanden werden: Gott schenkt dem ins Elend Geratenen Licht und dem Verbitterten (neues) Leben – entsprechend dem Bekenntnis des Beters von Psalm 27,1: „JHWH ist mein Licht und mein Heil: Vor wem sollte ich mich fürchten? JHWH ist die Kraft meines Lebens: Vor wem sollte mir bangen?" Gefragt würde nach dem *Grund* („Warum?") eines derartigen göttlichen Tuns, und es würde sich die Antwort nahelegen: Gott tut dies ohne Grund, er ist gut – rein aus Gnade. Doch *diese* Bedeutung bewahrheitet sich für Ijob jetzt nicht.

In den Versen 20–26 fragt Ijob nach dem Sinn eines vom Leid getroffenen Menschenlebens. Noch scheint er vorauszusetzen, dass es ein Leben ohne Leid gibt. Später lässt er diese Voraussetzung fallen (7,1–2). Gott wird in Ijob 3 noch nicht direkt angesprochen. Aber er wird doch als derjenige genannt, der dem Elenden Licht schenkt (Vers 20) und einem Menschen „den Weg versperrt" (Vers 23).

Wer geht ohne Schuld zugrunde? (4,1–11)

1 *Da antwortete Elifas, der Temaniter, und sprach:*
2 *Verlierst du den Mut, wenn man versucht,*
ein Wort an dich zu richten?
Doch wer vermag die Rede aufzuhalten?
3 *Siehe, viele hast du unterwiesen*
und erschlaffte Hände stark gemacht.
4 *Dem Strauchelnden halfen deine Reden auf,*
wankenden Knien gabst du Halt.
5 *Doch jetzt kommt es über dich, da gibst du auf,*
berührt es dich, da bist du verstört.
6 *Ist deine [Gottes-]Furcht nicht deine Zuversicht,*
deine Hoffnung nicht die Unschuld deines Lebenswandels?
7 *Bedenke doch: Wer geht ohne Schuld zugrunde,*
und wo kommen Redliche um?
8 *Wohin ich auch schaue: Die Unrecht pflügen,*
die Unheil säen, die ernten es auch.
9 *Durch Gottes Atem gehen sie zugrunde,*
und durch den Hauch seines Zornes vergehen sie.
10 *Das Knurren des Löwen, die Stimme des Leuen,*
die Zähne des Junglöwen werden ausgeschlagen.
11 *Der Löwe geht zugrunde ohne Raub,*
und die Jungen der Löwin zerstreuen sich.

Ijobs Klage bleibt nicht ohne Antwort. Als erster der Freunde ergreift Elifas aus Teman das Wort. Seine Rede enthält im Kern alle Motive, Themen und Argumente, die in den weiteren Reden der Freunde aufgegriffen, vertieft und entfaltet werden. Elifas ist gewissermaßen der Wortführer der Gruppe. Er gibt die Themen vor, spielt seinen Freunden die Bälle zu. Seine erste Rede lässt sich in fünf Abschnitte gliedern: 4,2–11; 4,12–21; 5,1–7; 5,8–16; 5,17–27.

Elifas spricht Ijob direkt an. Er beginnt vorsichtig-fragend. Zumindest ist dies eine mögliche Interpretation von Vers 2a: „Verlierst du den Mut, wenn man versucht, ein Wort an dich zu richten?“ Zugleich betont Elifas die Dringlichkeit seiner Rede. Ijobs Klage kann nicht unbeantwortet bleiben (Vers 2b). Elifas’ Gesprächsführung ist zunächst einmal – heute würde man sagen – ressourcenorientiert: Er erinnert Ijob an die Zeit, in der er „stark“ war, sogar so stark, dass er anderen helfen konnte: „Viele hast du unterwiesen und erschlaffte Hände stark gemacht. Den Strauchelnden halfen deine Reden auf, wankenden Knien gabst du Halt" (Verse 3–4). Ijob erscheint hier als erfolgreicher Lehrer und Seelsorger, der anderen Menschen in Krisensituationen helfen konnte. Doch dieser Ijob gehört der Vergangenheit an. Jetzt hat es ihn selbst erwischt. Da bricht er zusammen. Vers 5 kann Ermutigung und Vorwurf zugleich sein: „Doch jetzt kommt es über dich, da gibst du auf, berührt es dich, da bist du verstört." Als Vorwurf verstanden erinnert der Satz an Matthäus 27,42: „Anderen hat er geholfen, sich selbst kann er nicht helfen."

Im Folgenden spricht Elifas Ijob Mut zu. Allerdings lässt sich im Zuspruch ein unterschwelliger Vorwurf, zumindest eine Ermahnung nicht überhören: „Ist deine Furcht nicht deine Zuversicht, deine Hoffnung nicht die Unschuld deines Lebenswandels?" (Vers 6) „Furcht" meint hier die Gottesfurcht, jene Grundhaltung des Glaubens und der Frömmigkeit, die einen Gerechten wie Ijob auszeichnet (vgl. 1,1; 1,8; 1,22; 2,10). Elifas erinnert Ijob an die Quellen, aus denen er bisher gelebt hat: rechter Glaube („Furcht") und rechter Lebenswandel. Sie gaben ihm „Zuversicht und Hoffnung" (Vers 6). Drohen sie nun, da es ernst wird, zu versiegen? War alles nur ein frommer Schein?

Nach dieser ersten, gewissermaßen pastoralen Gesprächseröffnung, gepaart aus Zuspruch und Ermahnung, setzt Elifas in den Versen 7–11 grundsätzlicher an. Er greift auf den Erfahrungsschatz der Weisheit zurück und spricht ein Thema an, das sich wie ein roter Faden durch das Ijobbuch hindurchzieht. In der alttestamentlichen Wissenschaft nennen wir es den „Tun-Ergehen-Zusammenhang". Dieser besagt: Einem Menschen ergeht es so, wie er sich verhält. Wer Gutes tut, dem ergeht es gut, wer Schlechtes tut, dem ergeht es schlecht (vgl. Spr 10,2; 12,3). Elifas macht Ijob hier noch nicht direkt den Vorwurf – das erfolgt erst später –, er habe Unrecht getan, aber er ruft ihm doch einen Grundsatz biblischer Weisheitslehre in Erinnerung: „Bedenke doch: Wer geht ohne Schuld zugrunde, und wo kommen Redliche um?" (Vers 7) Elifas sieht diesen „Lehrsatz" durch seine persönliche Erfahrung bestätigt: „Wohin ich schaue: Die Unrecht pflügen, die Unheil säen, die ernten es auch" (Vers 8). Elifas repräsentiert hier insofern den idealen Weisheitslehrer, als in seiner Person traditionelle Lehre (Vers 7) und persönliche Erfahrung (Vers 8) zusammenfallen. Der Tun-Ergehen-Zusammenhang – so Elifas – wird letztlich durch Gott aufrechterhalten: Sein Atem, sein Zorn rafft die Übeltäter hinweg (Vers 9). Mit einem eindrucksvollen Bild aus dem Tierreich wird die Lehre veranschaulicht und abgesichert (Verse 10–11). Von nun an steht – zunächst noch unausgesprochen – die Frage im Raum: Muss Ijob leiden, weil er Schuld auf sich geladen hat? Hat er einen Fehler begangen, der ihm vielleicht gar nicht bewusst ist?

Ist wohl ein Sterblicher vor Gott gerecht? (4,12–21)

12 *Zu mir hat sich ein Wort gestohlen,*
es nahm mein Ohr davon ein Flüstern wahr.
13 *In Grübeleien nächtlicher Gesichte,*
wenn tiefer Schlaf die Menschen überfällt,
14 *kam Schrecken über mich und Zittern*
und ließ erschaudern alle meine Glieder.
15 *Ein Geist schwebt an meinem Gesicht vorüber,*
die Haare meines Leibes sträuben sich.
16 *Es steht, ich kann ihr Aussehen kaum erfassen,*
eine Gestalt vor meinen Augen,
ein Schweigen, eine Stimme höre ich:
17 *Ist wohl ein Sterblicher vor Gott gerecht,*
ein Mann vor seinem Schöpfer rein?
18 *Siehe, selbst seinen Dienern traut er nicht,*
zeiht seine Engel noch des Irrtums.
19 *Wie erst jene, die in Lehmhäusern wohnen,*
die im Staub gegründet sind,
man zerschlägt sie schneller als eine Motte.
20 *Vom Morgen bis zum Abend werden sie erschlagen.*
Man merkt es nicht: Sie gehen für immer zugrunde.
21 *Wird nicht ihr Zeltseil ausgerissen,*
so dass sie sterben, ohne Einsicht?

Bezog sich Elifas zu Beginn seiner Rede (4,1–11) auf eine allen Menschen zugängliche Lehre (4,7), die gewissermaßen durch Erfahrung überprüft werden kann (4,8), so beruft er sich nun auf eine ihm persönlich zuteilgewordene nächtliche Offenbarung im Traum.

Der Text enthält eine Reihe von Anspielungen an bekannte Texte der Heiligen Schrift, die davon erzählen, wie Schlüsselgestalten der biblischen Überlieferung, vom Göttlichen berührt, eine zukunftsweisende Umgestaltung an sich erfuhren, oder wie ihnen eine ihren Erwartungen zuwiderlaufende und diese durchbrechende Erfahrung zuteilwurde. Es handelt sich um Adam, Abram und den Propheten Elija. Einen „tiefen Schlaf" *(tardemā)* ließ JHWH-Gott über den ersten Menschen *('ādām)* fallen, um ihm eine seiner Rippen zu nehmen und aus ihr eine Frau zu bauen (Gen 2,21). So wurde der Mensch *('ādām)* zu Mann *('īš)* und Frau *(iššā)*. Als JHWH mit Abram einen Bund schließt, offenbart dieser ihm im Tiefschlaf *(tardemā)*, „bei Sonnenuntergang", die Zukunft seiner Nachkommenschaft (Gen 15,12–16). Auch hier ist ähnlich wie in Ijob 4,13 von einer Vision die Rede (Gen 15,1) und von „unheimlicher Angst", die Abram überfiel (Gen 15,12). In beiden Fällen gibt übrigens die griechische Bibelübersetzung (Septuaginta) das Wort „Tiefschlaf" mit *ekstasis* „Ekstase" wieder, wörtlich „Außer-sich-sein".

Weiterhin ruft die von Elifas geschilderte Traumoffenbarung jene Erfahrung in Erinnerung, die dem Propheten Elija am Gottesberg Horeb zuteilwurde. Auch dort findet sich die eigenartige Verbindung von „Stimme" und „Schweigen": JHWH war nicht im Sturm, nicht im Beben, nicht im Feuer, „aber nach dem Feuer eine Stimme verschwebenden Schweigens" – übersetzt Martin Buber 1 Kön 19,12. So gibt die Schilderung des Elifas in den Versen 12–16 deutlich zu erkennen, dass ihm eine nächtliche Offenbarung im Traum zuteilwurde, auch wenn die Worte „Gott" und „JHWH" nicht fallen, was die Szene eher noch geheimnisvoller macht. Elifas *sieht* etwas, und er *hört* etwas. Ihm wird eine *Vision* und eine *Audition* zuteil. Entscheidend für den weiteren Verlauf der Auseinandersetzung ist das, was er hört.

Die breit eingeleitete, dramatisch dargestellte Verankerung des im Folgenden mitgeteilten Wortes in einer nächtlichen Offenbarung hat ihren guten Grund. Denn was im Folgenden gesagt wird, ist vor dem Hintergrund biblischer Anthropologie („Lehre vom Menschen") etwas Ungeheuerliches. Zunächst kommt es noch ein wenig unscheinbar daher – in Form einer rhetorischen Frage: „Ist wohl ein Sterblicher vor Gott gerecht, ein Mann vor seinem Schöpfer rein?" (Vers 17)

Die Aussage geht über das in 4,7–8 Gesagte hinaus. Der Mensch vermag sich gegenüber Gott nicht nur durch ein persönliches Fehlverhalten ins Unrecht zu setzen (4,7–8), sondern er *ist* als geschaffenes „Menschlein“ vor Gott im Unreinen (Vers 17). Er hat von sich aus nichts, auf das er vor Gott einen Rechtsanspruch erheben könnte. Der Abstand zwischen Schöpfer und Geschöpf ist unendlich groß. Des Menschen Mangel an Gerechtigkeit und Reinheit gründet – unabhängig von seinem Verhalten – in seiner Geschöpflichkeit. Selbst Gottes Engel sind fehlbar (Vers 18), um wieviel mehr ein sterblicher Mensch!

Was damit gemeint ist, wird im Folgenden entfaltet. Der Mensch – so könnten wir heute die Aussage von Vers 19 umschreiben – ist im Grunde ein unbedeutendes Staubkorn im Weltall. Menschen werden zerschlagen, schneller als Motten (Vers 19), sie gehen für immer zugrunde (Vers 20). Kein Wunder, dass Elifas von Schrecken und Zittern befallen wurde, dass eine unheimliche Angst ihn überfiel (Vers 14), als er diese Botschaft der Nichtigkeit vernahm, zumal er aus der Tradition anderes gehört hatte. Denn hier wurde gesagt, der Mensch sei als Bild Gottes erschaffen (Gen 1,26–27), Gott denke an den Menschen und nehme sich seiner an: „Du hast ihn nur wenig geringer gemacht als Gott, hast ihn mit Herrlichkeit und Ehre gekrönt. Du hast ihn als Herrscher eingesetzt über das Werk deiner Hände, hast ihm alles zu Füßen gelegt“ (Ps 8,6–7). Zeigt nicht das Schicksal Ijobs, dass es sich bei diesen schönen Worten um eine Täuschung handelt, um ein frommes Wunschdenken, das der Realität nicht standhält? Des Menschen Haus ist ein „Lehmhaus“, im Staube gegründet (vgl. Gen 2,7; 3,19), das schnell zerfällt (Vers 19). Er wohnt in einem Zelt, dessen Seile ausgerissen werden (Vers 21; vgl. Jes 38,12). Liegt Ijobs Problem vielleicht darin, dass er sich zu wichtig nimmt? Ist ihm nicht klar, dass er ein hinfälliges Geschöpf ist? Sollte er nicht lernen, einzustimmen in den Prozess des Werdens und Vergehens? „Vom Morgen bis zum Abend werden sie erschlagen“ (Vers 20).

Ist einer da, der dir Antwort gibt? (5,1–7)

> 1 *Ruf doch! Ist einer da, der dir Antwort gibt?*
> *An wen von den Heiligen willst du dich wenden?*
> 2 *Ja, den Toren bringt der Ärger um,*
> *den Unerfahrenen tötet die Leidenschaft.*
> 3 *Zwar sah ich einen Toren Wurzeln schlagen,*
> *doch plötzlich musste ich seine Stätte verfluchen.*
> 4 *Weit entfernt vom Glück sind seine Kinder,*
> *werden zerschlagen im Tor, und keiner hilft.*
> 5 *Seine Ernte isst ein Hungriger,*
> *selbst aus Dornen holt er sie heraus.*
> *Durstige schnappen nach seinem Gut.*
> 6 *Denn nicht aus dem Staub geht Unheil hervor,*
> *aus dem Erdboden sprosst keine Mühsal,*
> 7 *sondern der Mensch ist zur Mühsal geboren,*
> *wie Funken einer Flamme, die in die Höhe fliegen.*

Die Rede des Elifas lässt sich in fünf Teile gliedern. Die hier auszulegenden Verse 5,1–7 stehen genau in der Mitte. Elifas spricht Ijob erneut direkt an: „Ruf doch!" Allerdings ist sein Rat ironisch gemeint, wie die folgende rhetorische Frage unmissverständlich zu erkennen gibt: „Ist einer da, der dir Antwort gibt?" Damit ist eine Frage angesprochen, die das gesamte Buch durchzieht: Wird Ijob jemanden finden, der ihm Antwort gibt? Gibt es überhaupt jemanden, der Ijob zu antworten vermag? Am Ende seiner letzten großen Rede spricht Ijob selbst sein Anliegen offen aus: „Gäbe es doch einen, der mich hört! Hier ist mein Handzeichen! Der Allmächtige antworte mir!" (31,35) Im Gespräch zwischen Ijob und seinen Freunden werden viele Antworten gegeben. Mit Beginn der ersten Rede des Elifas (4,1) wird jede der Reden mit dem gleichlautenden Satz: „Da *antwortete* ... und sprach", eingeleitet. Doch unter den vielen Antworten findet sich keine, die Ijob wirklich zufrieden stellt.

Elifas scheint Ijobs Verlangen nach einer Antwort als vergebliches Unterfangen anzusehen. Damit entfernt er sich erneut von maßgebenden Zeugnissen biblischer Gebetstradition. In den Psalmen finden sich zahlreiche Zeugnisse von „Antworten", die Gott einem Beter, der zu ihm „rief", gegeben hat: „Aus der Bedrängnis *rief* ich zum Herrn; der Herr hat mir *geantwortet* und mich frei gemacht"

(Ps 118,5). – Sollten derartige Erfahrungen nicht mehr möglich sein? Geht die Hoffnung des Beters ins Leere, wenn er spricht: „Ich *rufe dich an,* denn du, Gott, wirst mir *antworten*" (Ps 17,6)? Zwar kennt die biblische Gebetstradition durchaus die Erfahrung einer ausbleibenden Antwort Gottes: „Mein Gott, ich *rufe* bei Tag, doch du antwortest nicht, bei Nacht, und finde keine Ruhe" (Ps 22,3) – doch selbst hier bleibt der unerhörte Gebetsruf des Einzelnen eingebunden in eine Vertrauen erweckende und Leben eröffnende Gottes-Geschichte seines Volkes: „Dir haben unsere Väter vertraut, sie haben vertraut, und du hast sie gerettet" (Ps 22,5).

Eigenartig für die alttestamentliche Tradition klingt die Rede von den Heiligen in 5,1: „An wen von den Heiligen willst du dich wenden"? Möglicherweise wird hier erneut (vgl. 1,6) ein himmlischer Hofstaat vorausgesetzt. Ein Bittsteller wendet sich an „Heilige", an Diener Gottes, um über sie ein Rechtsanliegen vor Gott zu bringen. Elifas scheint der Ansicht zu sein, dass keiner der Diener Gottes für das von Ijob vertretene Anliegen zuständig ist. So könnte Vers 1 nicht nur aus der Gebetstradition, sondern auch aus der Praxis des Rechts zu verstehen sein (vg. Jes 59,4; Mi 6,2).

Ijobs Klage geht ins Leere, weil sein Leid ganz einfach mit dem Wesen seines Menschseins gegeben ist. Das hatte Elifas in den vorangegangenen Worten seiner Rede deutlich zu machen versucht (4,17–21). Der Mensch ist nun einmal ein sterbliches und hinfälliges Wesen. In Not und Krankheit wird dies sichtbar. Es zeugt von Torheit, sich darüber aufzuregen und dies nicht wahrhaben zu wollen (Vers 2). Anfänglicher Ärger bei hereinbrechender Not ist verständlich. Doch jetzt kommt es für Ijob darauf an, diesen im Zaum zu halten. Wenn Ijob so weitermacht wie bisher, droht ihm das Schicksal eines Toren. Gleichsam als Warnung führt Elifas Ijob das böse Ergehen eines törichten Menschen vor Augen: Es mag zwar vorkommen, dass sich ein Tor vorübergehend – wir würden heute sagen – „gut positioniert" (Vers 3a: „Wurzeln schlägt"), doch auf Dauer ist sein Lebensentwurf zum Scheitern verurteilt (Vers 3b). Die Folgen seines Fehlverhaltens zeigen sich spätestens bei seinen Kindern (Vers 4). Sein Erbe zerfällt (Vers 5). Eindrucksvoll spricht Elifas hier die Erfahrung aus, dass sich menschliches Fehlverhalten *auf Dauer* nicht auszahlt. Nicht selten brechen die verheerenden Folgen erst in einer der folgenden Generationen durch.

Nicht leicht zu verstehen sind die Verse 6 und 7. Wahrscheinlich ist Folgendes gemeint: Die Not, die Mühsal, die ein Mensch erfährt, hängen nicht mit den äußeren Verhältnissen zusammen. Sie „kommen nicht aus dem Staub, sie sprießen nicht aus dem Erdboden" (Vers 6), sondern sie gehören zum Wesen des Menschen selbst, sie sind mit seiner Geburt gegeben (Vers 7a). Das ist so natürlich wie Funken, die ein Feuer schlägt (Vers 7b). Es ist ganz einfach dumm, sich darüber aufzuregen. „Reg dich ab, Ijob!" – so könnte man diesen Teil der Rede Elifas' zusammenfassen: „Ijob, cool down!"

Hoffnungslos richtig (5,8–16)

8 *Ich dagegen würde Gott befragen*
und Gott meine Sache vorlegen,
9 *der Großes und Unergründliches tut,*
Wunder ohne Zahl,
10 *der der Erde Regen spendet,*
der Wasser auf die weiten Fluren sendet,
11 *um Niedrige zu erheben,*
so dass Trauernde Glück (Rettung) erfahren.
12 *Er vereitelt die Pläne der Klugen,*
so dass ihre Hände nichts Hilfreiches vollbringen,
13 *er fängt die Weisen in ihrer List,*
so dass der Plan der Verschlagenen zu Fall kommt.
14 *Bei Tag stoßen sie auf Finsternis,*
zur Mittagszeit tappen sie umher wie in der Nacht.
15 *Er rettet vor dem Schwert ihres Mundes*
und aus der Hand des Starken den Armen.
16 *So wird dem Geringen Hoffnung zuteil,*
doch die Bosheit muss ihr Maul verschließen.

Elifas erteilt Ijob einen doppelten Rat: Er möge seine Klage beenden (5,1–7) und stattdessen Gott befragen (5,8). Tatsächlich hatte Ijob in Kapitel 3 ausschließlich geklagt. Dabei hatte er sich nicht an Gott gewandt. Darin erblickt Elifas offensichtlich einen schweren Mangel. Er sieht darin eine Gefahr: Wer so maßlos klagt wie Ijob, läuft Gefahr, das Schicksal eines Toren zu erleiden, der sich durch Ärger und unkontrollierte Gefühlsausbrüche selbst zugrunde richtet (5,2). Elifas möchte den Worten Ijobs eine Richtung geben – auf Gott hin.

Er scheut sich nicht, auch im Angesicht des Leidenden von Gott zu sprechen. Fünf Mal verwendet Elifas in seiner Rede das Wort „Gott" (bzw. „Allmächtiger").

Elifas scheint Ijob einfühlsam anzusprechen. Sein Rat ergeht indirekt. Er versucht, sich in dessen Lage zu versetzen: „*Ich* dagegen würde Gott befragen" (Vers 8). Damit greift Elifas auf die altehrwürdige Tradition der Gottesbefragung zurück. In persönlichen oder politischen Krisensituationen wendet sich der Fromme an Gott. Er bittet um Auskunft in schwierigen Entscheidungssituationen, aber auch um Rettung aus einer Not. König Joschija schickte eine Gruppe von Abgesandten zur Prophetin Hulda, um durch sie den Herrn zu befragen: „Geht und befragt den Herrn für mich, für das Volk und für ganz Juda, wegen dieses Buches, das aufgefunden wurde" (2 Kön 22,13). Der krank darniederliegende König von Damaskus, Ben-Hadad, ließ durch den Propheten Elischa den Herrn befragen, ob er von seiner Krankheit wieder genesen werde (2 Kön 8,8). „Gott befragen" konnte in späterer Zeit ganz einfach heißen: sich im Gebet an Gott wenden: „Ich suchte (befragte) den Herrn, und er hat mir geantwortet, er hat mich all meinen Ängsten entrissen" (Ps 34,5). Solche und ähnliche Erfahrungen konnten sich zu einem Glaubenssatz verdichten: „Du, Herr, verlässt keinen, der dich sucht (der nach dir fragt)" (Ps 9,11). Wenn Elifas Ijob rät, in seiner Not Gott zu befragen, dann steht er damit voll und ganz in der biblisch bezeugten Glaubenstradition.

Bitte um Auskunft und Rettung aus der Not – beide Aspekte schwingen in dem von Elifas erteilten Rat mit. Elifas begründet seinen Rat mit einem Lobpreis (Hymnus) Gottes (Verse 9–16). Die Aussagen, die er dabei über Gott macht, sind tief in der biblischen Tradition verwurzelt – sowohl der des Alten als auch der des Neuen Testaments: Gott allein vollbringt große Wunder (Ps 136,4), er tränkt die Erde aus seinen Kammern (vgl. Ps 65,10; 104,13). Er steht auf der Seite der Trauernden und Armen. Er nimmt sich ihrer an: „Den Schwachen hebt er empor aus dem Staub und erhöht den Armen, der im Schmutz liegt" (1 Sam 2,8). „Er erbarmt sich von Geschlecht zu Geschlecht über alle, die ihn fürchten ... er erhöht die Niedrigen" (Lk 1,50.52). „Er behütet die Schritte seiner Frommen, doch die Frevler verstummen in der Finsternis" (1 Sam 2,9; vgl. Ijob 5,14.16).

In dem von Elifas gesprochenen Lobpreis spielt das Wort *jascha* eine besondere Rolle. Es kommt dreimal vor (Vers 11, 12, 15) und bedeutet: Rettung, Hilfe, Heil, Glück. Das Wort steckt auch in den Eigennamen *Jesaja* („JHWH rettet/JHWH ist Rettung") und *Jesus* („JHWH rettet/JHWH ist Rettung"; vgl. Mt 1,21), ebenso in dem Gebetsruf *Hosianna* („Rette/Hilf doch!"; vgl. Ps 118,25). Elifas trifft aus der großen hymnischen Tradition seines Glaubens offensichtlich eine geschickte Auswahl. Er stimmt sie auf die Gesprächssituation sorgfältig ab. Er hat Aussagen zusammengestellt, die von Hoffnung und Rettung künden. Damit deutet er Ijob einen Weg aus seiner Not an: Der Gott, an den er sich wenden möge, ist ein Gott, der Trauernden zu neuem Glück verhilft (Vers 11) und dem in Not Geratenen Hoffnung schenkt (Vers 16).

So muss man unbefangen zugestehen: Alles, was Elifas sagt, ist richtig. Theologisch gibt es nichts auszusetzen. Elifas ist rechtgläubig. Und doch ist einem nicht ganz wohl bei seinem Sprechen. Am Ende der Geschichte tadelt Gott Elifas und seine Freunde: „Mein Zorn ist entbrannt gegen dich und deine beiden Gefährten, denn ihr habt nicht recht von mir (zu mir) gesprochen wie mein Knecht Ijob" (42,7). Gibt es Formen der Seelsorge und der Verkündigung, die hoffnungslos richtig sind?

Leidenspädagogik Gottes (5,17–27)

17 *Ja, glücklich der Mensch, den Gott zurechtweist,*
die Zucht des Allmächtigen verwirf nicht!
18 *Er fügt zwar Schmerzen zu, doch er verbindet [die Wunden],*
er schlägt, doch seine Hände heilen.
19 *In sechs Drangsalen wird er dich retten,*
in sieben wird dich kein Übel treffen:
20 *In der Hungersnot kauft er dich vom Tode frei*
und im Krieg vor der Gewalt des Schwertes.
21 *Vor der Geißel der Zunge bist du geborgen,*
brauchst dich nicht zu fürchten vor der Verwüstung, wenn sie kommt.
22 *Über Verwüstung und Mangel lachst du,*
vor den wilden Tieren brauchst du dich nicht zu fürchten,
23 *denn mit den Steinen des Feldes stehst du im Bund,*
die Tiere des Feldes leben friedlich mit dir.

24 *Du erkennst, dass dein Zelt (im) Frieden ist.*
Prüfst du deine Stätte, so vermisst du nichts.
25 *Du erkennst, dass deine Nachkommen zahlreich sind,*
deine Sprösslinge wie das Gras der Erde.
26 *In hohem Alter gehst du ins Grab,*
wie man Garben einbringt zu ihrer Zeit.
27 *Siehe, das haben wir erforscht: So ist es.*
Wir haben es gehört, erkenn' auch du es an!

Im letzten Teil seiner umfangreichen Antwort auf Ijobs Klage spricht Elifas ein neues Thema an: die Leidenspädagogik Gottes. Er preist *den* Menschen glücklich, „den Gott zurechtweist" (Vers 17a), und er fordert Ijob auf, „die Zucht des Allmächtigen nicht zu verwerfen" (Vers 17b). Damit wird erstmals im Ijobbuch ein Thema angesprochen, das einer sorgfältigen Erörterung bedarf. Elifas geht an dieser Stelle nur kurz darauf ein. Elihu, der vierte Freund, wird es später wieder aufgreifen und breit entfalten (32–37). Bei der Auslegung seiner Reden werden wir uns erneut und ausführlich mit diesem Thema beschäftigen.

Im Vergleich zu Elihu geht Elifas das Thema ein wenig holzschnittartig an. Er greift auf bewährte Redeformen der Weisheit zurück: auf die begründete Seligpreisung (Verse 17–18) und den so genannten gestaffelten Zahlenspruch (Verse 19–23). Er beginnt mit einer Seligpreisung. Die griechische Bibelübersetzung (Septuaginta) verwendet hier das gleiche Wort wie in den Seligpreisungen der Bergpredigt: *makarios* (Vulgata: *beatus*) – „glücklich, selig der Mensch". Ijob – so Elifas – ist im Grunde nicht zu bedauern, sondern zu beglückwünschen. Was Ijob widerfährt, ist eine Art von Erziehung. Das hier verwendete hebräische Wort *musar* („Zucht, Erziehung, Bildung") findet sich vor allem in Texten, die von der Erziehung junger Menschen sprechen (Spr 1,2; 8,10; 13,24; 23,13). In der griechischen Bibelübersetzung wird das Wort häufig mit *paideia* wiedergegeben, von dem unser Wort „Pädagogik" stammt. Die lateinische Bibelübersetzung spricht von *disciplina*. Die Erziehung junger Menschen hat zwei Seiten: eine schmerzhafte und eine heilende. Die mit der Erziehung verbundenen Schmerzen sind nach biblischer Auffassung unvermeidbar, wenn der Mensch in jene Gestalt hineinfinden will, aus der heraus er den Anforderungen des Lebens gerecht zu werden vermag. Andernfalls geht er in der Formlosigkeit zugrunde. Die alttestamentliche Weisheitsliteratur muss in diesem Fall gegen den Schein argumentieren: Schläge – wie immer man sie verstehen mag – sind nicht, wie es den Anschein hat, Ausdruck von Hass, sondern von Liebe – eine für die zeitgenössische Pädagogik wohl nicht akzeptable Ansicht: „Wer die Rute spart, hasst seinen Sohn, wer ihn liebt, nimmt ihn früh in Zucht" (Spr 13,24). Mit Hilfe dieser in vielen Kulturen der Antike verbreiteten und in jener Zeit völlig selbstverständlichen Einsicht wendet sich Elifas an Ijob, um ihm sein Leid einsichtig zu machen: Was ihm jetzt widerfährt, ist eine Form göttlicher Erziehung, die es anzunehmen gilt. Zwar schlägt Gott, doch seine Schläge wollen weder schaden noch töten, sondern heilen und retten (vgl. Spr 3,11–12; Hebr 12,5–6). Die Annahme und das Durchleiden dieser Form göttlicher Züchtigung werden ihn zu jener Reife führen („wie man Garben einbringt zu ihrer Zeit", Vers 26b), die ihm und seinen Nachkommen ein Leben in Frieden und Sicherheit ermöglichen wird (Vers 24–26). Mit Hilfe des in der Weisheitsliteratur beliebten gestaffelten Zahlenspruchs führt Elifas sieben (sechs plus eins) Nöte an, aus denen der Allmächtige retten wird (Vers 19–23): Hungersnot, Krieg, Verleumdung, Verwüstung, Mangel (Vers 22 ist wahrscheinlich später von einem Schreiber hinzugefügt worden), wilde Tiere, Steine des Feldes (vgl. Ps 91).

Elifas kennt sich gut aus. Er stellt sich ganz bewusst in die Tradition seiner Gemeinschaft: „Wir haben es gehört" (Vers 27b nach der Übersetzung der Septuaginta). Gleichzeitig hat er die Lehre, die er Ijob vorgetragen hat, durch eigene Forschung bestätigt gefunden: „Wir haben es erforscht: So ist es!" (Vers 27a) Elifas scheint ein idealer Lehrer zu sein, der souverän und brillant auf der Klaviatur theologischer Tradition zu spielen vermag. Jetzt kommt es nur noch darauf an, dass Ijob die Wahrheit dieser Lehre erkennt und annimmt (Vers 27b). Doch der „selige Ijob *(beatus Job)*" – wie Papst Gregor der Große ihn nennt – spielt nicht mit.

Gottes Schrecken (6,1–13)

1 *Da antwortete Ijob und sprach:*
2 *Ach, würde doch mein Gram gewogen,*
legte man auf die Waage auch mein Leid!
3 *Denn nun ist es schwerer als der Meere Sand,*
darum sind meine Worte unbedacht.
4 *Fürwahr, die Pfeile des Allmächtigen stecken in mir,*
so dass mein Geist ihr Gift muss trinken.
Die Schrecken Gottes stürmen gegen mich.
5 *Schreit denn der Wildesel beim Gras,*
brüllt der Stier bei seinem Futter?
6 *Isst man Fades ohne Salz,*
findet man Geschmack am Eibischschleim?
7 *Ich sträube mich, daran zu rühren,*
das alles ist mir wie verdorbenes Brot.
8 *Käme doch, was ich begehre,*
und gäbe Gott, was ich erhoffe.
9 *Wollte Gott mich doch zermalmen,*
seine Hand ausstrecken, um mich abzuschneiden.
10 *Das wäre noch ein Trost für mich,*
ich hüpfte auf im Schmerz, mit dem er mich nicht schont,
denn ich habe die Worte des Heiligen nicht verleugnet.
11 *Was ist meine Kraft, dass ich aushalten könnte,*
wann kommt mein Ende, dass meine Seele sich gedulde?
12 *Ist meine Kraft denn Felsenkraft,*
ist denn mein Fleisch aus Erz?
13 *Gibt es keine Hilfe mehr für mich,*
ist jede Rettung mir entschwunden?

Elifas hatte eine theologisch beeindruckende, seelsorglich fein auf die Situation Ijobs abgestimmte Lehre vorgetragen. Doch Ijob geht zunächst gar nicht darauf ein. Er bleibt ganz bei sich, bei dem, was ihm jetzt widerfährt, was er jetzt spürt. Und das ist nichts als Schmerz, und er scheut sich nicht, diesen „unbedacht" (Vers 3) ins Wort zu fassen. Elifas hatte ihm nahegelegt, seine Klage einzustellen (5,1) und sich fragend an Gott zu wenden (5,8). Doch Ijob klagt weiter. Er klagt *über* Gott (6,1–13), und er klagt *zu* Gott (7,11–21).

Im ersten Abschnitt seiner Antwort (6,1–13) nennt Ijob erstmals Gott als Urheber seines Leids: „Die Pfeile des Allmächtigen stecken in mir ... die Schrecken Gottes stürmen gegen mich" (Vers 4). Darin klingt die ungeheure Spannung an, die ein monotheistisches Bekenntnis („Ein-Gott-Glaube") auszuhalten hat: Heil und Unheil können nicht auf verschiedene Götter verteilt werden. Ein Gott verwundet, ein anderer heilt – mit einer solchen Rollenverteilung versucht der Polytheismus (der Glaube an viele Götter) den vielfältigen und oft widerstrebenden und in Spannung zueinander stehenden menschlichen Erfahrungen gerecht zu werden. Der biblische Monotheismus dagegen bekennt: Derselbe Gott verwundet und verbindet (5,18). „Ich bin es, der tötet und der lebendig macht", sagt der biblische Gott (Dtn 32,39). Jetzt erfährt Ijob diesen Gott, einen „Angreifer-Gott".

Mit Bildern aus der Tierwelt (Vers 5) und der Kultur des Essens (Vers 6) betont Ijob, dass er nicht ohne Grund klagt. Erstmals scheint er Hilfe von Gott zu erwarten. Doch der Wunsch klingt paradox: Gott möge ihn töten (Vers 9), „das wäre noch ein Trost für mich" (Vers 10). Erneut kommt der Tod als Erlösung in den Blick (vgl. 3,11.21). Doch diesmal weitet sich der Horizont: Ijob spürt, dass der erlösende Tod nur von Gott gegeben werden kann. Doch dieser Gott weigert sich. Ijob erfährt ihn als grausam, weil er ihn quält, aber *nicht* tötet. Die Bilder erinnern an die Qualen des Tantalos und des Sisyphos in der griechischen Mythologie. Beide wurden unbarmherzig bestraft, weil sie sich ein Leben wie die Götter wünschten. Tantalos steht in der Unterwelt im Wasser, kann jedoch nicht davon trinken, da es immer wieder, wenn er es versucht, zurückweicht. Sisyphos muss einen Felsblock den Berg hochwälzen, doch unmittelbar vor Erreichen des Gipfels rollt dieser ins Tal zurück (Odyssee 11, 582–600). Ist der Gott Israels so grausam wie die Götter Griechenlands? Sind Ijobs Kräfte unbegrenzt, dass er eine Qual ertragen könnte, die kein Ende kennt (Vers 11–13)?

Gottlosigkeit (6,14–30)

14 *Des Freundes Liebe gehört dem Verzagten,*
auch wenn er den Allmächtigen nicht mehr fürchtet.
15 *Meine Brüder verhalten sich trügerisch*
wie Wasserläufe, die verrinnen;

16 *die trübe sind vom Eis,*
wenn der Schnee über ihnen schmilzt.
17 *Zur Zeit der Hitze versiegen sie,*
wenn es heiß wird, verdunsten sie in ihrem Bett.
18 *Karawanen biegen ab von ihrem Weg,*
folgen ihnen ins Leere und kommen um.
19 *Karawanen aus Teman hielten Ausschau nach ihnen,*
Handelszüge aus Scheba hofften auf sie.
20 *Sie wurden zu Schanden, da sie vertrauten,*
sie kamen an, doch sie wurden beschämt.
21 *So seid ihr jetzt ein ‚Nein' geworden,*
ihr schaut Entsetzliches und schaudert.
22 *Habe ich denn gesagt: „Gebt mir!*
Von eurem Vermögen schenkt mir?
23 *Rettet mich aus der Hand des Bedrängers*
und aus der Hand der Tyrannen kauft mich frei?"
24 *Belehrt mich, so will ich schweigen,*
und worin ich fehlte, tut mir kund!
25 *Wie könnten aufrechte Worte kränkend sein*
und was will die Zurechtweisung eurerseits tadeln?
26 *Gedenkt ihr, Worte zu tadeln?*
Spricht der Verzweifelte in den Wind?
27 *Selbst um ein Waisenkind würdet ihr das Los werfen,*
sogar euren Freund vergraben.
28 *Jetzt aber, wendet euch mir endlich zu,*
ich lüge euch nicht ins Gesicht.
29 *Kehrt doch um, kein Unrecht soll geschehen!*
Kehrt um, noch bin ich hier im Recht!
30 *Ist denn Unrecht auf meiner Zunge,*
oder schmeckt mein Gaumen das Elend nicht?

Im zweiten Teil seiner zweiten Rede (6,14–30) spricht Ijob seine Enttäuschung über die Freunde offen aus. Gleich im ersten Satz findet sich der Schlüssel, der uns einen Zugang zur vielschichtigen Beziehungsproblematik Ijobs und seiner Freunde eröffnet: „Des Freundes Liebe gehört dem Verzagten, auch wenn er den Allmächtigen nicht mehr fürchtet" (so die Übertragung des nicht ganz einfachen hebräischen Textes durch die Einheitsübersetzung). Offensichtlich sieht Ijob selbst, dass er Gott nicht mehr fürchtet. Er ist gottlos geworden.

Ein wahrer Freund aber – so Ijob – wird seinen Freund in der Not nicht im Stich lassen, auch wenn dieser ungläubig geworden ist. In unserer bisweilen glaubensschwachen, aber einer unverbindlichen Menschenfreundlichkeit zugetanen Zeit dürfte dieser Ijob-Satz breite Zustimmung finden: Freundschaft ist wichtiger als Glaube. Ganz so einfach ist die Sache jedoch nicht, wenn wir die Breite des biblischen Gotteszeugnisses in den Blick nehmen. Darf die Wahrheit der Liebe geopfert werden? Darf man schweigen, wenn gotteslästerliche Reden gehalten werden (vgl. Ijob 11,1–6)? Im Buch Deuteronomium wird ausdrücklich gewarnt: „Wenn ... dein Freund, den du liebst wie dich selbst, dich heimlich verführen will und sagt: Gehen wir, und dienen wir anderen Göttern ... dann sollst du nicht nachgeben und nicht auf ihn hören. Du sollst in dir kein Mitleid mit ihm aufsteigen lassen, sollst keine Nachsicht für ihn kennen und die Sache nicht vertuschen" (Dtn 13,7–9).

Im Ijobbuch scheint eine andere Art von Gottlosigkeit in den Blick zu kommen. Sie ist eine wichtige Etappe auf dem Weg zum wahren Gott. Vor dieser Gottlosigkeit schrecken viele Fromme zurück. So auch die Freunde Ijobs. Das geht ihnen zu weit. Da sagen sie: „Nein!" (Vers 21) Ijob aber scheint zu spüren, dass der „fromme Weg" für ihn jetzt nicht weiter führt. Seine Freunde sind „trügerisch ... wie Wasserläufe, die verrinnen" (Vers 15). Ijob erwartet von ihnen nicht äußere, sondern innere Hilfe (Vers 22–24). Doch sie sind nicht imstande, eine solche zu gewähren. Ijob bleibt der Wahrheit seiner Gottlosigkeit treu. Nicht er muss umkehren, seine Freunde müssen umkehren, denn er weiß sich im Recht (Vers 29). Wahre Liebe zum Freund bestünde darin, diesen Weg mitzugehen, gemeinsam „Entsetzliches zu schauen" und *nicht* zu schaudern (vgl. Vers 21). Dann würde sich zeigen, dass der Weg der Wahrheit zugleich der Weg der Liebe ist. „Wendet euch mir endlich zu, ich lüge euch nicht ins Gesicht" (Vers 28).

Vom Leben enttäuscht (7,1–11)

1 *Ist nicht Frondienst des Menschen Los auf Erden,*
sind seine Tage nicht die eines Tagelöhners?
2 *Wie ein Knecht ist er, der nach Schatten lechzt,*
wie ein Tagelöhner, der auf seinen Lohn hofft.

3 *So wurden Monde voll Enttäuschung mein Erbe,*
und Nächte voller Mühsal teilte man mir zu.
4 *Lege ich mich nieder, sage ich: Wann darf ich aufstehen?*
Wird es Abend, bin ich gesättigt mit Unrast bis zur Dämmerung.
5 *Mein Fleisch ist gekleidet in Fäulnis und Schorf,*
meine Haut schrumpft und eitert.
6 *Meine Tage eilen schneller als das Weberschiffchen,*
sie gehen zu Ende ohne Hoffnung.
7 *Gedenke, dass nur ein Hauch mein Leben ist.*
Nie mehr schaut mein Auge Glück.
8 *Nie mehr wird mich erblicken, wer mich sehen will.*
Sind deine Augen auf mich gerichtet, bin ich nicht mehr.
9 *Wie eine Wolke, die schwindet und geht,*
so steigt nicht mehr auf, wer zur Unterwelt hinabstieg.
10 *Nie mehr kehrt er zurück in sein Haus,*
nie mehr erkennt ihn sein Ort.
11 *So will auch ich meinem Mund nicht wehren,*
will reden in der Bedrängnis meines Geistes (Hauches),
will klagen in meiner Seele Bitterkeit.

Der Text gehört zu den bekannteren Passagen des Ijobbuches. Er ist als alttestamentliche Lesung am 5. Sonntag im Jahreskreis des Lesejahres B vorgesehen. Das Evangelium dieses Sonntags erzählt von der Heilung der Schwiegermutter des Simon, die mit Fieber zu Bett lag, und von der Heilung vieler Kranker und Besessener, die man „am Abend, als die Sonne untergegangen war", zu Jesus gebracht hatte (Mk 1,29–39). Ijobs Worte sprechen uns an, weil in ihnen in sehr grundsätzlicher Weise die Mühsal des menschlichen Lebens zur Sprache kommt. Ijob spricht nicht mehr nur über *sich,* sondern *auch* über den *Menschen an sich.* In Ijobs Leid wird sichtbar, dass das menschliche Leben zutiefst leiddurchtränktes Leben ist: „Ist nicht Frondienst des Menschen Los auf Erden, sind seine Tage nicht die eines Tagelöhners?" (Vers 1) Damit dürften Erfahrungen angesprochen und gedeutet sein, die wohl jedem Menschen, der ein gewisses Alter erreicht und seine Selbstwahrnehmung nicht völlig verloren hat, vertraut sind. Mühselig und beladen ist der Mensch. „Alles Vergängliche ist leidvoll", verkündete etwa zeitgleich mit Ijob Shakyamuni Buddha (ca. 450–370 v. Chr.) in seiner ersten Predigt von Benares. Zum Kernbestand der buddhistischen Überlieferung gehört als erste der „Vier Edlen Wahrheiten" die Erkenntnis von der „Wahrheit vom Leiden". Und im Christentum ist es nicht anders, wenn Pilatus den Juden den dornengekrönten Jesus von Nazaret mit den Worten vorstellt: „Ecce homo – Seht den Menschen!" (Joh 19,5)

Richtet man seine Aufmerksamkeit auf das in den folgenden Versen 2 und 3 Gesagte, dann zeigt sich, dass der Gedankengang tiefer reicht, als gewöhnlich angenommen. Hier geht es nicht um die anstrengende Arbeit des Tagelöhners, sondern um den ausbleibenden Lohn, nicht um die Arbeit des Knechtes in der Hitze des Tages, sondern um den nicht erreichbaren erquickenden Schatten. Der Vergleichspunkt ist die hingehaltene Erwartung, mehr noch: die Enttäuschung. Es sind nicht so sehr die vom Leben abverlangten Anstrengungen, die einen Menschen niederdrücken. Was ein Leben verbittern, ja vergiften kann, ist eine immer wieder von Neuem geweckte Erwartung, die immer wieder enttäuscht wird. „Monde voll Enttäuschung wurden mein Erbe", klagt Ijob (Vers 3). Das mit „Enttäuschung" übersetzte hebräische Wort *schaw* weist ein breites Bedeutungsfeld auf: Es kann etwas Nichtiges und Gehaltloses bezeichnen. „Mein Volk hat mich vergessen, dem Nichts *(schaw)* bringen sie Rauchopfer dar", klagt Gott in Jer 18,15. Das Wort *schaw* kann aber auch die Lüge, den Betrug bezeichnen. Im 8. Gebot des Dekalogs (der Zehn Gebote) heißt es: „Du sollst nicht gegen deinen Nächsten als Zeuge der Lüge *(schaw)* aussagen" (Dtn 5,20).

Ist Ijob betrogen worden? Tatsächlich tritt zum unmittelbar erlittenen Schmerz seiner schweren Krankheit (Vers 4 und 5) die *Enttäuschung*. Im Vergleich zur Eröffnungsklage (Kapitel 3) hat sich der Grund seiner Klage gewandelt: Wünschte sich Ijob dort den Tod als Erlösung, klagte er dort, dass der Tod *nicht* kommt, so beklagt er hier (Kapitel 7) die Kürze seines Lebens, eines Lebens „ohne Hoffnung" (Vers 6). Ijob scheint zu spüren, dass er „zur Unterwelt hinabsteigt" (Vers 9), doch *nun* beklagt er diesen Weg als einen Gang in ein Land ohne Wiederkehr (Vers 10). Ihm scheint klar zu werden, was Sterben wirklich bedeutet. Dies ist – neben dem Schmerz der quälenden Krankheit – der Grund seiner Klage. Erneut bekräftigt Ijob, entgegen dem Rat des Elifas (vgl. 5,1–2), dass er von dieser Klage nicht lassen will (Vers 11).

Worin hatte Ijob sich getäuscht? Er leugnet nicht, dass er in seinem Leben Glück erfahren hat. Jetzt ist es ihm entschwunden, und er beklagt, dass er es niemals wieder sehen wird (Vers 7). Liegt hier vielleicht das nicht eingehaltene Versprechen seines Lebens? Hatte er *bleibendes* Glück erwartet? Tatsächlich scheint es so zu sein, dass das Leben Hoffnungen weckt, die es zugleich enttäuscht. Das Leben scheint eine Botschaft zu enthalten, die es dann doch nicht einlöst. Oder hatte Ijob falsch gehört? Sieht er sich genötigt, das Buch des Lebens *ganz* zu lesen?

Gott – ein Menschenverächter? (7,12–21)

12 *Bin ich das Meer, der Meeresdrache,*
dass du gegen mich eine Wache stellst?
13 *Sagte ich: Mein Bett soll mich trösten,*
mein Lager trage mit an meiner Klage!,
14 *so schrecktest du mich auf durch Träume,*
und mit Gesichten jagtest du mich in Angst.
15 *Erwürgt zu werden, zöge meine Seele vor,*
lieber den Tod als meine Schmerzen.
16 *Ich will nicht mehr, nicht ewig will ich leben.*
Lass ab von mir, denn nur ein Hauch sind meine Tage.
17 *Was ist der Mensch, dass du groß ihn achtest*
und deinen Sinn auf ihn richtest,
18 *dass du ihn heimsuchst alle Morgen,*
alle Augenblicke ihn prüfst?
19 *Wann endlich schaust du weg von mir,*
willst mich in Ruhe lassen, bis dass ich meinen Speichel schlucke?
20 *Hab' ich gesündigt? Was tat ich dir, du Menschenwächter?*
Warum stellst du mich als Zielscheibe vor dich hin?
Bin ich dir denn zur Last geworden?
21 *Warum nimmst du mein Vergehen nicht weg*
und lässt meine Schuld vorüberziehen?
Ja, dann könnte ich zum Staub mich legen,
suchtest du mich, so wär' ich nicht mehr da.

Im vierten, abschließenden Teil seiner zweiten Rede wendet sich Ijob direkt an ein „Du“. Wer dieses Du ist, wird ausdrücklich gar nicht gesagt. Es kann aber vom Sinnzusammenhang her nur Gott sein. Einige wenige Male klang in den bisherigen Worten Ijobs dieses göttliche Du an (7,7–8), jetzt aber wird es in einer längeren Passage erstmals durchgehend angesprochen. Elifas hatte Ijob nahegelegt, sich an Gott zu wenden (5,8). Ijob befolgt den Rat seines Freundes, allerdings in *ver-kehrter* Weise. Er *befragt* Gott nicht, wie Elifas ihm geraten hatte, sondern er klagt ihn an. Zwar stellt er – formal gesehen – durchaus eine Reihe von Fragen, doch diese sind rhetorische Fragen und deshalb der Sache nach nichts anderes als schwere Vorwürfe. Ijob fühlt sich von Gott angegriffen (vgl. 6,4), und er geht nun seinerseits zum Gegenangriff über. Für Ijob geht Gott gegen ihn wie gegen ein Ungeheuer (Vers 12) vor: Meer und Meeresdrache stellen in der alttestamentlichen Bildwelt chaotische Mächte dar, die von Gott in Schach gehalten werden, damit sie das Leben auf der Erde nicht verschlingen (vgl. Ps 74,13). Ist Ijob ein solches Ungeheuer, das durch Leid in Schach gehalten werden muss? Sucht er Trost auf seinem Lager, so schreckt Gott ihn auf (Vers 13–14). Erneut wünscht Ijob sich den Tod. Seine Schmerzen sind ihm unerträglich (Vers 15–16). Was im Folgenden gesagt wird, ist eine Umkehrung dessen, was wir aus der Gebetstradition der Heiligen Schrift zu hören gewohnt sind. Es ist die Parodie eines Bittgebetes. Bittet der Beter in der Not gewöhnlich um die *Zuwendung* Gottes, so bittet Ijob, Gott möge sich von ihm *abwenden*. „Herr, wende dich mir zu und errette mich", bittet der Beter von Psalm 6. „Schau doch her, erhöre mich, Herr, mein Gott", heißt es in Psalm 13,4. Ijob dagegen: „Wann endlich schaust du weg von mir, willst mich in Ruhe lassen?" (Vers 19) – wenigstens für einen kurzen Augenblick (so ist die Redewendung „bis dass ich meinen Speichel schlucke" zu verstehen). Ijob erfährt die Nähe Gottes als Bedrohung, ja, als Angriff. Eine Befreiung von diesem Gott würde ihm Erleichterung verschaffen.

In den Worten Ijobs scheinen Grundzüge biblischer Anthropologie und Theologie auf den Kopf gestellt zu sein. In Ps 8,5 bekennt der Beter lobpreisend und staunend Gottes Zuwendung zum Menschen in seiner Niedrigkeit: „Was ist der Mensch, dass du an ihn denkst, des Menschen Kind, dass du dich seiner annimmst *(paqad)*?" Im Munde des leidenden Ijob klingt der Satz wie eine Karikatur seiner selbst: „Was ist der Mensch, dass du groß ihn achtest und deinen Sinn auf ihn richtest, dass du ihn heimsuchst *(paqad)* alle Morgen, alle Augenblicke ihn prüfst?“ (Verse 17–18) Ijob erfährt die Zuwendung Gottes als Quälerei. Er hat genug davon. Er ist Gottes Zielscheibe geworden (Vers 20; vgl. 6,4: „Die Pfeile des Allmächtigen stecken in mir“). Ist der Menschenwächter (Vers 20) in Wirklichkeit ein Menschenverächter? In der Wirklichkeit Ijobs ist es so. Wird damit die dem Menschen in Psalm 8 zugesprochene gott-königliche Ehre hinfällig? Wohl kaum, wie wir im Hinblick auf das Ende der Geschichte sagen dürfen. Wohl jedoch wird uns in der Gestalt Ijobs vor Augen geführt, welcher Preis zu zahlen und welche Gottlosigkeit zu durchleben ist, wenn uns das in Psalm 8 gesprochene Wort von der Zuwendung Gottes zu eigen wird.

Gott ist gerecht (8,1–22)

1 *Da antwortete Bildad, der Schuchiter, und sprach:*
2 *Wie lange noch willst du derlei reden?*
Nur heftiger Wind sind die Worte deines Mundes.
3 *Beugt etwa Gott das Recht,*
beugt der Allmächtige die Gerechtigkeit?
4 *Haben deine Kinder gegen ihn gesündigt,*
so gab er sie der Gewalt ihres Vergehens preis.
5 *Wenn du dich an Gott wendest*
und den Allmächtigen um Erbarmen anflehst,
6 *wenn du rein und recht bist,*
dann wird er sich regen über dir
und die Stätte deiner Gerechtigkeit wieder herstellen.
7 *Und war dein Anfang auch gering,*
so wird dein Ende gewaltig groß.
8 *Ja, frag nur das frühere Geschlecht*
und merk dir, was ihre Väter erforschten.
9 *Wir sind von gestern nur und wissen nichts,*
wie Schatten sind auf Erden unsere Tage.
10 *Unterweisen sie dich nicht, sprechen sie nicht zu dir,*
geben sie dir nicht Worte aus ihrem Herzen:
11 *Wächst ohne Sumpf das Schilfrohr hoch,*
wird Riedgras ohne Wasser groß?
12 *In Blüte und noch nicht gemäht,*
verwelkt es schon vor allem Gras.

13 *So enden alle, die Gott vergessen,*
des Ruchlosen Hoffen wird zunichte.
14 *Ein Spinngewebe ist seine Zuversicht,*
ein Spinnennetz sein Verlass.
15 *Stützt er sich auf sein Haus, es hält nicht stand,*
klammert er sich daran, es bleibt nicht stehen.
16 *Er steht im Saft vor der Sonne,*
seine Zweige überwuchern den Garten,
17 *im Geröll verflechten sich seine Wurzeln,*
zwischen Steinen halten sie sich fest.
18 *Doch Gott tilgt ihn aus an seiner Stätte,*
sie leugnet ihn: Nie habe ich dich gesehen.
19 *Siehe, das ist die Freude seines Weges,*
aus dem Staub sprießt ein anderer empor.
20 *Siehe, Gott verwirft den Unschuldigen nicht,*
doch die Hand der Boshaften hält er nicht fest.
21 *Mit Lachen wird er deinen Mund noch füllen,*
deine Lippen mit Jubel.
22 *Deine Hasser werden sich in Schande kleiden,*
das Zelt der Frevler ist nicht mehr da.

Als zweiter der Freunde Ijobs ergreift Bildad von Schuach das Wort. Der Name „Bildad" heißt wörtlich übersetzt „Sohn des Hadad". Hadad wurde im Vorderen Orient als Gewittergott verehrt. Bildad geht Ijob schärfer an als sein Vorredner Elifas. Getreu seinem Namen („nomen est omen") donnert er los: „Wie lange noch willst du derlei reden? Nur heftiger Wind sind die Worte deines Mundes" (Vers 2). Die Kernaussage seiner Ausführungen findet sich im unmittelbar darauffolgenden Vers 3: Gott ist gerecht. Im ersten Teil seiner Rede (Vers 2–7) entfaltet Bildad seine These, im zweiten Teil (Vers 8–19) sichert er sie durch Rückgriff auf die Tradition (Vers 8: „was ihre Väter erforschten") und durch Vergleiche aus der Natur ab, und im abschließenden dritten Teil (Vers 20–22) wendet er sie auf die Situation Ijobs an.

Bildad scheint verletzt und verärgert zu sein. Etwas, das ihm sehr kostbar ist, sieht er durch Ijobs Worte zutiefst in Frage gestellt: die Gerechtigkeit Gottes. Damit dürfte in der Tat der zentrale Nerv des biblischen Gottesglaubens berührt sein. „Deine Gerechtigkeit verberge ich nicht im Herzen, ich spreche von deiner Treue und Hilfe", bekennt der Psalmist (Ps 40,11). Recht und Gerechtigkeit werden immer wieder von Menschen mit Füßen getreten, selbst von denen, die für deren Beachtung und Durchsetzung besondere Verantwortung tragen. Vor allem den Propheten verdanken wir das Schuld aufdeckende, unerschrockene Wort: „Hört doch, ihr Häupter Jakobs und ihr Vorsteher des Hauses Israel! Ist es nicht eure Pflicht, das Recht zu kennen? Sie aber hassen das Gute und lieben das Böse ... Sie fressen mein Volk auf, sie ziehen den Leuten die Haut ab und zerbrechen ihnen die Knochen; sie zerlegen sie wie Fleisch für den Kochtopf, wie Braten für die Pfanne" (Mi 3,1–3).

Wird Ijob nicht in gleicher Weise gequält? „Mein Fleisch ist gekleidet in Fäulnis und Schorf, meine Haut schrumpft und eitert" (7,5). Sollte Gott selbst zu einem Verbrecher geworden sein? Tatsächlich wird Ijob schon in Kürze diesen Vorwurf erheben: „Schuldlos wie schuldig bringt er um ... Er spottet über der Schuldlosen Angst. Die Erde ist in Frevlerhand gegeben, das Gesicht ihrer Richter deckt er zu. Ist er es nicht, wer ist es dann?" (9,22–24) Bildad scheint zu ahnen, dass sich in Ijobs Klage eine Dynamik entfaltet, die die Grundfesten des Glaubens erschüttert und in die Gotteslästerung mündet. Dem möchte er mit Macht Einhalt gebieten. Ist ihm da nicht zuzustimmen, zumal er Ijob nicht nur tadelt, sondern ihm auch die Perspektive eines neuen Glücks eröffnet (Vers 5–7; 20–22)?

Wenn uns Texte der Heiligen Schrift vor unlösbare Probleme stellen, kann es hin und wieder hilfreich sein, in der Auslegungsgeschichte um Rat nachzusuchen. Warum sollte die Bibelwissenschaft an einer zweitausendjährigen Geschichte des Nachdenkens achtlos vorübergehen? Eine der wirkungsgeschichtlich bedeutsamsten Auslegungen des Ijobbuches verdanken wir Papst Gregor dem Großen (540–604), der zusammen mit Ambrosius, Augustinus und Hieronymus zu den vier großen abendländischen Kirchenlehrern *(Doctores ecclesiae)* gerechnet wird. Nach Gregor liegt der Grund für das Fehlverhalten der drei Freunde nicht in ihrer Bosheit, sondern in ihrer Unwissenheit *(ignorantia)* begründet. Sie kennen nämlich nicht die unterschiedlichen Arten und Ursachen des Leids. Gregor unterscheidet vier Formen, die er biblisch belegt: (1) Leid als nachfolgende Strafe einer unheilbaren Schuld (Jer 30,14–15); (2) Leid als Strafe einer Schuld und zugleich als Mittel der Besserung (Joh 5,14); (3) Leid als Mittel zur Verhinderung einer zukünftigen Schuld (2 Kor 12,7); (4) Leid, das weder einer vorausgegangenen Schuld folgt, noch eine zukünftige verhindern will (Joh 9,2–3). Nach Gregor ist es also möglich, dass ein Mensch, der keine Sünde begangen hat und von dem nicht zu erwarten ist, dass er eine Sünde begehen wird, leidet. Ein solcher Mensch ist Ijob. „Weil die Freunde Ijobs die verschiedenen Arten des Leids nicht zu unterscheiden vermögen, glauben sie, er müsse wegen einer Schuld leiden." So sündigten sie „mehr durch Unwissenheit als durch Bosheit" (Moralia in Iob, Praefatio V, 12).

Im Ijobbuch scheint sich in der Geschichte des biblischen Glaubens bezüglich der Frage nach dem Leid eine neue Perspektive zu eröffnen. In einer erlittenen Not kann sich nach biblischem Verständnis durchaus eine verborgene Schuld enthüllen. Nicht selten vermag eine derartige Not die Kraft einer inneren Umkehr freizusetzen, die zu einer Neuausrichtung des Lebens führt. Vor allem den Propheten verdanken wir tiefe Einsichten in den inneren Zusammenhang von Schuld, Leid und Erlösung. In der Geschichte der Prophetie ist allerdings auch die Einsicht gewachsen, dass jemand, der sein Leben ganz auf Gott hin ausrichtet (ein „Knecht Gottes"; vgl. Jes 52,13 mit Ijob 1,8; 2,3), leiden muss, weil sich – entgegen dem Anschein – in seinem Leiden Tieferes erschließt: „Wir *meinten,* er sei von Gott geschlagen, von ihm getroffen und gebeugt" (Jes 53,4).

Er verrückt die Erde (9,1–13)

1 *Da antwortete Ijob und sprach:*

2 *Wahrhaftig weiß ich, dass es so ist:*
Wie wäre ein Mensch bei Gott im Recht!

3 *Wenn er mit ihm rechten wollte,*
nicht auf eins von tausend könnte er ihm Antwort geben.

4 *Der weisen Sinnes ist und stark an Macht –*
wer böte ihm Trotz und bliebe dabei heil?

5 *Er versetzt Berge, sie merken es nicht,*
er stürzt sie um in seinem Zorn.

6 *Er rückt die Erde von ihrem Ort,*
ihre Säulen erzittern.

7 *Er spricht zur Sonne, sie geht nicht mehr auf,*
er versiegelt die Sterne.
8 *Er allein spannt den Himmel aus,*
er schreitet einher auf den Höhen des Meeres.
9 *Er macht das Sternbild des Bären, den Orion,*
das Siebengestirn, die Kammern des Südens.
10 *Er macht Großes, es ist nicht zu fassen,*
Wunderdinge, sie sind nicht zu zählen.
11 *Zieht er an mir vorüber, ich sehe ihn nicht,*
fährt er daher, ich bemerke ihn nicht.
12 *Rafft er hinweg, wer hält ihn zurück?*
Wer sagt zu ihm: Was machst du da?
13 *Gott hält seinen Zorn nicht zurück,*
unter ihm beugen sich selbst Rahabs Helfer.

In seiner dritten Rede (Kap. 9–10) greift Ijob erstmals in breiterer Form theologische Themen auf. So gesehen kommt er seinen Freunden entgegen. Im ersten Teil der Rede geht es um die Allmacht (9,1–13), im zweiten Teil um die Gerechtigkeit Gottes (9,14–24). Der dritte (9,25–35) und vierte (Kap. 10) Teil sind Klagen.

Ijob geht auf die vorangegangene Rede Bildads ohne Umschweife ein. Überraschenderweise stimmt er ihr zu: „Wahrhaftig weiß ich, dass es so ist“ (Vers 2a). Er greift das Stichwort „Recht“ aus der Rede Bildads wieder auf (8,3; vgl. auch 4,17), biegt es aber in charakteristischer Weise um: Ging es Bildad um die Gerechtigkeit Gottes, so fragt Ijob nach dem Recht des Menschen gegenüber Gott. Er stellt die Frage vor dem Hintergrund eines Rechtsverfahrens: Zwei Kontrahenten streiten miteinander, und eine übergeordnete Instanz spricht Recht. Ijob liegt mit Gott im Streit. Doch er muss erkennen, dass ein Rechtsstreit mit Gott nicht möglich ist, zum einen, weil Gottes Macht die des Menschen bei weitem übertrifft (9,3–4), zum anderen, weil es keine Gott und Mensch übergeordnete Instanz gibt, denen beide unterworfen wären (9,12; 9,32–33). Ijob bestreitet nicht die Allmacht Gottes (9,2–13), wohl jedoch seine Gerechtigkeit (9,21–24). Gott *könnte* ihn heilen, er tut es aber nicht.

Mit hymnischen Worten bringt Ijob Gottes Macht zur Sprache. Dabei greift er auf Traditionen biblischer Schöpfungstheologie zurück. Allerdings setzt er seine eigenen Akzente. Zeigt sich die

Macht Gottes in den großen Traditionen biblischer Schöpfungstheologie vor allem darin, dass Gott die Welt in wunderbarer Weise geordnet hat und in ihrem Bestand erhält (vgl. Gen 1; Ps 104), so zeigt sich für Ijob die göttliche Macht vor allem darin, dass sie diese Ordnung zu erschüttern vermag. Bekennt der Beter von Psalm 104: „Du hast die Erde auf Pfeiler gegründet, in alle Ewigkeit wird sie nicht wanken" (Vers 5; vgl. auch Ps 93,1), so sagt Ijob: „Er rückt die Erde von ihrem Ort, ihre Säulen *erzittern*" (Vers 6). Ijobs Welt ist verrückt und erschüttert worden. Gibt es in der Schöpfung, wie sie in Gen 1 und Psalm 104 zur Sprache kommt, die geordnete und Sinn stiftende Abfolge von Tag und Nacht, von Licht und Finsternis, so zeigt sich für Ijob die Macht Gottes darin, dass er die Sonne verdunkelt und die Sterne versiegelt (Vers 7; vgl. Koh 12,2). Gott, so bekennt Ijob, vermag also durchaus so zu handeln, dass seine Schöpfung in das Chaos zurückfällt. Und in dem, was Ijob jetzt erfährt, scheint er es tatsächlich zu tun.

Die Bilder des „Umsturzes" sind in der biblischen Tradition aber auch Bilder einer Theophanie, einer Gotteserscheinung. Wenn Gott kommt, dann „zittern die Berge, bleiben Sonne und Mond in ihrer Wohnung" (vgl. Hab 3,3.10–11). Ijob erlebt einen Zusammenbruch seiner Welt. Doch Gottes Kommen vermag er darin (noch) nicht zu erkennen: „Zieht er an mir vorüber, ich sehe ihn nicht, fährt er daher, ich bemerke ihn nicht" (Vers 11).

Ist Gott ungerecht? (9,14–24)

> 14 *Aber ich, wie sollte ich ihm antworten,*
> *wie meine Worte wählen gegen ihn?*
> 15 *Wäre ich im Recht, ich könnte ihm nicht antworten,*
> *um Gnade müsste ich bei meinem Richter flehen.*
> 16 *Wollte ich rufen, würde er mir Antwort geben?*
> *Ich glaube nicht, dass er auf meine Stimme hört.*
> 17 *Er, der im Sturm mich niedertritt,*
> *der ohne Grund meine Wunden mehrt,*
> 18 *er lässt mich nicht zu Atem kommen,*
> *er sättigt mich mit Bitternis.*
> 19 *Geht es um Kraft, er ist der Starke,*
> *geht es um Recht, wer lädt mich vor?*

20 *Wäre ich im Recht, mein Mund spräche mich schuldig,*
wäre ich schuldlos, er würde mich verurteilen.
21 *Schuldlos bin ich, doch achte ich nicht auf mich,*
mein Leben werfe ich hin.
22 *Einerlei ist es; so sage ich:*
Schuldlos wie schuldig bringt er um.
23 *Wenn die Geißel plötzlich tötet,*
spottet er über der Schuldlosen Angst.
24 *Die Erde ist in Frevlerhand gegeben,*
das Gesicht ihrer Richter deckt er zu.
Ist er es nicht, wer ist es dann?

Ijob sucht nach einer angemessenen Bestimmung seines Verhältnisses zu Gott. Da bietet sich von der biblischen Tradition her die Kategorie des Rechts an: „Gott ist ein gerechter Richter" (Ps 7,12). „Sollte sich der Richter über die ganze Erde nicht an das Recht halten?" (Gen 18,25)

Recht und Gerechtigkeit spielen im Alten Testament eine bedeutende Rolle. Damit sich nicht einfach der Stärkere gegenüber dem Schwächeren durchsetzt, hat Gott Israel eine Rechtsordnung gegeben. Werden Recht und Gerechtigkeit nicht beachtet, will Gott selbst für deren Durchsetzung eintreten. In einem der ältesten Rechtsbücher des Alten Testaments lesen wir: „Ihr sollt keine Witwe oder Waise ausnützen. Wenn du sie ausnützt und sie zu mir schreit, werde ich auf ihren Klageschrei hören" (Ex 22,21–22).

Nun ist Ijob selbst ein Geschlagener geworden. Hätten Menschen ihn geschlagen und verfolgt, könnte er Gott um Hilfe anflehen. In den Klagepsalmen ist häufig eine derartige Situation anzutreffen: „Zurückgewichen sind meine Feinde, gestürzt und vergangen vor deinem Angesicht. Du hast mir Recht verschafft und für mich entschieden, dich auf den Thron gesetzt als ein gerechter Richter" (Ps 9,4–5). Das Fatale an Ijobs Lage ist jedoch, dass er sich von *Gott* geschlagen weiß. Zugleich ist ihm aber klar, dass es keine Instanz gibt, die *über* Gott steht und an die er sich wenden könnte.

Was Ijob erfährt, ist schrecklich. Es erinnert an die Hilflosigkeit der Opfer gegenüber ihren Tätern. In einer Situation der Schwäche und der Rechtlosigkeit können sie nur um Gnade flehen (vgl. Vers 15). In den Augen Ijobs ist Gott der Täter. Wie kann er da der Richter sein? „Geht es um Kraft, er ist der Starke, geht es um Recht, wer lädt mich vor?“ (Vers 19) So nimmt es nicht Wunder, dass sich Ijob zu einer Aussage gezwungen sieht, die innerhalb der Heiligen Schrift etwas Ungeheuerliches behauptet: „Die Erde ist in Frevlerhand gegeben, das Gesicht ihrer Richter deckt er [Gott] zu“ (Vers 24).

Wenn Menschen miteinander in Schwierigkeiten geraten, ist es oft hilfreich, zu klären, in welchem Verhältnis sie zueinander stehen. Probleme erwachsen oft aus „ungeordneten Verhältnissen“. Ähnlich ist es im Verhältnis des Menschen zu Gott. Ijobs Klage zeigt, dass das Recht – so wie er es versteht – das Verhältnis zwischen Gott und Mensch nicht angemessen zu erfassen vermag. Dieser Weg führt nicht weiter.

Der Text enthält einige versteckte Hinweise darauf, dass nicht alles, was Ijob sagt, richtig ist. In Vers 17 beklagt Ijob einen Gott, „der im Sturm mich niedertritt“. Das Wort „Sturm“ begegnet (in leichter orthographischer Variation) innerhalb des Ijobbuches nur noch in 38,1 und 40,6. Tatsächlich antwortet JHWH „aus dem Sturm“. Die Wirkung dieser Antwort ist jedoch eine andere als die, die Ijob in 9,17–18 bekennt.

Ijob rechnet ferner nicht mit der Möglichkeit, von Gott eine Antwort zu bekommen: „Wollte ich rufen, würde er mir Antwort geben? Ich glaube nicht, dass er auf meine Stimme hört“ (Vers 16). Tatsächlich wird JHWH ihm jedoch antworten. Auffallend ist aber, dass Ijob – wie übrigens auch seine Freunde – in ihrer Auseinandersetzung mit und über Gott (Kap. 3–37) nie – von einer Ausnahme abgesehen (12,9) – den Gottesnamen „JHWH“ verwenden. Sie sprechen von Gott oder vom Allmächtigen, nicht von JHWH. Am Ende antwortet jedoch JHWH (38,1; 40,1.6) – so gesehen also nicht der Gott, an den Ijob „geglaubt“ und gegen den er geklagt hat.

Im weiteren Verlauf der Auseinandersetzung wird sich einiges von dem, was Ijob jetzt sagt, nicht bewahrheiten. Seine Schuldlosigkeit wird von Gott jedoch nicht in Frage gestellt. Aber dass Gott ein Frevler sei, bleibt nicht unwidersprochen: „Willst du wirklich mein Recht zerbrechen, mich zum Frevler machen, damit du recht behältst?“, fragt JHWH (40,8). Nach der Antwort JHWHs sieht Ijob ein: „Ich habe geredet, ohne zu verstehen, zu Wunderbares für mich, ohne zu erkennen“ (42,3).

Ist Gott der Übeltäter? (9,25–35)

25 *Schneller als ein Läufer eilen meine Tage,*
sie fliehen dahin und schauen kein Glück.
26 *Sie gleiten vorbei wie Kähne aus Schilf,*
dem Adler gleich, der sich auf Beute stürzt.
27 *Sage ich: Ich will meine Klage vergessen,*
meine Miene ändern und heiter blicken!,
28 *so graut mir vor all meinen Schmerzen.*
Ich weiß, du lässt mich nicht ungestraft.
29 *Ich muss nun einmal schuldig sein,*
wozu müh' ich mich umsonst?
30 *Wollte ich auch mit Schnee mich waschen,*
meine Hände mit Lauge reinigen,
31 *du würdest mich doch in die Grube tauchen,*
so dass sich meine Kleider vor mir ekelten.
32 *Denn du bist kein Mensch wie ich, dem ich antworten könnte:*
Lasst uns zusammen zum Gericht gehen!
33 *Es gibt keinen Schiedsmann zwischen uns,*
der seine Hand auf uns beide legen könnte.
34 *Er nehme seine Rute von mir weg,*
sein Schrecken ängstige mich nicht mehr.
35 *Ich würde reden, würde ihn nicht fürchten.*
Doch so ist es nicht um mich bestellt.

Das Thema „Rechtsstreit" durchzieht weiterhin Ijobs Klage. Ijob dreht und wendet das Thema nach allen Seiten. Es bestätigt sich die bereits gewonnene Einsicht (vgl. 9,14–24): Mit dem Recht ist Gott nicht beizukommen. Ijob und seine Freunde setzen in gleicher Weise einen Zusammenhang von menschlichem Leid und göttlicher Gerechtigkeit voraus. Sie gehen allerdings von unterschiedlichen Annahmen aus. Die Freunde sagen: Gott ist gerecht (vgl. 8,3). Ijobs Leid deutet darauf hin, dass er Schuld auf sich geladen hat (vgl. 15,4–6; 22,5–11). Ijob dagegen bekennt seine Unschuld (vgl. 9,21; 31). Gleichwohl muss er leiden. Daraus zieht *er* die Schlussfolgerung, *Gott* sei ungerecht (vgl. 9,22–24; 27,2).

Ijob geht durchgehend davon aus, dass Gott es ist, der ihn geschlagen hat und der ihn quält: „Gottes Hand hat mich getroffen" (19,21; vgl. 9,34). Die Erzählung aber sagt etwas anderes: „Da ging der

Satan vom Angesicht JHWHs fort und schlug Ijob mit bösartigem Geschwür von der Fußsohle bis zum Scheitel" (2,7). *Satan* hat Ijob geschlagen, nicht Gott. Man sollte diese Unterscheidung nicht als theologische Spitzfindigkeit abtun. Wenn jemand die Vorstellung, Gott habe ihn geschlagen, einfach fallen lässt und sich wirklich von ihr verabschiedet, können sich neue Lebensperspektiven eröffnen. Ijob *meint*, Gott habe ihn geschlagen. In dieser Hinsicht lebt er in einer Täuschung – wie seine Freunde. Sie alle haben sich in einem vermeintlichen Wissen verfangen. Gelebtes Nichtwissen wäre hier der Weg, der in die Wahrheit führt – übrigens auch eine Einsicht der antiken Skepsis, die ihre Aufgabe darin sah, Menschen von falschen Vorstellungen zu befreien, um ihnen so einen Weg der Heilung zu eröffnen. Auch die christliche Tradition weiß darum, dass, wenn es um Gott geht, Nichtwissen hilfreicher sein kann als Wissen, wie im Titel eines Werkes christlicher Mystik („Die Wolke des Nichtwissens") aus dem Spätmittelalter programmatisch zum Ausdruck gebracht wird.

Auch bezüglich der Erwartung, die Ijob Gott entgegenbringt, täuscht er sich. Er befürchtet, Gott würde ihn verurteilen (vgl. 9,20): „Wollte ich auch mit Schnee mich waschen, meine Hände mit Lauge reinigen, du würdest mich doch in die Grube tauchen, so dass meinen Kleidern vor mir ekelt" (Vers 31). Tatsächlich spricht Gott ihn jedoch nicht schuldig. Wohl jedoch weist er den von Ijob erhobenen Vorwurf, Gott sei ein Frevler, zurück (40,8).

Die Heilige Schrift weiß sehr wohl darum, dass Leid eine Folge menschlicher Schuld sein kann. „Überheblich sagt der Frevler: ‚Gott straft nicht. Es gibt keinen Gott'" (Ps 10,4). Bei Ijob jedoch liegen die Dinge anders. Er ist unschuldig. Die nicht selten im Leid aufbrechende Frage „Womit habe ich das verdient?" führt im Fall Ijob nicht weiter. Sich von dieser Frage erlösen zu lassen, ist (für Ijob) ein schmerzhafter Prozess. Er muss durchlebt, er kann nicht umgangen oder übersprungen werden: „Sage ich: Ich will meine Klage vergessen, meine Miene ändern und heiter blicken!, so graut mir vor all meinen Schmerzen" (Vers 27–28).

Sprechen über Gott, Sprechen zu Gott (10,1–12)

1 *Zum Ekel ist mein Leben mir geworden,*
ich lasse meiner Klage freien Lauf,
reden will ich in meiner Seele Bitternis.
2 *Ich sage zu Gott: Sprich mich nicht schuldig,*
lass mich wissen, warum du mit mir streitest.
3 *Nützt es dir, dass du Gewalt verübst,*
dass du das Werk deiner Hände verwirfst,
doch über dem Plan der Frevler strahlend aufgehst?
4 *Hast du die Augen eines Sterblichen,*
siehst du, wie Menschen sehen?
5 *Sind Menschentagen deine Tage gleich*
und deine Jahre wie des Mannes Tage,
6 *dass du Schuld an mir suchst,*
nach meiner Sünde fahndest,
7 *obwohl du weißt, dass ich nicht schuldig bin*
und keiner mich deiner Hand entreißt?
8 *Deine Hände haben mich gebildet, mich gemacht;*
dann hast du dich umgedreht und mich vernichtet?
9 *Denk daran, dass du mich wie Ton gemacht hast.*
Zum Staub lässt du mich zurückkehren.
10 *Hast du mich nicht ausgegossen wie Milch,*
wie Käse mich gerinnen lassen?
11 *Mit Haut und Fleisch hast du mich umkleidet,*
mit Knochen und Sehnen mich durchflochten.
12 *Leben und Huld hast du mir verliehen,*
deine Obhut schützte meinen Geist.

In Ijobs erster Rede (Kap. 3), in der die erlittene Not mit elementarer Wucht herausbrach, kam Gott nur ganz verhalten und nur am Rande in den Blick (Kap. 3,4.20–23). Ijob sprach nicht *zu*, sondern *über* Gott. Bereits mit der zweiten Rede ändert sich das: Ijob klagt nicht mehr nur *über* Gott (6,4–9), sondern auch *zu* Gott (7,7). Er spricht ihn direkt an (7,12–14.20–21). In dieser Wende von einem Sprechen *über* Gott zu einem Sprechen *zu* Gott liegt ein Schlüssel zum Verständnis des Buches und des in ihm verhandelten Problems. Im weiteren Verlauf der Auseinandersetzung verstärkt sich Ijobs Hinwendung zu Gott. Ijob selbst scheint dieser Vorgang bewusst zu sein. Er spricht ihn direkt an, wenn er sagt: „Ich spreche *zu* Gott“ (Vers 2). So hatte er zu Beginn nicht gesprochen. Nicht einmal der fromme Ijob des Anfangs, „Ijob der Dulder“, hat *zu* Gott gesprochen, sondern nur *über* ihn (vgl. 1,21; 2,10). Dies hat sich nun geändert. Unser Text (10,1–12) ist durchgehend von der an Gott gerichteten Anrede geprägt. Etwa 26-mal kommt in ihm das Wort „Du“ beziehungsweise die Anrede einer 2. Person Singular vor. Darin unterscheidet sich Ijobs „Gottesrede“ grundlegend von derjenigen seiner Freunde. Die Freunde Ijobs sprechen ausschließlich *über* Gott. Was sie sagen, ist wahr und über weite Strecken Ausdruck einer großartigen Theologie. Aber der Sprung von einem Sprechen über Gott zu einem Sprechen zu Gott kommt ihnen nicht in den Sinn. Sie haben, so scheint es, auch keinen Grund dazu. Ihnen geht es gut. So ist Ijob, der in seinem Leid von Gott geschlagen zu sein scheint, in Wahrheit auf einen Weg geworfen, der von ihm immer mehr als ein Weg angenommen und begangen wird, der ihn zu Gott führt, zu einem Gott, den er allerdings noch nicht kennt.

Auf seinem Weg zu dem ihm noch unbekannten Gott schleppt Ijob noch vieles mit sich. Immer wieder bricht die Frage nach der Ursache seines Leids auf: „Lass mich wissen, *warum* du mit mir streitest“ (Vers 2). Falsche Fragen und falsche Vorstellungen, die sich tief in das menschliche Bewusstsein eingegraben haben, können nicht per Knopfdruck ausgeschaltet werden. Sie sind nun einmal da, sie brechen aus Ijob hervor und insofern sind sie wahr. Der Weg ihrer Lösung ist kein anderer als derjenige, den Ijob geht: der Weg zu Gott. Ijob geht ihn so, wie er jetzt ist. Er eignet sich keine fromme und „rechtgläubige“ Haltung an, die nicht zu ihm passt, wie ihm seine Freunde nahelegen, sondern er streckt sich so, wie er jetzt ist, ganz auf Gott hin aus, und zwar auf einen Gott, den er als einen in sich widersprüchlichen Gott erfährt, als einen Gott, der „mich gebildet *und* vernichtet“ (Vers 8). Darin zeigt sich seine wahre Frömmigkeit. Darum wird er von der Tradition als Heiliger verehrt, nicht, weil er „in sich vollkommen war“, sondern weil er mit zerbrochenem Herzen nichts als Gott gesucht hat.

Leid und Schuld (10,13–22)

13 *Du verbirgst es in deinem Herzen,*
ich weiß, du hast Folgendes im Sinn:
14 *Hätte ich gesündigt, du hättest mich bewacht,*
hättest mich nicht ungestraft gelassen.
15 *Wäre ich schuldig geworden, dann wehe mir!*
Bin ich aber im Recht, darf ich das Haupt nicht erheben,
bin gesättigt mit Schmach und geplagt mit Kummer.
16 *Erhebe ich es doch, jagst du mich wie ein Löwe*
und verhältst dich wieder unbegreiflich gegen mich.
17 *Neue Zeugen stellst du mir entgegen,*
häufst deinen Unmut gegen mich,
wechselnde Heere treffen bei mir ein.
18 *Warum ließest du mich aus dem Mutterschoß kommen,*
warum verschied ich nicht, eh' mich ein Auge sah?
19 *Wie nie gewesen wäre ich,*
vom Mutterleib zum Grab getragen.
20 *Sind wenig nicht die Tage meines Lebens?*
Lass ab von mir, dass ich ein wenig heiter blicken kann,
21 *bevor ich fortgeh' ohne Wiederkehr*
ins Land des Dunkels und des Todesschattens,
22 *ins Land, so finster wie die Nacht,*
wo Todesschatten herrscht und keine Ordnung,
und wenn es leuchtet, ist es wie tiefe Nacht.

Ijob befindet sich in einem Dilemma. So zumindest nimmt er es wahr. Das Dilemma ergibt sich aus dem von ihm angenommenen Zusammenhang von Leid und Schuld. Das Gott zustehende Recht, einen schuldig gewordenen Menschen zu strafen, wird von Ijob nicht in Frage gestellt: Hätte Ijob gesündigt, hätte Gott ihn nicht ungestraft gelassen (Vers 14). Die Rede vom strafenden Gott gehört zum Kernbestand der biblischen Botschaft. Sie ist unaufgebbar. Allerdings dürfen wir uns die göttliche Strafe nicht als emotional ungeläuterte Rachsucht vorstellen. In einer von Gott erlittenen Strafe wird etwas Verborgenes sichtbar, das uns von Gott trennt. Die tiefste Not des Menschen ist seine Gottvergessenheit. Sie ist so schmerzhaft, dass sie ob ihrer Unerträglichkeit gern überspielt, verdrängt, vergessen wird. „Göttliche Strafe" fügt äußerlich keine neuen Schmerzen hinzu, sondern macht den verborgenen Schmerz der Gottvergessenheit sichtbar und fühlbar. Sie ist eine Form der Zuwendung Gottes, eine Weise seines rettenden und heilenden Handelns. Es gibt Krankheiten, die so tief sitzen, dass sie gar nicht bemerkt werden. Ein erster Schritt der Heilung besteht darin, das Verborgene ans Licht zu bringen. Die Erleuchtung des Verborgenen ist äußerst schmerzhaft. Doch ohne sie wird es keine Heilung geben. „Der Herr wird kommen und nicht zögern, er wird das im Dunkeln Verborgene ans Licht bringen *(illuminabit abscondita tenebrarum)* und sich allen Völkern offenbaren", heißt es in einer Antiphon in der ersten Woche des Advent.

Bei Ijob allerdings verhält es sich anders. Er ist unschuldig, darf aber gleichwohl sein „Haupt nicht erheben" (Vers 15b). Sein Leid ist keine Strafe Gottes. Deshalb kann er es nicht verstehen. Ijob erfährt Gott nicht als einen gerechten Richter, sondern als einen ungerechten Verfolger, als einen Löwen, der ihn jagt (Vers 16), als einen Kriegsherrn, der gegen ihn zu Felde zieht (Vers 17). Sein sehnlichster Wunsch: Dieser Gott möge ihn endlich in Ruhe lassen (Vers 20). Gottes Abwesenheit würde ihm Erleichterung verschaffen.

In den abschließenden Worten seiner Klage (Vers 18–22), in denen Motive der ersten Ijob-Rede wieder aufgegriffen werden (Kap. 3), klingt erneut an, dass im Unglück, das Ijob widerfährt, die Not eines *jeden* Menschenlebens zum Vorschein kommt. Aus christlicher Sicht scheint es sich bei dieser Not um eine der individuellen Schuld des Menschen vorausliegende Bestimmung zu handeln, die ihn von Gott trennt. In der theologischen Tradition sprechen wir von der „Erbsünde" oder der „Ursünde" – ein durchaus nicht unmissverständlicher Begriff. Das Alte Testament kennt diesen Begriff nicht. Es weiß aber sehr wohl um die Not einer den Menschen auf unbegreifliche Weise treffenden Gottesferne (vgl. 23,8–9). Im Namen „Ijob", welcher übersetzt heißt „Wo ist (mein) Vater-Gott?", klingt sie an. Aber bereits die Botschaft des Alten Testaments, zumal die des Ijobbuches, ist eine frohe Botschaft, da sie uns von einem Weg erzählt, der uns Menschen zu dem zurückführt, den wir in unserer Not suchen.

Soll der Maulheld recht behalten? (11,1–12)

1 *Da antwortete Zofar von Naama und sprach:*
2 *Soll dieser Wortschwall ohne Antwort bleiben,*
und soll der Maulheld recht behalten?
3 *Dein Geschwätz lässt Männer schweigen,*
du darfst spotten, und niemand ist da, der dich beschämt.
4 *Du sagtest: „Rein ist meine Lehre,*
und lauter war ich stets in deinen Augen."
5 *O, dass Gott doch selber spräche,*
seine Lippen öffnen würde gegen dich.
6 *Er würde dich der Weisheit Tiefen lehren,*
wie Wunder sind sie für den Verstand.
Dann würdest du erkennen, dass Gott weniger von dir fordert, als deine Schuld verlangt.
7 *Die Tiefe Gottes willst du finden,*
das Äußerste des Allmächtigen willst du finden?
8 *Höher als der Himmel – was machst du da?*
Tiefer als die Unterwelt – was kannst du wissen?
9 *Länger als die Erde ist ihr Maß,*
breiter ist sie als das Meer.
10 *Wenn er daherfährt und gefangennimmt,*
wenn er zusammentreibt, wer hält ihn ab?
11 *Ja, er kennt die falschen Leute,*
er sieht das Unrecht ohne aufzumerken.
12 *Kommt ein Hohlkopf zur Besinnung,*
wird ein Eselshengst als Mensch geboren?

Als letzter der Freunde ergreift Zofar von Naama das Wort. Schärfer noch als seine beiden Vorredner weist er Ijob zurecht (Vers 1–3). Seine Rede gliedert sich in zwei Teile: Im ersten Teil (11,1–12) weist er Ijobs „Lehre" zurück, im zweiten Teil (11,13–20) gibt er ihm einen seelsorglichen Rat.

Zofar redet keineswegs an Ijob vorbei. Er geht sehr wohl auf das von Ijob Gesagte ein, indem er ihn sachlich korrekt zitiert (vgl. 9,21; 10,7): „Du sagtest: ‚Rein ist meine Lehre, und lauter war ich stets in deinen Augen'" (Vers 4). Erneut ist es also die Unschuldsbeteuerung Ijobs, die Widerspruch hervorruft. Wie geht Zofar darauf ein? Offensichtlich meint er, an die Stelle Gottes treten zu müssen, um

Ijobs „Lehre“ zu widerlegen. Zofar gibt vor, zu wissen, was Gott sagen würde, wenn er spräche. Da Gott nun aber nicht spricht, spricht Zofar für ihn (Vers 5–6). Im Zentrum des ersten Teils seiner Rede findet sich der Satz: „Dann würdest du erkennen, dass Gott weniger von dir fordert, als deine Schuld verlangt“ (Vers 6). Zofar setzt also wie seine beiden Freunde voraus, dass Ijob schuldig geworden ist. Aber er geht einen Schritt weiter als sie. Sprachen Elifas und Bildad von der Gerechtigkeit Gottes, so deutet Zofar an, dass sich Gott im Leiden Ijobs nicht nur als gerecht, sondern sogar als barmherzig erweist, da er weniger von ihm fordert, als seine Schuld verlangt.

Nach dieser „Klarstellung im Namen Gottes“ verweist Zofar im Folgenden (Vers 7–9) auf die *Unbegreiflichkeit* Gottes – eine Unbegreiflichkeit für Ijob, versteht sich: „Die Tiefe Gottes willst du finden?“ (Vers 7) Zofar malt sie mit räumlichen Metaphern aus, die Gottes Unbegreiflichkeit gleichsam in alle vier Himmelsrichtungen abschreiten: in die Höhe, in die Tiefe, in die Länge, in die Breite / Himmel, Unterwelt, Erde, Meer (Vers 8–9). Später wird Ijob ein vergleichbares Bild aufgreifen, nicht jedoch um Gottes Unbegreiflichkeit zu behaupten, sondern um seine Abwesenheit zu beklagen (23,8–9). So wie Gottes Wesen unergründbar ist, so ist sein Handeln unverfügbar (Vers 10). Niemand kann sich der Gewalt des göttlichen Handelns entgegenstellen. Mit Vers 11 scheint Zofar Ijob eine verdeckte Warnung zukommen zu lassen: Ohne groß aufzumerken sieht Gott das Unrecht, „er kennt die falschen Leute“. Vers 12 könnte ein allgemein akzeptiertes Sprichwort sein. Es weist auf Unmögliches hin: Will Ijob die göttliche Ordnung der Welt auf den Kopf stellen? Das Sprichwort könnte aber auch der Befürchtung Ausdruck verleihen, Ijob werde, wenn er an seiner falschen Lehre festhalte, zu einem hoffnungslosen Fall, zu einem „Hohlkopf“, der so wenig zur Besinnung kommt, wie „ein Eselshengst als Mensch geboren wird“. Umso dringlicher erscheint eine seelsorgliche Ermahnung, die Zofar ihm im Folgenden (11,13–20) erteilt.

Falsche Seelsorge (11,13–20)

13 *Wenn du nun dein Herz bereitest*
und deine Hand hebst auf zu ihm –
14 *klebt Unrecht an der Fläche deiner Hand, entfern es,*
und lass nicht Schlechtigkeit in deinem Zelte wohnen! –
15 *dann kannst du dein Angesicht erheben ohne Makel,*
fest stehst du da und brauchst dich nicht zu fürchten.
16 *Du wirst das Ungemach vergessen,*
wie an Wasser, das zerronnen, wirst du daran denken.
17 *Heller als der Mittag erhebt sich dann dein Leben,*
die Finsternis wird wie der Morgen sein.
18 *Du bist voll Zuversicht, weil es noch Hoffnung gibt;*
du schaust dich um und kannst in Ruhe schlafen.
19 *Du lagerst dich, und niemand schreckt dich auf,*
gar viele werden dich umschmeicheln.
20 *Der Frevler Augen jedoch – sie werden verschmachten,*
jede Zuflucht schwindet ihnen;
ihre Hoffnung ist, das Leben auszuhauchen.

Im zweiten Teil (11,13–20) seiner Rede erteilt Zofar dem leidenden Ijob einen seelsorglichen Rat. Ijob, so Zofar, möge sein Herz bereiten und seine Hand „zu ihm erheben" (Vers 13). Damit ist nichts anderes gemeint, als sich im Gebet an Gott zu wenden (vgl. Ex 9,33; 1 Kön 8,22). Einen derartigen Rat hatten bereits Elifas (5,8) und Bildad (8,5f) erteilt. Zofar hebt sehr schön sowohl auf die innere Einstellung („sein Herz bereiten") als auch auf die äußere Haltung („seine Hand erheben" bzw. „seine Hände ausbreiten") beim Gebet ab. Er steht damit in der besten Tradition einer biblisch inspirierten Spiritualität, die sehr wohl um das feine Zusammenspiel von innerer und äußerer Haltung weiß. Er geht aber noch einen Schritt weiter. Denn er weiß auch, dass Hände, an denen Blut klebt, ins Leere greifen, wenn sie sich nach Gott hin ausstrecken. Das erinnert an die prophetische Tradition: „Wenn ihr eure Hände ausbreitet, verhülle ich meine Augen vor euch. Wenn ihr auch noch so viel betet, ich höre es nicht. Eure Hände sind voller Blut. Wascht euch, reinigt euch!" (Jes 1,15–16) Da Zofar wie seine Freunde Elifas und Bildad den schweren Verdacht hegt, Ijob müsse leiden, weil er persönlich schuldig geworden sei, sieht er sich offensichtlich genötigt, darauf hinzuweisen, dass sein

Gebet nur dann erfolgreich sein kann, wenn Ijob zuvor das Unrecht, das an seinen Händen kleben mag, entferne (Vers 14).

Zofar scheint fest davon überzeugt zu sein, dass der Erfolg nicht ausbleiben werde, wenn Ijob in rechter Weise zu Gott bete. Beeindruckend malt er das Glück aus, das er dabei erwarten darf: Seine Furcht wird vergehen (Vers 15), die Not, in der er jetzt steckt, wird er völlig vergessen; es werden keine traumatischen Erinnerungen zurückbleiben (Vers 16). Sein Leben wird aufstrahlen (Vers 17). Zuversicht und Hoffnung werden zurückkehren (Vers 18), und selbst in der Nacht, wo Finsternis und Schrecken lauern, wird er ruhen in ungestörter Sicherheit (Vers 18). In scharfem Kontrast zum Glück des Gerechten verweist Zofar im letzten Satz seiner Rede auf das Schicksal der Frevler (Vers 20) – für Ijob ein Wink mit dem Zaunpfahl: Der Frevler Augen verschmachten.

Zofar scheint ein guter Seelsorger zu sein. Sein Rat ist kurz und prägnant. Vor allem aber macht er Ijob Mut. Er spricht ihm Hoffnung und Zuversicht zu. Doch Ijob kann, wie der weitere Verlauf des Gesprächs zeigen wird, den gutgemeinten Rat nicht annehmen.

Was macht Zofar falsch? Nimmt man das ganze Buch in den Blick, so fällt vor allem zweierlei auf. Zum einen täuscht auch Zofar sich, wenn er vermutet, Ijob habe gesündigt. Zum anderen aber macht er sich und Ijob etwas vor, wenn er den Weg des Gebetes, den er empfiehlt, als einen Weg des schnellen Erfolges preist. Er nimmt offensichtlich nicht wahr, dass der Weg zu Gott, den Ijob zu gehen hat, ein Weg ist, der durch die „Schlucht des Todesschattens" führt (vgl. Ps 23,4). Die Bilder des Heils, die Zofar kennt und die er der Tradition entnimmt, werden zu Bildern der Täuschung und eines falschen Versprechens, wenn er den Preis unterschlägt, der zu zahlen ist, um in sie hineinzuwachsen. So gibt Zofar das Beispiel eines Beraters und Seelsorgers ab, der nur die halbe Wahrheit sagt. Er tut es, wie bereits Gregor der Große vermutet, wohl nicht aus Bosheit, sondern aus Unwissenheit. Er kennt zwar die Worte der Tradition, hat sie aber nicht verstanden. Ijob spürt die Täuschung. Die Worte der Freunde empfindet er zwar als „schöne, aber windige Worte" (vgl. 16,3): „Leidige Tröster seid ihr alle" (16,2).

Was ihr wisst, weiß ich auch (12,1–6)

1 *Da antwortete Ijob und sprach:*
2 *Wahrhaftig, ihr seid besondere Leute,*
und mit euch stirbt die Weisheit aus.
3 *Ich habe auch Verstand wie ihr,*
ich falle nicht ab im Vergleich mit euch.
Wer wüsste wohl dergleichen nicht?
4 *Zum Spott der eigenen Freunde bin ich geworden,*
der Gott anruft, dass er ihm antworte,
ein Spott der Fromme, der Gerechte.
5 *Dem Unglück Hohn! So denkt, wer ohne Sorge ist,*
wer fest sich weiß, wenn Füße wanken.
6 *In Ruhe sind der Gewaltmenschen Zelte,*
voll Sicherheit sind, die sich gegen Gott erheben,
die wähnen, Gott mit ihrer Hand zu greifen.

Mit der vierten, sehr umfangreichen Rede Ijobs (12–14) geht der erste Redegang zu Ende. In einer kurz gehaltenen Einleitung (12,1–6) weist Ijob, nicht ohne Ironie, das Gerede seiner Freunde zurück. Auch wenn zuvor nur Zofar gesprochen hatte, so gilt Ijobs Antwort den drei Freunden gemeinsam. Er spricht sie im Plural an („ihr"). In der Tat vertreten sie weitgehend die gleiche Ansicht.

Ein wichtiges Stichwort fällt gleich im ersten Satz: Weisheit. Die Freunde gebärden sich als Anwälte der Weisheit. In erhabenem Ton hatte Zofar zuvor von „der Weisheit Tiefen" gesprochen, die Gott Ijob schon noch lehren werde (11,5–6), sich dann allerdings selbst mit dieser Weisheit identifiziert. So trifft Ijob durchaus den Kern der Sache, wenn er den Freunden voll Spott zuruft: „Mit euch stirbt die Weisheit aus" (Vers 2). In Form eines Sprichworts hatte Zofar zuvor Ijob indirekt als einen „Hohlkopf" bezeichnet (11,12). Ijob weist den Vorwurf zurück und tut im Gegenzug die Worte der Freunde als Gemeinplätze ab: „Wer wüsste wohl dergleichen nicht?" (Vers 3) Das Wissen, das die Freunde vorbringen, ist allgemein bekannt. Auch Ijob ist damit vertraut: „Was ihr wisst, weiß ich auch" (13,2). Es hilft ihm in der gegenwärtigen Lage jedoch nicht weiter. Damit ist allerdings nicht gesagt, dass Ijob durch keinerlei „Wissen" geholfen werden kann. Am Ende wird ihm eine Erkenntnis zuteil, die seine Auseinandersetzung mit Gott zu einem guten Ende führt (42,2). Es scheint also für Ijob ein „rettendes Wissen“ zu geben. Nach einem solchen Wissen streckt er sich aus. Welcher Art ist dieses Wissen? Das von den Freunden Angebotene kann es nicht sein.

Im folgenden Vers 4 fasst Ijob sein gegenwärtiges Verhältnis zu Gott und den Freunden ins Wort: Den Freunden ist er zum Spott, in Bezug auf Gott ist er zum Rufer geworden. Beide Beziehungen werden sich im weiteren Verlauf der Auseinandersetzung in der hier angesprochenen Richtung bis ins Extrem hinein steigern. Der Entfremdungsprozess zu seinen Freunden setzt sich fort, ja, er dehnt sich auf Ijobs gesamtes soziales Umfeld aus: Seine Freunde werden zu seinen Feinden (19,13–22), eine Erfahrung, die auch in den Klagepsalmen anzutreffen ist (vgl. Ps 31,12; 38,12; 69,9; 88,19). Ijob bezeichnet sich in Vers 4 als einen „Gott-Rufer“. Damit spricht er eine Existenzform an, in die er im weiteren Verlauf der Auseinandersetzung immer mehr hineinwachsen wird: „Ich will zum Allmächtigen reden, mit Gott zu rechten ist mein Wunsch“ (13,3). In dem Maße, in dem ihm sein Gotteswissen zerbricht und sich das Wissen seiner Freunde angesichts seiner Erfahrung als hohl erweist, wird Ijob mit allen Fasern seiner Existenz zu einem „Gott-Rufer“.

Nicht leicht zu verstehen sind vom hebräischen Wortlaut her die letzten beiden Verse der Redeeinleitung: In Vers 5 spricht Ijob wahrscheinlich das mangelnde Einfühlungsvermögen seiner Freunde an. Sie verstehen ihn nicht, weil sie sich nicht in seine Lage versetzen können. Offensichtlich ist ihnen der Zugang zur eigenen Leiderfahrung versperrt – ein Zeichen mangelnder Reife. Vers 5 wird von Vers 4 und Vers 6 gerahmt. Beide Verse kehren den Tun-Ergehen-Zusammenhang um: Der Fromme, Gerechte und zu Gott Rufende wird verspottet (Vers 4), die Gewaltmenschen, „die sich gegen Gott erheben“, leben in Ruhe (Vers 6). Ist mit Vers 4 Ijob gemeint (vgl. 1,1), dann dürfte Vers 6 wohl im Anschluss an Vers 5 auf die Freunde gemünzt sein. Damit wird ein Thema angesprochen, das den zweiten Redegang (15–21) beherrscht.

Gebet ohne Glaubenswissen (12,7–13,5)

7 *Frag nur die Tiere, sie lehren es dich,*
die Vögel des Himmels, sie künden es dir.
8 *Sprich zur Erde, sie wird dich lehren,*
die Fische des Meeres erzählen es dir.
9 *Wer wüsste nicht bei alledem,*
dass die Hand des Herrn dies gemacht hat?
10 *In seiner Hand ruht die Seele allen Lebens*
und eines jeden Menschenleibes Geist.
11 *Darf nicht das Ohr die Worte prüfen,*
gleich wie der Gaumen seine Speise schmeckt?
12 *Findet sich bei Greisen wirklich Weisheit,*
und birgt langes Leben schon Einsicht?
13 *Bei ihm ist Weisheit und Heldenkraft,*
bei ihm sind Rat und Einsicht.
14 *Siehe, reißt er ein, wird nicht wieder aufgebaut;*
schließt er einen Menschen ein, wird ihm nicht mehr geöffnet.
15 *Siehe, dämmt er die Wasser, versiegen sie,*
lässt er sie frei, zerwühlen sie das Land.
16 *Bei ihm ist Macht und Klugheit.*
17 *Er lässt Ratsherren barfuß gehen,*
Richter macht er zu Toren.
18 *Fesseln von Königen löst er auf,*
er bindet einen Gurt um ihre Hüften.
19 *Er lässt Priester barfuß gehen,*
alte Geschlechter bringt er zu Fall.
20 *Das Wort entzieht er den Bewährten,*
den Ältesten nimmt er die Urteilskraft.
21 *Verachtung gießt er auf die Edlen,*
den Starken lockert er den Gurt.
22 *Verborgenes enthüllt er aus dem Dunkel,*
Finsternis führt er ans Licht.
23 *Völker lässt er wachsen und tilgt sie aus;*
Völker breitet er aus und rafft sie hinweg.
24 *Den Häuptern des Landes nimmt er den Verstand,*
lässt sie irren in wegloser Wüste.
25 *Sie tappen umher im Dunkel ohne Licht,*
er lässt sie irren im Ödland ausweglos.

13,1 *Seht, all das hat mein Auge gesehen,*
mein Ohr gehört und wohl verstanden.
2 *Was ihr wisst, weiß ich auch;*
ich falle nicht ab im Vergleich mit euch.
3 *Doch ich will zum Allmächtigen reden,*
mit Gott zu rechten ist mein Wunsch.
4 *Ihr aber seid nur Lügentüncher,*
untaugliche Ärzte allesamt.
5 *Dass ihr endlich schweigen wolltet;*
das würde Weisheit für euch sein.

In der exegetischen Forschung wird bisweilen die Ansicht vertreten, Ijob 12,7–25 gehöre nicht zum ursprünglichen Bestand der Ijob-Rede, sondern sei von einem Redaktor zu einem späteren Zeitpunkt hinzugefügt worden. In diesem Teil der Rede spricht Ijob in gewisser Weise wie seine Freunde. Zudem fällt auf, dass in 12,9 der Gottesname JHWH (in den deutschen Bibelübersetzungen in der Regel mit „der Herr" wiedergegeben) verwendet wird, den der Dichter im Dialog-Teil (Kap. 3–42,6) sonst konsequent vermeidet. Andere Exegeten wiederum verstehen den hier auszulegenden Text als eine Art Zitat im Munde Ijobs. Diese Deutung wird auch hier vertreten.

Ijob wendet sich einem Thema zu, das besonders in der letzten Freundesrede, der Rede des Zofar, zur Sprache kam: Er spricht wie die Freunde in gehobenen Worten von der unergründlichen Weisheit und Allmacht Gottes (12,13–25). Damit stellt er klar, dass er hinsichtlich seines religiösen Wissens im Vergleich zu seinen Freunden nicht abfällt: „Was ihr wisst, weiß ich auch; ich falle nicht ab im Vergleich mit euch" (13,2).

Wahrscheinlich gibt Ijob in 12,7–10 die Lehre der Freunde im Stil eines Zitates mit eigenen Worten wieder. Ijob versteht die Lehre der Freunde als eine Theologie der Schöpfung: Die Schöpfung selbst, die Tiere, die Vögel des Himmels, die Fische des Meeres, die Erde künden von der wunderbaren Macht ihres Schöpfers. Ijob beansprucht nun, diese Lehre zu überprüfen (Vers 11). Alter allein, so Ijob, ist noch keine hinreichende Bedingung für den Besitz von Einsicht und Weisheit (Vers 12). Dem wird später auch der vierte Freund, Elihu, zustimmen: „Die alt an Jahren sind, nicht immer sind sie weise noch Greise stets des Rechten kundig" (32,9).

In 12,13–25 findet nun die angekündigte Überprüfung statt. Der Sinn von Vers 13 erschließt sich aus dem Gegensatz zu Vers 12: Bei *Gott* (und nicht bei den „altersweisen“ Freunden) finden sich Weisheit und Heldenkraft, bei *ihm* sind Rat und Einsicht (Vers 13). Wer würde das bestreiten? Aber wie zeigt sich die unergründliche Weisheit und Allmacht Gottes in der Welt? – So, dass in ihr keine verlässliche und tragende Ordnung erkannt werden kann. Gott tut, was er will und was er kann: Er lässt Völker wachsen und tilgt sie aus (Vers 23), er macht Richter zu Toren (Vers 17), „alte Geschlechter bringt er zu Fall“ (Vers 19).

Auch die Freunde, vor allem Zofar, sprachen von der unergründlichen Weisheit und Allmacht Gottes (vgl. 11,5–6; 5,8–9). Doch bei ihnen hält sich Gott an eine vom Menschen erkennbare, sinnstiftende Ordnung: Gott „kennt die falschen Leute, er sieht das Unrecht ohne aufzumerken“, hatte Zofar gesagt (11,11). In der Wahrnehmung Ijobs scheint Gott nicht mehr zwischen wahr und falsch, zwischen gerecht und ungerecht unterscheiden zu können. Auch Vers 22 „Finsternis führt er ans Licht“ dürfte nicht als Ausdruck der sinn- und lebensstiftenden Schöpfermacht Gottes zu verstehen sein, wie sie in Gen 1,3–5 zur Sprache kommt, sondern in dem Sinn, dass Gott die Mächte der Finsternis freisetzt und sie in der Welt des Lichtes ihr Unwesen treiben lässt.

Das biblische Gottesbild ist durch die neuzeitliche Welterfahrung zutiefst erschüttert worden. Ein Gott, „der alles so herrlich regieret“, scheint Ausdruck eines Kinderglaubens oder eines nicht aufgeklärten Bewusstseins zu sein. Schauen wir aber genau hin, so zeigt sich, dass eine solche Glaubenskrise der Bibel nicht fremd ist. Ijob kennt sie. Im Zusammenbruch eines für vermeintlich sicher gehaltenen Glaubenswissens aber schält sich für Ijob etwas Neues heraus, etwas, das er immer entschiedener aufzugreifen und zu leben wagt: eine mit allen Fasern seiner Existenz vollzogene Ausrichtung auf den, den er nicht mehr versteht, von dem er aber erhofft, dass er ihm jenseits des Verstehens Antwort gibt: „Ich will zum Allmächtigen reden, mit Gott zu rechten ist mein Wunsch“ (13,3).

Gottes Parteigänger (13,6–12)

6 *Hört doch meinen Rechtsbeweis,*
merkt auf die Streitreden meiner Lippen!
7 *Wollt ihr für Gott Verkehrtes reden*
und seinetwegen Lügen sprechen?
8 *Wollt ihr für ihn Partei ergreifen,*
für Gott den Rechtsstreit führen?
9 *Ginge es gut, wenn er euch durchforschte,*
könnt ihr ihn täuschen, wie man Menschen täuscht?
10 *In harte Zucht wird er euch nehmen,*
wenn heimlich ihr Partei ergreift.
11 *Wird seine Hoheit euch nicht Angst einjagen,*
sein Schrecken nicht auf euch fallen?
12 *Eure Merksätze sind Sprüche aus Staub,*
eure Schilde Schilde aus Lehm.

Auf einen Wettstreit mit seinen Freunden um das je größere (Deutungs-)Wissen möchte sich Ijob nicht einlassen. Er hatte gezeigt, dass auch er in gleicher Weise wie seine Freunde in lobpreisenden Worten von der unergründlichen Weisheit und Allmacht Gottes sprechen kann (12,7–25): „Was ihr wisst, weiß ich auch" (13,2). Ihm scheint aber klar zu werden, dass ein solches Sprechen über Gott nicht weiterhilft. Für Ijob ist es eine untaugliche Arznei, und diejenigen, die sie verabreichen, sind „untaugliche Ärzte allesamt" (13,4). So gibt Ijob erstmals deutlich zu erkennen, welche Richtung er in seinem Sprechen künftig verstärkt einzuschlagen gedenkt: weg von den Freunden, hin zu Gott. „Ich will zum Allmächtigen reden, mit Gott zu rechten ist mein Wunsch" (13,3). Ihm wird zunehmend klar, dass die (Er-)Lösung nur von Gott kommen kann. Doch mit diesem Gott liegt er im Streit. Und so kann, wenn sein Sprechen zu Gott aufrichtig sein soll, dieses zunächst nur die Form eines Rechtsstreites annehmen (13,13–28). Doch bevor Ijob sich in dieser Form Gott zuwendet, bedenkt er seine Beziehung zu den Freunden und seine Einstellung zu dem, was sie ihm bisher geraten hatten (13,6–12).

Was Ijob seinen Freunden entgegenhält, lässt aufhorchen. Er wirft ihnen Parteilichkeit vor, und zwar in einem doppelten Sinn: Zum einen hält er es für aberwitzig, wenn die Freunde sich anmaßen, „für Gott Partei zu ergreifen und für ihn den Rechtsstreit zu führen" (Vers 8).

Zum anderen aber wirft er ihnen vor, dass sie zu Gottes Gunsten „Verkehrtes reden“: „Wollt ihr für Gott Verkehrtes reden und seinetwegen Lügen sprechen?“ (Vers 7) Beide Vorwürfe decken eine fromme Versuchung auf, denen Ijobs Freunde offensichtlich erlegen sind.

Wird Gott angesichts des Übels in der Welt angeklagt, ist es nur allzu verständlich, dass diejenigen, die an Gott glauben, ihn vor ungerechtfertigten Anklagen verteidigen. Die Theologie kennt einen eigenen Traktat, der sich mit der „Rechtfertigung Gottes angesichts des Übels in der Welt“ beschäftigt, die so genannte „Theodizee“. Wohl keine Religion, die sich nicht gänzlich einer vernunftgemäßen Form der Selbstvergewisserung entziehen will, kann auf Dauer an dieser Frage achtlos vorübergehen. Auch die Heilige Schrift ringt in vielen ihrer Bücher mit dieser bedrängenden Problematik. Die Gefahr, die hier jedoch lauert, besteht darin, dass Gott in einem solchen Eifer verteidigt wird, dass er selbst gar nicht mehr zu Wort kommt, dass er einfach übertönt wird. Genau das hatte Zofar getan. Er hatte „für Gott“ gesprochen, und die Art und Weise, wie er es tat, erweckte den Eindruck, als spräche er „an Gottes statt“, und zwar so, dass damit alles gesagt sei (vgl. 11,5–6). Das Ijobbuch jedoch zeigt in beeindruckender Weise, dass Gott letztlich nicht durch Menschen gerechtfertigt, dass göttliches Sprechen nicht durch menschliches Sprechen ersetzt werden kann. In allem, was Menschen widerfährt, vor allem im Leid gibt es eine „Zeit des Schweigens“ (vgl. Koh 3,7). Dies nicht erkannt zu haben, dürfte wohl eine der Verfehlungen der Freunde sein: „Dass ihr endlich schweigen wolltet, das würde Weisheit für euch sein“ (13,5).

Eine zweite Versuchung, der professionelle „Gottessprecher“ ausgesetzt sind, ist die „Verdrehung der Wahrheit zugunsten Gottes“. Nach biblischem Verständnis sind Gott und Wahrheit nicht zu trennen. Wer Gott sucht, sucht die Wahrheit, wer die Wahrheit sucht, sucht Gott. Wer einen Gott verkündet und dabei die Wahrheit verdreht, verkündet einen Götzen – auch und gerade dann, wenn er meint, Gott zu verteidigen. Ein gut gemeintes Sprechen von Gott, das die Wahrheit verdreht, wird Gott nicht dulden. Gott wird diejenigen – so Ijob –„in harte Zucht nehmen“, die „heimlich für ihn Partei ergreifen“ (Vers 10). Genau das hatten die Freunde getan. Sie verdrehen die Wahrheit, da sie Ijob schuldig sprechen, um Gott zu verteidigen, um schön von ihm zu reden. Am Ende bewahrheitet sich Ijobs Ahnung: „JHWH sagte zu Elifas von Teman: Mein Zorn ist entbrannt gegen dich und deine beiden Gefährten, denn ihr habt nicht recht von mir (zu mir) gesprochen wie mein Knecht Ijob" (42,7). So sind die Freude Ijobs in gewisser Weise tragische Gestalten: Ausgerechnet sie, die „für Gott in die Bresche springen", fallen Ijob in den Rücken und erweisen der Sache Gottes einen Bärendienst. Am Ende jedoch lässt sich Gott auch von seinen Parteigängern nicht übertönen. So ist das Ijobbuch dann doch ein Buch des Trostes und der Hoffnung.

Streiten mit Gott (13,13–28)

13 *Schweigt vor mir, damit ich reden kann.*
Es komme über mich, was kommen mag.
14 *Ich will mein Fleisch in meine Zähne nehmen*
und will in meine Hand mein Leben legen.
15 *Er mag mich töten, ich harre auf ihn;*
doch meine Wege verteidige ich vor ihm.
16 *Schon das wird mir zum Heile dienen,*
denn kein Ruchloser kommt vor sein Angesicht.
17 *Hört nun genau auf meine Rede,*
was ich sage, sei in euren Ohren!
18 *Seht, ich bringe den Rechtsfall vor;*
ich weiß, ich bin im Recht.
19 *Wer ist es, der mir das bestreiten will?*
Dann will ich schweigen und verscheiden.
20 *Zwei Dinge nur tu mir nicht an,*
dann verberge ich mich nicht vor dir:
21 *Zieh deine Hand zurück; die auf mir ist,*
nicht soll die Angst vor dir mich schrecken.
22 *Dann rufe, und ich will Antwort geben,*
oder ich rede, und du entgegne mir!
23 *Wieviel habe ich an Sünden und Vergehen?*
Meine Schuld und mein Vergehen sag mir an!
24 *Warum verbirgst du dein Angesicht*
und siehst mich an als deinen Feind?
25 *Verwehtes Laub willst du noch scheuchen,*
verdorrtes Stroh gar noch vertreiben?

26 *Denn Bitterkeit verschreibst du mir,*
teilst mir die Sünden meiner Jugend zu.
27 *Meine Füße legst du in den Block,*
wachst über alle meine Pfade
und zeichnest einen Strich um meiner Füße Sohlen.
28 *Er selbst zerfällt, als sei es Fäulnis,*
dem Kleide gleich, das eine Motte fraß.

Ijob hatte bekannt: „Mit Gott zu rechten ist mein Wunsch" (13,3). In dem hier auszulegenden Text findet nun der angekündigte Rechtsstreit statt. Ijob spricht zu Gott in Form eines Streites. Er tut dies nicht im stillen Kämmerlein, sondern im Beisein der Freunde. Er fordert sie auf, zu schweigen (Vers 13) und sorgfältig auf seine Rede zu achten (Vers 17).

Die Verse 14 bis 16 haben es in sich. Um mit Gott in Kontakt zu kommen, ist Ijob bereit, sein eigenes Leben aufs Spiel zu setzen. Die Verse enthalten mehr an hintergründigem Sinn, als sie bei einem ersten Lesen zu erkennen geben. Vordergründig betrachtet besagen sie, dass Ijob unbedingt mit Gott in Kontakt kommen möchte. Nicht einmal der Preis seines eigenen Lebens ist ihm dafür zu hoch: „Er mag mich töten, ich harre auf ihn" (Vers 15). Hintergründig klingt die tiefe Spannung von Leben, Tod und Gotteserfahrung an. Spürt Ijob, dass er Gott nur um den Preis seines eigenen Lebens schauen kann (vgl. Ex 30,20; Ri 13,22)? „Es komme über mich, was kommen mag" (Vers 13). Seinen Leib und seine Seele will er dafür in die Waagschale werfen (Vers 14). Intuitiv scheint er zu spüren, dass genau dieser Einsatz seines ganzen Lebens „ihm zum Heile dienen wird" (Vers 16).

Das hier Gesagte scheint Ausdruck einer tiefen spirituellen Erfahrung zu sein. Im innersten Kern seiner Existenz ist der Mensch darauf angelegt, mit Gott in Kontakt zu kommen. Nicht selten bricht die Dynamik dieser Anlage erst im Leid durch, wenn äußere, sicher geglaubte Formen des Lebens zerbrechen. In diesem Zerbrechen aber deutet sich ein Weg an, der zu Gott führt. Die beängstigende Frage, die viele zurückschrecken lässt, stellt sich auch Ijob: „Wenn einer stirbt, lebt er dann wieder auf"(14,14)?

Ijob ist sich der Sache, die er vor Gott bringen möchte, sicher (Vers 18). Gäbe es jemanden, der das bestreiten würde, wäre er bereit, schweigend zu sterben (Vers 19). In den Versen 20 bis 21 bittet er um eine angstfreie Verhandlungssituation: Er ist bereit, sich Gott zu stellen (Vers 20), wenn dieser seine Hand, die auf ihm lastet, zurückzieht und ihm keine Angst einjagt (Vers 21). Unter diesen Bedingungen ist Ijob bereit, das weitere Verfahren so zu akzeptieren, wie sein Streitgegner, Gott, es will: Wer zu fragen und wer zu antworten hat, ist ihm gleichgültig (Vers 22).

Nachdem so die Bedingungen des Streits geklärt sind, kommt Ijob in den Versen 23 bis 27 zur Sache. Zwei Anklagepunkte bringt er vor: Erstens: „Meine Schuld und mein Vergehen sag mir an" (Vers 23). Zweitens: „Warum verbirgst du dein Angesicht und siehst mich an als deinen Feind?" (Vers 24) Ijob beklagt, dass Gottes Verhalten ihm gegenüber in keinem angemessenen Verhältnis zu seiner elenden Lage steht: Gott scheucht ihn wie verwehtes Laub, er vertreibt ihn wie verdorrtes Stroh (Vers 25). In Vers 26 spricht Ijob von den „Sünden seiner Jugend". Gibt er damit zu erkennen, dass er doch Schuld auf sich geladen hat? – Wohl kaum. Die Aussage hebt vielmehr die überaus große, ja unmenschliche Härte Gottes hervor, selbst jene Sünden anzurechnen, für die ein Mensch aufgrund seines jugendlichen Alters noch nicht voll zur Verantwortung gezogen werden kann (vgl. Ps 25,7). Für Gregor den Großen zeigt sich in Ijobs „Sündenbekenntnis" die hohe sittliche Sensibilität des Heiligen. „Weil wir das erste Alter, in dem jemand zu guten Handlungen fähig ist, das Jugendalter *(adolescentia)* nennen, rufen gerechte Männer, da sie hinsichtlich der Reife ihres Bewusstseins gut vorankommen, bisweilen den Beginn ihrer Handlungen in das Gedächtnis zurück und machen sich im Hinblick auf ihre Anfänge desto mehr Vorwürfe, je mehr sie aufgrund der Strenge ihres sensiblen Bewusstseins vorangeschritten sind", schreibt er zu Vers 26. Vers 28 beschreibt in zwei Bildern die Vergänglichkeit des Menschen. Der Vers leitet zum Thema des folgenden Kapitels über.

Wenn Menschen ehrlich und aufrichtig miteinander streiten, geben sie zu erkennen, dass sie einander nicht gleichgültig sind. Ähnlich ist es im Verhältnis des Menschen zu Gott. Ijob unternimmt nicht den Versuch, sich in einer falsch verstandenen Demut und frömmelnden Unterwürfigkeit Gott anzudienen. Er tritt ihm entgegen in Aufrichtigkeit, Wahrhaftigkeit und Selbstachtung und – wenn es sein muss – auch im Streit.

Des Menschen Los (14,1–12)

1 *Der Mensch, vom Weib geboren,*
knapp an Tagen, unruhvoll,
2 *er geht wie die Blume auf und welkt,*
schwindet dahin wie ein Schatten und bleibt nicht bestehen.
3 *Doch über ihm hältst du dein Auge auf*
und bringst ihn ins Gericht mit dir.
4 *Kann denn ein Reiner von Unreinem kommen? – Nicht ein einziger!*
5 *Wenn seine Tage fest bestimmt sind, die Zahl seiner Monde bei dir,*
wenn du festgesetzt hast seine Grenze, so dass er sie nicht überschreite –
6 *schau weg von ihm! Lass ab, dass er sich seines Tages freue wie ein Tagelöhner!*
7 *Ja, für den Baum besteht noch Hoffnung,*
ist er gefällt, so treibt er wieder,
sein Sprössling bleibt nicht aus.
8 *Wenn in der Erde seine Wurzel altert*
und sein Stumpf im Boden stirbt –
9 *vom Dunst des Wassers sprosst er wieder,*
wie ein Setzling treibt er wieder Zweige aus.
10 *Doch stirbt ein Mann, so ist er dahin,*
verscheidet ein Mensch, wo ist er dann?
11 *Die Wasser schwinden aus dem Meer,*
der Strom vertrocknet und versiegt.
12 *So legt der Mensch sich hin, steht nicht mehr auf;*
bis die Himmel vergehen, erwacht er nicht,
wird nicht geweckt aus seinem Schlaf.

Eine erste Lektüre des Ijobbuches mag den Eindruck erwecken, hier sei ein Unglücklicher von einem außergewöhnlichen Schicksalsschlag getroffen. Wohl jeder Mensch hofft, von einem derartigen Schlag verschont zu bleiben. Tatsächlich wird Ijob von schrecklichem Unglück heimgesucht. In der Art und Weise, wie er sein Leid verstehend zu durchdringen sucht, durchbricht er jedoch mehrmals seinen rein persönlichen Erfahrungsraum. Ihm scheint deutlich zu werden, dass das Leid, das ihn getroffen hat, mit seinem Menschsein in Verbindung steht: „Der Mensch, vom Weib geboren, knapp an Tagen, unruhvoll, er geht wie die Blume auf und welkt [vgl. Jes 40,6–8], schwindet dahin wie ein Schatten [vgl. Koh 6,12] und bleibt nicht bestehen" (Vers 1–2). Im

Lichte seines Leids erschließt sich Ijob des Menschen Leid schlechthin. Eine derartige anthropologische Verallgemeinerung konnten wir bereits in Kapitel 7,1–10 beobachten. Sie ist für das Verständnis des Buches von grundlegender Bedeutung. Sie zeigt, dass in Ijobs Not etwas sichtbar wird, was jedem Menschen, der sein Leben annimmt, in dieser oder jener Form bevorsteht. So öffnet sich am Ende des ersten Redegangs Ijobs Blick für das leidverhaftete menschliche Dasein überhaupt. Die Klage über *sein* Unglück tritt zurück zugunsten der Klage über die Not und Hoffnungslosigkeit des menschlichen Lebens schlechthin.

Die ungewöhnlichen Ausmaße von Ijobs Unglück gehören zur Form einer literarischen Darstellung, die uns hilft, auf etwas aufmerksam zu werden, was unserer alltäglichen, ungeschulten Wahrnehmung gewöhnlich entgeht. Zugleich führt sie uns aber auch unübersehbar vor Augen, womit in diesem Leben durchaus zu rechnen ist. So ist Ijob, genau besehen, nicht jemand, dem zufällig außergewöhnliches Leid widerfuhr, sondern das Beispiel eines Menschen, der das allen Menschen bevorstehende Leid auf *seine* Weise durchlebt und durchlitten hat.

Das menschliche Leben ist nach Ijob in dreifacher Weise beklagenswert. Es ist kurz und voller Unruhe (Vers 1–2; vgl. Ps 103,14–16). Hinzu kommt, dass Gott ein solch kurzes, unruhiges Leben durch scharfe Beobachtung und Gericht zusätzlich belastet (Vers 3; vgl. Ps 143,2), obwohl er doch wissen müsste, dass kein Mensch „rein geboren wird" (Vers 4; vgl. 4,17, Ps 51,7) – eine Erfahrung, in die sich Ijob gegenwärtig hineingestellt sieht (vgl. 7,16–19). Wenn Gott schon die zeitliche Grenze des menschlichen Lebens eng gezogen hat (Vers 5), dann möge er den Menschen doch wenigstens in dieser kurzen Zeit in Ruhe lassen, damit er sich zumindest „seines Tages freue wie ein Tagelöhner" (Vers 6). – Doch davon keine Spur! Nicht nur Vergangenheit und Gegenwart sind beklagenswert, auch die Zukunft des Menschen ist hoffnungslos. Im Unterschied zu einem Baum, der, selbst wenn er gefällt ist, noch neue Zweige treiben kann (Vers 7–9; vgl. Jes 11,1), stirbt der Mensch einen *endgültigen* Tod (Vers 10): Er legt sich hin, „steht nicht mehr auf" (Vers 12).

Ohne Hoffnung (14,13–22)

13 *Dass du mich in der Unterwelt verstecktest,*
mich bergen wolltest, bis dein Zorn sich wendet,
eine Zeit mir setztest und dann an mich dächtest!
14 *Wenn einer stirbt, lebt er dann wieder auf?*
Alle Tage meines Kriegsdienstes harrte ich,
bis einer käme, um mich abzulösen.
15 *Du riefest, und ich gäbe Antwort,*
du sehntest dich nach deiner Hände Werk.
16 *Dann würdest du meine Schritte zählen,*
auf meinen Fehltritt nicht mehr achten.
17 *Versiegelt im Beutel wäre mein Vergehen,*
du würdest meinen Frevel übertünchen.
18 *Jedoch der Berg, der fällt, zergeht,*
von seiner Stätte rückt der Fels.
19 *Das Wasser zerreibt Steine,*
Platzregen spült das Erdreich fort;
so machst du das Hoffen des Menschen zunichte.
20 *Du bezwingst ihn für immer,*
so geht er dahin, du entstellst sein Gesicht und schickst ihn fort.
21 *Sind seine Kinder in Ehren, er weiß es nicht;*
sind sie verachtet, er merkt es nicht.
22 *Sein Leib fühlt nur die eigenen Schmerzen,*
seine Seele trauert nur um sich selbst.

Der göttliche Zorn nimmt in der Klage Ijobs die Gestalt des Tragischen an. Ijob bittet Gott, er möge ihn vor seinem eigenen Zorn in Sicherheit bringen (Vers 13). Nach verbreiteter altisraelitischer Auffassung ist die Unterwelt der Ort der Gottesferne. Die Toten in der Unterwelt sind dem göttlichen Zugriff entzogen: „Ich bin zu den Toten hinweggerafft, wie Erschlagene, die im Grabe ruhen; an sie denkst du nicht mehr, denn sie sind deiner Hand entzogen" (Ps 88,6). Was jedoch nach allgemeiner Auffassung als ein Ort der Gottesferne und der Hoffnungslosigkeit beklagt wurde, wird in der schier ausweglosen Lage Ijobs zu einem erhofften Zufluchtsort vor den unbarmherzigen Nachstellungen des göttlichen Zornes. Doch wen sollte er bitten, ihn in der Unterwelt schützend zu bergen? Wer anders als Gott könnte ihm diesen Rettungsdienst erweisen? Erneut ruft Ijob Gott(es Barmherzigkeit) gegen Gott(es Zorn) an. Nicht in der Gottesnähe, in der Gottesferne sucht Ijob Geborgenheit!

Ein Spalt der Hoffnung scheint sich aufzutun, da Ijob seinen erflehten Aufenthalt im Schutzbunker der Unterwelt als einen zeitlich begrenzten ersehnt: „... bis dein Zorn sich wendet" (Vers 13). Hat sich der göttliche Zorn verzogen, dann möge Gott wieder an ihn denken und ihn, „das Werk seiner Hände", aus der Unterwelt rufen (Vers 13 und 15). Er käme hervor und könnte endlich ein Leben führen, frei von kleinlichen und erbarmungslosen Nachstellungen Gottes (Vers 16–17).

Doch zu schön um, wahr zu sein! Auch das scheinbar Unvergängliche („Berg") vergeht, das scheinbar Unverrückbare („Fels") wird verrückt (Vers 18). So wie ständig fließendes Wasser selbst hartes Gestein auszuhöhlen, wie ein Platzregen festes Erdreich wegzuspülen vermag, so zermürbt Gott die Hoffnung des Menschen (Vers 19), mag sie auch stark sein wie ein Berg (Vers 18): „Du bezwingst ihn für immer, so geht er dahin" (Vers 20). Im „entstellten Gesicht" (Vers 20) kommt Ijob schon das Gesicht eines Toten vor Augen. Mit dem Tod bricht alle menschliche Kommunikation in sich zusammen: Nicht einmal von den eigenen Kindern, denen er das Leben schenkte und mit denen er sich im gemeinsamen Strom des Lebens bewegte, vernimmt der Tote noch irgendeine Kunde (Vers 21). Es herrscht Totenstille. Alles, was er noch wahrnimmt, ist Schmerz und Trauer über den eigenen Verfall (Vers 22).

In der Klage Ijobs brechen massive und diffuse Todesängste durch. Der Tod enthält für ihn eine tiefe Botschaft der Uneindeutigkeit. Ist er ein Ort der Gottesnähe, der Gottesferne? Im Leid, aber auch im scheinbar ungestörten Leben werden Menschen nicht selten von Todesängsten befallen – oft in Träumen, in den Übergängen von Tag und Nacht. In der biblischen Botschaft und nicht zuletzt im Buch Ijob werden wir ermutigt, mit diesen Erfahrungen in ein Gespräch einzutreten. Es kann uns erschüttern – wie Ijob. Denn weder das Alte noch das Neue Testament versprechen uns einen Weg am Tod vorbei. Dass Gott in der Unterwelt zugegen sei, ist für Ijob ein unvorstellbarer Gedanke, ja, ein unerwünschter Gedanke (Vers 13). Selbst der fromme Beter des 139. Psalms muss bekennen: „Zu wunderbar ist für mich dieses Wissen, zu hoch, ich kann es nicht begreifen" (Vers 6).

Gewährte Hoffnung (Ijob 15–21)

Dumm, gottlos, schuldig (15,1–6)

1 *Da antwortete Elifas von Teman und sprach:*
2 *Gibt ein Weiser windiges Wissen zur Antwort,*
füllt er sein Inneres mit Ostwind an,
3 *um zu rechten mit Gerede, das nichts taugt,*
mit Worten, in denen kein Nutzen liegt?
4 *Du brichst sogar die (Gottes-)Furcht,*
zerstörst das andächtige Besinnen vor Gott.
5 *Denn deine Schuld belehrt deinen Mund,*
die Sprache der Listigen hast du gewählt.
6 *Dein eigener Mund verurteilt dich, nicht ich,*
deine Lippen zeugen gegen dich.

Mit der vorangegangenen Rede Ijobs (12–14) gelangte der erste Redegang (3–14) an sein Ende. Jeder der drei Freunde hatte einmal gesprochen. Keiner hatte sich auf die Seite Ijobs gestellt. Damit sind die Positionen abgesteckt. Nun startet eine zweite Gesprächsrunde (15–21). Erneut beginnt Elifas mit einer Frage. Sie ist aber nicht mehr von Rücksicht und Anteilnahme geprägt, wie die Eingangsfrage seiner ersten Rede noch verstanden werden konnte (vgl. 4,2). Der Ton verschärft sich. Elifas rückt Ijob in die Nähe der Toren (Vers 2–3), der Gottlosen (Vers 4) und der Frevler (Vers 5–6).

In Form einer rhetorischen Frage qualifiziert er das von Ijob Gesagte als „windiges Wissen" und schädigenden, austrocknenden „Ostwind" (Vers 2; vgl. Ez 17,10; 19,12). Er geht auf Ijobs Ankündigung, mit Gott einen Rechtsstreit führen zu wollen (13,13–28), ein, hält das Vorhaben aber für untauglich und nutzlos (Vers 3). Ijobs Verhalten ist nach des Elifas Urteil also alles andere als weise. Damit widerspricht er Ijobs Selbsteinschätzung. Dieser hatte seinen Freunden entgegengerufen: „Ich habe auch Verstand wie ihr, ich falle nicht ab im Vergleich mit euch" (12,3; vgl. 13,2). Gibt ein Weiser ein derart windiges Wissen zur Antwort?, hält ihm Elifas entgegen.

In der synthetischen und integralen Lebensauffassung des Alten Testaments werden Einstellungen und Verhaltensweisen, die in der Moderne gerne getrennt gehalten werden, als eng miteinander verbunden angesehen. Torheit und Gottlosigkeit bilden ein Paar, das Unrecht gebiert. „JHWH-Furcht ist Anfang der Erkenntnis, nur Toren verachten Weisheit und Zucht" (Spr 1,7). So wundert es nicht, dass als zweiter Vorwurf jener der Gottlosigkeit folgt: „Du brichst sogar die (Gottes-)Furcht, zerstörst das andächtige Besinnen vor Gott" (15,4). Was im hebräischen Text einfach als „Furcht" bezeichnet wird, meint hier die Gottesfurcht. Damit ist im Grunde das gesamte religiöse Verhalten angesprochen, das, was wir unter Glauben und Glaubenspraxis verstehen, wie die zweite Vershälfte deutlich macht: Ijob zerstört das andächtige Besinnen vor Gott (vgl. Ps 119,97–99). Mit diesem Vorwurf geht Elifas gegenüber seiner ersten Rede einen entscheidenden Schritt weiter. Hatte er dort noch an Ijobs Gottesfurcht appelliert und nicht in Frage gestellt, dass Ijob gottesfürchtig sei („Ist deine Gottesfurcht nicht deine Zuversicht?" – 4,6), so scheut er nun vor dem Vorwurf der Gottlosigkeit nicht mehr zurück. Hat Elifas nicht Recht damit? Tatsächlich ist inzwischen einiges geschehen. Hatte Ijob nicht in der Tat gotteslästerliche Reden gehalten? Ijob selbst hatte angedeutet, dass er, der Verzagte, „den Allmächtigen nicht mehr fürchte" (6,14). Er wünschte sich in dieser Notsituation allerdings die „Liebe des Freundes". Doch sie einem Menschen zu gewähren, der „die Gottesfurcht bricht", scheint Elifas nicht möglich zu sein.

Es folgt ein dritter Vorwurf: Ijob sei schuldig geworden (Vers 5–6). Mit wortgewandter List will Ijob von seiner Schuld ablenken. Wer sich verteidigt, klagt sich an: „Dein eigener Mund verurteilt dich, nicht ich, deine Lippen zeugen gegen dich" (Vers 6). Hatte Elifas in seiner ersten Rede das Thema „Schuld" noch in Form eines vagen Verdachts vorsichtig angesprochen (4,7–11), so spricht er es nun offen aus. Ijobs Reden haben offensichtlich ihre Wirkung nicht verfehlt. Ijob, so lautet der dreifache Vorwurf des Elifas, ist töricht, gottlos und schuldig.

Was weißt du, das wir nicht wissen? (15,7–16)

7 *Bist du als erster Mensch geboren,*
kamst du zur Welt noch vor den Hügeln?
8 *Hast du gelauscht im Rate Gottes*
und die Weisheit an dich gerissen?
9 *Was weißt du, das wir nicht wissen,*
was verstehst du, das uns nicht bekannt ist?
10 *Auch unter uns sind Alte, sind Ergraute,*
die älter sind an Tagen als dein Vater.
11 *Ist zu gering dir Gottes Tröstung,*
ein Wort, das sanft mit dir verfährt?
12 *Wie reißt dein Herz dich fort,*
wie überheben sich deine Augen,
13 *dass gegen Gott deinen Zorn du wendest*
und Worte (gegen ihn) aus deinem Munde stößt?
14 *Was ist der Mensch, dass rein er wäre,*
der vom Weib Geborene, dass er im Recht sein könnte?
15 *Sieh doch, selbst seinen Heiligen traut er nicht,*
und der Himmel ist nicht rein in seinen Augen.
16 *Geschweige denn ein Unreiner und Verderbter,*
ein Mensch, der Verkehrtes trinkt wie Wasser.

Im Ijobbuch geht es nicht nur um Leid und Mitgefühl, sondern auch um Wahrheit, Weisheit und Erkenntnis. Im Leid kann sich einem Menschen eine tiefere Dimension der Wirklichkeit erschließen. Ijob wird durch sein Leid hineingeführt in die Wahrheit seines Menschseins: „Der Mensch, vom Weib geboren, knapp an Tagen, unruhvoll, er geht wie die Blume auf und welkt, schwindet dahin wie ein Schatten und bleibt nicht bestehen" (14,1–2). Ein im Leid gereifter Mensch wird gewöhnlich als wahrhaftiger und weiser angesehen als jemand, der nur an der Oberfläche des Lebens herumplätschert. Elifas spricht gleich mit dem ersten Wort seiner zweiten Rede ein Thema an, das sich aus dem bisherigen Verlauf der Auseinandersetzung neu herausschält: „Ein *Weiser* – gibt er windiges Wissen zur Antwort?" (15,2) Elifas versucht gleichsam in einem ersten Anlauf, Ijobs Worte als töricht und gottlos und sein Leid als selbstverschuldet hinzustellen (15,1–6). Im ersten Teil (15,7–10) des hier auszulegenden Textes (15,7–16) greift er das Thema Weisheit und Erkenntnis wieder auf. Wer ist weise? Ijob oder seine Freunde? Diese Frage wird von nun an eine Rolle spielen.

Elifas beruft sich auf den großen Erfahrungsschatz, der sich in *der* Tradition, in der er und seine Freunde stehen, angesammelt hat (Vers 10). In seinen Augen wirft Ijob das altehrwürdige generationenübergreifende Wissen aufgrund einer rein persönlichen Erfahrung über Bord: „Bist du als erster Mensch geboren, kamst du zur Welt noch vor den Hügeln?" (Vers 7) Elifas dürfte der Ansicht sein, Ijob würde sich und seiner Lage wohl zu viel an Bedeutug beimessen. Will er aufgrund seines *persönlichen* Leids gar die Gerechtigkeit und Ordnung der Welt in Frage stellen? Wir stoßen hier auf ein zentrales Problem religiöser Traditionsbildung. Die Freunde repräsentieren gewissermaßen das objektive religiöse Wissen. Ijob aber kann dieses Wissen nicht mehr in Übereinstimmung bringen mit seiner persönlichen Erfahrung, mit dem, was sich *ihm* zeigt, mit *seinem* Wissen. So kommt es zwischen Ijob und seinen Freunden auch *in der Sache* zu einem Zerwürfnis.

Elifas deutet, wohl ohne dass er es selbst versteht, eine Lösung an, wenn er Ijob vorwurfsvoll fragt: „Hast du gelauscht im Rate Gottes und die Weisheit an dich gerissen?" (Vers 8) Damit weist er auf eine Schlüsselaussage voraus, die sich im Gedicht über die Weisheit findet: „Die Weisheit aber, wo kommt sie her, und wo ist der Ort der Einsicht? ... Gott ist es, der ihren Weg kennt, ja, er weiß von ihrer Stätte" (28,20.23). Elifas scheint wie selbstverständlich vorauszusetzen, dass in seinem und seiner Freunde Wissen die Weisheit eine wahre und verbindliche Gestalt angenommen hat (vgl. 11,6). Das sind die „Tröstungen Gottes", die Ijob genügen sollten (Vers 11). Damit sind wohl all die Mahnungen und Wegweisungen gemeint, „worauf die Reden aller Freunde abzielten" (vgl. 5,8–27; 8,5–7; 11,13–20; *F. Horst*, Hiob, Neukirchen-Vluyn [4]1983, 224). Ijob dagegen vermag in ihnen keinen Trost zu erkennen (vgl. 12,2–3; 16,2). Er drängt darauf, von dem, der allein den Weg der Weisheit kennt, eine Antwort zu bekommen (vgl. 13,2–3).

Im Hintergrund klingen zwei unterschiedliche Verständnisse von Offenbarung an. Für Elifas scheint sich Offenbarung (ausschließlich) auf etwas von Gott Mitgeteiltes zu beziehen, auf das, „was Weise zu berichten wissen" (15,18) – ein auch in der christlichen Tradition bisweilen anzutreffendes (Miss-)Verständnis. Ijob dagegen richtet sich ganz auf den *Akt* der Mitteilung Gottes, auf eine „Antwort" Gottes aus. Er spürt, dass, wenn es ernst wird und alles auf dem Spiel steht, nur die Begegnung mit Gott selbst weiterhilft. Diese Begegnung, nach der er sich sehnt, enthält einen „Mehrwert", der nicht als „Wissen" zu verbuchen ist. Elifas ahnt, was zu erwarten ist, wenn er – wohl ein wenig nervös – Ijob fragt: „Was weißt du, das wir nicht wissen, was verstehst du, das uns nicht bekannt ist?" (Vers 9)

Die Angst des Frevlers (15,17–24)

17 *Verkünden will ich dir, hör mir zu!*
Was ich geschaut, will ich erzählen,
18 *was Weise zu berichten wissen,*
was ihre Väter ihnen nicht verhehlten.
19 *Ihnen allein war das Land gegeben,*
kein Fremder ging unter ihnen einher:
20 *Der Frevler lebt in Ängsten alle seine Tage,*
die Zahl der Jahre ist dem Gewaltmenschen verborgen.
21 *In seinen Ohren hallen Schreckensrufe,*
mitten im Frieden kommt der Verwüster über ihn.
22 *Er kann nicht hoffen, der Finsternis zu entfliehen,*
aufgespart ist er für das Schwert.
23 *Er irrt umher nach Brot, wo es nur sei,*
er weiß, dass fest in seiner Hand ein Tag der Finsternis steht.
24 *Not und Drangsal erschrecken ihn,*
sie überwältigen ihn wie ein kampfbereiter König.

Ein Thema, das bereits im ersten Redegang (Kap. 3–14) mehrfach anklang (vgl. 4,8–11; 8,11–22; 11,20), aber noch nicht eingehender behandelt wurde, rückt im zweiten Redegang (Kap. 15–21) in das Zentrum der Diskussion: das Schicksal der Frevler. Jeder der drei Freunde geht in seiner Rede ausführlich darauf ein (Elifas: 15,17–35; Bildad: 18,5–21; Zofar: 20,4–29). Hatte Ijob von der Hoffnungslosigkeit des Menschen gesprochen (Kap. 14), so sprechen die Freunde von der Hoffnungslosigkeit des Frevlers. Ijob greift das Thema auf, kehrt es aber bezeichnenderweise um. Er spricht nicht vom Unglück, sondern vom Glück des Frevlers: „Warum bleiben Frevler am Leben, werden alt und stark an Kraft? ... Ihre Häuser sind in Frieden, ohne Schreck, die Rute Gottes trifft sie nicht" (21,7.9).

Elifas geht in dem hier auszulegenden Text das Thema systematisch an. Nach einer kurzen Einleitung (Vers 17–19) beschreibt er zunächst den Zustand (Vers 20–24), dann das Verhalten (Vers 25–28) und schließlich das Ergehen (Vers 29–35) eines Menschen, der „gegen Gott seine Hand erhebt“ (Vers 25). Seine Beschreibungen sind einerseits klischeehaft geprägt, lassen andererseits aber auch eine feine psychologische Beobachtungsgabe erkennen.

In der Einleitung (Vers 17–19) bittet er Ijob zunächst ausdrücklich um Aufmerksamkeit (Vers 17) – ein Hinweis darauf, dass jetzt Wichtiges gesagt werden soll. Anschließend nennt Elifas zwei Erkenntnisquellen für das, was er im Folgenden zu berichten weiß: zum einen seine persönliche Erfahrung (Vers 17: „was ich geschaut“), zum anderen die weisheitliche Überlieferung, die Tradition (Vers 18: „was Weise zu berichten wissen“; vgl. 8,8–9). In der Aussage: „was ich geschaut“, mag ein Doppeltes mit anklingen. Es kann die rein äußerliche Wahrnehmung gemeint sein, das, was jedermann mit seinen Augen sieht. Da aber im Hebräischen nicht das gewöhnliche Wort für „sehen“, sondern das in der prophetischen Tradition beheimatete Wort für „(inneres) Schauen“ verwendet wird, könnte hier auf eine Wahrnehmung angespielt sein, die den oberflächlichen (An-)Schein durchbricht und tiefer sieht (vgl. 4,12–21). Das, was Elifas im Folgenden vorträgt, ist sowohl durch seine persönliche Einsicht als auch durch Rückbindung an die reine, unverfälschte Lehre des Anfangs gesichert (Vers 19).

Beim Thema „Frevler“ steht die biblische Tradition vor einem Dilemma. Einerseits ist sie der festen Überzeugung, dass ein Mensch, der sich gegen Gott erhebt, scheitern wird. Andererseits aber zeigt die alltägliche Erfahrung, dass es den Frevlern oft blendend geht. Der Beter des 73. Psalms wäre fast daran irregeworden: „Beinahe wäre ich gefallen, ... als ich sah, dass es den Frevlern so gut ging. Sie leiden keine Qualen, ihr Leib ist gesund und wohlgenährt. Sie kennen nicht die Mühsal der Sterblichen, sind nicht geplagt wie andere Menschen“ (Vers 2–5). Zudem kommen die „Maulhelden“ (Ps 73,9) beim Volk gut an: „Das Volk wendet sich ihnen zu und schlürft ihre Worte in vollen Zügen“ (Ps 73,10). Eine Möglichkeit, mit diesem Dilemma klarzukommen, wird uns von Elifas vorexerziert. Er schaut auf den inneren Zustand des Frevlers (Vers 20–24). Dabei kommt Erstaunliches zum Vorschein: Der Frevler wird ohne Unterlass von tief sitzenden Ängsten gequält. Zugleich ist er ein „Mensch der Gewalt" (Vers 20). Hinter der Fassade von Gewalt und Arroganz (vgl. Ps 73,8 „sie reden von oben herab") verbergen sich tief sitzende Ängste, Verletztheit und Verletzbarkeit: „In seinen Ohren hallen Schreckensrufe" (Vers 21). Der äußere Schein glanzvollen Wohlergehens trügt. In Wirklichkeit ist der Mensch ohne Gott (Vers 25) in Finsternis gefangen (Vers 22). Er irrt in tiefer Orientierungslosigkeit umher und findet keine Nahrung für sein allseits bedrohtes Leben (Vers 23). Hält der Mensch, der auf Gott vertraut, in der Not stand (vgl. Spr 10,25; Jes 7,2.9; Mt 7,24–27), so wird der Frevler von Not und Drangsal „überwältigt" (Vers 24).

Ijob, der diese Worte hört, muss sich unwillkürlich fragen: Hat Elifas nicht über mich gesprochen? „Was mich erschreckte, das traf mich, wovor mir bangte, das kam über mich" (3,25).

Das Schicksal des Frevlers (15,25–35)

25 *Denn gegen Gott erhebt er (der Frevler) seine Hand,*
gegen den Allmächtigen erkühnt er sich.
26 *Halsstarrig rennt er gegen ihn an*
mit den dicken Buckeln seiner Schilde.
27 *Mit seinem Fett bedeckt er sein Gesicht,*
Bauchfett legt er um seine Hüfte.
28 *Er wohnt in zerstörten Städten,*
in Häusern, darin niemand wohnt,
die man zu Trümmerstätten bestimmt.
29 *Er wird nicht reich; sein Besitz hat nicht Bestand;*
zur Erde neigt sich seine Ähre nicht.
30 *Der Finsternis entrinnt er nicht,*
die Flammenglut dörrt seinen Schössling aus,
er schwindet dahin beim Hauch seines Mundes.
31 *Er vertraue nicht dem eitlen Trug,*
denn sein Erwerb wird nur Enttäuschung sein.
32 *Bevor sein Tag kommt, welkt er hin,*
sein Palmzweig grünt nicht mehr.
33 *Er stößt ihn ab wie der Weinstock saure Trauben,*
wie der Ölbaum wirft er seine Blüten fort.

34 *Unfruchtbar ist der Ruchlosen Rotte,*
und Feuer verzehrt die Zelte der Bestechung.
35 *Von Mühsal schwanger, gebären sie nur Unheil;*
nur Trug ist, was ihr Schoß hervorbringt.

In den Versen 20 bis 24 hatte Elifas den wahren (inneren) Zustand des Frevlers aufgedeckt. In den Versen 25 bis 28 beschreibt er nun das Verhalten, in den Versen 29 bis 35 das Ergehen des Frevlers. Des Frevlers Verhalten ist der Grund für das Unglück, das ihn trifft. Hier wütet kein blindes Schicksal, sondern eine einsichtige Ordnung. Im Kern ist das frevlerische Verhalten Auflehnung gegen Gott. Die Verse 25 bis 28 können durchgehend in diesem Sinne verstanden werden. Dabei beschreiben die ersten beiden Verse 25 bis 26 den direkten Angriff auf Gott, Vers 25 die Ankündigung in Form einer Drohgebärde (vgl. Ez 6,14; 35,3), Vers 26 die Durchführung nach Art eines Krieges. Gott wird nicht vergessen, seine Existenz wird nicht geleugnet, er wird wie ein Feind bekämpft. Hatte Ijob sich in seinen Anklagen nicht als ein solcher Gottes-Bekämpfer zu erkennen gegeben? Vers 27: „Mit Fett bedeckt er sein Gesicht, Bauchfett legt er um seine Hüfte", beschreibt in bildreicher Sprache den Vorgang einer selbstverschuldeten Verstockung. Das „verhärtete Herz" von Jes 6,10 ist – wörtlich verstanden – ein verfettetes Herz (vgl. Ps 73,7). So legt sich der Frevler einen Fettgürtel zu, um nichts zu sehen, um nichts zu hören, um nicht bekehrt und nicht geheilt zu werden (vgl. Jes 6,10). Vers 28 könnte man bereits als Folge seines Fehlverhaltens verstehen: Zur Strafe muss er in zerstörten Städten wohnen. Wahrscheinlich ist aber etwas anderes gemeint. Zerstörte Städte, Häuser, in denen niemand wohnt, Trümmerstätten – dort hausen Strauße und Schakale, Wüstenhunde und Hyänen, Bocksgeister und Dämonen, Mächte des Unheils (vgl. Jes 13,19–22; 34,11–15). Dort wohnt auch der Frevler, dort ist er zu Haus.

Von der eigentlichen Folge seines Fehlverhaltens ist in den Versen 29 bis 35 die Rede. Hier spricht Elifas unbefangen und bildreich, mit großem Nachdruck und in einprägsamen Worten ganz aus der weisheitlichen Tradition heraus: Das Leben des Frevlers hat keinen Bestand – das ist die Grundüberzeugung der Freunde und der Tradition, aus der sie kommen und die sie weitergeben, die sie aber nun angesichts der Klagen Ijobs zutiefst in Frage gestellt sehen. Von daher ist verständlich, dass alle drei Freunde in der Krise der Tradition sich mit Nachdruck zu dieser Lehre bekennen.

In seiner ersten Rede hatte Elifas noch mit hoffnungsvollem Ausblick geendet und zu Ijob gesagt: „Du wirst erfahren, dass dein Zelt in Frieden bleibt" (5,24). Dies ist nun anders geworden. Der Ton hat sich verschärft. Ijob droht ein hoffnungsloser Fall zu werden. Die breite und drastische Schilderung des Schicksals der Frevler ist wohl als eine letzte an Ijob gerichtete Warnung zu verstehen, sein in den Augen der Freunde frevlerisches Verhalten aufzugeben. Ist nicht bei Ijob genau das eingetroffen, was der Frevler zu erwarten hat? „Sein Besitz hat nicht Bestand ... bevor sein Tag kommt, welkt er hin" (Verse 29 und 32).

Wer wollte die Lehre der Freunde bestreiten? „Der Weg der Frevler führt in den Abgrund" (Ps 1,6). Lässt sich daraus aber im Umkehrschluss folgern, dass jeder, der zu-grunde geht, ein Frevler ist?

Schöne Worte statt wahrer Trost (16,1–6)

1 *Da antwortete Ijob und sprach:*
2 *Ähnliches habe ich schon viel gehört;*
leidige Tröster seid ihr alle.
3 *Sind nun zu Ende die windigen Worte,*
oder was reizt dich, zu antworten?
4 *Auch ich könnte reden wie ihr,*
wenn ihr an meiner Stelle wäret.
Ich könnte glänzen mit Worten gegen euch,
meinen Kopf schütteln über euch.
5 *Ich könnte euch stärken mit meinem Mund,*
und meiner Lippen Beileid bliebe nicht aus.
6 *Wenn ich dagegen reden würde, hörte mein Schmerz nicht auf;*
würde ich schweigen, er wiche nicht von mir.

Die von Elifas vorgetragene Lehre ist Ijob durchaus bekannt: „Ähnliches habe ich schon viel gehört" (Vers 2). Ijob geht auf den Inhalt der Lehre zunächst gar nicht ein. Das wird er später noch tun (Kap. 21; 24). Er weist zunächst darauf hin, dass in der hier ablaufenden Auseinandersetzung neben der Sach- eine Beziehungsebene von Bedeutung ist. Und hier liegt einiges im Argen. Ijob und seine Freunde reden offensichtlich aneinander vorbei, weil sie an unterschiedlichen Orten weilen. Jeder spricht ganz aus seiner Situation heraus. Was fehlt, ist die Fähigkeit, sich in die Situation des Anderen hineinzuversetzen. Ijob selbst behauptet, dies zu können (Vers 6). Aber er vermisst es bei seinen Freunden (Vers 2–3). Ein Rollentausch würde dies zum Vorschein bringen: „Auch ich könnte reden wie ihr, wenn ihr an meiner Stelle wäret" (Vers 4). Was Ijob bei seinen Freunden vermisst, ist echtes Einfühlungsvermögen. Den Freunden geht offensichtlich die Fähigkeit ab, Ijobs Erfahrungen zu verstehen und angemessen darauf zu reagieren. Sie reden „windige Worte" (Vers 3) und werden zu „Tröstern der Mühsal" (Vers 2) – so die wörtliche Übersetzung.

Ijob beschreibt in den Versen 4 bis 5, wie das Verhalten der Freunde auf ihn wirkt. Sie glänzen mit Worten, die sie gegen (oder auch: über) ihn sprechen. Innerlich aber schütteln sie den Kopf (Vers 4) – eine Geste der Verachtung und des Unverständnisses (vgl. 2 Kön 19,21; Ps 22,8; Klgl 2,15). Ihr Beileid kommt von ihren Lippen, nicht aus ihrem Herzen. Sie stärken nur mit ihrem Mund (Vers 5). Jesus Sirach warnt eindringlich vor solchen Leuten: „Im Unglück bleibt der Feind nicht verborgen ... Auf seinen Lippen hat der Gegner süße Worte, doch in seinem Herzen sinnt er auf Verderben ... Trifft dich ein Unglück, findet er sich ein; als heuchelnder Helfer sucht er dich zu stürzen. Er schüttelt den Kopf und schwingt die Hand, doch unter viel dunklem Gerede ändert er das Gesicht" (Sir 12,8.16–18).

In Absetzung vom Verhalten der Freunde zeigt Ijob, wie wahrer Trost auszusehen hätte: „Wenn ich dagegen reden würde, hörte mein Schmerz nicht auf, würde ich schweigen, er wiche nicht von mir" (Vers 6). Hier zeigt sich zunächst einmal die feine Beobachtung, dass sich die heilende Kraft des Trostes nicht nur in Worten, sondern auch im Schweigen zu entfalten vermag. Die Haltung aber, aus der heraus Schweigen und Reden erst zum wahrhaft heilenden Trost werden, ist echtes Mit-Leiden („hörte mein Schmerz nicht auf"). Dabei geht es nicht darum, vor Mitleid zu zerfließen oder die Gefühle des Anderen zu übernehmen, wohl jedoch, wirklich dort zu sein, wo der Leidende ist. Die Erfahrung zeigt, dass dies nur möglich ist, wenn jemand weiß, was Leiden heißt – so wie Ijob, dessen Schmerz nicht aufhören würde, wenn er Worte des Trostes zu sprechen hätte (Vers 6). Das bedeutet nicht, dass der, der tröstet, das gleiche (äußere) Schicksal erlitten haben muss wie der Leidende, wohl jedoch, dass er das mit *seinem* Leben verbundene Leid – zumindest anfänglich – erkannt und angenommen haben, dass er, wie es in der christlichen Tradition heißt, *sein* Kreuz auf sich genommen haben muss und den Weg geht, den Jesus gegangen ist (vgl. Mk 8,34; Mt 10,38). Dann, so zeigt die Erfahrung, ist ihm der Ort, wo die Leidenden wohnen, nicht unbekannt. Er kann zu ihnen gehen und in Worten und im Schweigen wirklich bei ihnen sein. Die Freunde haben das anfänglich durchaus erkannt. Als sie von Ijobs Unglück hörten, machten sie sich auf den Weg, „um ihm ihre Teilnahme zu bezeigen und um ihn zu trösten ... Sie saßen bei ihm auf der Erde sieben Tage und sieben Nächte; keiner sprach ein Wort zu ihm. Denn sie sahen, dass sein Schmerz sehr groß war" (2,11–13). Es gibt keinen Grund, daran zu zweifeln, dass die schweigend vollzogene Anteilnahme der Freunde echt war. Doch der mit Ijobs Klage in Gang gesetzte Gesprächsverlauf zeigt, dass es den Freunden nicht gelingt, die beeindruckende Geste echter Anteilnahme auch im Wort innerlich mitzuvollziehen. Hier versagen sie. Hier gelingt es ihnen nicht, den eigenen Ort zu verlassen, die eigene Sicht außer Kraft zu setzen und die Welt mit den Augen des Anderen zu sehen. Die Freunde sind mit der Propagierung ihrer eigenen Ansichten offensichtlich so in Beschlag genommen, dass sie sich von ihren „glänzenden" Worten nicht wirklich lösen und auf Ijob einlassen können. Das macht vor allem der zweite Redegang deutlich. Ein Freund nach dem anderen hält eine Rede über das Schicksal der Frevler. In sich durchaus beeindruckend, auch hinsichtlich ihres Wahrheitsgehaltes nicht einfach vom Tisch zu fegen, zeigen diese hoffnungslos richtigen Reden doch, dass die Freunde in eigenartiger Weise „daneben stehen". Sie bleiben mit ihren Worten außen vor und erreichen Ijob nicht wirklich. So haben sie ihren Ort nur äußerlich verlassen. Innerlich sind sie dort geblieben, wo sie waren.

Böser Gott (16,7–17)

7 *Jetzt aber hat er mich erschöpft.*
Die zu meinem Kreis gehören, hast du mir verstört.
8 *Du hast mich gepackt.*
Zum Zeugen ward, stand gegen mich auf mein Verfall;
er widerspricht mir ins Gesicht.
9 *Sein Zorn zerreißt, befehdet mich, knirscht mit seinen Zähnen gegen mich,*
mein Bedränger schärft zu mir hin seine Augen.
10 *Sie sperren ihr Maul gegen mich auf, schlagen voll Hohn auf meine Wangen,*
scharen sich gegen mich zusammen.
11 *Gott gibt mich dem Bösen preis,*
in die Hand der Frevler stößt er mich.
12 *Ich lebte ungestört, da hat er mich erschüttert,*
mich im Nacken gepackt, mich zerschmettert,
mich als Zielscheibe für sich aufgestellt.
13 *Seine Pfeile umschwirren mich,*
er durchbohrt meine Nieren und hat kein Mitleid,
er schüttet meine Galle zur Erde.
14 *Bresche über Bresche bricht er mir,*
stürmt wie ein Krieger gegen mich an.
15 *Einen Trauerschurz hab ich um meine Haut genäht,*
mein Horn in den Staub gesenkt.
16 *Mein Gesicht ist vom Weinen rot,*
auf meinen Wimpern liegt der Todesschatten,
17 *obwohl kein Unrecht klebt an meinen Händen,*
und mein Gebet gar lauter ist.

Hatte sich Ijob im ersten Teil seiner Rede direkt an seine Freunde gewandt und ihre Unfähigkeit, wahrhaft Trost zu spenden, beklagt (16,1–6), so richtet er nun seine Wahrnehmung wieder ganz auf sich selbst. Und was ihm da entgegenkommt, ist sein unerträgliches Leid und in diesem Leid ein Gott, der ihn wie ein Krieger bekämpft (Vers 14). Der hier auszulegende Redeteil (16,7–17) ist weitgehend *Klage über Gott.* Nur zweimal spricht Ijob Gott in 2. Person direkt an (Vers 7–8). Die Bilder, in denen Gott Ijob entgegentritt, entstammen unterschiedlichen Lebensbereichen und gehen bisweilen ineinander über. Ijob erfährt Gott als jemanden, der ihn angreift – wie ein Raubtier, das ihn zerreißt und mit den Zähnen gegen ihn knirscht (Vers 9), wie einen Kämpfer, der ihn zerschmettert (Vers 12), wie einen Bogenschützen, dessen Pfeile ihn umschwirren (Vers 13), wie einen Krieger, der gegen ihn anstürmt wie gegen eine belagerte Stadt und Bresche um Bresche zum Einsturz bringt (Vers 14). Ijob weiß sich im Kern seiner Existenz getroffen: Erbarmungslos durchbohrt Gott seine Nieren (Vers 13). Die Nieren verweisen – zusammen mit dem Herzen – in der alttestamentlichen Menschenkunde auf den innersten Kern der menschlichen Existenz. Der Beter des 139. Psalms bekennt dankbar und staunend: „Du hast meine Nieren geschaffen, mich gewoben im Schoß meiner Mutter" (Vers 13). Diesen Gott, der den Menschen so wunderbar erschaffen und gestaltet hat, erfährt Ijob als einen erbarmungslosen Krieger, der ihn im innersten Kern seiner Existenz zerstört (vgl. 10,8).

Im Ijobbuch, das dürfte in der bisherigen Auslegung deutlich geworden sein, geht es nicht darum, das Leid möglichst schnell wieder zum Verschwinden zu bringen. Es soll verstanden werden. Ijob will verstehen: „Warum schenkt er dem Elenden Licht und Leben denen, die verbittert sind?" (3,20) In der Auseinandersetzung mit seinen Freunden wird Ijob immer mehr klar, dass er sich und sein Leid letztlich nur von Gott her verstehen kann. Von ihm erfleht er eine Antwort (31,35). Doch wer ist dieser Gott? In der Zeit, da Ijob untadelig und rechtschaffen, gottesfürchtig und dem Bösen fern (1,1) in Frieden lebte, da beschirmte ihn Gott, da stand Gottes Freundschaft über seinem Zelt (29,2–4). Damals, so wird Ijob bald sagen, „war der Allmächtige noch mit mir" (29,5). „Ich lebte ungestört" (Vers 12). „Jetzt aber hat er mich erschöpft" (Vers 7), „mich erschüttert, mich im Nacken gepackt, mich zerschmettert" (Vers 12). Hier scheinen Grunderfahrungen des menschlichen (religiösen) Lebens durchzubrechen: „Im sicheren Glück dachte ich einst: Ich werde niemals wanken. Herr, in deiner Güte stelltest du mich auf den schützenden Berg. Doch dann hast du dein Gesicht verborgen. Da bin ich erschrocken" (Ps 30,7–8). Hat Gott zwei Seiten, eine helle und eine dunkle? Welche ist seine wahre Seite? Wir neigen (in der christlichen Tradition) bisweilen dazu, die erste, die helle Seite Gottes und des Lebens als seine wahre Seite zu bekennen. Von dem her, was im Ijobbuch abläuft, wird man wohl sagen müssen: Gott hat eine dritte Seite. Es fällt nämlich auf, dass Ijob nicht einfach seinen früheren Zustand zurückersehnt. Er möchte verstehen, was *jetzt* mit ihm geschieht: „Warum stellst du mich als Zielscheibe vor dich hin?" (7,20) Jetzt lernt Ijob Gott und sein Leben von der anderen Seite kennen. Die Freunde versuchen vergeblich, Ijob in den früheren Zustand zurückzurufen, „als der Allmächtige noch mit ihm war" (vgl. 29,5). Doch dieser Weg zurück bleibt Ijob versperrt. Er wäre – im wahrsten Sinne des Wortes – ein Rückschritt. Was ihm bleibt, ist allein der Weg nach vorn. Ijob scheint zu ahnen, dass von dort her eine Antwort kommt, die ihn über das hinausführt, was er bisher von Gott (zu) erfahren (geglaubt) hatte.

Der Zeuge im Himmel (16,18–22)

> 18 *O Erde, deck mein Blut nicht zu,*
> *und ohne Ruhestätte sei mein Klageschrei!*
> 19 *Nun aber, seht: Im Himmel ist mein Zeuge,*
> *mein Bürge in den Höhen!*
> 20 *Da meine Freunde mich verspotten,*
> *blickt zu Gott hin schlaflos mein Auge.*
> 21 *Recht schaffe er dem Mann bei Gott*
> *und einem Menschen bei seinem Freund.*
> 22 *Denn nur noch wenige Jahre werden kommen,*
> *dann muss ich den Weg gehen ohne Wiederkehr.*

Ijob bittet hier nicht mehr um Heilung. Sein einziger Wunsch: Das Unrecht, das ihm zugefügt wurde und weiterhin zugefügt wird, möge nicht unbeachtet bleiben. Wenn Blut vergossen wird, schreit es – so die biblische Vorstellung – vom Erdboden empor, auf dass ein Rächer dem Opfer zu seinem Recht verhelfen und die zerstörte Rechtsordnung wiederherstellen möge. Es ist die ureigenste Aufgabe Gottes, für die Opfer einzutreten, die keinen Rechtshelfer haben. „Das Blut deines Bruders schreit zu mir vom Ackerboden", sagt JHWH zum Brudermörder Kain (Gen 4,10). Mit dem Schrei von Vers 18 möchte Ijob seinen „Fall" offenhalten und seinen Rechtsanspruch einklagen. Die Zeit drängt, denn er wird nicht mehr lange leben (Vers 22). Seine Hoffnung setzt er auf einen Zeugen im Himmel (Vers 19). Wer ist dieser Zeuge? Ein Zeuge wird angerufen, wenn zwei Parteien miteinander streiten und keine Einigung in Sicht ist. Der Zeuge steht außerhalb des Streites. Er kann den Sachverhalt bezeugen, der für die Klärung der Auseinandersetzung von ausschlaggebender Bedeutung ist.

Vergegenwärtigen wir uns die Lage, in der sich Ijob befindet. Er liegt mit Gott im Streit. Er fühlt sich von Gott angegriffen: „Wie ein Krieger stürmt er gegen mich an" (16,14). Der Angriff Gottes ist in den Augen Ijobs zutiefst ungerecht, da er sich nichts hat zu Schulden kommen lassen. In der unmittelbar vorangehenden Klage stellt Ijob – entgegen den Unterstellungen seiner Freunde – dies noch einmal unmissverständlich klar: „Kein Unrecht klebt an meinen Händen und mein Gebet ist lauter" (16,17). In dieser Situation bekennt Ijob: „Nun aber, seht: Im Himmel ist mein Zeuge, mein Bürge in den Höhen" (Vers 19). Wer ist dieser Zeuge?

Wir befinden uns an einer Schlüsselstelle des Ijobbuches. Es findet ein innerer Klärungsprozess statt. In Ijob bricht die Gewissheit durch, dass es noch einen „anderen Gott" gibt als den, „der ihn in die Hand der Frevler stößt" (16,11). Diesen „anderen Gott" bekennt Ijob als „seinen Zeugen im Himmel" und „seinen Bürgen in den Höhen" (Vers 19). Zu diesem Gott hin blickt schlaflos sein Auge (Vers 20). Dieser Gott möge Recht verschaffen „dem Mann", das heißt: Ijob, und zwar „bei Gott", das heißt: bei *dem* Gott, der Ijob zerschmettert (16,12), und bei den Freunden, die Ijob verspotten (Vers 21). Erstmals bekennt sich Ijob – über die Brücke des Zeugen – ausdrücklich zu einem „Gott gegen Gott".

Was hier abläuft, lässt sich als innere Klärung des Gottesbildes verstehen. Wenn wir in aller Nüchternheit auf die Ijoberzählung schauen, dann müssen wir feststellen: Die Gottesfeindschaft, die Ijob erfährt, stimmt nicht mit dem überein, was der allwissende Erzähler sagt. Nirgendwo wird auf der Ebene der *Erzählung* gesagt, dass *Gott* Ijob *geschlagen oder angegriffen habe.* Ijob sagt das, aber nicht der Erzähler. Allenfalls wird in 42,11 angedeutet, dass JHWH indirekt für das Unheil verantwortlich ist, insofern er es zugelassen hat, insofern er es „über ihn hatte kommen lassen". Auf der Ebene der Erzählung wird Ijob *vom Satan* geschlagen, nicht von Gott. Wohl jedoch hat Gott den Schlag Satans zugelassen. Genau genommen handelt es sich also um eine *Deutung*, die Ijob dem, was ihm widerfährt, gibt.

Sie stimmt nicht mit dem überein, was uns der allwissende Erzähler als objektive Wirklichkeit vermittelt. Das mag zynisch klingen, weil wir uns verständlicherweise nur allzu gern mit Ijob identifizieren, uns auf seine Seite stellen, da wir schweres Leid, das uns trifft, ähnlich deuten wie er. Aber hier liegt ein Problem, das im Ijobbuch mutig angegangen wird und dem wir uns zu stellen haben, wenn wir das Buch ernst nehmen und an seiner Lösung teilhaben wollen. In Ijob vollzieht sich ein Prozess der Klärung, bei dem der Unterschied zwischen dem, was er wahrnimmt, und dem, was wirklich ist, immer deutlicher hervortritt. In Ijob bricht die Erkenntnis durch, dass es noch einen „anderen Gott" gibt als den, von dem er meint, dass er ihn verfolge. Da es aber in der Tradition, aus der heraus Ijob spricht, neben dem *einen* Gott keinen anderen Gott gibt, ist der „andere Gott", den Ijob als Zeugen anruft, kein anderer als der *eine*, wahre Gott, der „ihm Recht verschafft": „Nemo contra Deum, nisi Deus ipse" („Niemand gegen Gott außer Gott selbst") – dieses Wort unbekannter Herkunft, mit dem Goethe im 20. Buch von „Dichtung und Wahrheit" das Dämonische zusammenfassend kennzeichnet, könnte auch als Überschrift über Ijob 16,18–22 stehen. Diese zunächst paradox klingenden Worte deuten darauf hin, dass Ijob von der Vorstellung, Gott würde ihn verfolgen, befreit wird. Die Erfahrung bricht in dem hier auszulegenden Text blitzartig durch, aber es braucht noch viel Zeit und Leid, bis sie in Ijob zu einer tragenden und bleibenden Gestalt gefunden hat.

In Ijobs Leid sind zwei Ebenen zu unterscheiden: zum einen der Verlust seines Besitzes, seiner Kinder und seiner Gesundheit, zum anderen die *Vorstellung*, Gott habe ihm das alles zugefügt. Beide Leiderfahrungen werden im Ijobbuch durchgearbeitet und einer Lösung zugeführt: die erste in der Rahmenerzählung (1–2; 42,10–17), die zweite im Dialogteil (3–42,6). Die Lösung der zweiten nimmt weitaus mehr Zeit und Energie in Anspruch als die der ersten. Sie scheint im Ijobbuch als das tiefer liegende Problem angesehen zu werden. Es handelt sich um die geistige, die spirituelle Dimension des Leids.

Dass es sich bei der „Gottesverfolgung" Ijobs um eine *Vorstellung* handelt, besagt nicht, dass sie nicht äußerst schmerzhaft ist. Das durch Fehldeutung hervorgerufene Leid erfordert in gleicher Weise Solidarität und Trost wie jedes andere Leid auch. Es ist real und kann nicht weginterpretiert werden. Aber es kann durchlitten und geheilt werden – das ist der Weg, den das Ijobbuch beschreibt, und die frohe Botschaft, die es enthält.

Nur Gräber bleiben mir (17,1–16)

1 *Mein Geist ist verwirrt,*
meine Tage sind ausgelöscht,
nur Gräber bleiben mir.
2 *Wahrhaftig, Spott begleitet mich,*
ihrer Widerspenstigkeit ist müde mein Auge.
3 *Hinterlege doch ein Pfand für mich bei dir!*
Wer würde sonst den Handschlag für mich leisten?
4 *Denn ihr Herz hast du der Einsicht verschlossen,*
darum wirst du sie nicht erhöhen.
5 *Vom Verteilen kündet jemand den Freunden,*
doch die Augen seiner Kinder verschmachten.
6 *Zum Spottvers für die Leute stellte er mich hin,*
ich wurde einer, dem man ins Gesicht spuckt.
7 *Vor Kummer ist mein Auge matt,*
all meine Glieder wurden wie ein Schatten.
8 *Darüber entsetzen sich die Redlichen,*
der Reine empört sich über den Gottlosen.
9 *Doch der Gerechte hält fest an seinem Weg,*
wer reine Hände hat, gewinnt an Kraft.
10 *Ihr alle, kehrt um, kommt wieder her,*
ich finde ja noch keinen Weisen bei euch.
11 *Dahin sind meine Tage,*
zunichte meine Pläne, meine Herzenswünsche.
12 *Sie machen mir die Nacht zum Tage,*
Licht sei mir näher als die Finsternis.
13 *Was hoffe ich? – Die Unterwelt ist mein Haus!*
In der Finsternis breite ich mein Lager aus!
14 *Zur Grube rufe ich: Mein Vater bist du!,*
Meine Mutter, meine Schwester!, zum Wurm.
15 *Wo ist dann noch meine Hoffnung*
und wo mein Glück? Wer kann es schauen?
16 *Sie fahren mit mir zur Unterwelt hinab,*
gemeinsam auf den Staub zur Ruhe.

Nur allzu kurz wurde Ijob die innere Gewissheit zuteil, dass es einen Zeugen, einen Bürgen im Himmel gibt, der für ihn einsteht und sich zu ihm bekennt (16,18–22). Nun aber holt ihn erneut sein Elend ein. Er spürt, dass es mit ihm zu Ende geht: „Meine Tage sind erloschen, nur Gräber bleiben mir" (Vers 1). Das Auf und Ab der Gefühle, das Hin- und Hergerissenwerden zwischen Welt und Unterwelt (vgl. Vers 13) deuten darauf hin, dass er in die Phase des Sterbens eintritt. Momente der Erfahrung tiefer Geborgenheit (16,18–22; 17,3) wechseln mit Phasen der Verzweiflung und Hoffnungslosigkeit (Vers 13–15). Es ist ein rechter Kampf zwischen Licht und Finsternis. Ijob selbst bekennt sich zu seiner Verwirrung (Vers 1) und entsprechend sind seine Worte. Sie erinnern ein wenig an die erste und zweite Phase eines Sterbeprozesses. Verdrängte Gefühle und unerledigte Dinge des Lebens werden bewusst: „Dahin sind meine Tage, zunichte meine Pläne, meine Herzenswünsche" (Vers 11). Zugleich bekommt der Sterbende genau mit, was in seinem Umfeld geschieht. Ijob spürt den Spott, der ihm entgegenschlägt (Vers 2 und 6). Sein Ruf um Zuwendung verhallt unerhört (Vers 10). Von den Freunden enttäuscht (Vers 2), wendet er sich erneut an Gott: „Wer würde sonst den Handschlag für mich leisten?" (Vers 3) Von den Freunden ist nichts mehr zu erwarten. Gott hat ihr Herz der Einsicht verschlossen (Vers 4) – eine Aussage, in der das Motiv göttlicher Verstockung anklingt. Erhoffte Ijob in Vers 3 noch, von Gott Bürgschaft zu erhalten, so weiß er sich in Vers 6 von Gott dem Gespött der Leute preisgegeben. Erneut beobachten wir ein Hin und Her zwischen Gott, dem Feind, und Gott, dem alleinigen Retter. Schwer verständlich ist Vers 5: „Vom Verteilen berichtet jemand den Freunden, doch die Augen seiner Kinder verschmachten." Möglicherweise handelt es sich um ein Sprichwort, das Ijob auf Gott münzt: (Ferner stehenden) Freunden verteilt er großzügig seine Gaben, doch die eigenen Kinder (wie Ijob, dessen Name übersetzt heißt: „Wo ist mein Vater?") lässt er verschmachten. Ijobs Leib zerfällt (Vers 7). Man spuckt ihm ins Gesicht (Vers 6) wie Jesus in der Passion (Mt 26,67; Mk 14,65). In den Augen der „Redlichen und Reinen" ruft Ijobs Zustand Entsetzen hervor. Sein Leid scheint Beweis seiner Gottlosigkeit zu sein (Vers 8). In der Aussage klingt das vierte Lied vom Gottesknecht an: „Viele haben sich über ihn entsetzt, so entstellt sah er aus ... Er wurde verachtet und von den Menschen gemieden ... Wir meinten, er sei von Gott geschlagen, von ihm getroffen und gebeugt“ (Jes 52,14; 53,3–4). Doch unbeirrt hält Ijob, der Gerechte, „an seinem Weg fest“ (Vers 9). Er ruft seine Freunde und alle, die ihn verspotten, zur Umkehr auf. Noch hat er unter ihnen keinen gefunden, der weise ist, der das, was mit ihm geschieht, wirklich versteht (Vers 10). Zwar haben die Freunde ihm gut zugeredet, ihm in ihren schönen Worten „die Nacht zum Tag gemacht“ und ein hereinbrechendes Licht angekündigt (Vers 12; vgl. 5,17–26; 8,20–21; 11, 13–19: „Heller als der Mittag erhebt sich dann dein Leben, die Finsternis wird wie der Morgen sein“, 11,17), doch ihre schönen Worte halten der Realität nicht stand: „Die Unterwelt ist mein Haus. In der Finsternis breite ich mein Lager aus“ (Vers 13). Nicht zu Gott, sondern zum Grab ruft Ijob: „Mein Vater bist du!“ (Vers 14) Seine Klage endet in tiefer Hoffnungslosigkeit (Vers 11–16).

Das Licht der Frevler erlischt (18,1–21)

1 *Da antwortete Bildad von Schuach und sprach:*
2 *Wie lange wollt ihr den Worten eine Grenze setzen?*
Bedenkt es! Danach reden wir.
3 *Warum gelten wir als Vieh?*
Sind wir unrein in euren Augen?
4 *Der sich selbst zerreißt in seinem Zorn –*
soll deinetwegen die Erde sich entvölkern,
der Fels von seiner Stelle rücken?
5 *Ja, der Frevler Licht erlischt,*
die Flamme seines Feuers strahlt nicht auf.
6 *Das Licht in seinem Zelt verfinstert sich,*
seine Leuchte über ihm erlischt.
7 *Eng werden seine gewaltigen Schritte,*
sein eigner Plan bringt ihn zu Fall.
8 *Denn mit seinen Füßen gerät er ins Netz,*
und über Tarngeflecht schreitet er dahin.
9 *Das Klappnetz packt ihn an der Ferse,*
die Schlinge hält ihn fest.
10 *Versteckt am Boden liegt sein Fangstrick,*
seine Falle auf dem Pfad.
11 *Ringsum ängstigen ihn Schrecken,*
sie scheuchen ihn auf Schritt und Tritt.

12 *Hungrig nach ihm ist sein Unheil,*
das Verderben steht bereit zu seinem Sturz.
13 *Es frisst die Glieder seines Leibes,*
seine Glieder frisst der Erstgeborene des Todes.
14 *Ausgerissen wird er aus seinem Zelt, aus seiner Zuversicht,*
schreiten muss er zum König der Schrecken.
15 *Nichts mehr von ihm wohnt noch in seinem Zelt,*
Schwefel wird gestreut auf seine Stätte.
16 *Von unten her verdorren seine Wurzeln,*
von oben welken seine Zweige.
17 *Sein Andenken schwindet von der Erde,*
kein Name bleibt ihm weit und breit.
18 *Sie stoßen ihn von Licht in Finsternis*
und jagen ihn vom Erdkreis fort.
19 *Kein Spross bleibt ihm, kein Nachkomme in seinem Volk,*
kein Überlebender an seinem Ort.
20 *Über seinen Tag schaudern die im Westen,*
und die im Osten packt das Grauen.
21 *Ja, so ergeht es der Wohnung des Frevlers,*
dem Ort des Menschen, der Gott nicht kennt.

In tiefer Hoffnungslosigkeit endete Ijobs Klage (Kap. 17). Nun antwortet Bildad, der zweite Freund. In den Versen 2 bis 3 scheint er zunächst seine beiden Freunde („ihr") anzusprechen. Die Freunde, so Bildad, hatten sich bisher in ihren Reden zurückgehalten, sie hatten ihren Worten „eine Grenze gesetzt" (Vers 2). In der vorangegangenen Rede hatte Ijob den Vorwurf erhoben, Gott habe die Freunde „der Einsicht verschlossen" (17,4). Darauf scheint sich in vergröbernder Form Bildads rhetorische Frage von Vers 3 zu beziehen: „Warum gelten wir als Vieh?" Gemeint ist: Warum werden wir von Ijob für dumm erachtet wie das Vieh (vgl. Ps 49,21)? Bildad fordert nun seine Freunde auf („Bedenkt es!"), ihren Reden keine Zurückhaltung mehr aufzuerlegen. Er plädiert für eine Verschärfung der Gangart und bereitet damit die maßlosen Angriffe des dritten Redegangs vor (22–27).

Mit der Aussage von Vers 4 wendet sich Bildad an Ijob. Er kommt gleich zum inhaltlichen Kern seiner Rede. Ijob hatte geklagt, *Gottes* Zorn würde ihn zerreißen (16,9). Bildad hält dagegen, Ijob zerreiße sich selbst in *seinem eigenen* Zorn. Den Gedanken der Selbstzerstörung entfaltet Bildad in den nun folgenden Ausführungen zum Schicksal des Frevlers (Vers 5–21). Die Grundidee lautet: Der Frevler richtet sich selbst zugrunde, „sein eigener Plan bringt ihn zu Fall" (Vers 7). Dieser Grundsatz wird nun in beeindruckenden Bildern entfaltet: Vom Wohnen im Zelt (Vers 5–6) über das Gehen auf dem (Lebens-)Weg (Vers 7–11) und das Motiv des Essens (Vers 12–13) bis hin zu seinem endgültigen Ende (Vers 14–19) und dem Entsetzen derer, die es sehen (Vers 20), reicht die Beschreibung. Alles, was der Frevler tut, fällt dem Verderben anheim. Nichts findet in eine bleibende Gestalt, alles zerfällt.

Die Schilderung beginnt mit dem in der Bibel mehrfach belegten Bild (Spr 13,9; 24,20) des erlöschenden Lichtes (Vers 5–6). Mit dem Licht verbindet die Bibel Sinn, Orientierung, Leben. Um die chaotische Finsternis des Anfangs, in der kein Leben möglich war, zurückzudrängen, schuf Gott als erstes der Werke das Licht (Gen 1,1–3). „Du, Herr, lässt meine Leuchte erstrahlen, mein Gott macht meine Finsternis hell", bekennt der Psalmist (Ps 18,29; vgl. Ijob 29,3). Mit dem Erlöschen des Lichtes wird das Zelt des Frevlers zu einem Ort des Unglücks und des bevorstehenden Todes (vgl. Koh 12,2–6). Verlässt der Frevler sein Zelt und begibt er sich auf seinen (Lebens-)Weg, droht neues Ungemach. Mit Bildern aus dem Leben der Jagd wird es einprägsam vor Augen geführt (Vers 7–11). Nicht von der Hetzjagd, sondern von der Jagd mit verborgenen Fallen ist die Rede. Der Frevler wähnt sich in Sicherheit, in Wirklichkeit jedoch geht er – um ein modernes, nicht weniger schreckliches Bild zu verwenden – durch ein Minenfeld, „er schreitet über Tarngeflecht" (Vers 8). „Unheil" und „Verderben" erscheinen wie Rachegeister und wilde Tiere, die hungrig sind, den Frevler zu verschlingen (Vers 12). Mit dem „Erstgeborenen des Todes" (Vers 13) dürfte eine schwere Krankheit gemeint sein, in der sich der bevorstehende Tod ankündigt. Grausam spielt Bildad auf das Schicksal Ijobs an. Nichts bleibt vom Zelt des Frevlers (Vers 14–16), kein Fortleben im Gedenken (Vers 17), kein Fortleben in der Nachkommenschaft (Vers 19). Erneut klingt das Schicksal Ijobs an, der all seine Kinder verloren hat. Der Frevler stirbt den endgültigen Tod. Die Menschen sehen es mit Schrecken (Vers 20). So ist das Schicksal „des Menschen, der Gott nicht kennt" (Vers 21), der nichts von Gott wissen will.

Bisweilen kann man hören oder lesen, die weisheitliche Lehre vom Schicksal der Frevler sei durch das Neue Testament überwunden. Ein solches Urteil ist falsch (vgl. Mt 7,19; Lk 13,22–30; 2 Petr 2,9). Der Mensch, der von Gott nichts wissen will, der sich willentlich und aus freiem Entschluss dem heilenden und rettenden Handeln Gottes widersetzt, kann nicht gegen seinen Willen gerettet werden. Die Lehre, die Bildad vertritt, ist richtig. Doch er wendet sie falsch an. Er wendet sie falsch an, weil er die Situation, in der er sich befindet und in die hinein er spricht, nicht richtig wahrnimmt. Ijob ist kein Frevler, wie Bildad und mit ihm seine Freunde unterstellen. Die biblische Tradition unterscheidet zwischen dem Leiden der Frevler und dem Leiden der Gerechten. Das Leiden der Frevler ist Folge ihrer Gottvergessenheit, es führt in den Tod. Das Leiden der Gerechten führt zur Anschauung Gottes (42,5; vgl. Mt 5,8). Die Rede Bildads, ja die Reden der Freunde insgesamt sind ein lehrreiches Beispiel dafür, dass eine richtige Theologie in die Irre führt, wenn die Wahrnehmung derer, die sie vertreten, getrübt ist.

Erkennt, dass Gott mich niederdrückt (19,1–12)

1 *Da antwortete Ijob und sprach:*
2 *Wie lange noch wollt ihr meine Seele quälen,*
mich mit Worten niedertreten?
3 *Ihr beschimpft mich schon zum zehnten Mal*
und schämt euch nicht, mir zuzusetzen.
4 *Ging ich wirklich unwissend fehl,*
mein Fehltritt bliebe doch bei mir.
5 *Wollt ihr wirklich großtun gegen mich*
und mir meine Schmach vorhalten?
6 *Erkennt doch, dass Gott mich niederdrückt,*
dass er sein Netz rings um mich warf.
7 *Schrei' ich: Gewalt!, wird mir keine Antwort,*
ruf' ich um Hilfe, gibt es kein Recht.
8 *Meinen Pfad hat er versperrt, ich kann nicht weiter,*
Finsternis legt er auf meine Wege.
9 *Meiner Ehre hat er mich entkleidet,*
die Krone mir vom Haupt genommen.

10 *Er brach mich ringsum nieder, ich muss dahin,*
meine Hoffnung riss er aus wie einen Baum.
11 *Sein Zorn ist gegen mich entbrannt,*
gleich seinen Gegnern gelte ich ihm.
12 *Vereint rücken seine Scharen an,*
bahnen gegen mich ihren Weg,
lagern sich rings um mein Zelt.

Wir befinden uns in der Mitte des Dialogteils. Vier Reden hat Ijob in der Auseinandersetzung mit seinen Freunden bereits gehalten (6–7; 9–10; 12–14; 16–17), vier weitere werden folgen (21; 23–24; 26; 27–28). Nun spricht er zum fünften Mal (19). In dieser fünften Rede findet erneut ein Durchbruch statt. Er entspricht in seiner Struktur demjenigen seiner vorangehenden Rede („Nun aber seht: Im Himmel ist mein Zeuge!“, 16,19), er reicht aber noch weiter: „Ich weiß: Mein Erlöser lebt!“ (19,25) Vorbereitet wird der Durchbruch zum erlösenden Wissen (Vers 23–27) durch den fortschreitenden Prozess der Entfremdung Ijobs von seinen Freunden (Vers 2–6), von Gott (Vers 7–12), von seinen Verwandten und Bekannten (Vers 13–22).

Im ersten Teil der hier auszulegenden Rede wendet sich Ijob zum wiederholten Mal direkt an seine Freunde (Vers 2–6). Der Ton verschärft sich auf beiden Seiten. Hatte Ijob in seiner vorangehenden Rede den fehlenden *Trost* seiner Freunde beklagt (16,2–6), so geht seine Anklage nun deutlich darüber hinaus: Mit ihren Worten üben die Freunde Gewalt aus, sie quälen Ijob, sie „treten ihn mit Worten nieder“ (Vers 2). „Zum zehnten Mal schon“ (Vers 3) ist hier im Sinne von „wer weiß wie oft schon“ zu verstehen. Vers 4 enthüllt, worin Ijob sich von seinen Freunden gequält und ungerecht behandelt sieht. Sie halten ihn für schuldig und sehen darin den gerechten Grund für sein Leid. Ijob verteidigt sich: „Ging ich wirklich unwissend fehl, mein Fehltritt bliebe doch bei mir.“ Die Aussage gehört zu den wenigen Stellen des Buches (vgl. 6,24; 7,21; 13,26), an denen Ijob eine Schuld nicht grundsätzlich auszuschließen scheint. Die hier verwendeten Bezeichnungen stehen für unwissentlich begangene Sünden (vgl. Lev 4,2; 5,2; 5,17–18; Num 15,27). Es sind leichte Sünden, vor allem im Bereich von Reinheit und Unreinheit, die jemand zunächst gar nicht bemerkt. Ijob ist sich solcher „Sünden ohne Wissen“ nicht bewusst. Aber selbst wenn er sie begangen haben sollte, sie rechtfertigen in keinem Fall die Vorhaltungen und das Großtun der Freunde (Vers 5).

Der wahre Grund seines Leids, so Ijob, liegt nicht in einer Schuld, die er begangen haben könnte, sondern in Gott. Er ist es, der ihn niederdrückt. Er ist der Jäger (Vers 6; vgl. dagegen 18,8–10). Mit der Aussage von Vers 7 rechtfertigt Ijob seine Klage. Er verhält sich im Grunde wie ein Mensch, dem Unrecht geschehen ist (vgl. Dtn 22,24; 2 Kön 6,26; 8,3). Er schreit „Gewalt!" und ruft um Hilfe, doch er bekommt keine Antwort, ihm widerfährt kein Recht (Vers 7) – eine Erfahrung, die auch dem Propheten Habakuk zuteilwurde: „Wie lange, Herr, soll ich noch um Hilfe rufen, und du hörst nicht? Ich schreie zu dir: Gewalt!, doch du hilfst nicht" (Hab 1,2). Ijobs Lage ist aussichtslos (Vers 8). Erneut werden Hoheitsaussagen über den Menschen verkehrt: Mag Gott den Menschen auch mit Herrlichkeit und Ehre gekrönt haben (Ps 8,6), den leidenden Ijob hat dieser Gott der Ehre beraubt, ihm hat er die Krone vom Haupt genommen (Vers 9). Klagte Ijob zuvor noch richtungslos („Ich habe keine Hoffnung!", 17,13; „Wo ist meine Hoffnung?", 17,15), so nennt er nun Ross und Reiter: „*Er* (Gott) riss meine Hoffnung aus wie einen Baum" (Vers 10), „*sein* Zorn ist gegen mich entbrannt" (Vers 11). Bekannte Gott gegenüber dem Satan, Ijob sei sein Diener, sein treuer Knecht (1,8; 2,3), so weiß sich Ijob nun von diesem Gott behandelt wie ein „Gottesgegner" (Vers 11). Mit „Gottes Scharen" in Vers 12 dürften Unglücksmächte gemeint sein, die Gott den Menschen schickt (vgl. 1 Sam 30,8; 2 Kön 6,23). Bildad sah das Licht in des *Frevlers* Zelt erlöschen (18,6), Ijob sieht *sein* Zelt, das Zelt eines Gerechten, von Gottes unheilvollen Scharen angegriffen und umlagert (Vers 12).

Ijobs Entfremdung von Verwandten und Freunden (19,13–22)

> 13 *Meine Brüder hat er von mir entfernt,*
> *meine Bekannten sind mir entfremdet.*
> 14 *Meine Verwandten, Bekannten blieben aus,*
> *die Gäste meines Hauses haben mich vergessen.*
> 15 *Als Fremder gelte ich meinen Mägden,*
> *von anderem Stamm bin ich in ihren Augen.*
> 16 *Rufe ich meinen Knecht, so antwortet er nicht;*
> *mit eigenem Mund muss ich ihn anflehen.*

17 *Mein Atem ist meiner Frau zuwider;*
die Söhne meiner Mutter ekelt es vor mir.
18 *Buben selbst verachten mich,*
stehe ich auf, verhöhnen sie mich.
19 *Alle meine Gefährten verabscheuen mich,*
die ich liebe, lehnen sich gegen mich auf.
20 *An Haut und Fleisch klebt mein Gebein,*
nur das Fleisch an meinen Zähnen blieb.
21 *Erbarmt, erbarmt euch meiner, ihr meine Freunde!*
Denn Gottes Hand hat mich getroffen.
22 *Warum verfolgt ihr mich wie Gott,*
warum werdet ihr an meinem Fleisch nicht satt?

Kranke werden oft von ihren Mitmenschen gemieden. Das ist eine Erfahrung, die bereits im Alten Testament vielfach bezeugt wird. Es gibt viele Gründe, einem kranken Menschen aus dem Weg zu gehen. Von einem Kranken ist nicht mehr viel zu erwarten. Er ist lästig. In aller Offenheit spricht der Weisheitslehrer Jesus Sirach diese Erfahrung an: „Mancher ist Freund als Gast am Tisch, am Tag des Unheils ist er nicht zu finden. In deinem Glück ist er eins mit dir, in deinem Unglück trennt er sich von dir. Trifft dich ein Unglück, wendet er sich gegen dich und hält sich vor dir verborgen" (Sir 6,10–12). Nicht selten sieht man in Krankheiten böse Mächte am Werk (vgl. 1 Sam 16,14–15). Auch Ijob wurde vom Satan geschlagen (2,7). Krankenheilungen gehen bei Jesus häufig mit Dämonenaustreibungen einher (Mk 1,21–28; 1,32–34; 5,1–20; 7,24–30; 9,14–27 und Parallelstellen; Apg 10,38). Wer mit Kranken in Berührung kommt, fühlt sich oft selbst von den Dämonen bedroht, die vom Kranken Besitz ergriffen haben. Kranke spüren, dass sie gemieden werden. Sie nehmen am Alltagsleben nicht mehr teil. Die Erfahrung, ausgeschlossen zu sein, kann Projektionen begünstigen. Der Kranke fühlt sich nicht nur ausgeschlossen, sondern angegriffen und verfolgt. Vielfach sind solche Erfahrungen in den Klagepsalmen bezeugt: „Zum Spott geworden bin ich all meinen Feinden, ein Hohn den Nachbarn, ein Schrecken den Freunden; wer mich auf der Straße sieht, der flieht vor mir. Ich bin dem Gedächtnis entschwunden wie ein Toter, bin geworden wie ein zerbrochenes Gefäß. Ich höre das Zischeln der Menge – Grauen ringsum. Sie tun sich gegen mich zusammen; sie sinnen darauf, mir das Leben zu rauben"

(Ps 31,12–14). „Freunde und Gefährten bleiben mir fern in meinem Unglück, und meine Nächsten meiden mich" (Ps 38,12). „Denn nicht mein Feind beschimpft mich, das würde ich ertragen; nicht ein Mann, der mich hasst, tritt frech gegen mich auf, vor ihm könnte ich mich verbergen. Nein, du bist es, ein Mensch aus meiner Umgebung, mein Freund, mein Vertrauter, mit dem ich, in Freundschaft verbunden, zum Haus Gottes gepilgert bin inmitten der Menge" (Ps 55,13–15).

Ijob ergeht es nicht anders. In kaum einem anderen Text der Bibel wird die Entfremdung zwischen einem Kranken und seiner sozialen Umwelt so ausführlich und eindringlich beschrieben wie in Ijob 19,13–22. Sie spiegelt sich im kunstvollen Aufbau des Textes wider. Die Bewegung verläuft von außen nach innen. Sie beginnt in Vers 13 mit den ferner stehenden Verwandten (in diesem Sinne sind hier die Brüder zu verstehen) und Bekannten. Auffallend ist, dass ER, also Gott, sie von Ijob entfernt hat. Sie geht weiter mit denen, die Ijob nahestehen (den Verwandten), und mit den Gästen seines Hauses (Vers 14). Es folgen die Bediensteten (Mägde und Knechte), die mit Ijob unter einem Dach wohnen (Vers 15–16). Mit Vers 17 wird der innerste Bereich seines sozialen Lebens erreicht: „Mein Atem ist meiner Frau zuwider, die Söhne meiner Mutter ekelt es vor mir." Mit den Versen 18–19 wird der häusliche Bereich wieder verlassen. Der Kreis schließt sich. Besonders schmerzhaft ist die Erfahrung, dass gerade die, die Ijob liebt, sich gegen ihn auflehnen.

Dass ein verbreitetes instinktives Meiden von Kranken und Armen durch bewusstes Gegensteuern überwunden und in Solidarität, Mitgefühl und tätige Liebe zu den Geschlagenen verwandelt wird, stellt eine Revolution in der Geschichte der menschlichen Kultur dar. Vor allem die christliche Tradition hat hier kulturbildend gewirkt. Im Christentum wird die Hinwendung zu den Kranken und Armen durch die gläubige Erkenntnis motiviert und verstärkt, dass gerade in den Notleidenden Gott selbst gegenwärtig ist (vgl. Mt 25,31–46). Kranke und Arme können zu Gotteslehrern werden, weil in ihrem Geschick die Wahrheit des menschlichen Lebens ans Licht kommt und sich möglicherweise in ihrem Verhalten ein Weg zeigt, diese Wahrheit zu leben. Ijob ist ein solcher Gotteskünder. Seine Freunde freilich vermögen das nicht zu erkennen. Sie halten ihn für einen Gottesleugner (vgl. 15,4). In einem dramatischen Appell fleht Ijob seine Freunde um Erbarmen an (Vers 21). Die üblichen Bitten der Klagepsalmen werden hier auf den Kopf gestellt. Ijob ruft seine Freunde um Hilfe gegen den ihn verfolgenden Gott an (Vers 22) – eine für die biblische Tradition unerhörte Bitte. Gott hat hier die Rolle des Feindes eingenommen, die Freunde die Rolle (des rettenden) Gottes – doch sie werden dieser Rolle nicht gerecht, sie verhalten sich ebenso erbarmungslos wie (der ihn verfolgende) Gott. Aus dieser Ausweglosigkeit heraus wirft Ijob seine ganze Hoffnung auf eine dritte Gestalt: „Ich weiß, mein Erlöser lebt" (Vers 25).

Würden meine Worte doch geschrieben! (19,21–29)

21 *Erbarmt, erbarmt euch meiner, ihr meine Freunde!*
Denn Gottes Hand hat mich getroffen.
22 *Warum verfolgt ihr mich wie Gott,*
warum werdet ihr an meinem Fleisch nicht satt?
23 *Würden meine Worte doch geschrieben,*
auf einer Schriftrolle aufgezeichnet,
24 *mit eisernem Griffel und mit Blei*
für immer in den Fels gehauen!
25 *Ich aber weiß: Mein Erlöser lebt!*
Als letzter erhebt er sich über dem Staub.
26 *Ohne meine Haut, die so zerfetzte,*
und ohne mein Fleisch werde ich Gott schauen.
27 *Ihn selber werde ich dann für mich schauen;*
meine Augen werden ihn sehen, nicht mehr fremd,
(wenn auch) meine Nieren schwinden in meinem Inneren.
28 *Wenn ihr sagt: Wie wollen wir ihn verfolgen*
und den Grund der Sache an mir finden!,
29 *dann fürchtet euch vor dem Schwert!*
Denn Zorn über Sünden ist das Schwert,
damit ihr erkennt, dass es ein Gericht (einen Richter) gibt.

Die hier auszulegenden Verse gehören wohl zu den bekanntesten des Ijobbuches. In der christlichen Tradition haben sie eine enorme Wirkungsgeschichte entfaltet. Laut Hieronymus (347–419) hat niemand vor Christus so deutlich von der leiblichen Auferstehung gesprochen wie Ijob. Aus Händels „Messias" ist Vers 25 in der Übersetzung „Ich weiß, dass mein Erlöser lebet" vielen Zeitgenossen bekannt. Versuchen wir zunächst, die Bedeutung des Textes aus seinem ursprünglichen Zusammenhang zu erschließen.

Der Text, der den Abschluss der fünften Rede Ijobs bildet und in der Mitte des Dialogteils steht, gliedert sich in vier Abschnitte: einen an die Freunde gerichteten Ruf um Erbarmen (Vers 21–22), einen Wunsch Ijobs nach bleibender Verschriftung seines Anliegens (Vers 23–24), ein Vertrauensbekenntnis (Vers 25–27) und eine an die Freunde gerichtete Warnung (Vers 28–29).

Der an die Freunde gerichtete Ruf um Erbarmen (Vers 21–22) verhallt ungehört. Doch Ijob gibt nicht auf. Da ihn niemand erhört, weder Gott noch seine Freunde, äußert er den Wunsch, seine Worte mögen aufgezeichnet werden (Vers 23–24). Warum? Aus der prophetischen Verkündigung wissen wir, dass wahre Worte nicht zur Geltung kommen können, wenn die Zeit, in die hinein sie gesprochen werden, blind und taub ist, ihren Wahrheitsgehalt zu erkennen. Aus diesem Grunde sagt der Prophet Jesaja: „Einwickeln will ich die Bezeugung, versiegeln die Weisung unter meinen Schülern. Ich will auf JHWH warten, der sein Angesicht vor dem Haus Jakob verhüllt, auf ihn will ich hoffen“ (Jes 8,16–17). Wahrscheinlich geht es hier um die Hinterlegung einer Schriftrolle, die den Kern der prophetischen Botschaft enthält, für die Zeit, in der die Stunde ihrer Wahrheit kommt. Ähnlich heißt es in Jes 30,8: „Schreibe es bei ihnen auf eine Tafel und zeichne es in ein Buch ein, damit es für einen künftigen Tag bleibe als Zeuge für immer“ (vgl. Hab 2,1–3). Ijob steht der Tod bevor (Vers 26). Träte er ein, dann hätten seine Freunde in den Augen der Nachwelt Recht bekommen. Doch Ijob ist sich seiner Unschuld sicher. Wer aber könnte das bezeugen, wenn er gestorben sein würde? Seine Freunde würden es nicht tun, seine Verwandten und Bekannten verachten ihn (19,13–20) und Gott schweigt. In dieser schier ausweglosen Lage wünscht er sich, dass seine Worte aufgeschrieben würden: auf einer Schriftrolle (Vers 23), ja, mehr noch – da eine Schriftrolle verbrannt werden kann (vgl. Jer 36) –, dass sie in einen Felsen eingehauen würden als eine unzerstörbare, mit Blei ausgegossene, weithin sichtbare Inschrift (Vers 24). Welche Worte sollen aufgeschrieben werden? Manche Exegeten meinen, es seien die Worte gemeint, die Ijob in den Versen 25 bis 27 spricht: „Ich aber weiß: Mein Erlöser lebt …“ Wahrscheinlicher ist jedoch eine andere Deutung: Die Worte, die aufgeschrieben werden sollen, sind im Grunde eine Zusammenfassung dessen, was Ijob bisher gesagt hatte: seine Klage und seine Anklage und vor allem wohl seine Unschuldsbeteuerung.

Die folgenden Verse 25 bis 27 gehören zu den am meisten diskutierten Sätzen des Ijobbuches. Umstritten ist zunächst das Verhältnis zum vorangehenden Wunsch nach bleibender Verschriftung seines Anliegens (Vers 23–24). Führen sie den Gedanken fort, dann müsste übersetzt werden: „*Denn* ich weiß: Mein Erlöser lebt!" Der Sinn wäre, dass der (Er-)Löser aufgrund der verschrifteten Unschuldsbeteuerung für Ijob eintritt und ihm und seiner Sache zum Recht verhilft. Der (Er-)Löser würde gleichsam „als letzter sich erheben" und Ijob unmittelbar vor, im oder nach dem Tod rechtfertigen. Eine andere mögliche Deutung, die auch hier vertreten wird, besagt, dass das Bekenntnis zum (Er-)Löser (Vers 25–27) den vorangehenden Gedankengang (Vers 23–24) abbricht und etwas Neues und anderes sagt. Dann müsste übersetzt werden: „Ich *aber* weiß: Mein Erlöser lebt!" Der vorangehende Wunsch nach bleibender Verschriftung würde einfach als unwirklich und letztlich nicht weiterführend beiseite gelassen. Stattdessen bekennt sich Ijob zu seinem (Er-)Löser. *Er*, dessen ist sich Ijob gewiss, wird seine Sache in die Hand nehmen. Doch wer ist dieser Erlöser und was erwartet Ijob von ihm?

Mein Erlöser lebt (19,25–29)

25 *Ich aber weiß: Mein Erlöser lebt!*
Als letzter erhebt er sich über dem Staub.
26 *Ohne meine Haut, die so zerfetzte,*
und ohne mein Fleisch werde ich Gott schauen.
27 *Ihn selber werde ich dann für mich schauen;*
meine Augen werden ihn sehen, nicht mehr fremd,
(wenn auch) meine Nieren schwinden in meinem Inneren.
28 *Wenn ihr sagt: Wir wollen ihn verfolgen*
und den Grund der Sache an mir finden!,
29 *dann fürchtet euch vor dem Schwert!*
Denn Zorn über Sünden ist das Schwert,
damit ihr erkennt, dass es ein Gericht (einen Richter) gibt.

Wer ist der Erlöser und was erwartet Ijob von ihm? Das Wort „(Er-)Löser" (hebräisch: *goel*) stammt aus dem alttestamentlichen Familienrecht. Als „Löser" wird dort jener Verwandte bezeichnet, dem das Recht und die Pflicht zukommt, verlorengegangenen Familienbesitz oder in Schuldknechtschaft geratene Angehörige freizukaufen: „Wenn dein Bruder verarmt und etwas von seinem Grundbesitz verkauft, soll sein Verwandter als Löser *(goel)* für ihn eintreten und den verkauften Boden seines Bruders auslösen" (Lev 25,25). Der Verwandte übt die „Auslösung" dadurch aus, dass er einen Preis zahlt, um das verkaufte Landstück zurückzuerwerben, aber nicht, um es selbst in Besitz zu nehmen, sondern um es seinem ursprünglichen Besitzer zurückzugeben. Auch für Familienmitglieder, die in Schuldknechtschaft geraten sind, gab es ein solches Loskaufrecht. „Einer seiner Brüder soll ihn auslösen" (Lev 25,48). Ein dritter Bereich, in dem jemand als „Löser" tätig wurde, war die Institution der Blutrache. Von den 44 Belegen des Wortes „Löser" im Alten Testament begegnen allein 12 in der Verbindung *goel haddam* („Bluträcher"). Blutrache meint hier nicht den emotional ungeläuterten Hass. In einer Gesellschaft, in der es noch keine zentral gesteuerte Strafverfolgung („Staatsanwalt") gab, wurde die durch einen Mord gestörte Rechtsordnung durch Ausübung der Blutrache wieder hergestellt und gleichzeitig das Leben der Menschen durch Androhung derselben geschützt (vgl. Dtn 19,11–13). Dieser Gesichtspunkt klingt mit an, wenn Ijob seine Freunde, die ihn verfolgen (Vers 22), warnt: „Fürchtet euch vor dem Schwert!" (Vers 29)

Erst in späten Texten des Alten Testaments wird der Begriff „(Er-)Löser" auf Gott übertragen. Dies geschieht vor allem in Jes 40–55 („Deuterojesaja"). Hier wird JHWH zum „(Er-)Löser Israels", insofern er sein Volk „auslöst", das heißt: aus dem Exil befreit und heimführt. JHWH erwirbt sich damit kein fremdes Gut, sondern er „kauft" sich zurück, was ihm seit der Zeit Abrahams gehört (Jes 41,8–14). Sein erlösendes Handeln bedeutet hier die Wiederherstellung des Ursprünglichen: „Jetzt aber – so spricht der Herr, der dich geschaffen hat, Jakob, und der dich geformt hat, Israel: Fürchte dich nicht, denn ich habe dich ausgelöst, ich habe dich beim Namen gerufen, du gehörst mir" (Jes 43,1; vgl. 44,6).

Wer ist nun der „(Er-)Löser" in Ijob 19,25? Vor dem Hintergrund alttestamentlicher Klagegebete sind die Vers 25 bis 27 als Vertrauensbekenntnis zu verstehen. Mitten in der Not kann der Beter sein Vertrauen auf Gott setzen als Ausdruck innerer Gewissheit auf Rettung. Ijob weiß sich in dreifacher Weise verfolgt und verlassen: von seinen Verwandten und Bekannten (Vers 13–20), von seinen Freunden (Vers 22) und von Gott (Vers 21). In dieser „Verfolgung von allen Seiten“ bekennt Ijob: „Ich aber weiß: Mein Erlöser lebt!“ (Vers 25) Seine Dramatik gewinnt das Bekenntnis im vorliegenden Zusammenhang dadurch, dass Ijob sein Vertrauen nicht auf Gott setzt, der ihn verfolgt (Vers 22–23), sondern auf einen (Er-)Löser, der sich „als letzter über dem Staub erheben wird“ (Vers 25), dieser (Er-)Löser aber – wie der weitere Textverlauf eindeutig macht – kein anderer ist als Gott selbst. In der exegetischen Forschung wird immer wieder die Frage diskutiert, ob der Erlöser nicht doch eine von Gott zu unterscheidende Gestalt sei, vielleicht ein Engel oder ein himmlischer Fürsprecher. Dies wird heute weitgehend und zu Recht abgelehnt. Der Erlöser, von dem Ijob weiß, dass er lebt, und der sich „als letzter über dem Staub erheben wird“, ist der Gott, den Ijob schauen wird (Vers 26), mit eigenen Augen, „nicht mehr fremd“ (Vers 27). Dieses Wissen geht am Ende tatsächlich in Erfüllung (42,5).

So ist also der Erlöser in Ijob 19,25 kein anderer als Gott selbst. Und doch ist es beeindruckend und des Nachdenkens wert, dass hier, am Höhepunkt einer menschlichen Not der Gottverlassenheit, ganz aus der inneren Dynamik des alttestamentlichen Gottesglaubens heraus eine Unterscheidung aufbricht, bei der ein Erlöser einen Menschen aus seiner Gottverlassenheit löst, ja, aus einer subjektiv erfahrenen Gottes-Verfolgung rettet und sich zugleich in diesem seinem rettenden und erlösenden Handeln als der eine, wahre Gott selbst erweist.

Aus der Sicht Ijobs wird man den hier beschriebenen Prozess als Wandlung seines Gottesbildes bezeichnen dürfen. War Gott für Ijob *vor* seinem Leid der „gute und gerechte Gott“, dessen Freundschaft über seinem Zelte stand (vgl. 29,4), so wird er *in* seinem Leid zum „bösen Gott“, zum Frevlergott (vgl. Kap. 9), zum „grausamen Feind“ (30,21), zum Verfolgergott (19,22). Im Bekenntnis zu seinem Erlöser bricht nun – ähnlich wie im Bekenntnis zu seinem „Zeugen und Bürgen im Himmel“ (16,19) – eine beide Größen überschreitende Gotteswirklichkeit in sein Bewusstsein ein. Freilich hat sich dieser

Gott auf der Ebene des erzählten Geschehens noch nicht gezeigt. Doch Ijob weiß zutiefst, dass er sich zeigen wird und dass er ihn schauen wird (Vers 27).

Gott schauen (19,25–29)

25 *Ich aber weiß: Mein Erlöser lebt!*
Als letzter erhebt er sich über dem Staub.
26 *Ohne meine Haut, die so zerfetzte,*
und ohne mein Fleisch werde ich Gott schauen.
27 *Ihn selber werde ich dann für mich schauen;*
meine Augen werden ihn sehen, nicht mehr fremd,
(wenn auch) meine Nieren schwinden in meinem Inneren.
28 *Wenn ihr sagt: Wir wollen ihn verfolgen*
und den Grund der Sache an mir finden!,
29 *dann fürchtet euch vor dem Schwert!*
Denn Zorn über Sünden ist das Schwert,
damit ihr erkennt, dass es ein Gericht (einen Richter) gibt.

„Mein Erlöser lebt!" – zu dieser inneren Gewissheit war Ijob am Tiefpunkt seiner Not gekommen. Sein Erlöser – das schien zunächst ein anderer zu sein als Gott, doch dann zeigte sich, dass der Erlöser, der sich „als letzter über dem Staub erheben wird" (Vers 25), kein anderer ist als der Gott, den Ijob schauen wird (Vers 26). Worin besteht nun die (Er-)Lösung?

Von seiner ursprünglichen Bedeutung her ist mit der Aussage von Vers 26 („Ohne meine Haut, die so zerfetzte, und ohne mein Fleisch werde ich Gott schauen") nicht gemeint, dass Ijob Gott erst „*nach* seinem Tod" schauen wird. Die Ausdrücke „ohne meine Haut" und „ohne mein Fleisch" sind anders zu verstehen. Nach alttestamentlicher Tradition besteht der Mensch aus Haut, Fleisch und Knochen: „An Haut und Fleisch klebt mein Gebein" (19,20). Ijob erlebt seinen körperlichen Verfall. Seine Haut und sein Fleisch sind angefressen: „Mein Fleisch ist gekleidet in Maden und Schorf, meine Haut schrumpft und eitert" (7,5; vgl. 30,30). Selbst wenn seine Haut und sein Fleisch vollkommen zerstört wären („ohne meine Haut, die so zerfetzte, und ohne mein Fleisch"), selbst wenn er nur noch aus Knochen bestehen würde wie eine Art Totengerippe, selbst wenn seine

Nieren in seinem Inneren schwinden würden (Vers 27b), selbst dann wird er – noch „in diesem Leben", noch bevor er „fortgeht ohne Wiederkehr, ins Land des Dunkels und des Todesschattens" (10,21), noch bevor all dies geschieht – so seine Hoffnung – Gott schauen: „Ihn selber werde ich dann für mich schauen; meine Augen werden ihn sehen, nicht mehr fremd." Tatsächlich geht seine Hoffnung am Ende in Erfüllung: Er schaut JHWH mit eigenen Augen (42,5), viele („hundertvierzig") Jahre *vor* seinem Tod (42,16–17).

Gott zu schauen *vor* dem Tod und *vor* der Wiedererlangung der Gesundheit und der Lebenskraft – das ist die Lösung, die das Ijobbuch anzubieten hat, und wohl zugleich auch die Provokation, die es für uns enthält. Wie ist diese Lösung der Sache nach zu verstehen? Wohl so, dass im Schauen Gottes eine Form der Wahrnehmung angesprochen ist, die jene Ebene, auf der das Leid wahrgenommen wird, durchbricht. In der äußeren Realität hat sich noch nichts geändert. Ijob steckt noch voll und ganz in seinem Leid. Aber in seiner Wahrnehmung („schauen") stößt er bereits in eine andere Dimension vor. Was sich ändert, ist sein Bewusstseinszustand, nicht sein äußerer Zustand. Allerdings hat Ijob diesen Bewusstseinszustand noch nicht erreicht. Er hofft mit innerer Gewissheit, dass er ihn erreichen wird. Noch kann er nicht sagen: „Mein Auge *hat* dich geschaut" (42,5), wohl jedoch: „Ich *werde* Gott schauen, meine Augen *werden* ihn sehen" (Vers 26–27). Nach biblischem Verständnis ist dieser veränderte, erweiterte Bewusstseinszustand keine Einbildung, keine psychopathologische Erscheinung, sondern eine tiefere Form der Wahrnehmung. Was dort geschaut wird, wer dort geschaut wird, ist *Wirklichkeit*: Gott, der Erlöser. Er kann geschaut werden, weil „er lebt", weil „er sich erhebt" (Vers 25), weil er sich zeigt, weil er „spricht", weil er „Antwort gibt" (38,1).

Widerspricht die Lösung, die das Ijobbuch vertritt, nicht anderen Stellen der Heiligen Schrift? Nach Ex 33,20 kann kein Mensch Gott schauen und am Leben bleiben. Tatsächlich hat die christliche Auslegungsgeschichte Ijob 19,26–27 auf die so genannte postmortale Existenz des Menschen, auf sein „Leben nach dem Tod" und auf die Auferstehung des Fleisches hin gedeutet. Hieronymus übersetzt: „Denn ich weiß, dass mein Erlöser lebt und dass ich am jüngsten Tage *(in novissimo)* von der Erde *(de terra)* auferstehen werde *(surrec-*

turus sim). Und ich werde wiederum mit meiner Haut umgeben, und in meinem Fleisch *(in carne mea)* werde ich Gott schauen."

Aber was heißt eigentlich „nach dem Tod", und was heißt „vor dem Tod"? Ijob wird Gott vor seinem Tod schauen – so hatten wir Vers 26 interpretiert und so wird es am Ende auch eintreffen (42,5). Allerdings wird das Schauen Gottes hier einem Menschen zuteil, der alles, was er besaß, verloren hat und um den seine Freunde bereits getrauert haben wie um einen Toten (vgl. 2,13). So gesehen bewahrheitet sich dann doch Gottes Wort von Ex 33,20: „Kein Mensch kann mich sehen und am Leben bleiben."

Mit (Un-)Wahrheiten um sich schlagen (20,1–29)

1 *Da antwortete Zofar von Naama und sprach:*
2 *Darum drängen mich meine Gedanken zur Antwort,*
und deswegen stürmt es in mir.
3 *Schmähende Rüge (wörtlich: „eine Rüge meiner Schande") muss ich hören,*
doch der Geist meiner Einsicht lässt mich antworten:
4 *Weißt du dies nicht von Urzeit her,*
seit er Menschen auf die Erde gesetzt hat:
5 *dass kurz nur währet der Frevler Jubel,*
einen Augenblick nur des Ruchlosen Freude?
6 *Steigt auch seine Hoheit zum Himmel empor*
und rührt sein Kopf bis an die Wolken,
7 *wie sein Kot vergeht er doch für immer;*
die ihn gesehen haben, werden fragen: Wo ist er?
8 *Wie ein Traum verfliegt er und ist nicht mehr zu finden,*
wird weggescheucht wie ein Gesicht der Nacht.
9 *Das Auge, das ihn sah, erblickt ihn nicht wieder,*
seine Stätte schaut ihn nie mehr.
10 *Seine Söhne müssen bei Armen betteln,*
weil seine Hände sein Vermögen erstatten müssen.
11 *Strotzen von Jugendkraft auch seine Glieder,*
sie betten sich doch mit ihm in den Staub.
12 *Schmeckt süß das Böse in seinem Mund,*
birgt er es unter seiner Zunge,
13 *spart er es auf und will nicht von ihm lassen,*
hält er es auch tief in seinem Gaumen fest,

14 *so wandelt sich doch in seinem Innern die Speise,*
wird sie in seinem Leib zu Natterngift.
15 *Das Gut, das er verschlungen hat, speit er aus;*
aus seinem Leib treibt Gott es heraus.
16 *Das Gift von Nattern saugt er ein,*
es tötet ihn der Viper Zunge.
17 *Nicht darf er schauen Bäche von Öl,*
nicht Flüsse, die von Milch und Honig fließen.
18 *Zurückgeben muss er seinen Gewinn, genießen darf er ihn nicht,*
darf sich nicht freuen am ertauschten Gut.
19 *Denn Arme schlug er nieder, ließ sie liegen,*
raubte das Haus, das er nicht gebaut.
20 *Denn kein Genug kennt er in seinem Bauch,*
drum entkommt er nicht mit seinen Schätzen.
21 *Nichts entgeht seinem Fraß,*
darum hält sein Glück nicht stand.
22 *Trotz allen Überflusses kommt er in Not,*
die ganze Wucht des Elends fällt ihn an.
23 *Und so geschieht es: Um des Frevlers Bauch zu füllen,*
lässt Gott auf ihn die Gluten seines Zornes los,
lässt auf ihn regnen seine Schläge.
24 *Flieht er vor dem Eisenpanzer,*
durchbohrt ihn der Bogen aus Bronze.
25 *In den Rücken fährt ihm Gottes Geschoss,*
ein Blitz in seine Galle.
Schrecken rücken gegen ihn an.
26 *Nur finsteres Unheil ist für ihn aufbewahrt,*
Feuer, von niemand entfacht, verzehrt ihn,
frisst noch den letzten Mann in seinem Zelt.
27 *Der Himmel enthüllt seine Schuld,*
die Erde bäumt sich gegen ihn auf.
28 *Die Flut wälzt sein Haus hinweg,*
Wasserströme am Tag seines Zorns.
29 *Das ist des Frevlers Anteil von Gott,*
das Erbe, das Gott ihm zuspricht.

Als letzter der drei Freunde ergreift innerhalb des zweiten Redegangs (15–21) Zofar das Wort. Er sieht sich durch Ijobs Rede angegriffen und verhöhnt (Vers 3); deshalb „drängt es ihn zur Antwort, und es stürmt in ihm“ (Vers 2). Mit einer ausführlichen Lehrrede zum Schicksal der Frevler (Vers 4–29) erteilt er Ijob eine Antwort. Dass auch Zofar wie seine Freunde in ihren vorangehenden Reden das Thema „Frevler“ aufgreift, ist vom Gesprächsverlauf her gesehen insofern sinnvoll, als Ijob bisher noch nicht darauf eingegangen ist. Erst in der folgenden Rede wird er es tun (21,7–21).

Zofars Lehrrede gliedert sich in vier Teile: (1) Das Glück des Frevlers währt nur kurze Zeit (Vers 4–9). (2) Der Frevler zerstört sich selbst von innen her (Vers 10–16). (3) Des Frevlers Glück hat keinen Bestand (Vers 17–23). (4) Das vorzeitige Ende des Frevlers ist grauenvoll (Vers 24–29).

Die anschauliche Schilderung des Schicksals der Frevler gehört zum Lehrgut alttestamentlicher Weisheitsliteratur. Der Sinn dieser Reden besteht vor allem darin, junge Menschen vor sittlich bösem Verhalten zu warnen. Dies geschieht dadurch, dass ihnen die negativen Folgen dieses Verhaltens in literarisch ansprechender Form vor Augen geführt werden. Damit sich die Dinge auch wirklich einprägten, ging man in der Art der Darstellung mit Vereinfachungen („Schwarz-Weiß-Malerei“), Wiederholungen und drastisch-anschaulichen Bildern zu Werke. Nun wussten die Weisheitslehrer Israels aber durchaus, dass die Wirklichkeit komplexer ist, als sie in ihren Lehrreden zum Schicksal der Frevler zum Vorschein kommt. Hat der Weisheitslehrer Kohelet nicht Recht, wenn er feststellt: „Es kommt vor, dass ein Gerechter trotz seiner Gerechtigkeit früh zugrunde geht, und es kommt vor, dass ein Frevler trotz seiner Bosheit lange lebt“ (Koh 7,15)? Auch der Beter des 73. Psalms wäre beinahe zu Fall gekommen, als er sah, „dass es den Frevlern so gut ging“ (Ps 73,3). Auf derartige Einwände und Bedenken geht Zofar in seiner Rede ein, wenn er zugesteht, dass des Frevlers „Hoheit bis zum Himmel steigt und sein Kopf bis an die Wolken reicht“ (Vers 6). Mit einer zeitlichen Zerdehnung des sogenannten Tun-Ergehen-Zusammenhangs versucht er die Bedenken zu zerstreuen: *Noch* steht der Frevler gut da, doch *bald* wird er vergehen – für immer (Verse 7–9). Sein Glück hält nicht stand (Vers 21).

Man würde es sich zu leicht machen, wenn man den *Inhalt* dieser Rede einfachhin als falsch bezeichnen würde. Die Lehre vom Schicksal der Frevler hat ihren ursprünglichen „Sitz im Leben“ in der Erziehung junger Menschen, die in ihrem Leben nach Orientierung suchen. Ijob aber ist ein erwachsener Mann, der sich sittlich bewährt hat (1,1), was auch den Freunden nicht entgangen ist (4,3–6). Die Rede verletzt Ijob, ohne ihm weiterzuhelfen, weil sie ihm unterstellt, er habe sich wie ein Frevler verhalten. Muss Ijob sich nicht erneut unwillkürlich fragen: Hat Zofar nicht über mich gesprochen? Hatte Ijob nicht selbst bekannt: „Sein (Gottes) Zorn zerreißt, befehdet mich" (16,9)? Zofar scheint Ijobs Wahrnehmung zu bestätigen und zugleich den Grund seines Elends hinzuzufügen: Weil Ijob ein Frevler ist, „lässt Gott auf ihn die Gluten seines Zornes los" (Vers 23). So „enthüllt der Himmel seine Schuld" (Vers 27).

In sich wahr, wird Zofars Rede durch die Situation, in der sie gesprochen wird, unwahr. Ijob ist kein Frevler. Zudem verstößt die Rede gegen das von der antiken Rhetorik geforderte Kriterium der Angemessenheit (aptum): „Nicht zu jedem Fall, noch zu jedem Zuhörer, jeder Person oder jeder Zeit passt ein und dieselbe Art der Rede" (Cicero). Zofar ist ein Beispiel dafür, dass jemand mit (Un-)Wahrheiten um sich schlägt. So gilt auch ihm Ijobs Warnung: „Fürchtet euch vor dem Schwert!" (19,29)

Schweigen und hören (21,1–5)

1 *Da antwortete Ijob und sprach:*
2 *Hört doch, hört doch mein Wort,*
das sollen eure Tröstungen sein!
3 *Ertragt mich, so dass ich reden kann.*
Habe ich geredet, dann könnt ihr spotten.
4 *Richte ich an Menschen meine Klage,*
habe ich nicht Grund zur Ungeduld?
5 *Wendet euch mir zu und seid bestürzt,*
legt die Hand auf den Mund!

Zählt man die Eröffnungsklage von Kapitel drei mit, so spricht Ijob nun zum siebten Mal. Endlich äußert auch er sich zum Schicksal der Frevler. Doch zunächst bittet er seine Freunde mit Nachdruck um Aufmerksamkeit (Verse 1–5). Mit einem zweifachen „Hört doch!" eröffnet er seine Rede (Vers 2a). Nachdenklich stimmt der mit seiner Bitte einhergehende Wunsch: „Das sollen eure Tröstungen sein!" (Vers 2b) In einer früheren Rede hatte Ijob den ausbleibenden Trost seiner Freunde beklagt. „Leidige Tröster seid ihr alle“ (16,2b). Dabei hatten die Freunde vieles gesagt, und einiges von dem, was sie gesagt hatten, war durchaus als Wort des Trostes gemeint (vgl. 5,19–26; 11,16–19). Doch Ijob hatte „ähnliches schon viel gehört“ (16,2a). So wünscht er sich von den Freunden vor allem eines: Schweigen. „Dass ihr endlich schweigen wolltet; das würde Weisheit für euch sein“ (13,5). „Schweigt vor mir, damit ich reden kann“ (13,13).

Dass mit dem von Ijob ersehnten Schweigen der Freunde kein beziehungsloses Verstummen gemeint ist, wird in der Einleitung der hier auszulegenden Rede deutlich: „Hört doch, hört doch mein Wort ... ertragt mich, so dass ich reden kann ... wendet euch mir zu ... legt die Hand auf den Mund!“ Das Schweigen, um das Ijob hier seine Freunde so nachdrücklich bittet und um das er sie bereits früher gebeten hatte, ist die unabdingbare Voraussetzung eines wirklichen Hörens. Nur wer zu schweigen vermag, kann wirklich hören. Dabei geht es um ein äußeres *und* inneres Schweigen, um ein Stillwerden und ein Verstummen all der Stimmen, die jene Stimme übertönen, auf die zu hören sich jemand anschickt. Wer so einem Menschen zuhört, ohne ihm innerlich und äußerlich ins Wort zu fallen, der vermag sogar mehr zu hören als das, was bei einem rein oberflächlichen Zuhören zu vernehmen ist. Ein derartiges Hören ist eine Form der Zuwendung (Vers 5) und des (Er-)Tragens (Vers 3). Genau darum bittet Ijob seine Freunde. Wem so zugehört wird, dass er vom Grunde seiner Seele reden kann (vgl. Vers 3), ohne dass er ständig um die Bedingungen seines Sprechens kämpfen muss, der erfährt Trost – allein dadurch, *dass* ihn jemand hört. Mit der Aussage von Vers 2a „*das* sollen eure Tröstungen sein“ geht Ijob kritisch auf eine Äußerung des Elifas ein. Dieser hatte an früherer Stelle gesagt: „Sind die Tröstungen Gottes dir zu wenig, ein Wort, das sanft mit dir verfährt?“ (15,11) Ijob erwartet von seinen Freunden keine *Worte* (eines vermeintlichen Trostes), sondern eine Haltung des Schweigens und Zuhörens. Könnte er unter diesen Bedingungen ausreden, dann – so Ijob – „könnt ihr spotten“ (Vers 3). Allerdings dürfte den Freunden dann der Spott vergangen sein. Denn wenn sie genau hinhörten, dürfte ihnen klar werden, dass Ijob allen „Grund zur Ungeduld“ und Klage hat (Vers 4b). Sie würden bestürzt und erschüttert sein (Vers 5a). Damit verweist Ijob bereits auf das, was er im Folgenden zum Schicksal der Frevler zu sagen hat (Verse 6–21). Es gründet auf Erfahrung und dürfte die Freunde in ihrer fest geglaubten Theorie erschüttern. Die Bitte um Zuwendung der Freunde ist nicht unverschämt. Schließlich klagt Ijob keine Menschen an, sondern – so ist sinngemäß zu ergänzen – Gott (Vers 4a; vgl. 7,11–21; 9; 10). Nicht den Freunden gilt im Grunde und zuerst Ijobs Klage, sondern Gott. So haben sie keinen Grund, sich von ihm abzuwenden.

Dass Ijob vor allem am Schweigen und Hören der Freunde gelegen ist, zeigt noch einmal seine Schlussbitte: „Legt die Hand auf den Mund!" (Vers 5b) Mit der Geste der auf den Mund gelegten Hand begibt sich ein Mensch in die Haltung des Schweigens (vgl. 29,9). Sie kann Folge einer erschütternden Erfahrung sein: „Die Völker mit all ihrer Macht sollen sich schämen, wenn sie es sehen. Sie sollen die Hand auf den Mund legen" (Mi 7,16). Jemand legt seine Hand aber auch auf den Mund, wenn ihn eine Sache nachdenklich stimmt: „Wenn du dich stolz erhoben und dabei blamiert hast oder wenn du nachdenkst – so leg die Hand auf den Mund!" (Spr 30,32) Werden die Freunde in eine derartige Haltung des „Nach-Denkens" finden, wenn sie das, was Ijob nun zu sagen hat, wirklich hören und an sich heranlassen? In der altorientalischen Bildkunst begegnet uns die Geste der auf den Mund gelegten Hand aber auch als Ausdruck des Gebetes. Hier scheint das Gebet vor allem eine Haltung des Hörens zu sein. Am Ende wird auch Ijob, nachdem er Gottes Wort vernommen hat, zu einem Hörenden: „Siehe, ich bin zu gering. Was kann ich dir erwidern? Ich lege meine Hand auf meinen Mund. Einmal habe ich geredet, ich tu es nicht wieder; ein zweites Mal, doch nun nicht mehr!" (40,4–5)

Das Glück der Frevler (21,6–21)

6 *Denk' ich daran, bin ich erschreckt,*
und Schauder packt meinen Leib.
7 *Warum bleiben Frevler am Leben,*
werden alt und stark an Kraft?
8 *Ihre Nachkommen stehen fest vor ihnen,*
ihre Sprösslinge vor ihren Augen.
9 *Ihre Häuser sind in Frieden, ohne Schreck,*
die Rute Gottes trifft sie nicht.

10 *Ihr Stier bespringt und fehlt nicht,*
die Kühe kalben und verwerfen nicht.
11 *Wie Schafe treiben sie ihre Kinder aus,*
ihre Kleinen tanzen und springen.
12 *Sie singen zu Pauke und Harfe,*
erfreuen sich am Klang der Flöte,
13 *verbrauchen ihre Tage im Glück*
und fahren voll Ruhe ins Totenreich.
14 *Und doch sagen sie zu Gott: „Weiche von uns!*
Deine Wege wollen wir nicht kennen."
15 *Was ist der Allmächtige, dass wir ihm dienen,*
was nützt es uns, wenn wir uns betend an ihn wenden?
16 *„Doch in ihrer Hand liegt nicht das Glück;*
der Frevler Denkart ist mir fern."
17 *Wie oft erlischt der Frevler Lampe,*
kommt Unheil über sie,
teilt er Verderben zu in seinem Zorn?
18 *Wie oft werden sie wie Stroh vor dem Wind,*
wie Spreu, die der Sturm entführt?
19 *„Gott spart seinen Kindern sein Unheil auf."*
Ihm selbst vergelte er, so dass er es spürt!
20 *Mit eigenen Augen soll er sein Unglück schauen,*
vom Grimm des Allmächtigen soll er selbst trinken.
21 *Denn was kümmert ihn sein Haus, wenn er dahin ist,*
wenn abgeschnitten seiner Monde Zahl?

Endlich äußert sich auch Ijob zum Schicksal der Frevler. Dreimal hatten ihm seine Freunde gezeigt, wie der Weg des Frevlers in den Abgrund führt (15,17–35; 18,5–21; 20,4–29). Und jedes Mal musste sich Ijob fragen, ob nicht er selbst, krank und kraftlos in der Asche sitzend (2,8), das Schicksal eines Frevlers zu ertragen habe, weil er selbst ein solcher sei. Doch Ijob hält an seiner Unschuld fest. Folglich muss er, wenn er die Denkform der Freunde übernehmen will, das genaue Gegenteil von dem behaupten, was seine Freunde vorgetragen hatten. Er muss eine altehrwürdige Lehre auf den Kopf stellen. Das erschüttert Religion und Gesellschaft. Die gerechte Weltordnung steht auf dem Spiel. Selbst Ijob ist „erschreckt, Schauder packt seinen Leib, wenn er daran denkt" (Vers 6). Aber zeigt nicht die Erfahrung, dass es in der Tat so ist, dass es den Frevlern gut ergeht?

Sie sagen zu Gott: „Weiche von uns" (Vers 14) und verbringen doch „ihre Tage im Glück und fahren voll Ruhe ins Totenreich" (Vers 13). „Sie singen zu Pauke und Harfe, erfreuen sich am Klang der Flöte" (Vers 12), „ihre Häuser sind in Frieden, die Rute Gottes trifft sie nicht" (Vers 9). Ijob dagegen, der gerechte Diener Gottes (vgl. 1,1.8), wird vom göttlichen Zorn niedergeschmettert (vgl. 16,6–17). Da stellt sich schon die Frage: „Was ist der Allmächtige, dass wir ihm dienen, was nützt es uns, wenn wir uns betend an ihn wenden?" (Vers 15) Das Schicksal Ijobs zeigt: Religion bringt nichts. Der Glaube an Gott ist nutzlos. Zumindest, so muss man wohl ergänzen, scheint es bis zu der Station, an der Ijob jetzt steht, so zu sein.

Nicht leicht zu verstehen ist der zweite Teil der Rede (Verse 16–21). Nimmt Ijob einiges von dem, was er unmittelbar zuvor gesagt hat, wieder zurück? Die Deutung ist in der Exegese umstritten. Möglich ist, dass Ijob hier in eine fiktive Diskussion einsteigt. Demnach würde er in Vers 16 und in Vers 19a einen Einwand zitieren, der seinen vorhergehenden Ausführungen (Verse 7–15) widerspricht. Anschließend weist er den Einwand zurück (Vers 17–18 und Vers 19b–21). Dies sei an den Versen 19 bis 21 verdeutlicht: Die Aussage von Vers 19a hält an der traditionellen, von den Freunden vertretenen Lehre vom Tun-Ergehen-Zusammenhang fest, dehnt aber den Zusammenhang von Tun und Ergehen zeitlich auf die nachfolgende Generation aus: Zwar ist zuzugeben – so lässt sich der Gedanke umschreiben –, dass nicht immer der Frevler selbst vom Unglück getroffen wird, aber spätestens seine Kinder wird es treffen. Gott selbst sorgt dafür. So bleibt der Unterschied zwischen Gut und Böse sichtbar und die gerechte Weltordnung in Kraft. Ijob entgegnet: „Was kümmert ihn (den Frevler) sein Haus, wenn er dahin ist?" (Vers 21) Gott möge ihm selbst vergelten, so dass *er* es spürt (19b) – und nicht erst seine Kinder, so wäre zu ergänzen – ein Gedanke, der an eine ausführliche Diskussion im Buch Ezechiel erinnert: „Wie kommt ihr dazu, im Land Israel das Sprichwort zu gebrauchen: Die Väter essen saure Trauben, und den Söhnen werden die Zähne stumpf?" (Ez 18,2)

Das hier von Ijob ohne Scheu angesprochene Problem zieht sich durch viele Schriften des Alten und Neuen Testaments. Propheten und Weisheitslehrer setzen sich mit ihm auseinander, die Beter (der Psalmen) bedrängt es. Und es wird wohl – damals wie heute – eine bedrängende Frage des „gläubigen Volkes" gewesen sein, wie wir dem Buch des Propheten Maleachi entnehmen können: „Ihr sagt: Es hat keinen Sinn, Gott zu dienen. Was haben wir davon, wenn wir auf seine Anordnungen achten? ... Darum preisen wir die Überheblichen glücklich, denn die Frevler haben Erfolg; sie stellen Gott auf die Probe und kommen doch straflos davon" (Mal 3,14–15).

Wer Gott als den Grund seines Lebens erkennt und sich auf den Weg des Glaubens begibt, kommt an dieser Frage und Erfahrung wohl kaum vorbei. Ijob durchlebt und durchleidet sie. Er spricht seine Erfahrungen und Fragen unverblümt aus – auch dort, wo sie einer frommen Lehre widersprechen oder zu widersprechen scheinen. Der Satan hatte schon den Kern des Glaubens berührt, als er Gott die Frage stellte: „Fürchtet Ijob Gott umsonst?" (1,9)

Im Tod sind alle gleich (21,22–34)

22 *Darf man Gott Erkenntnis lehren,*
ihn, der die Erhabenen richtet?
23 *Der eine stirbt in vollem Glück,*
ist ganz in Frieden, sorgenfrei.
24 *Seine Schenkel sind voll von Fett,*
getränkt mit Mark sind seine Knochen.
25 *Der andere stirbt mit bitterer Seele*
und hat kein Glück genossen.
26 *Zusammen liegen sie im Staub,*
und Gewürm deckt beide zu.
27 *Ja, euer Denken kenn' ich wohl,*
die Ränke, die ihr schmiedet gegen mich.
28 *Ihr sagt: Wo ist das Haus des Edlen*
und wo das Zelt, in dem die Frevler wohnen?
29 *Habt ihr nie die fahrenden Leute befragt*
und ihre Zeichen genau beachtet?
30 *Dass am Unglückstag der Böse verschont wird,*
weggebracht am Tag des Zorns.
31 *Wer hält ihm seinen Lebenswandel vor,*
was er getan hat, wer vergilt es ihm?
32 *Er aber wird zur Gruft geleitet,*
bei seinem Grab hält man die Wacht.

33 *Ein Labsal sind für ihn die Schollen des Schachts,*
hinter ihm her zieht alle Welt,
vor ihm eine Menge ohne Zahl.
34 *Wie wollt ihr mich mit Nichtigem trösten?*
Eure Antworten bleiben Betrug.

Dem Frevler ergeht es in diesem Leben nicht schlechter als dem Gerechten. Diesen Gedanken hatte Ijob im vorangehenden Teil seiner Rede (Vers 7–21) in bildreicher Sprache entfaltet. Aber gibt es keine ausgleichende Gerechtigkeit *im* Tod (Vers 23–26) oder *nach* dem Tod (Vers 30–33)? Im hier auszulegenden letzten Teil seiner Rede geht Ijob dieser Frage nach. Erneut beruft er sich auf seine Erfahrung: „Der eine stirbt in vollem Glück, ist ganz in Frieden, sorgenfrei ... Der andere stirbt mit bitterer Seele und hat kein Glück genossen" (Verse 23.25). Wer wollte das bestreiten? Ijob stellt den Glücklichen und den Unglücklichen einander gegenüber. Beide trifft in gleicher Weise der Tod. Dabei spielt es keine Rolle, ob sie sittlich gut oder schlecht gelebt haben. Der Tod ist keine Strafe für die Frevler. Er trifft alle in gleicher Weise: „Zusammen liegen sie im Staub, Gewürm deckt beide zu" (Vers 26).

Im folgenden Vers 27 wendet sich Ijob erneut an seine Freunde. Er fasst den Inhalt ihrer Reden sinngemäß zusammen (Vers 28; mit dem „Edlen" ist hier der reiche, mächtige Herrscher gemeint, der sich nicht um Recht und Gerechtigkeit kümmert). Ijob hat erkannt, dass sich das Denken der Freunde im Grunde gegen ihn richtet („ihr schmiedet Ränke gegen mich"). Ihre Reden über das böse Ende der Frevler waren keineswegs „absichtslos". Ihre unterschwellige Botschaft war nicht zu überhören: Der Frevler geht am Unglückstag zugrunde. Ijob geht zugrunde. Also ist Ijob ein Frevler. Ihn trifft Gottes gerechte Strafe.

In einem zweiten Anlauf versucht Ijob, das Weltbild der Freunde als falsch zu erweisen. Dabei beruft er sich nicht mehr nur auf seine eigene Erfahrung. Er führt das Wissen „erfahrener Leute" an, die weit herumgekommen sind (Vers 29). „Wer viel gereist ist, hat reiches Wissen" (Sir 34,9). Was wissen erfahrene Leute zu berichten? Hatte Bildad recht, als er sagte: Des Frevlers „Andenken schwindet von der Erde, kein Name bleibt ihm weit und breit" (18,17)? Das Gegenteil ist der Fall! Der Böse erhält ein ehrenvolles Begräbnis (Vers 32).

Niemand hält ihm seinen schlechten Lebenswandel vor (Vers 31). Alle Welt begleitet ihn auf seinem letzten Weg (Vers 33), „bei seinem Grab hält man die Wacht“ (Vers 32). Auch Kohelet weiß zu berichten: „Frevler wurden begraben und gingen zur Ruhe (das heißt: zu ihren Vätern in die Gräber) ein. Jene aber, die von heiliger Stätte kommen und recht gehandelt haben, wurden in der Stadt vergessen ... Es gibt Gerechte, denen ergeht es, wie es Frevlern ergeht, und es gibt Frevler, denen ergeht es, wie es Gerechten ergeht“ (Koh 8,10.14).

So sind die Worte der Freunde in dreifacher Weise widerlegt: Den Frevlern geht es weder vor dem Tod (Vers 7–21) noch im Tod (Vers 23–26) noch nach dem Tod (Vers 30–33) schlechter als den Gerechten. Die Tröstungen der Freunde sind nichtig, ihre „Antworten bleiben Betrug“ (Vers 34).

Warten auf Gott (Ijob 22–31)

Ijob – ein Verbrecher? (22,1–11)

1 *Da antwortete Elifas von Teman und sprach:*
2 *Kann der Mensch Gott Nutzen bringen?*
Nein, sich selber bringt der Kluge Nutzen.
3 *Ist es dem Allmächtigen von Wert, dass du gerecht bist,*
ist es für ihn Gewinn, wenn du unsträfliche Wege gehst?
4 *Sollte er dich etwa züchtigen wegen deiner Gottesfurcht,*
ihretwegen mit dir vor Gericht gehen?
5 *Ist nicht groß deine Bosheit,*
und ohne Ende dein Verschulden?
6 *Du hast gepfändet deine Brüder ohne Grund,*
hast Nackten ihre Kleider ausgezogen.
7 *Den Durstigen tränktest du mit Wasser nicht,*
dem Hungernden versagtest du das Brot.
8 *„Dem Mann der Faust gehört das Land,*
der Angesehene darf darin wohnen."
9 *Witwen hast du weggeschickt mit leeren Händen,*
die Arme der Waisen hast du zerschlagen.
10 *Darum liegen Fallstricke rings um dich her,*
und jäher Schrecken versetzt dich in Bestürzung,
11 *oder Finsternis, da du nicht siehst,*
und Wasserflut, die dich bedeckt.

Nun beginnt der dritte und letzte Redegang (Kap. 22–28). Wie die ersten beiden Redegänge wird auch er von Elifas, dem Wortführer der Freunde, eröffnet. Der dritte Redegang ist nicht mehr so harmonisch aufgebaut wie die beiden vorangehenden. Zofar kommt gar nicht mehr zu Wort, Bildad gibt nur noch ein kurzes Statement ab (25,1–6). Ijob dagegen setzt mehrfach zur Rede an. In der Exegese wird bisweilen versucht, durch Textumstellungen und Ergänzungen den dritten Redegang „in Ordnung zu bringen". Darauf soll an dieser Stelle nicht näher eingegangen werden. Die „äußere Unordnung" des dritten Redegangs ist in jedem Fall ein Hinweis darauf, dass das Gespräch zwischen Ijob und den Freunden „aus dem Ruder läuft". Die Nerven liegen blank. Die Freunde scheinen auszurasten. Elifas wirft Ijob vor, schwerste Verbrechen begangen zu haben. Ijob seinerseits kontert mit einer ungeheuerlichen Gottesanklage: „Aus der Stadt stöhnen Sterbende, der Erschlagenen Leben schreit laut. Doch Gott achtet nicht auf ihr Flehen" (24,12).

Elifas eröffnet seine Rede mit vier rhetorischen Fragen (Vers 2–5). Die ersten drei Fragen (Vers 2–4) sind mit „Nein", die vierte Frage (Vers 5) ist mit „Ja" zu beantworten. In Vers 2 greift Elifas die von Ijob aufgeworfene Frage nach dem Nutzen der Frömmigkeit auf (vgl. 21,15). Damit argumentiert er in weisheitlich aufgeklärter Form: Gott hat von der Frömmigkeit des Menschen keinen Nutzen. Gott nimmt keinen Schaden, wenn der Mensch sündigt, und Gott gewinnt nichts hinzu, wenn der Mensch „gerecht ist" (Vers 3). Der einzige, dem kluges und gerechtes Verhalten nützt, ist der Mensch selbst: „Sich selber bringt der Kluge Nutzen" (Vers 2). An vorliegender Stelle der Auseinandersetzung will Elifas damit sagen: Der Grund für Ijobs Leid liegt nicht in Gott, wie Ijob immer wieder behauptet hat (vgl. 6,4; 7,11–21; 10; 16,7–17; 19,6–12). Gott hat nichts davon, wenn er Ijob straft. Der Grund seines Leids liegt einzig und allein in ihm selbst. Die Schlüssigkeit des Gedankengangs will Elifas mit der vergleichsweise sinnlosen Frage von Vers 4 unterstreichen: „Sollte er (Gott) dich etwa wegen deiner Gottesfurcht züchtigen"? Gottes Handeln ist nicht von eigennützigen Interessen bestimmt. Wäre Ijob also gottesfürchtig, warum sollte Gott ihn dafür züchtigen, da er doch nichts davon hat? So bleibt als einzige Möglichkeit: Der Grund für Ijobs Leid kann nur in ihm selber liegen. In seinem Leid fällt das Böse, das er begangen hat, auf ihn selbst zurück. Und da sein Leid groß ist, muss auch seine „Bosheit groß und sein Verschulden ohne Ende sein" (Vers 5).

So führt Elifas im Folgenden schwerste Vergehen gegen die Mitmenschlichkeit an, die Ijob begangen haben soll (Vers 6–9). Es sind Taten, die vom Gesetz Gottes ausdrücklich verboten und von den Propheten häufig beklagt werden: Ungerechte Pfändung von Angehörigen des eigenen Volkes („Brüder", Vers 6; vgl. Ex 22,25–26; Dtn 24,10–13), verweigerte Hilfeleistung in lebensbedrohlicher Not (Vers 7; vgl. Jes 58,7; Ez 18,7; Mt 25,42), Ausbeutung von Witwen und

Waisen (Vers 9; vgl. Gen 31,42; Ex 22,21–22; Mi 2,9; Dtn 24,17–18; Jes 1,17). Vers 8 zitiert das Motto, nach dem Ijob gehandelt hat. Es ist das Recht des Stärkeren: „Dem Mann der Faust gehört das Land, der Angesehene darf darin wohnen." Ijob, so will Elifas sagen, war (und ist) ein Mann der Gewalt, der Recht und Gerechtigkeit mit Füßen trat. So gerät er nun völlig zu Recht („darum") „in Bestürzung" (Vers 10) und in „Finsternis", in der er nichts mehr sieht, und wird von einer „Wasserflut bedeckt" (Vers 11).

Nichts im Ijobbuch weist darauf hin, dass Ijob derartige Verbrechen begangen hat. Es sind „erschlossene Sünden", die Elifas ihm vorhält, Sünden, die Ijob „um der wahren Lehre willen" begangen haben *muss*.

Der allwissende und gerechte Gott (22,12–20)

12 *Ist Gott nicht wie der Himmel hoch?*
Sieh den höchsten der Sterne: Wie hoch sind sie!
13 *Und da sagst du: Was weiß denn Gott?*
Vermag er zu richten durch das dunkle Gewölk?
14 *Wolken sind sein Versteck, so dass er nichts sieht,*
am Himmelskreis geht er einher.
15 *Willst du dem Pfad der Vorzeit folgen,*
den die Männer des Unheils gingen,
16 *die dahingerafft wurden vor der Zeit,*
über deren Grund sich ein Strom ergoss,
17 *die zu Gott sagten: Weiche von uns!,*
und: Was tut uns der Allmächtige an?
18 *Er hat ihre Häuser mit Gutem gefüllt.*
– Doch das Planen der Frevler blieb mir fern.
19 *Sehen werden es die Gerechten, sie werden sich freuen,*
der Reine wird sie verspotten:
20 *Wahrhaftig, vernichtet sind unsere Gegner,*
ihren Rest hat das Feuer verzehrt.

Im hier auszulegenden zweiten Teil seiner Rede geht Elifas auf die von Ijob vorgetragenen Argumente ein. Er beginnt mit einer Aussage über die Erhabenheit Gottes: „Ist Gott nicht wie der Himmel hoch?" (Vers 12) Der Vergleich mit der Höhe des Himmels wird in der Bibel gerne herangezogen, um die Erhabenheit Gottes und die Unbegreiflichkeit seiner Pläne und seines Tuns hervorzuheben: „Meine Gedanken sind nicht eure Gedanken und eure Wege sind nicht meine Wege – Spruch des Herrn. So hoch der Himmel über der Erde ist, so hoch erhaben sind meine Wege über eure Wege und meine Gedanken über eure Gedanken" (Jes 55,8–9; vgl. Ps 103,11). Nach dieser vorausgeschickten Gotteslehre in Kurzformat geht Elifas auf das von Ijob Gesagte ein. Er gibt Ijobs Worte sinngemäß durchaus richtig wieder: „Du sagst: Was weiß denn Gott? Vermag er zu richten durch das dunkle Gewölk? Wolken sind sein Versteck, so dass er nichts sieht, am Himmelskreis geht er einher" (Vers 13–14). Damit soll gesagt sein: Gott bekommt im Grunde gar nicht mit, was auf Erden geschieht. Er zieht sich hinter dunkle Wolken zurück und greift nicht ein. Jeder kann tun und lassen, was er will. So hat Elifas offensichtlich Ijobs Ausführungen über das Glück der Frevler verstanden (21,6–21). Sie können tun und lassen, was sie wollen. Gott greift nicht ein. Die Frevler kommen ungestraft davon. Damit wird eine Art praktischer Atheismus erreicht, der im Alten Testament mehrfach zu Wort kommt. Die Frevler „reißen ihr Maul bis zum Himmel auf" und sagen: „Wie sollte Gott das merken? Wie kann der Höchste das wissen"? (Ps 73,9–11) Auch das berühmte, im Gottesbeweis des Anselm von Canterbury zitierte Wort: „Es spricht der Tor in seinem Herzen: Es gibt keinen Gott" (Ps 14,1), zielt im Grunde auf eine Art von praktischem Atheismus und begründet eine Lebensform, in der die Unterscheidung von Gut und Böse hinfällig wird. Die Toren, die so sprechen, „handeln verwerflich und schnöde; da ist keiner, der Gutes tut" (Ps 14,1; vgl. Ps 53,2). Scharfsinnig deckt Elifas die Folgen auf, die sich aus Ijobs vorangehender Rede ergeben: Sie führen, wenn nicht zum theoretischen („es gibt keinen Gott"), so doch zum praktischen Atheismus: Gott sieht nichts, hört nichts, tut nichts.

Dagegen richtet sich nun die folgende Mahnung des Elifas. Sie ist direkt an Ijob gerichtet: „Willst du dem Pfad der Vorzeit folgen, den die Männer des Unheils gingen, die dahingerafft wurden vor der Zeit, über deren Grund sich ein Strom ergoss, die zu Gott sagten: Weiche von uns!, und: Was tut uns der Allmächtige an?" (Vers 15–17) Es ist nicht ausgeschlossen, dass Elifas hier auf die Generation der Sintflut anspielt, die ihrer Bosheit wegen durch einen gewaltigen Strom dahingerafft wurde (vgl. Gen 6–9). Es ist aber auch möglich, dass Elifas hier ganz allgemein den „altbekannten Weg der Frevler“ meint. Er sieht Ijob bereits auf diesem Weg, nicht nur in seinem Tun (vgl. 22,1–11), sondern auch in seinem Reden. So warnt er ihn, diesen Weg weiter zu verfolgen.

Schwer verständlich scheint im vorliegenden Zusammenhang Vers 18 zu sein. Viele Ausleger scheiden ihn als eine spätere Hinzufügung aus. Der Vers ergibt jedoch sehr wohl einen Sinn, wenn man den Gedankengang folgendermaßen versteht: In den Versen 15–16 beschreibt Elifas das frühzeitige Ende der „Männer des Unheils“. Das sind genau die Männer, von denen Ijob zuvor gesprochen hatte, „die zu Gott sagten: Weiche von uns!“ (Vers 17) Mit Vers 17 bezieht sich Elifas wörtlich auf die vorangehende Rede Ijobs zurück (21,14), in der er das Glück der Frevler beschrieben hatte. Diese Linie zieht Vers 18a weiter aus: „Er (Gott) hat ihre Häuser mit Gutem gefüllt.“ Elifas scheint Ijob also das Zugeständnis zu machen, dass Gott durchaus die Häuser der Frevler mit Gutem zu füllen vermag. Doch dann setzt ein jäher Umschwung ein. Nach altbekannter Manier schildert Elifas in den Versen 19–20 den Untergang der Frevler. Er tut es hier ganz aus der Sicht der Gerechten. Sie werden es sehen und sich darüber freuen. Vers 18b: „Doch das Planen der Frevler blieb mir fern“, könnte ebenfalls ein Zitat aus der vorangehenden Ijobrede sein (21,16b). Es wäre aber auch möglich, den Satz als eine Art Beschwörungsformel zu verstehen, mit der sich Elifas selbst vom verführerischen Planen der Frevler distanziert.

Elifas geht also durchaus auf die Beobachtungen und Argumente Ijobs ein. Er zeigt, dass Ijobs Worte, wenn man sie zu Ende denkt, zur Leugnung Gottes führen. Er warnt Ijob, diesen Weg weiter zu verfolgen.

Befreunde dich mit Gott! (22,21–30)

21 *Befreunde dich mit ihm, und halte Frieden!*
Dadurch kommt das Glück zu dir.
22 *Nimm Weisung an aus seinem Mund,*
leg seine Worte in dein Herz.
23 *Kehrst du zum Allmächtigen um, so wirst du aufgerichtet.*
Hältst Unrecht deinem Zelte fern,

24 *wirfst in den Staub das Edelgold,*
zum Flussgestein das Ofirgold,
25 *dann wird der Allmächtige dein Edelgold*
und auserlesenes Silber für dich sein.
26 *Dann wirst du am Allmächtigen dich erfreuen*
und zu Gott dein Angesicht erheben.
27 *Flehst du ihn an, so hört er dich,*
deine Gelübde wirst du erfüllen.
28 *Beschließt du etwas, dann trifft es für dich ein,*
und über deinem Weg erstrahlt das Licht.
29 *Wer hochmütig redet, den erniedrigt er,*
doch wer die Augen senkt, dem hilft er.
30 *Er rettet den, der schuldlos ist;*
gerettet wird er durch die Reinheit seiner Hände.

Die dritte und letzte Rede des Elifas (Kap. 22) lässt eine klare Abfolge der Gedanken erkennen. In gewisser Weise kann sie als Zusammenfassung der Theologie der drei Freunde verstanden werden. Im ersten Teil der Rede (22,2–11) hatte Elifas dargelegt: Der Grund für Ijobs Leid ist nicht in Gott, sondern in Ijob selbst zu suchen. Ijob muss schuldig geworden sein; anders lässt sich sein Leid nicht verstehen. Im zweiten Teil seiner Rede (22,12–20) hatte Elifas versucht, den praktischen Atheismus zurückzuweisen, den er aus Ijobs Worten herausgehört hatte. Nun folgt der dritte und letzte Teil (22,21–30), eine Art Zuspruch und Ermahnung zugleich. Ijob ist für Elifas noch keineswegs ein hoffnungsloser Fall. Es gibt für ihn die Möglichkeit der Rettung. Mit beeindruckenden Worten ermutigt Elifas seinen Freund, mit Gott wieder ins Reine zu kommen: „Befreunde dich mit ihm, und halte Frieden! Dadurch kommt das Glück zu dir“ (Vers 21). In diesen Worten ist der Inhalt des Folgenden zusammengefasst. Eine Aussöhnung mit Gott wird Ijob das Glück zurückbringen. Damit knüpft Elifas an das Ende seiner ersten Rede an (5,19–27). Dort hatte er Ijob Rettung aus der Not prophezeit: „Du wirst erfahren, dass dein Zelt in Frieden bleibt“ (5,24). Inzwischen hat sich aber nach dem Hin und Her der Gespräche die Ausgangslage verändert. War zu Beginn den Freunden noch nicht klar, ob Ijob ein Frevler sei, so steht es nun gegen Ende der Auseinandersetzung für sie unumstößlich fest: „Ist nicht groß deine Bosheit, ohne Ende dein Verschulden?" (22,5) Deshalb muss der göttlichen Zuwendung auf Seiten Ijobs die Umkehr vorausgehen: „Kehrst du zum Allmächtigen um, so wirst du aufgerichtet" (Vers 23). Die folgenden Verse 24 bis 25 sind nicht leicht zu verstehen und werden von Auslegern gerne als spätere Hinzufügung gestrichen. Wahrscheinlich will Elifas damit sagen: Gott ist wertvoller als das Wertvollste, was wir besitzen. Gott ist über das Wertvollste in der Welt hinaus („Edelgold", „Ofirgold") zu erstreben. Das Bild erinnert an das Gleichnis vom Schatz im Acker (Mt 13,44). Von der Weisheit heißt es im Buch der Sprichwörter: „Sie zu erwerben ist besser als Silber, sie zu gewinnen ist besser als Gold" (Spr 3,14; vgl. Ijob 28,15–19). Wenn Ijob umkehrt und sich Gott anheimgibt, dann – so verheißt ihm Elifas – „wirst du am Allmächtigen dich erfreuen und zu Gott dein Angesicht erheben" (Vers 26). Herrlich malt er Ijobs Zukunft aus: „Über deinem Weg erstrahlt das Licht" (Vers 28). Dabei greift er Elemente des Dankgebetes auf. Im Dankgebet schaut der Beter auf die überstandene Not zurück (vgl. Ps 18; 30; 40; 116) und erfüllt Gott seine Gelübde (Vers 27; vgl. Ps 22,26; 50,14; 61,6–9). So ist Gott: „Wer hochmütig redet, den erniedrigt er, doch wer die Augen senkt, dem hilft er" (Vers 29; vgl. Spr 3,34; 29,23; Jes 2,11–17; 1 Sam 2,7–8; Lk 1,52–53).

Mit der Aussage von Vers 30 fasst Elifas seine Ausführungen zusammen: „Er (Gott) rettet den, der schuldlos ist, gerettet wird er durch die Reinheit seiner Hände" (so im Anschluss an die lateinische Übersetzung der Vulgata). Der Vers kann vom hebräischen Wortlaut her aber auch anders übersetzt werden: „Er rettet den, der *nicht* schuldlos ist; gerettet wird er durch die Reinheit *deiner* Hände." In diesem Sinne wird Elifas zum „Propheten wider Willen". Das, was er prophezeit, trifft tatsächlich ein, auch wenn er es anders gemeint hat: Die Freunde, die *nicht* schuldlos sind, werden aufgrund der Fürsprache Ijobs gerettet, „durch die Reinheit *deiner* Hände", wie Elifas trefflich vorhersagt. Denn am Ende sagt der Herr zu Elifas von Teman: „Mein Knecht Ijob soll für euch Fürbitte einlegen; nur auf ihn nehme ich Rücksicht, dass ich euch nichts Schlimmeres antue. Denn ihr habt nicht recht von mir (zu mir) geredet wie mein Knecht Ijob" (42,8).

Gott finden (23,1–17)

1 *Da antwortete Ijob und sprach:*
2 *Auch heute ist meine Klage Widerspruch;*
schwer lastet seine Hand auf meinem Seufzen.
3 *Wüsste ich doch, wie ich ihn finden könnte,*
gelangen könnte zu seiner Stätte.
4 *Ich wollte vor ihm das Recht ausbreiten,*
meinen Mund mit Beweisen füllen.
5 *Wissen möchte ich die Worte, die er mir entgegnet,*
erfahren, was er zu mir sagt.
6 *Würde er in der Fülle der Macht mit mir streiten?*
Nein, gerade er wird auf mich achten.
7 *Dort würde ein Redlicher mit ihm rechten,*
und ich käme für immer frei von meinem Richter.
8 *Geh' ich nach Osten, so ist er nicht da,*
nach Westen, so bemerke ich ihn nicht,
9 *nach Norden, sein Tun erblicke ich nicht;*
bieg' ich nach Süden, sehe ich ihn nicht.
10 *Doch er kennt den Weg, den ich gehe;*
prüfte er mich, ich ginge wie Gold hervor.
11 *Mein Fuß hielt fest an seiner Spur,*
seinen Weg hielt ich ein und bog nicht ab.
12 *Das Gebot seiner Lippen gab ich nicht auf,*
seines Mundes Worte barg ich im Herzen.
13 *Doch er bleibt sich gleich. Wer stimmt ihn um?*
Wonach ihn gelüstet, das führt er aus.
14 *Ja, er vollendet, was er mir bestimmt hat;*
und Ähnliches hat er noch viel im Sinn.
15 *Darum erschrecke ich vor seinem Angesicht;*
denk' ich daran, gerate ich in Angst vor ihm.
16 *Gott macht mein Herz verzagt,*
der Allmächtige versetzt mich in Schrecken.
17 *Denn bin ich nicht von Finsternis umschlossen,*
bedeckt nicht Dunkel mein Angesicht?

Elifas hatte am Ende seiner Rede Ijob den Rat erteilt, umzukehren und sich dem allmächtigen Gott zuzuwenden (22,23). Seine Behauptung, Ijob habe schwere Verbrechen begangen (22,5–9), ruft in diesem „Widerspruch" hervor (Vers 2). Aber sich Gott zuzuwenden,

„sein Freund zu werden und Frieden mit ihm zu halten" (22,21), das dürfte doch für jeden Menschen, auch für den Gerechten, ein guter Ratschlag sein. Doch dies ist leichter gesagt als getan. Ijob wendet ein: „Wüsste ich doch, wie ich ihn finden könnte, gelangen könnte zu seiner Stätte" (Vers 3). Damit dürfte wohl *das* zentrale Problem des Ijobbuches wie des Glaubens überhaupt berührt sein. Erinnert sei an die Bedeutung des Namens „Ijob": „Wo ist der (mein) Vater (Gott)?" Zwischen den Freunden und Ijob gibt es ein stillschweigendes Einverständnis. Sie alle erwarten die Lösung des Problems von Gott. Doch wie und wo ist dieser Gott, der die (Er-)Lösung bringt (vgl. 19,25–27), zu finden? „Geh' ich nach Osten, so ist er nicht da, nach Westen, so bemerke ich ihn nicht, nach Norden, sein Tun erblicke ich nicht; bieg' ich nach Süden, sehe ich ihn nicht" (Vers 8–9).

Im Ijobbuch klingen Grunderfahrungen des kontemplativen Weges an. Das Wort „Kontemplation" stammt vom lateinischen „contemplari", das heißt „schauen". In der Kontemplation geht es darum, Gott zu schauen. Das Gebet (oratio) bittet (petit), die Kontemplation (contemplatio) findet (invenit), sagt Hugo von Sankt Viktor (Studienbuch, 5,9). Auch Ijob wird am Ende zu einer Gottesschau geführt (42,5). Doch jetzt, zu Beginn des dritten Redegangs, ist er noch ganz der verzweifelt Suchende. Die Nöte, mit denen Ijob zu kämpfen hat, dürften nicht zuletzt daher rühren, dass er sich zu viele Gedanken macht. Er überlegt hin und her, was er vor Gott ausbreiten will (Vers 4), was Gott ihm wohl antworten (Vers 5), wie Gott wohl mit ihm umgehen wird (Vers 6). Schon jetzt glaubt er zu wissen, wie er Gott begegnen will, *wenn* er ihn finden würde: „Ich wollte vor ihm das Recht ausbreiten, meinen Mund mit Beweisen füllen" (Vers 4). Er denkt auch über sich selbst nach (Vers 10–12). Was ihm da in den Sinn kommt, ist durchaus wahr: „Mein Fuß hielt fest an seiner Spur, seinen Weg hielt ich ein und bog nicht ab. Das Gebot seiner Lippen gab ich nicht auf; seines Mundes Worte barg ich im Herzen" (Vers 11–12). Da Gott seinen Weg kennt (Vers 10) und weiß, dass er schuldlos ist, darf Ijob voll Zuversicht hoffen, aus Gottes Prüfung „wie Gold hervorzugehen" (Vers 10).

Dass auf dem Weg der Gottsuche solche und ähnliche Gedanken kommen, ist nur allzu natürlich. Besonders im Leid geht dem Menschen vieles „durch den Kopf". Bevor Ijob ins Schweigen findet (vgl.

31,40; 40,4–5), muss all das, was in ihm ist, ausgesprochen werden: seine Not, die zur Klage und Anklage Gottes führt, seine Sehnsucht nach einer Antwort Gottes und auch seine Vermutungen, wer dieser Gott wohl sei und was er mit ihm „im Sinn habe“ (Vers 14). Solange Ijob aber noch in der Welt der (Gottes-)Gedanken und Mutmaßungen lebt, solange gerät er „in Angst vor ihm“ (Vers 15), versetzt ihn „der Allmächtige in Schrecken“ (Vers 16), ist er „von Finsternis umschlossen“ (Vers 17), kann er Gott nicht finden (Vers 8–9).

Der Schrei der Armen (24,1–12)

1 *Warum hat der Allmächtige keine Fristen bestimmt?*
Warum schauen, die ihn kennen, seine Tage nicht?
2 *Grenzen verrücken sie,*
rauben Herden und führen sie zur Weide.
3 *Den Esel der Waisen treiben sie fort,*
pfänden das Rind der Witwe.
4 *Sie drängen die Armen vom Weg,*
es verbergen sich alle Gebeugten des Landes.
5 *Sieh, wie Wildesel in der Wüste*
ziehen sie zu ihrer Arbeit aus;
die Steppe suchen sie nach Nahrung ab,
nach Brot für ihre Kinder.
6 *Auf dem Feld, das ihm (seinem Besitzer) nicht gehört, ernten sie,*
halten im Weinberg des Frevlers Nachlese.
7 *Nackt verbringen sie die Nacht, ohne Kleider,*
haben keine Decke in der Kälte.
8 *Vom Regen der Berge sind sie durchnässt,*
klammern sich ohne Schutz an den Fels.
9 *Von der Mutterbrust reißen sie die Waisen,*
den Säugling des Armen nehmen sie zum Pfand.
10 *Nackt müssen sie gehen, ohne Kleid,*
hungernd tragen sie Garben.
11 *Zwischen ihren Mauern pressen sie Öl,*
treten die Kelter und müssen doch dürsten.
12 *Aus der Stadt stöhnen Sterbende,*
der Erschlagenen Leben schreit laut.
Doch Gott achtet nicht auf ihr Flehen.

Das hier auszulegende 24. Kapitel gehört zu den schwierigsten des gesamten Buches. „Der Text“, so wird allgemein gesagt, „ist in äußerst schlechtem Zustand ... Eine kohärente Rede kann trotz aller Versuche aus Hi 24 nicht mehr gewonnen werden“ (Melanie Köhlmoos, Das Auge Gottes, Tübingen 1999, 59). Ganz anders urteilt Matthias Grenzer: „Die Rede Ijobs im 24. Kapitel „scheint ... eine äußerst feinsinnige Komposition zu sein, gleich einem kunstvoll konstruierten Gebäude, in dem jeder Stein seinen ihm vorherbestimmten Platz einnimmt“ (Die Armenthematik in Ijob 24). Nach Matthias Grenzer gliedert sich das Kapitel in vier Abschnitte. Im ersten Abschnitt (Vers 2–4) setzt sich Ijob mit einer Reihe von Gewalttaten gegen die Armen auseinander, während er im zweiten Abschnitt (Vers 5–12) das Lebensschicksal der Armen, das sich daraus ergibt, beschreibt. Im dritten Abschnitt (Vers 13–17) deutet Ijob die in der Gesellschaft herrschende Gewalt als Rebellion gegen Gott und Missachtung der Zehn Gebote, im vierten und letzten Abschnitt (Vers 18–24) erörtert er auf höchst ironische Weise das Todesschicksal der Armen. Im Zentrum des Textes steht Vers 12: „Doch Gott achtet nicht auf ihr Flehen.“

In den Versen 2 bis 4 beschreibt Ijob eine Reihe von Gewalttaten gegen die Armen. Schwere Vergehen werden aufgezählt, Vergehen, die in der Tora und von den Propheten ausdrücklich verboten und verworfen werden (vgl. Dtn 19,14; 5,21; Ex 20,17; 22,21; 23,6; Dtn 24,17–22; Ez 18,7.12). Den Armen und Schutzbedürftigen wird die Grundlage ihrer wirtschaftlichen Existenz zerschlagen (Vers 2–3), ihnen wird das Recht vorenthalten (Vers 4a), sie werden aus der Öffentlichkeit verbannt (Vers 4b). Offen bleibt, wer die Gewalttaten verübt.

Im folgenden Abschnitt (Vers 5–12) richtet sich der Blick auf das Schicksal der Armen, das sich aus den von ihnen erlittenen Gewalttaten ergibt. Subjekt der Aussagen sind die „Gebeugten des Landes“. Wie Wildesel in der Wüste suchen sie nach Nahrung für ihre Kinder (Vers 5). Die *Armen* trifft somit das Schicksal, das nach Auskunft der Freunde eigentlich den Frevlern bestimmt ist (vgl. 15,23; 20,10). Mit Vers 6 kommt nun erstmals der Frevler in den Blick. Er scheint der unrechtmäßige Besitzer des Feldes zu sein, auf dem die Gebeugten des Landes, von Hunger getrieben (Vers 5), heimlich ernten (Vers 6). Schwere soziale Verwerfungen kommen vor Augen. Grausam und herzzerreißend ist das Unrecht, das den Armen angetan wird: „Von der Mutterbrust reißen sie die Waisen, den Säugling des Armen nehmen sie zum Pfand“ (Vers 9). Am Ende steht der Tod: „Aus der Stadt stöhnen Sterbende, der Erschlagenen Leben schreit laut“ (Vers 12). Und der Gipfel des Unrechts: „Gott achtet nicht auf ihr Flehen“ (oder eine alternative Übersetzung: „Gott nimmt sich das Verwerfliche nicht zu Herzen“). Gottes Gerechtigkeit setzt sich nicht durch.

Ijob klagt hier nicht mehr über sich und sein Leid. Er beklagt das Leid der Armen. Seine Not öffnet ihn für die Not der anderen. In seinem Schicksal weiß er sich in besonderer Weise mit allen „Gebeugten des Landes“ verbunden. Sein und ihr Hilfeschrei verhallt ungehört.

Im Ijobbuch kommt somit nicht nur das Leid eines Einzelnen zu Wort. Der leidende Ijob sieht in *seinem* Leid das *Leid der Welt*. Darin zeigt sich ein Grundanliegen der biblischen Tradition. Wenn das Ijobbuch eine „(Er-)Lösung“ bietet, wenn es Rettung für Ijob gibt, dann keine Rettung am Leid der anderen vorbei.

Rebellen gegen das Licht (24,13–17)

> 13 *Jene aber gehören zu den Rebellen gegen das Licht.*
> *Mit seinen Wegen sind sie nicht vertraut,*
> *nicht bleiben sie auf seinen Pfaden.*
> 14 *Ist kein Licht, erhebt sich der Mörder,*
> *tötet den Gebeugten und Armen;*
> *in der Nacht gleicht er dem Dieb.*
> 15 *Das Auge des Ehebrechers achtet auf Dämmerung.*
> *Kein Auge, sagt er, soll mich erspähen!,*
> *eine Hülle legt er aufs Gesicht.*
> 16 *Im Finstern bricht er in die Häuser ein;*
> *bei Tag verstecken sie sich.*
> *Nicht kennen sie das Licht.*
> 17 *Denn gleich dem Morgen ist für sie die Finsternis.*
> *Fürwahr, vertraut ist er mit den Schrecken der Finsternis.*

In den ersten beiden Abschnitten des 24. Kapitels (Vers 1–12) standen die Armen im Blick. Jetzt richtet sich die Aufmerksamkeit auf jene, denen die Armen ihre Not „verdanken“: die Frevler. Diese, so Ijob, gehören zu den „Rebellen gegen das Licht“ (Vers 13). Das ist zunächst in einem ganz vordergründigen Sinne gemeint: Der Mörder, Dieb und Ehebrecher vollbringt seine Taten „in der Nacht“, wenn „kein Licht ist“ (Vers 14), in der „Dämmerung“, wenn „kein Auge ihn erspäht“ (Vers 15). Zudem bedeckt er sein Gesicht (Vers 15), um nicht erkannt zu werden. So „bricht er im Finstern in die Häuser ein“ (Vers 16). Bei Tag verstecken sich die Übeltäter (Vers 16), um nicht erkannt zu werden. Sie *fürchten* sich nicht vor den Schrecken der Finsternis, sie sind mit ihnen *vertraut* (Vers 17) – eine völlige Verkehrung der dem Menschen gemäßen lebensförderlichen Ordnung. Freut sich der Mensch, der Gerechte, über das aufbrechende Licht des Morgens (Zef 3,5), vermag er darin Gottes Kraft und Hilfe zu erblicken (Ex 19,15–19; Ps 46,6; Mk 16,2; Lk 24,1; Joh 20,1), „geht er bei Aufgang der Sonne hinaus an sein Tagwerk, an seine Arbeit bis zum Abend“ (Ps 104,23), so ist bei den „Söhnen der Finsternis“ das Gegenteil der Fall: Die *Finsternis* ist für sie der rettende Morgen (Vers 17), wenn es dunkel wird, brechen sie auf und haben Erfolg. Bildad hatte behauptet: „Ringsum ängstigen ihn (den Frevler) Schrecken und scheuchen ihn auf Schritt und Tritt“ (18,11). Nichts davon vermag Ijob zu erkennen. In der Finsternis sind die Gewaltmenschen zu Haus, hier gehen sie ungestört ihren Werken nach.

Das Gegenüber von Licht und Finsternis ruft noch eine zweite, tiefer liegende Bedeutungsebene hervor. In Vers 13b wird sie angesprochen: „Mit seinen Wegen sind sie nicht vertraut, nicht bleiben sie auf seinen Pfaden.“ Damit sind, wie der Zusammenhang unschwer zu erkennen gibt, die Wege und Pfade Gottes gemeint. So sind die Rebellen gegen das Licht im eigentlichen Sinn Rebellen gegen Gott. Sie lehnen sich gegen ihn und seine für die Welt vorgesehene Ordnung auf. Das Wort „Licht“ ist in der Heiligen Schrift oft ein Bild für Gott. „Der Herr ist mein Licht und mein Heil: Vor wem sollte ich mich fürchten?“ (Ps 27,1; vgl. Jes 60,1.19–20; Mi 7,8; Ijob 37,21–22) Insbesondere verweist das Licht auf das von Gott ausgehende „Wort“, auf seine „Weisung“, auf die von ihm ausgehende Rechtsordnung: „Von mir kommt die Weisung (Tora), mein Recht wird zum Licht der Völker“ (Jes 51,4; vgl. Hos 6,5). „Dein Wort ist meinem Fuß eine Leuchte, ein Licht für meine Pfade“ (Ps 119,105). So sind die Frevler als Feinde des Lichts Rebellen gegen eine natürliche *und* übernatürliche Ordnung der Welt. Anders als die Freunde behauptet hatten, gehen die Frevler in der Finsternis keineswegs zu Grunde, sie werden *nicht* „fortgetrieben zum König der Schrecken" (18,14), im Gegenteil: In der Finsternis der Gottesferne brechen sie auf und in ihr haben sie Erfolg. Das eigentlich Skandalöse dieses Geschehens wird im letzten Teil der Ijobrede angesprochen (Vers 18–25): Der den Gewalttätern angedrohte Fluch geht an ihnen vorüber; er trifft die Armen, die unschuldig sind. Keiner hindert die Rebellen gegen das Licht an ihrem verbrecherischen Tun. Gott, so scheint es, hält sich nicht an sein eigenes Recht.

Damit steuert Ijob in seinem Vorwurf gegen Gott einem Höhepunkt zu. Nicht nur, dass Gott die Frevler ungeschoren davonkommen lässt (21,9), mehr noch: Er scheint ihr Komplize zu sein. Wo bleibt der Gott, von dem der Prophet Zefanja bekennt, dass er inmitten der schmutzigen, der gewalttätigen Stadt für das Recht eintritt: „Er tut kein Unrecht. Morgen für Morgen fällt er das Urteil, mit dem Tageslicht bleibt es nicht aus" (Zef 3,5; vgl. Ps 101,8; Ijob 38,12–15)?

Er weidet ab (24,18–25)

18 *Schnell ist er auf der Oberfläche des Wassers.*
Verflucht ist ihr Ackeranteil im Land,
dem Weg der Weinberge wendet er sich nicht (mehr) zu.
19 *(So wie) Dürre und Hitze das Schneewasser rauben,*
(so) verirren sie sich in die Unterwelt.
20 *Der Mutterschoß vergisst ihn,*
Gewürm labt sich an ihm,
nie mehr wird an ihn gedacht.
Umgebrochen wie ein Baum wird die Niederträchtigkeit.
21 *Der die Unfruchtbare abweidet, die Kinderlose,*
die Witwe, der man nichts Gutes erweist.
22 *Die Starken rafft er weg in seiner Kraft;*
steht er auf, ist niemand seines Lebens sicher.
23 *Sicherheit gibt er ihm, er traue darauf;*
aber seine Augen überwachen ihren Weg.
24 *Haben sie sich ein wenig erhoben, ist er nicht mehr da.*
Sie werden umgebogen, alle mit der Faust gepackt,
und wie Ährenspitzen abgeschnitten.
25 *Ist es nicht so? Wer straft mich Lügen*
und bringt meine Rede zum Schweigen?

Der letzte Abschnitt der hier auszulegenden Ijobrede stellt die Exegese vor eine besondere Herausforderung. Hier scheint Ijob wie seine Freunde zuvor vom frühen und erbärmlichen Untergang der Frevler zu sprechen. Ein derartiges Verständnis widerspräche jedoch dem, was Ijob in seiner vorangehenden Rede gesagt hatte (21,7–21). Dort hatte er nämlich beklagt, dass Frevler *nicht* für ihre Missetaten bestraft werden: Sie werden alt und stark an Kraft. Ihre Tage verbringen sie im Glück (21,7.13). Sollte Ijob seine Meinung geändert haben? In der Exegese werden vor allem drei Deutungsmöglichkeiten diskutiert. *Eine* dieser Deutungen nimmt an, dass die Verse 18–24 an eine falsche Stelle geraten seien. Ursprünglich, so wird vermutet, gehörten sie zur unmittelbar folgenden dritten Rede Bildads, die in ihrer jetzigen Gestalt ohnehin sehr kurz geraten ist (Kap. 25), oder aber sie bildeten die dritte Rede Zofars, die in der überlieferten Gestalt des Ijobbuches ganz fehlt. Eine *zweite* Interpretation besagt, Ijob vertrete hier nicht seine eigene Meinung, sondern er zitiere auf höchst ironische Weise die Meinung seiner Freunde. Eine *dritte* Interpretation besagt: In den Versen 18 bis 24 spricht Ijob gar nicht von den Frevlern, sondern von den Armen. Nicht die Frevler, sondern die *Opfer der Gewalt* erleiden ein schnelles und brutales Ende. Und das Schlimme daran: Gott hat seine Hände dabei im Spiel. Diese vor allem von Matthias Grenzer vertretene Interpretation soll auch der hier vorgestellten Auslegung zugrunde gelegt werden. Allerdings ist bei einigen Versen wohl mit einer beabsichtigten Doppeldeutigkeit zu rechnen. Die Vorwürfe sind so ungeheuerlich, dass sie von Ijob nur verdeckt und gleichsam indirekt angesprochen werden (können), und doch weiß jeder, was gemeint ist – so wie auch wir oft „schlimme Dinge" wie Tod und schwere Krankheit in gewissen Situationen nur andeutend oder verhüllend zur Sprache bringen, wo doch jeder der Beteiligten weiß, was gemeint ist.

Vers 18: „Schnell ist er auf der Oberfläche des Wassers", erinnert an die schnell über die Wasseroberfläche dahingleitenden Papyruskähne der Kuschiter (Jes 18,2). Vergleichspunkt ist die Flüchtigkeit des Lebens. Ijob hatte beklagt, dass er selbst ein solches Schicksal zu erleiden habe: „Schneller als ein Läufer eilen meine Tage, sie fliehen dahin und schauen kein Glück. Sie gleiten vorbei wie Kähne aus Schilf, dem Adler gleich, der sich auf Beute stürzt" (9,25–26). Im hebräischen Wort für „schnell" *(kal)* klingt bereits das folgende

„verflucht“ *(kalal)* an: „Verflucht ist ihr Ackeranteil im Land“ (Vers 18). In Ijob 24,2 war vom Verrücken der Grenze die Rede. Die Armen werden „vom Weg abgedrängt“ (24,4), von Hunger getrieben, halten sie Nachlese im Weinberg des Frevlers, ernten sie auf dem Feld eines unrechtmäßigen Besitzers (24,6). Vor diesem Hintergrund legt es sich nahe, das in Vers 18 beklagte Schicksal der nicht Genannten als das Schicksal der Armen zu verstehen, „an die niemand denkt“ (Vers 20) und die folglich auch niemand nennt. Die Verse 19 und 20 beschreiben ihr endgültiges Aus in der Unterwelt. Der Niederträchtigkeit wird nicht gedacht. Sie wird nicht gesühnt, sie wird „umgebrochen wie ein Baum“ (Vers 20). Das Bild erinnert an Ijobs Klage über sein eigenes Los: „Er brach mich ringsum nieder, ich muss dahin, meine Hoffnung riss er aus wie einen Baum“ (19,10).

Wer ist das Subjekt von Vers 21: „Der die Unfruchtbare abweidet, die Kinderlose, die Witwe, der man nichts Gutes erweist“? Die Rede ist zunächst von einem „Hirten“, von einem „Weidenden“. Gott wird häufig in der Schrift als der (gute) Hirte bezeichnet, der sein Volk „weidet“ (Jes 40,11; Ez 34,13–16; Ps 23,1; 80,2). Doch der vorliegende Zusammenhang zeigt, dass hier ein negativer Sinn von „weiden“ gemeint ist: ein Abweiden. So kehren sich in Ijobs Worten die religiösen Traditionen Israels um: Gott ist nicht der gute Hirt, der sich der Witwen erbarmt, der Königsgott, der den Klageschrei der Witwen und Waisen hört und die Rechtsbrecher „mit dem Schwert umbringt“ (Ex 22,20–23), sondern der Komplize der Frevler, der die Schutzbedürftigen „abweidet“. Die Verse 23–24 scheinen sogar ein trügerisches, geradezu hinterhältiges Verhalten Gottes zu beklagen: Zunächst gibt Gott einem Menschen, vielleicht einem Armen, der sich wieder erhebt, „Sicherheit“ (Vers 23). Dieser stützt sich darauf, doch dann lässt er ihn fallen, „ist nicht mehr da“ (Vers 24). Gott – für die Armen und Opfer unrechtmäßiger Gewalt – wie für Ijob – eine einzige große (Ent-)Täuschung? „Ist es nicht so?“ (Vers 25)

Ende des Gesprächs (25,1–6)

1 *Da antwortete Bildad von Schuach und sprach:*
2 *Herrschaft und Schrecken sind bei ihm,*
der Frieden schafft in seinen Höhen.

3 *Kann man seine Scharen zählen,*
und über wem erhebt sich nicht sein Licht?
4 *Wie wäre ein Menschlein gerecht vor Gott,*
wie wäre rein der vom Weib Geborene?
5 *Siehe, selbst der Mond glänzt nicht hell,*
die Sterne sind nicht rein in seinen Augen,
6 *geschweige denn das Menschlein, die Made,*
der Menschensohn, der Wurm.

Mit der dritten Rede Bildads bricht das Gespräch zwischen Ijob und seinen drei Freunden ab. Es hat zu keiner Lösung geführt. Der unvermittelte Abbruch scheint auch formal angezeigt zu sein. Die Rede Bildads ist außergewöhnlich kurz. Sie besteht aus Versatzstücken anderer Reden und hymnischer Elemente, die recht unvermittelt nebeneinander stehen. Man gewinnt den Eindruck, Bildad habe innerlich aufgegeben. Er spuckt noch einige theologische Kernsätze aus, wohl wissend, dass auch mit ihnen Ijob nicht mehr weiterzuhelfen ist – zu schockierend war das, was dieser unmittelbar zuvor gesagt hatte. Der Abbruch des Dialogs wird auch dadurch angezeigt, dass sich Zofar, der dritte der Freunde, nicht mehr zu Wort meldet. Die Freunde scheinen zu verstummen. Sie wissen nicht mehr weiter. Genau diesen Vorwurf wird Elihu später gegen sie erheben. Sein Zorn entbrennt gegen die drei Freunde, „weil sie keine Antwort mehr fanden, um Ijob schuldig zu sprechen" (32,3): „Besiegt sind sie, geben keine Antwort mehr, die Worte sind ihnen ausgegangen" (32,15).

Was hat Bildad noch zu sagen? In seinen Worten scheint sich die Ausweglosigkeit der Lage zu spiegeln. Er sieht Gott und Mensch in einer unüberbrückbaren Ferne einander gegenüberstehen. Bildad spricht zunächst das Wort „Gott" gar nicht aus (Vers 2–3). Er spricht von „ihm", von „seinen Scharen", von „seinem Licht". Bei Gott sind „Herrschaft und Schrecken" (Vers 2). Zwar wirkt er Frieden, aber (nur) „in seinen Höhen" (Vers 2). Wo bleibt Friede *(Schalom)* den Menschen auf Erden, wonach Ijob sich so sehr sehnt (vgl. 3,13–26)? Wird er nur den Frevlern zuteil? „Ihre Häuser sind in Frieden, ohne Schreck, die Rute Gottes trifft sie nicht", hatte Ijob noch kurz zuvor gesagt (21,9).

Dem erhabenen Gott steht gegenüber „das Menschlein", „der vom Weib Geborene" (Vers 4). Dieser ist hinfällig, schmutzig und vergänglich, „eine Made, ein Wurm“ (Vers 6). Selbst Mond und Sterne, die im Alten Orient als göttlich angesehenen und verehrten, glänzenden Gestirne sind in Gottes Augen nicht rein „und glänzen nicht in seinen Augen hell“ (Vers 5). Damit nimmt Bildad auf Ijobs Unschuldsbeteuerungen Bezug. Mit Vers 4: „Wie wäre ein Menschlein gerecht vor Gott, wie wäre rein der vom Weib Geborene?“, greift er einen bereits von Elifas geäußerten Gedanken auf (4,17; 15,14). Gottes Herrschaft übersteigt alle menschlichen Begriffe und Maße. Meint Ijob wirklich, er sei rein in Gottes Augen? Meint er wirklich, er könne Gott zu einem Rechtsstreit herausfordern und darin vor ihm bestehen?

In der Tat fasst Bildad Grunderfahrungen des Glaubens ins Wort: Die Erhabenheit und Unbegreiflichkeit Gottes, das Elend und die Todesverfallenheit des Menschen. Auch der Beter des 22. Psalms muss von sich bekennen: „Ich bin ein Wurm und kein Mensch, der Leute Spott, vom Volk verachtet“ (Ps 22,7). Will der Mensch sich selbst erkennen, kommt er an dieser Einsicht nicht vorbei. Nach dem Zeugnis der Schrift ist mit dieser Einsicht aber noch nicht das Ende menschlicher Erkenntnis erreicht. So weiß der Beter auch zu berichten: „Die ihr den Herrn fürchtet, preist ihn … erschaudert alle vor ihm, ihr Nachkommen Israels! Denn er hat nicht verachtet, nicht verabscheut das Elend des Armen“ (Ps 22,24–25).

Auch den Freunden Ijobs ist das Wissen um das rettende Handeln Gottes nicht unbekannt geblieben (vgl. 5,19–27; 8,20–21; 11,16–19; 22,21–30). Doch ihnen scheint sich kein eigener, innerer Zugang zu diesem Wissen erschlossen zu haben. So müssen sie aufgrund ihres verschlossenen Wissens am Ende verstummen. Doch wo Menschen verstummen, steht Gottes Wort noch aus.

Hilflose Helfer (26,1–4)

1 *Da antwortete Ijob und sprach:*
2 *Wie kannst du helfen ohne Macht?*
Wie kannst du retten mit einem Arm ohne Kraft?
3 *Wie kannst du Rat erteilen ohne Weisheit?*
Und doch erteilst du Ratschläge in Menge!
4 *Wem trägst du die Reden vor,*
und wessen Atem geht von dir aus?

Nachdem die drei Freunde, die „Verteidiger Gottes", ihre Reden beendet haben, ergreift noch einmal Ijob, der „Ankläger Gottes", das Wort. Er tut dies in ausgiebiger Weise. Mit drei unmittelbar aufeinanderfolgenden Reden (Kap. 26–31) beendet er den Dialog. Er hält eine Art von Schlussplädoyer, bevor Gott, „der Richter", das Urteil spricht (Kap. 38–41).

Das sechsmalige „Du" (bzw. „Dir") des hier auszulegenden Textes, dessen Übersetzung in den Versen 2–3 einer Anregung von Felix Gradl (Das Buch Ijob, Stuttgart 2001, 233) folgt, dürfte auf Bildad zu beziehen sein. Er hatte als letzter der Freunde gesprochen. Die Aussagen sind aber von so grundsätzlicher Natur, dass wohl auch die anderen beiden Freunde mitgemeint sein dürften. Ijob wirft die Frage auf: Wer kann wirklich helfen? Da es sich um rhetorische Fragen handelt, wird die Antwort gleich mitgeliefert. Sie ist aus der Art der Fragestellung zu erschließen. Ijob unterstellt den Freunden durchaus zu Recht eine ursprünglich gute Absicht: Sie wollen helfen, retten, Rat erteilen (Verse 2–3). – Aber können sie das? Ijob stellt ihre fachliche Kompetenz in Frage: „Wie kannst du helfen ohne Macht?" Es sind Binsenweisheiten, die von Menschen nur allzu gerne außer Acht gelassen werden. Helfen kann nur jemand, der die Fähigkeit zu helfen besitzt, der „kompetent" ist. „Wie kannst du retten mit einem Arm ohne Kraft" (Vers 2b)? Die Wortwahl deutet an, dass hier eine Kompetenz von göttlicher Qualität gefragt ist. Von Gott bekennt der Beter des 89. Psalms: „Rahab hast du durchbohrt und zertreten, deine Feinde zerstreut mit dem *Arm deiner Macht*" (Vers 11; vgl. Lk 1,51). Zu Mose sprach Gott: „Ich führe euch aus dem Frondienst für die Ägypter heraus und rette euch aus der Sklaverei. Ich erlöse euch mit hoch erhobenem Arm" (Ex 6,6). „Mit starker Hand und hoch erhobenem Arm" hat Gott sein Volk aus der Knechtschaft Ägyptens befreit (Dtn 4,34; vgl. Jes 62,8). Weiter fragt Ijob: „Wie kannst du Rat erteilen ohne Weisheit?" (Vers 3a) Rat zu erteilen, ist nach biblischer Tradition Aufgabe des Weisen (vgl. Jer 18,18). Die Freunde haben mit Ratschlägen nicht gespart, wie Ijob zu Recht bemerkt: „Du erteilst Ratschläge in Menge" (Vers 3b). Dabei gewinnt auch diese Aussage im Zusammenhang des Ijobbuches eine Öffnung auf Gott. Die Freunde hielten sich für weise (5,27; 15,2.17–18), was Ijob bereits ironisch aufs Korn genommen hatte (12,2.12; 13,5). Bald wird er in grundsätzlicher

Weise sprechen: „Die Weisheit aber, wo ist sie zu finden, und wo ist der Ort der Einsicht? Kein Mensch kennt die Schicht, in der sie liegt; sie findet sich nicht in der Lebenden Land ... Gott ist es, der den Weg zu ihr weiß, und nur er kennt ihren Ort" (28,12–13.23; vgl. bereits 12,12–13).

Der Grund für die Machtlosigkeit der Freunde liegt darin, dass ihre Worte nicht aus der Erfahrung des Göttlichen hervorgehen. Ijob legt den Finger auf die Wunde, wenn er Bildad fragt: „Wessen Atem geht von dir aus?" (Vers 4b) Nach Gen 2,7 trägt der Mensch göttlichen Atem in sich: „JHWH-Gott formte den Menschen aus Staub vom Erdboden und *blies Lebensatem in seine Nase.* So wurde der Mensch zu einem lebendigen Wesen." Elihu, der später noch auftretende vierte Freund, wird sagen: „Jedoch, es ist der Geist im Menschen, *der Atem des Allmächtigen,* der ihn verständig macht" (32,8). Mit der Frage: „Wessen Atem geht von dir aus?" (Vers 4b), bezweifelt Ijob „offenbar, dass Bildads weise Worte mit göttlicher Hilfe und auf Grund von gottgewirkter Einsicht gesprochen sind. Diese Lebensweisheit ist nicht göttlichen Ursprungs, wie sie selbst immer wieder behaupten ... Daher kann sie ... dem Menschen nicht wirklich helfen" (Georg Fohrer, Das Buch Hiob, Gütersloh 1963, 379).

Im Ijobbuch kommt ein Problem zur Sprache, das nicht mehr von Menschen gelöst werden kann. Die Lösung des Problems, das deutet der bisherige Gesprächsverlauf an und das wird am Ende des Buches offenbar, kommt von Gott. Das wissen auch die Freunde. Immer wieder verweisen sie Ijob auf die rettende Macht Gottes: „Flehst du ihn an, so erhört er dich" (22,27). Aber die Freunde sind nicht in der Lage, ihr Wissen um das rettende Handeln Gottes in rechter Weise zur Geltung zu bringen. Ihre Worte sind nicht durchsichtig hin auf jene Wirklichkeit, von der sie künden und von der allein Rettung zu erwarten ist. In ihnen zeigt sich die Tragik einer Seelsorge, die es zunächst gut meint, die aber gleichwohl Gott „verstellt", weil von ihr nicht der „Atem des Allmächtigen" ausgeht. So bleibt Ijob kaum eine andere Wahl, als sich auf seinem Weg zu Gott von seinen Freunden, den „untauglichen Ärzten" (13,4), zu verabschieden.

Wer kann es verstehen? (26,5–14)

5 *Die Totengeister winden sich*
unter den Wassern und deren Bewohnern.
6 *Nackt liegt die Unterwelt vor ihm,*
keine Hülle deckt den Abgrund zu –
7 *der aufspannt den Norden über dem Nichtigen,*
der die Erde aufhängt über dem Nichts,
8 *der die Wasser einbindet in sein Gewölk*
– nicht spaltet sich die Wolke unter ihnen –,
9 *der das Antlitz des Thrones überzieht,*
der über ihm ausbreitet seine Wolke.
10 *Eine Grenze hat er über den Wassern gezogen*
bis dorthin, wo sich Licht und Finsternis verlieren.
11 *Die Säulen des Himmels erzittern,*
sie erschrecken vor seinem Drohen.
12 *Durch seine Kraft wühlt er auf das Meer,*
durch seine Klugheit zerschmettert er Rahab.
13 *Durch seinen Hauch wird klar der Himmel,*
seine Hand durchbohrt die flüchtige Schlange.
14 *Siehe, das sind nur die Säume seines Waltens!*
Welch ein Flüstern ist das Wort, das wir von ihm vernehmen!
Das Donnern seiner Macht – wer kann es verstehen?

Wir befinden uns in der großen, dreigeteilten Abschlussrede Ijobs (26–31). Eingangs hatte Ijob seinem „Freund“ Bildad – und zusammen mit ihm wohl auch den beiden anderen Freunden – die Unfähigkeit attestiert, ihm, dem Leidenden, wirklich zu helfen: Ohne Weisheit, ohne Macht, ohne Kraft sind sie und ihre Worte (26,1–3).

Nun benennt Ijob gleichsam den theo-logischen Grund ihrer Unfähigkeit. Er beginnt ganz unten, in der „Unterwelt“. Die Totengeister (Vers 5) sind die Geister der Verstorbenen, die in einer Form verminderter Existenz, als „Schattenwesen“, die Unterwelt bewohnen. Stirbt ein Mensch, dann verwest sein Fleisch, seine Knochen vertrocknen, aber ein schattenhaftes Abbild seiner selbst steigt in ein großes, unterirdisches Totenhaus hinab (vgl. Jes 14,4–21). Im Unterschied zur ägyptischen Kultur sind uns in der alttestamentlichen Literatur keine klaren, entfalteten Vorstellungen über die Unterwelt überliefert. Es finden sich aber doch einige Spuren, die darauf hindeuten, dass es in Israel – zumindest in früher Zeit – Ahnenkult gegeben hat. Im Rahmen familiärer Frömmigkeit wurden die (Geister der) Verstorbenen durch Begräbnis, Grabbeigaben und Opfer „versorgt“. In einer verzweifelten Lage, bedroht durch die heranrückenden Philister, verlassen von JHWH, der ihm auf Anfrage keine Antwort gab, „weder durch Träume, noch durch die Losorakel, noch durch die Propheten“ (1 Sam 28,6), wendet sich Saul, um an die „Kraft“ des verstorbenen Propheten Samuel zu gelangen, an eine Totenbeschwörerin. In einer dramatischen Séance, bei der Saul völlig entkräftet „der Länge nach jäh zu Boden stürzt“ (1 Sam 28,20), lässt sie den Geist des toten Samuel aus der Erde emporsteigen. Die Totenbeschwörerin sieht „Götter aus der Erde heraufsteigen“ (1 Sam 28,13; so in Abweichung von der Einheitsübersetzung). Das deutet darauf hin, dass in der Unterwelt neben den verstorbenen Angehörigen auch die Helden und „Götter“ der Vorzeit wohnen. Sie wurden von JHWH entmachtet und in die Unterwelt verbannt: „Wohl habe ich gesagt: Ihr seid Götter, ihr alle seid Söhne des Höchsten. Doch nun sollt ihr sterben wie Menschen, sollt stürzen wie jeder der Fürsten“ (Ps 82,6–7). Das etwa sind die Vorstellungen, die der Dichter und seine zeitgenössischen Leser mit der Unterwelt und ihren Bewohnern verbanden. Ijob 26,5–6 greift diese Vorstellungen auf, um auf die Macht des hier nicht genannten Gottes zu verweisen: Die Unterwelt, die dem Menschen unzugängliche und unheimliche Welt der Toten, liegt unbedeckt („nackt“) vor Gott (Vers 6). Ihre Bewohner, noch gezeichnet vom Todeskampf, „winden sich“ – ein Bild der Hilflosigkeit und des Schreckens (Vers 5).

Von der Unterwelt geht der Blick in den Versen 7 bis 9 nach oben, in die „obere Welt“. „Oben“ verweist in der alttestamentlichen Topographie zugleich auf den Norden, wo der „Gottesberg“ liegt (vgl. Ps 48,3; Jes 14,13). Das Obere („den Norden“) hat Gott „aufgespannt über dem Nichtigen *(tohu)*, die Erde aufgehängt über dem Nichts“ (hebräisch: „nicht etwas“; Vers 7). Hier klingt das *Tohuwabohu*, das uranfängliche Chaos „vor“ der Schöpfung aus Gen 1,2 an. Der Erzählung von Gen 1 liegt nicht die Vorstellung einer „Schöpfung aus dem Nichts“ *(creatio ex nihilo)* zugrunde. Leitend ist vielmehr das Wissen, dass Gott aus einem uranfänglichen Todes-Chaos ein „Haus des Lebens“ geschaffen hat. Das ist nach Gen 1 das eigentliche Wunder der Schöpfung. Das Chaos des Anfangs wurde also von Gott nicht einfach beseitigt, sondern eingegrenzt: die Finsternis auf die Zeit der Nacht, die Urflut auf den abgegrenzten Bereich der Meere und des Wassers „über dem Firmament". Das Chaotische ist somit nach biblischer Weltanschauung ein Teil der Welt, freilich ein von Gott „gebändigter" Teil. Vor diesem Horizont artikuliert sich in der Theo-Kosmologie von Ijob 26,5–13 Bewunderung *und* Schrecken zugleich. Die bewundernswerte Ordnung der Welt ist eine Ordnung „am Rande des Chaos". Nur durch Gottes Kraft und Macht wird sie gehalten. Was aber, wenn Gottes Donnern „die Säulen des Himmels erzittern" lässt (Vers 11)?

Sein eigentliches Ziel erreicht dieser Redeteil in Vers 14: Das Staunenswerte und Erschreckende, das in dieser Welt von Gott wahrgenommen werden kann, sind nur „Randnotizen", nur „die Säume seines Waltens". Das Wort, das der Mensch von ihm zu hören glaubt, ist wie ein kaum vernehmbares „Flüstern". Und wo „das Donnern seiner Macht" nicht zu überhören ist, da stellt der leidgeprüfte Ijob die Frage: „Wer kann das verstehen?" (Vers 14)

Wir sind leicht geneigt, solch mythisch gefärbte Gottesrede als „überholt" anzusehen. In Wahrheit aber zeigt sich in ihr eine Welterkenntnis, in der etwas Archaisch-Ursprüngliches zum Durchbruch kommt. Die Wahrnehmung der Welt, so, wie sie ist, befreit vom Schleier einer entschärften Deutung, kann Menschen zutiefst erschrecken. Ijobs Gottesrede atmet diesen ursprünglichen, ihn selbst erschütternden Schrecken. Er nimmt den Abgrund wahr, das Bodenlose, das Nichtige. Auch wenn Ijobs Freunde inhaltlich ähnlich gesprochen hatten (vgl. 11,7–10; 22,12–14), so war ihre Rede doch etwas völlig anderes. Sie sprachen aus der Distanz, aus der Abgeklärtheit des gelehrten Bildungswissens – eine „Theologie aus der Dose".

Wer das ganze Buch bereits kennt, weiß, dass am Ende Ijob Gottes Wort vernimmt – ein Ijob freilich, den zuvor das unverständliche Walten Gottes in der Schöpfung zutiefst erschrocken hat.

Ungeheuchelte Frömmigkeit (27,1–6)

1 *Dann setzte Ijob seine Rede fort und sprach:*
2 *So wahr Gott lebt, der mir mein Recht entzieht,*
der Allmächtige, der meine Seele quält:
3 *Solange noch mein Atem in mir ist*
und Gottes Hauch in meiner Nase,
4 *soll Unrecht nicht von meinen Lippen kommen,*
noch meine Zunge Falsches reden.
5 *Fern sei es mir, euch recht zu geben,*
ich gebe, bis ich sterbe, meine Lauterkeit nicht preis.
6 *An meinem Rechtsein halt' ich fest und lass' es nicht;*
mein Herz schilt keinen meiner Tage.

„Dann setzte Ijob seine Rede fort und sprach" – diese Form der Redeeinleitung erweckt den Eindruck, als habe Ijob seine Rede beendet und gewartet, ob noch einer der Freunde das Wort ergreife. Tatsächlich wäre nach dem bisherigen Verlauf des Dialogs eine Rede Zofars zu erwarten gewesen. Doch diese bleibt aus. Die Freunde, so scheint es, sind mit ihrer Weisheit am Ende.

Ijob beginnt die Fortsetzung seiner Rede mit einer Schwurformel: „So wahr Gott lebt" (Vers 2). Mit einer Schwurformel bekräftigt der Sprecher die Wahrheit des von ihm Gesagten unter Berufung auf Gott, der selbst geboten hatte: „Du sollst den Namen des Herrn, deines Gottes, nicht missbrauchen; denn der Herr lässt den nicht ungestraft, der seinen Namen missbraucht" (Dtn 5,11). Die Schwurformel wird in der Bibel bisweilen mit einer Aussage über das rettende Handeln Gottes erweitert: „So wahr der Herr, der Retter Israels, lebt" (1 Sam 14,39). Nach Jer 23,7 scheint eine derartige Erweiterung sogar üblich gewesen zu sein: „So wahr der Herr lebt, der die Israeliten aus Ägypten heraufgeführt hat". Auch Ijob bedient sich einer Erweiterung der Schwurformel, er geht dabei allerdings in eine ganz andere Richtung: „So wahr Gott lebt, *der mir mein Recht entzieht,* der Allmächtige, *der meine Seele quält*" (Vers 2). Hier lässt sich der „religiöse Standpunkt" erkennen, den Ijob gegenwärtig einnimmt: Er bleibt „fromm", da er seine Unschuld *unter Berufung auf Gott* bekennt; er ist aber zugleich „unfromm" geworden, da er die der religiösen Tradition vertrauten heilvollen Gottesaussagen meidet, mehr noch: ins

Unheilvolle kehrt. Grundlage dieser „Verkehrung" ist und bleibt seine gegenwärtige Erfahrung. Er nimmt Gott wahr als jemanden, der ihm sein Recht entzieht, der seine Seele quält.

Der Inhalt seiner Rede enthält ein Doppeltes. Zum einen bekräftigt Ijob, weiterhin an seinem rechten Verhalten festhalten zu wollen. Auch in Zukunft soll kein Unrecht von seinen Lippen kommen, soll seine Zunge nichts Falsches reden (Vers 4). Damit widerlegt er den Satan (2,5) und weist erneut der Sache nach das Ansinnen seiner Frau zurück, die ihm geraten hatte: „Lästere Gott, und stirb!" (2,9) Dabei hätte er allen Grund dazu. Durch ein feines Wortspiel scheint der Dichter das anzudeuten: Gott hat Ijob sein Recht „entzogen" (Vers 2; hebräisch: *hesir*), gleichwohl wird Ijob seine Lauterkeit nicht „aus sich ziehen lassen" (Vers 5; hebräisch: *hesir*). So bekennt sich Ijob persönlich zu dem, was der Erzähler eingangs über ihn gesagt hatte: „Bei all dem sündigte Ijob nicht mit seinen Lippen" (2,10). Das bedeutet aber zugleich, dass das, was Ijob bisher zu und über Gott gesagt hatte, von ihm selbst nicht als Sünde angesehen wird. Er hat nichts anderes als die Wahrheit gesagt. Auch Ijob, der Rebell, bleibt fromm, solange Gottes Atem noch in seiner Nase ist (Vers 3; vgl. Gen 2,7).

Das Zweite, was Ijob zu sagen hat, betrifft eine Klarstellung gegenüber seinen Freunden: „Fern sei mir, euch recht zu geben. Ich gebe, bis ich sterbe, meine Lauterkeit nicht preis" (Vers 5). Wir hatten gesehen, dass die Auseinandersetzung zwischen Ijob und seinen Freunden vor allem um die Frage nach einer möglichen Schuld Ijobs kreiste. Die Freunde können sich einfach nicht vorstellen, dass Ijob grundlos leiden muss. Elifas ging am Ende sogar so weit, Ijob entgegen seinen eigenen Unschuldsbeteuerungen schuldig zu sprechen: „Ist nicht groß deine Bosheit, ohne Ende dein Verschulden?" (22,5) Das Alte Testament weiß sehr wohl um die Sündhaftigkeit der Menschen (vgl. Ps 38,5; 130,3) und um die befreiende Kraft eines Schuldbekenntnisses (vgl. Ps 32,1–7). Doch in der Person Ijobs wird uns ein Mensch vor Augen geführt, der unschuldig ist, der nicht wegen einer offenkundigen oder verborgenen Schuld leiden muss. Er selbst weiß das auch, und er lässt sich trotz der „frommen" Versuchungen vonseiten seiner Freunde in diesem seinem Wissen nicht erschüttern. Ijob widersteht der Versuchung, auf Kosten der Wahrheit „fromm" sein zu wollen, sich zu einer Schuld zu bekennen, die er nicht auf sich geladen hat.

So geht er in der Haltung einer wahrhaft ehrlichen, ungeheuchelten Frömmigkeit einer Antwort Gottes entgegen.

Wer ist der Frevler? (27,7–23)

7 *Mein Feind sei wie ein Frevler,*
mein Gegner wie ein Bösewicht.
8 *Denn was ist des Ruchlosen Hoffen,*
wenn er dahingeht,
wenn Gott das Leben von ihm nimmt?
9 *Wird Gott sein Schreien hören,*
wenn über ihn die Drangsal kommt?
10 *Kann er sich des Allmächtigen erfreuen*
und Gott anrufen zu jeder Zeit?
11 *Ich will euch belehren über Gottes Tun,*
nicht verhehlen, was der Allmächtige plant.
12 *Ihr habt es ja alle selbst gesehen.*
Warum führt ihr nichtige Reden?
13 *Das ist des Frevlers Anteil bei Gott,*
der Gewalttätigen Erbe,
das sie vom Allmächtigen empfangen:
14 *Werden zahlreich seine Söhne, fürs Schwert sind sie bestimmt;*
nie werden seine Kinder satt an Brot.
15 *Was übrig bleibt, wird durch den Tod begraben,*
und seine Witwen weinen nicht.
16 *Häuft er auch Silber auf wie Staub*
und beschafft er sich Kleider wie Lehm:
17 *er schafft sie zwar an;*
doch anziehen wird sie der Gerechte,
das Silber wird der Schuldlose erben.
18 *Er baut wie die Spinne sein Haus*
und wie die Hütte, die der Wächter aufstellt.
19 *Reich legt er sich schlafen, nichts ist ihm genommen.*
Macht er die Augen auf, ist nichts mehr da.
20 *Schrecken holt ihn ein wie eine Wasserflut,*
der Sturmwind trägt ihn fort bei Nacht.
21 *Der Ostwind hebt ihn hoch, er muss dahin,*
er weht ihn weg von seinem Ort.
22 *Er stürzt sich auf ihn schonungslos,*
seiner Gewalt will er entfliehen.

23 *Man klatscht über ihn in die Hände*
und zischt ihn fort von seiner Stätte.

Hier scheint Ijob wie seine Freunde zuvor vom bösen Ende der Frevler zu sprechen. Hat er seine Position aufgegeben und die der Freunde übernommen? Schon einmal schien es so zu sein (24,18–25). Doch eine sorgfältige Lektüre des Textes konnte zeigen, dass Ijob in verdeckter Weise, gleichsam mit den Worten der Freunde, etwas anderes sagt. Das scheint auch in dem hier auszulegenden Text der Fall zu sein. Ijob übernimmt formal die Lehre der Freunde. Er gesteht ein, dass des Ruchlosen Hoffen vergeblich ist (Vers 8), dass Gott dessen Hilfeschrei nicht erhört (Vers 9), dass dessen Söhne dem Schwert zum Opfer fallen (Vers 14). Die Freunde hielten es für ausgemacht, wer der Frevler sei, den all dies getroffen habe und weiterhin treffen werde: Ijob natürlich! Doch dieser scheint den Spieß umzudrehen, wenn er sagt: „Mein Feind sei wie ein Frevler, mein Gegner wie ein Bösewicht“ (Vers 7). Der Satz lässt drei Verständnismöglichkeiten zu: (1) Da Ijob in 30,21 Gott als seinen grausamen Feind bezeichnen wird, kann der Satz bei einem ersten Lesen auf Gott bezogen werden. Demnach wäre Gott, Ijobs Feind und Gegner (vgl. 16,7–17), im Grunde ein Frevler. Mehrfach hatte Ijob in dieser Weise gesprochen (vgl. 9,24; 24,1–25). Der Gedanke scheint anzuklingen, wird aber in den folgenden Versen wieder fallen gelassen. (2) So bietet sich eine zweite Verständnismöglichkeit an. Beim hebräischen Wort für „mein Feind“ *(ojebi)* klingt das Wort „Ijob“ an. Ein solcher Anklang findet sich auch an zwei anderen Stellen des Buches. In 13,24 hatte Ijob Gott die vorwurfsvolle Frage gestellt: „Warum verbirgst du (Gott) dein Angesicht und siehst mich an als deinen Feind?“ (vgl. auch 33,10) So kann aus Vers 7 auch die Frage herausgehört werden, ob, wie die Freunde unterstellen, Ijob, Gottes Feind, vielleicht doch ein Frevler sei. (3) Vom bisherigen Gesprächsverlauf her bietet sich als naheliegendes Verständnis jedoch an, Vers 7 auf die Freunde zu beziehen. Auch sie sind Ijobs Gegner, sie verfolgen ihn wie Gott (19,22), sie führen nichtige Reden im Mund (Vers 12).

Die Rede Ijobs kann *zunächst* als ein Zugeständnis an die Freunde verstanden werden: Zugegeben, der Frevler geht zugrunde. – Völlig offen aber ist die Frage, wer denn am Ende der Frevler sein wird.

Ijob und seine Freunde finden nicht zu einer Einigung. Ihre Auseinandersetzung endet in einem Patt. So scheint es wohl keine andere Möglichkeit zu geben, als dass Gott durch ein Machtwort (vgl. 38,1) den Streit einer Klärung zuführt. Er wird am Ende sagen, wer nicht recht gesprochen hat und wer des fürbittenden Gebetes und des Opfers bedarf (vgl. 42,7–9). Ijob verhehlt nicht, wie er bereits jetzt darüber denkt, wenn er seine Freunde fragt: „Warum führt ihr nichtige Reden?“ (Vers 12)

Weisheit – wo ist sie zu finden? (28,1–12)

1 *Wohl gibt es einen Fundort für das Silber,*
eine Stätte für das Gold, wo man es läutert.
2 *Eisen wird aus der Erde geholt,*
Gestein wird zu Kupfer geschmolzen.
3 *Eine Grenze setzt man der Finsternis,*
bis in das Letzte erforscht man sie,
bis ins Gestein von Dunkelheit und Todesschatten.
4 *Stollen hat man gegraben abseits vergessener Orte, da niemand wohnt,*
die nie ein Fuß betreten hat;
sie hängen, sie schwanken, den Menschen fern.
5 *Die Erde, aus der das Brot hervorgeht –*
in ihrer Tiefe wird sie wie mit Feuer durchwühlt.
6 *Fundort des Saphirs ist ihr Gestein,*
und Goldstaub findet sich darin.
7 *Kein Raubvogel kennt den Weg dorthin,*
kein Falkenauge hat ihn erspäht.
8 *Das stolze Wild betritt ihn nicht,*
kein Löwe schreitet über ihn.
9 *An Felsgestein legt er seine Hand,*
von Grund auf wühlt er Berge um.
10 *In Felsen haut er Stollen ein,*
lauter Kostbarkeiten erblickt sein Auge.
11 *Sickerbäche dämmt er ein,*
ihr Verborgenes bringt er ans Licht.
12 *Die Weisheit aber, wo ist sie zu finden,*
und wo ist die Stätte der Einsicht?

Die hier auszulegenden Verse bilden die erste Strophe des bekannten Liedes über die Weisheit (Kap. 28). Formal gehört es noch zur Ijob-Rede. Inhaltlich und motivlich ragt es als eigenständiger Text hervor.

Das Alte Testament kennt viele Texte, die das Wunder der Schöpfung besingen und das Lob ihres Schöpfers erklingen lassen: „Die Himmel rühmen die Herrlichkeit Gottes, vom Werk seiner Hände kündet das Firmament“ (Ps 19,2). Unser Text bestaunt ein Wunderwerk des Menschen: den Bergbau. In kunstvollen und waghalsigen Unternehmungen ringt der Mensch dem Inneren der Erde überaus Wertvolles ab: Silber und Gold (Vers 1), Eisen und Kupfer (Vers 2) und den kostbaren Saphir-Stein (Vers 6). Wie mit Feuer wird die Erde in ihrer Tiefe durchwühlt, gleichsam gezwungen, ihre Kostbarkeiten preiszugeben (Vers 10). Der Mensch kann Dinge finden, die tief im Finstern der Erde verborgen sind, er kann Orte betreten, die im Grunde unbetretbar sind (Vers 4). Raubvögel, die tausendfach schärfer sehen als der Mensch, vermögen sie nicht zu erspähen (Vers 7), Wildtiere, die sich geschickter und sicherer bewegen als Menschenkinder, können sie nicht erreichen (Vers 8). – So weit die Faszination menschlichen Könnens, der Lobpreis einer technischen Vernunft. Der Text könnte unmittelbar in unsere Zeit hineingesprochen sein, wäre da nicht die Frage: „Die Weisheit aber, wo ist sie zu finden, und wo ist die Stätte der Einsicht?“ Die Frage zeigt, dass sich der Text von einer Voraussetzung leiten lässt, die er gar nicht mehr ausspricht, weil sie für jeden, der mit der weisheitlichen Tradition der Bibel vertraut ist, ganz und gar selbstverständlich ist, dass es nämlich etwas „gibt“, das weitaus wertvoller ist als alles, was der Mensch in der Welt finden und herstellen kann: Weisheit. Schon die Worte „Silber“ und „Gold“ im ersten Vers unseres Textes geben einen Fingerzeig. Im Buch der Sprichwörter heißt es: „Wohl dem Menschen, der Weisheit gefunden, dem Menschen, der Einsicht gewonnen hat. Denn sie zu erwerben ist besser als Silber, sie zu gewinnen ist besser als Gold. Sie übertrifft die Perlen an Wert, keine kostbaren Steine kommen ihr gleich“ (Spr 3,13–15). Die hier vorgenommene Wertung setzt Ijob in seiner Rede unausgesprochen voraus. Nun aber geht er einen entscheidenden Schritt weiter und fragt: „Die Weisheit aber, wo ist sie zu finden, und wo ist die Stätte der Einsicht?“ (Vers 12) In dieser Frage werden zwei Worte aus dem ersten Vers wieder aufgegriffen:

das Wort „finden/Fundort" und das Wort „Stätte". Die Frage nach dem Ort der Weisheit drängt sich auf, wenn man sich den Verlauf der Auseinandersetzung zwischen Ijob und seinen Freunden noch einmal vor Augen führt. Dabei ging es *auch* um die Frage: „Wer ist weise?" (vgl. 11,6; 12,2–3; 13,1–5; 15,2–3.17–18; 18,2) Wer kann die schreckliche Lage Ijobs denkerisch so durchdringen, dass sich ein Weg des Verstehens und der Sinngebung zeigt? Die Freunde hatten es versucht, waren aber bei Ijob auf Unverständnis gestoßen: „Dass ihr endlich schweigen wolltet; das würde Weisheit für euch sein!" (13,5) So endete der Dialog als gemeinsame Suche nach einem weiterführenden Verstehen im Nirgendwo. Ohne Einverständnis kam es zum Abbruch des Gesprächs, ein Tatbestand, an dem später Elihu, ein vierter Freund, Anstoß nehmen wird. Das Gedicht über die Weisheit hält an dieser Stelle gewissermaßen inne, legt eine Denkpause ein. Es fragt nach der stillschweigend angenommenen Voraussetzung des Gesprächs: Ist das, was Ijob und die Freunde finden wollten oder gefunden zu haben vorgaben, überhaupt zu finden? „Die Weisheit, wo ist sie zu finden, und wo ist die Stätte der Einsicht?" (Vers 12)

Wo ist die Stätte der Einsicht? (28,12–20)

12 *Die Weisheit aber, wo ist sie zu finden,*
und wo ist die Stätte der Einsicht?
13 *Kein Mensch kennt ihren Preis,*
sie findet sich nicht in der Lebenden Land.
14 *Die Urflut sagt: Bei mir ist sie nicht.*
Der Ozean sagt: Bei mir weilt sie nicht.
15 *Man kann nicht Feingold für sie geben,*
nicht Silber als Kaufpreis für sie wägen.
16 *Nicht wird sie mit Gold aus Ofir bezahlt,*
nicht mit kostbarem Karneol, nicht mit Saphir.
17 *Gold und Glas kommen ihr nicht gleich,*
kein Tausch für sie ist Goldgerät,
18 *an Korallen und Kristall gar nicht zu denken;*
ein Beutel Weisheit geht über Perlen.
19 *Der Topas aus Kusch kommt ihr nicht gleich,*
mit reinstem Gold wird sie nicht bezahlt.

20 *Die Weisheit aber, wo kommt sie her,*
und wo ist die Stätte der Einsicht?

Wir befinden uns in der zweiten Strophe des dreistrophigen Gedichtes über die Weisheit. Ijob spricht. Mit der Frage: „Die Weisheit aber, wo ist sie zu finden, und wo ist die Stätte der Einsicht?" (Vers 12), endete die erste Strophe. Zwei Gedanken prägen den hier auszulegenden Text. Zum einen: Weisheit ist wertvoller als alles in der Welt. Zum anderen: Weisheit findet sich nicht in der Lebenden Land. Dass Weisheit wertvoller sei als alle Kostbarkeiten der Welt, wurde bereits in der ersten Strophe des Liedes angedeutet (Vers 1–12). Jetzt wird der Gedanke offen ausgesprochen und entfaltet. Wertvollste Edelmetalle (Gold und Silber) und Edelsteine (Karneol, Saphir und Topas) aus fernen, sagenumwobenen Ländern (Ofir und Kusch), wertvolles Glas, Kristalle und Perlen kommen der Weisheit an Wert nicht gleich (Vers 15–19). Die Aufzählung der Kostbarkeiten ist kunstvoll gestaltet. Gerahmt von je zwei Aufzählungen in den Versen 15 und 19 finden sich in der Mitte (Vers 16–18) drei mal drei (also neun) Kostbarkeiten; das ergibt eine Summe von zwölf plus eins, also dreizehn. Man muss sich das hier Gesagte anschaulich vor Augen führen, um seine Provokation zu verstehen. Es ist nur allzu natürlich, dass ein Mensch gleichsam alles gibt, um Dinge von bleibendem Wert zu erlangen. Auch Jesus setzt diese im Menschen anzutreffende Anlage wie selbstverständlich voraus (vgl. Mt 13,44–46). Wer eine Perle findet, die alle Perlen an Wert übertrifft, dem – so scheint es – kann nichts mehr passieren. Die Herausforderung unseres Textes besteht nun darin, dass hier behauptet wird, es gäbe etwas, das einerseits den Wert von Silber, Gold und Edelsteinen bei weitem übertrifft, das andererseits in der Welt aber nicht zu finden sei. Wer oder was mag das sein? „Kein Mensch kennt ihren Preis, sie findet sich nicht in der Lebenden Land" (Vers 13). Und damit ist bereits der zweite Gedanke unseres Textes angesprochen. Mit Klugheit, mit bewundernswerter Technik, mit Mut und vielleicht auch ein wenig Glück holt der Mensch aus der Tiefe der Erde Gold, Silber und edles Gestein hervor (Vers 1–11). Wertvoller aber als all diese Kostbarkeiten ist die Weisheit. „Aber wo ist sie zu finden?" (Vers 12)

Wir stehen vor einem Paradox. Der Text baut eine ungeheure Spannung auf. Wird er in Skeptizismus und Resignation enden? Die Frage ist noch offen. Aber es deutet sich eine Lösung an. Das Wertvollste, die Weisheit, vermag der Mensch nicht dadurch zu finden, dass er seine Anstrengungen innerweltlich verlängert und verstärkt. Wenn der Mensch im Äußeren verbleibt, wenn er im Äußeren bis zum Äußersten geht, bis zur Urflut und bis zum Ozean (Vers 14) – er wird auf seine Frage „Wo ist sie zu finden?" immer nur *eine* Antwort bekommen: „Bei mir ist sie nicht, bei mir weilt sie nicht" (Vers 14).

Unser Text wirbt um Verständnis für eine grundlegende Unterscheidung. Sie gehört zum Kernbestand der abendländischen Tradition, ja, aller großen Religionen und Kulturen. Gemeint ist der Unterschied von Können und Wissen auf der einen, Weisheit und Einsicht auf der anderen Seite. Das überaus bewundernswerte menschliche Können und Wissen wird in der ersten Strophe unseres Gedichtes (Vers 1–12) durch die damals (und wohl auch heute noch) beeindruckende Technik des Bergbaus vor Augen geführt. Diese Kunst bringt überaus Wertvolles hervor: Gold, Silber und Edelsteine. Der Erfolg eines solchen Könnens (ver-)führt den Menschen aber dazu, auf derselben Ebene nach dem zu suchen, was Gold, Silber und Edelsteine an Wert bei weitem übertrifft: nach der Weisheit. Und der Mensch geht bis zum Äußersten seiner Welt, bis zur Urflut und bis zum Ozean, doch er findet sie nicht (Vers 14). Um das hier Gemeinte zu verstehen, spricht die Tradition von einer Wende, von einer Einkehr nach innen, von einer Umkehr. In der dritten Strophe (Vers 21–28) wird sie entfaltet. Erstmals ist im Gedicht hier von Gott die Rede. Und damit deutet sich ein Weg an zu jener, von Ijob und den Freunden, ja, wohl von allen Menschen gesuchten Gestalt, die „verhüllt ist vor den Augen aller Lebenden, die verborgen ist vor den Vögeln des Himmels" (Vers 21).

So zeichnet unser Gedicht den Weg nach und vor, der im Ijobbuch bereits begangen wurde und der noch zu begehen ist: von einer beeindruckenden Disputation unter Menschen, die viel wissen, zu einer Antwort Gottes, „der den Weg zu ihr (der Weisheit) weiß, der ihren Ort kennt" (Vers 23).

Der Weg der Weisheit (28,20–28)

20 *Die Weisheit aber, wo kommt sie her,*
und wo ist die Stätte der Einsicht?
21 *Verhüllt ist sie vor den Augen aller Lebenden,*
verborgen vor den Vögeln des Himmels.
22 *Abgrund und Tod sagen:*
„Mit unseren Ohren haben wir von ihr nur ein Raunen gehört."
23 *Gott ist es, der ihren Weg kennt,*
ja, er weiß von ihrer Stätte.
24 *Denn er blickt bis hin zu den Enden der Erde,*
was unter dem All des Himmels ist, sieht er.
25 *Als er dem Wind sein Gewicht schuf*
und die Wasser nach Maß bestimmte,
26 *als er dem Regen eine Grenze setzte*
und einen Weg dem Donnergewölk,
27 *da hat er sie gesehen und gezählt,*
sie festgestellt und erforscht.
28 *Doch zum Menschen sprach er:*
Sieh, die Furcht des Herrn, das ist Weisheit,
das Meiden des Bösen ist Einsicht.

Die dritte und letzte Strophe des Gedichts über die Weisheit gibt eine Antwort auf die eingangs gestellte Frage: „Die Weisheit aber, wo ist sie zu finden, und wo ist die Stätte der Einsicht?" (Vers 12) Bisweilen wird die Beantwortung einer Frage dadurch vorbereitet, dass zunächst einmal, bevor die eigentliche Antwort erfolgt, die Frage „richtig gestellt" wird. Wir kennen diese Form der Gesprächsführung vor allem aus den Dialogen des Sokrates. Auch in unserem Text scheint so etwas vorzuliegen. Denn die eingangs zitierte Frage von Vers 12 wird in Vers 20 mit einer kleinen, aber entscheidenden Veränderung wiederholt. Statt „Die Weisheit aber, wo ist sie zu finden?" heißt es nun: „Die Weisheit aber, wo *kommt sie her*?" Mit dieser kleinen Variation deutet sich eine Veränderung der Blickrichtung an. Zwar ist nach wie vor die Rede von einer „Stätte der Einsicht" – das Wort „Einsicht" ist in diesem Zusammenhang weitgehend gleichbedeutend mit dem Wort „Weisheit" –, aber jetzt ist erstmals auch von einem *Kommen der Weisheit* die Rede. Hatte man bisher den Eindruck gewonnen, die an unzugänglicher Stätte wohnende Weisheit sei, wenn überhaupt, nur durch eine *vom*

Menschen ausgehende Bewegung zu erreichen, so wird jetzt der Blick für die Zweiseitigkeit des Geschehens geöffnet. Weisheit und Einsicht sind offensichtlich nicht nur und vielleicht nicht einmal in erster Linie durch eine vom Menschen ausgehende Suche – vergleichbar der Suche nach verborgenen Schätzen im Bergbau (vgl. Vers 1–11) – aufzuspüren, sondern die Weisheit scheint eine Gestalt zu sein, die „kommt". Die – so könnte man fragen – dem Menschen entgegenkommt?

Die so eingeleitete Veränderung der Blickrichtung wird nun in Vers 23 präzisiert. Erstmals ist hier im Gedicht von Gott die Rede. Ohne Umschweife und mit Betonung des ersten Wortes wird gesagt: „*Gott* ist es, der ihren Weg kennt, ja, er weiß von ihrer Stätte." Das heißt im vorliegenden Zusammenhang: Gott und nicht der Mensch (Vers 13) kennt die Stätte der Weisheit. Das ist die Antwort auf die eingangs gestellte Frage.

Und doch ist damit noch nicht alles gesagt. Denn es gibt – durchaus überraschend nach dem, was in der ersten Strophe gesagt wurde – auch für den Menschen einen Weg zur Weisheit. Dieser Weg ist ein Umweg, aber nach Auskunft des Textes der einzige Weg, der zur Weisheit führt. Der Umweg führt über Gott: „Sieh, die Furcht des Herrn, das ist Weisheit, das Meiden des Bösen ist Einsicht" (Vers 28). Das ist der zweite Teil der Antwort.

Eine derartige Antwort mit dem Verweis auf Gott mag leicht beiseitegeschoben und nicht wirklich ernst genommen werden. In Wirklichkeit wird hier aber etwas sehr Grundlegendes und wohl auch Religionen und Kulturen Verbindendes gesagt. Wenn der Mensch konsequent und mit dem ganzen Ernst seiner Existenz auf den Grund der Welt und seines Lebens stößt und ihn verstehen will, kommt er an dem, was „Gott" genannt wird, nicht vorbei. Auch die Sutren der Vollkommenen Weisheit *(prajnaparamita)* im Mahayana-Buddhismus, dem das Wort „Gott" fremd zu sein scheint, sind in ihrem Kern religiös. Ihre Aussagen sind, so bemerkt der Jesuit und international anerkannte Buddhismuskenner Heinrich Dumoulin, „zur Transzendenz hin geöffnet". Es geht um eine letzte intuitive Erfahrung. Auch hier „ist das Religiöse das Gründende, es kann nur durch Meditation angeeignet werden" (Geschichte des Zen-Buddhismus, Band I: Indien und China, Bern – München 1985, 47).

So dürfte auch von dieser Seite her, vom Lied über die Weisheit, noch einmal Licht auf die Auseinandersetzung zwischen Ijob und seinen Freunden fallen: Ijob und seine Freunde suchten eine Einsicht, die nur gewonnen werden kann, wenn sie „kommt“, die nur erkannt werden kann, wenn sie sich zu erkennen gibt. In anderen Texten des Alten Testaments wird dies ausdrücklich gesagt: „Weisheit kommt in dein Herz, Erkenntnis beglückt deine Seele“ (Spr 2,10). Nach christlicher Lehre ist Jesus Christus, „Gottes Kraft und Gottes Weisheit“ (1 Kor 1,24), in die Welt gekommen, aber von den Machthabern dieser Welt nicht erkannt worden (1 Kor 2,8).

Ein derartiges Kommen steht im Ijobbuch noch aus. Freilich kann auch dies nur erkannt werden, wenn derjenige, der es erkennen will, bereit ist, sich für diese Erkenntnis zu öffnen und öffnen zu lassen. Mit Ijob scheint es diesbezüglich gar nicht so schlecht bestellt zu sein. Denn mit den Worten „Furcht des Herrn“ und „Meiden des Bösen“ benennt er in Vers 28 zwei Qualitäten, die ihm der Erzähler zu Anfang der Geschichte selbst zugesprochen hatte. „Ijob“, so heißt es dort, „fürchtete Gott und mied das Böse“ (1,1). Wenn er in dieser Haltung bleibt, wenn er aus dieser Haltung heraus in seinem Leid nach Gott ruft und schreit, dann – so darf man vermuten – *ist* er bereits weise, dann *ist* er einsichtig: „Die Furcht des Herrn *ist* Weisheit, das Meiden des Bösen *ist* Einsicht“ (Vers 28). Der weitere Verlauf der Ereignisse hätte dann die Funktion, ihm sein Sein ins Bewusstsein zu holen und in seiner rettenden Kraft zu erschließen. Durch einen Anklang von 42,5 an 28,22 wird dieser Zusammenhang angedeutet. In 28,22 sagen Abgrund und Tod: „Mit unseren Ohren hörten wir (nur) ihre Kunde (ihr Raunen, ihr Hörensagen).“ Ijob bekennt im Rückblick, dass auch er von Gott bisher nur eine Kunde, ein Raunen, ein Hörensagen hörte: „(Nur) bezüglich der Kunde (des Raunens, des Hörensagens) des Ohres hörte ich dich, jetzt aber hat mein Auge dich geschaut“ (42,5). So wird Ijob, der bis zu Abgrund und Tod Geführte, über Abgrund und Tod hinausgeführt.

Die gesegnete Vergangenheit (29,1–11)

1 *Dann setzte Ijob seine Rede fort und sprach:*
2 *Dass ich doch wäre wie in längst vergangenen Monden,*
wie in den Tagen, da mich Gott beschirmte,
3 *als seine Leuchte über meinem Haupt erstrahlte,*
in seinem Licht ich durch das Dunkel ging.
4 *So, wie ich in den Tagen meiner Frühzeit war,*
als Gottes Freundschaft über meinem Zelte stand,
5 *als der Allmächtige noch mit mir war,*
meine Kinder mich umgaben,
6 *als meine Schritte sich in Milch gebadet,*
Bäche von Öl der Fels mir ergoss.
7 *Ging ich durchs Tor zur Stadt hinauf,*
und nahm meinen Sitz auf dem öffentlichen Platze ein,
8 *sahen mich dann die Jungen, so traten sie scheu beiseite,*
die Alten standen auf und blieben stehen.
9 *Amtsträger hielten mit Reden sich zurück*
und legten ihre Hand auf ihren Mund.
10 *Der Edlen Stimme blieb stumm,*
am Gaumen klebte ihre Zunge.
11 *Hörte mich ein Ohr, pries es mich glücklich,*
sah mich ein Auge, bezeugte es mir (mein Glück).

Mit dem hier auszulegenden Text beginnt etwas Neues. Die Auseinandersetzung zwischen Ijob und seinen Freunden ist abgeschlossen. Im Gedicht über die Weisheit (28) erklang ein nachdenklich stimmendes Echo: Ist der „Fall Ijob“ überhaupt lösbar? Oder müssen wir uns mit der Ausweglosigkeit begnügen?

Nun hebt Ijob an zu einer Art Schlussplädoyer. Durch eine erneute Redeeinleitung in 29,1 wird dies deutlich angezeigt. Er hält seine Abschlussrede in eigener Sache. Nach dieser langen Rede, in der Ijob noch einmal alles, was zu seinem Fall zu sagen ist, vorträgt, wird er nur noch zweimal sprechen, und zwar sehr kurz als Antwort auf die Gottesreden (40,3–5; 42,1–6).

Ijobs große Schlussrede gliedert sich in drei Teile. Leitender Gesichtspunkt scheint die zeitliche Abfolge von Vergangenheit – Gegenwart – Zukunft zu sein: Zunächst schaut er zurück in eine gesegnete *Vergangenheit,* in die Tage seiner frühen Jahre, da Gottes

Freundschaft über seinem Zelte stand (29). Anschließend blickt er in seine grauenvolle *Gegenwart*, da sein Inneres kocht, seine Knochen vor Fieberglut brennen (30). Und schließlich richtet er den Blick nach vorn, in eine offene und ungewisse *Zukunft* (31): Gibt es einen, der ihn hört (31,35)? Ijob fordert den Allmächtigen zu einer Antwort heraus (31,35–40). Darauf läuft seine große Abschlussrede hinaus. Deshalb wird sie auch Ijobs „Herausforderungsrede" genannt.

Im hier auszulegenden Text tritt uns das ungetrübte Glück vor Augen, das Ijob umgab (Vers 2–6), und das hohe Ansehen, das er in der Öffentlichkeit genoss (Vers 7–11). Sehnlichst wünscht er sich, diese Zeit möge wiederkommen (Vers 2). Es war nicht nur ein oberflächliches Glück, das er damals erlebte. Eine tiefe Geborgenheit umfing ihn. Er bringt sie ausdrücklich mit Gott in Verbindung: „... in den Tagen, da mich Gott beschirmte, als seine Leuchte über meinem Haupt erstrahlte ... als Gottes Freundschaft über meinem Zelte stand" (Verse 2–4). Das Glück der Vergangenheit war keine ungefährdete Idylle. Auch damals gab es Dunkelheit in seinem Leben, doch er konnte sie durchschreiten im Lichte Gottes (Vers 3). Ihm scheint es ähnlich ergangen zu sein wie dem Beter des 23. Psalms. Auch er muss wandern in finsterer Schlucht und fürchtet doch kein Unheil, „denn du (JHWH) bist bei mir" (Ps 23,4). Für das erfahrene Mit-Sein Gottes verwendet Ijob 29,5 das gleiche Wort wie Psalm 23,4: „... als der Allmächtige noch mit mir war ..." (vgl. Gen 28,20; 31,5; Ps 46,8.12)

In der Öffentlichkeit war Ijob hoch geachtet (Vers 7–11). Selbst Alte standen auf und blieben stehen (Vers 8), wenn er durchs Tor ging hinauf zur Stadt, um auf dem öffentlichen Platz den Sitz, der für ihn bestimmt war, einzunehmen. Hier wird vorausgesetzt, dass Ijob in der Nähe, aber außerhalb einer Ortschaft wohnte. Dorthin pflegte er zu gehen, um an den Ratsversammlungen der Gemeinde teilzunehmen. Traf er ein, verstummte das Gemurmel, die Gespräche wurden abgebrochen, „Amtsträger legten ihre Hand auf ihren Mund" (Vers 9). Alle hörten und schauten nur auf Ijob (Vers 11). Er war der angesehenste Mann in der Gemeinde. Sein Glück war keine Einbildung. Außenstehende konnten nicht anders, als ihn glücklich zu preisen: „Hörte mich ein Ohr, pries es mich glücklich, sah mich ein Auge, bezeugte es mir (mein Glück)" (Vers 11).

Ijobs Glück ist Folge göttlichen Segens. Irdisches Glück und göttlicher Segen wiederum sind Folgen seiner Gerechtigkeit, von der im folgenden Abschnitt die Rede ist: „*Denn* ich rettete den Armen, der um Hilfe schrie, die Waise, die ohne Hilfe war" (Vers 12). So lebte Ijob einst in einer heilvollen und einsichtigen Ordnung. Sie ist nun zerbrochen. Ijob sucht nach einem Grund dafür. Die „Warum-Frage" prägte seine Eröffnungsklage (3,11.20). Die Antworten seiner Freunde griffen zu kurz. So bringt Ijob nun sich und seinen Fall vor Gott.

Ijobs Gerechtigkeit (29,12–25)

12 *Denn ich rettete den Armen, der schrie,*
die Waise, die ohne Hilfe war.
13 *Der Segen des Verlorenen kam über mich,*
und jubeln ließ ich der Witwe Herz.
14 *Ich bekleidete mich mit Gerechtigkeit,*
wie Mantel und Kopfbund umhüllte mich mein Recht.
15 *Auge war ich für den Blinden,*
dem Lahmen wurde ich zum Fuß.
16 *Vater war ich für die Armen,*
des Unbekannten Rechtsstreit prüfte ich.
17 *Ich zerschmetterte des Bösen Kiefer,*
entriss die Beute seinen Zähnen.
18 *So dachte ich: Mit meinem Nest werde ich verscheiden*
und gleich dem Phönix meine Tage mehren.
19 *Meine Wurzel reiche bis ans Wasser,*
auf meinen Zweigen nächtige der Tau.
20 *Neu bleibe mir meine Ehre,*
mein Bogen verjünge sich in meiner Hand.
21 *Auf mich horchten und warteten sie,*
lauschten schweigend meinem Rat.
22 *Wenn ich sprach, nahm keiner das Wort;*
es träufelte nieder auf sie meine Rede.
23 *Sie harrten auf mich wie auf Regen,*
sperrten den Mund wie nach Spätregen auf.
24 *Lächelte ich denen zu, die ohne Vertrauen,*
sie wiesen das Leuchten meines Gesichtes nicht ab.
25 *Ich bestimmte ihr Tun, ich saß als Haupt,*
thronte wie ein König inmitten der Schar,
wie einer, der Trauernde tröstet.

Ijobs Wohlergehen in früheren Tagen gründete in seiner Gerechtigkeit. Von seinem vergangenen Glück war im vorangehenden Abschnitt die Rede (29,2–11). Jetzt wird der *Grund* seines bisherigen Glücks benannt. Deshalb beginnt unser Abschnitt mit dem Wörtchen „denn" (Vers 12).

Unser Text zeichnet das Idealbild eines Gerechten. Der Gerechte sieht die Not der anderen und tritt für sie ein. Es sind vor allem die Nöte der Schwachen, die Ijob sieht und die zu lindern sein vorbehaltloser Einsatz gilt: „Ich rettete den Armen, der schrie, die Waise, die ohne Hilfe war" (Vers 12). Der Einsatz für Arme und Entrechtete schließt nach biblischer Tradition mit ein, dass der Helfer gegebenenfalls dem Übeltäter energisch und mit Gewalt entgegentritt: „Ich zerschmetterte des Bösen Kiefer, entriss die Beute seinen Zähnen" (Vers 17). So rettet auch Gott, wie der Psalmist bekennt: „Denn all meinen Feinden hast du den Kiefer zerschmettert, hast den Frevlern die Zähne zerbrochen" (Ps 3,8).

Allerdings hat sich Ijob bei dem, was er Gutes getan hat, auch etwas gedacht: „So dachte ich [wörtlich: „Ich sprach"]: Mit meinem Nest werde ich verscheiden und gleich dem Phönix meine Tage mehren" (Vers 18). Hier dürfte der antike Mythos des Phönix angesprochen sein, der bei seinem Sterben mit seinem Nest verbrennt und aus der Asche als neuer Phönix aufersteht, ein altes Symbol für ewiges Leben. In der christlichen Rezeption wurde es zum Bild der Auferstehung Christi (vgl. Clemens von Rom, Brief an die Korinther 25f). Nimmt man den Text beim Wort, so war Ijobs Wohltätigkeit nicht absichtslos. Unser Text tadelt das aber keineswegs. Er geht ganz selbstverständlich von der gleichsam natürlichen, menschlichen Einstellung aus, dass das Gute, das ein Mensch anderen gewährt, ihm selbst zugute kommt. In der alttestamentlichen Wissenschaft nennen wir dies den „Tun-Ergehen-Zusammenhang". Ijob und seine Freunde sind gleichermaßen in ihrem Denken davon geprägt. „Kein Unheil trifft den Gerechten, doch die Frevler erdrückt das Unglück" (Spr 12,21).

Nun wird Ijob über dieses Denken hinausgeführt. Gott lässt eine Erprobung zu. Es soll geprüft werden, ob Ijob Gott auch dann fürchtet, wenn er nichts davon hat. Das stürzt ihn in eine tiefe Krise. „Ist Ijob ohne Grund gottesfürchtig?", hatte der Satan gefragt (1,9). Es wäre aber zu kurz gegriffen, wenn das Ijobbuch nur als Buch vom leidenden Gerechten gelesen würde. Es ist nicht *nur* ein Buch der Krise, einer „Krise der Weisheit", wie häufig gesagt wird. Es ist vor allem ein Buch des Glaubens, eines Glaubens, der durch die Krise von der Oberfläche in die Tiefe geführt wird. Die Geschichte Ijobs zeigt, was es kostet, das Leben ganz auf Gott hin auszurichten. Sie verschweigt aber auch nicht den Lohn, den der Gottsucher empfängt, weil er ihn nicht mehr erwartet hatte (vgl. 42,10–17).

Der letzte Abschnitt unseres Textes (Vers 21–25) greift noch einmal auf den Anfang (Vers 2–11) zurück: Hochgeachtet wie ein König, der Trauernde tröstet (Vers 25), ja, wie die Güte Gottes selbst („Leuchten meines Angesichtes", Vers 24; vgl. Num 6,25; Ps 4,7), auf die Menschen voll Sehnsucht warten und nicht enttäuscht werden, so war Ijob „inmitten der Schar" (Vers 25). Er, der ein „Vater war für die Armen" (Vers 16), ist nun selbst arm und krank geworden. Der anderen geholfen hat, findet niemanden, der ihm hilft.

Von allen verachtet (30,1–15)

1 *Jetzt aber lachen über mich, die jünger sind als ich an Tagen,*
deren Väter ich nicht für wert geachtet, sie bei den Hunden meiner Herde anzustellen.
2 *Was sollte mir auch ihrer Hände Kraft?*
Geschwunden war ihre Rüstigkeit
3 *durch Mangel und durch harten Hunger;*
Leute, die das dürre Land abnagen,
das Gras der Wüste und der Wüstenei.
4 *Sie pflücken Salzmelde im Gesträuch,*
und Ginsterwurzeln sind ihr Brot.
5 *Aus der Gemeinschaft wurden sie verjagt;*
man schreit ihnen nach wie einem Dieb.
6 *Am Hang der Täler müssen sie wohnen,*
in Erdhöhlen und in Felsgeklüft.
7 *Zwischen Sträuchern schreien sie kläglich,*
drängen sich zusammen unter wildem Gestrüpp.
8 *Blödes Gesindel, Volk ohne Namen,*
wurden sie aus dem Land hinausgepeitscht.
9 *Jetzt aber bin ich ihr Spottlied,*
bin zum Klatsch für sie geworden.

10 *Sie verabscheuen mich, rücken weit von mir weg,*
scheuen sich nicht, mir ins Gesicht zu speien.
11 *Denn er löste mein Seil und beugte mich nieder,*
sie aber ließen die Zügel vor mir schießen.
12 *Zur rechten Seite erhebt sich eine Schar,*
treibt meine Füße weg,
wirft gegen mich ihre Unheilsdämme auf.
13 *Meinen Pfad reißen sie auf,*
helfen zu meinem Verderben,
und niemand wehrt ihnen.
14 *Wie durch eine breite Bresche kommen sie heran,*
wälzen sich unter Trümmern her.
15 *Schrecken stürzen auf mich ein,*
verjagt wie vom Wind ist mein Adel,
wie eine Wolke entschwand mein Heil.

Gesegnete Vergangenheit (Kap. 29), schreckliche Gegenwart (Kap. 30), erneute Unschuldsbeteuerung (31,1–34) und Warten auf eine Antwort Gottes (31,35–40) – in diesem Dreiklang bringt Ijob sich und sein Leben vor Gott. In scharfem Kontrast zum Glück seiner Vergangenheit steht das Unglück seiner Gegenwart (Vers 1: „Jetzt aber ..."). Der Form nach ist Kapitel 30 eine Klage. Sie gliedert sich in drei Abschnitte, die jeweils mit „jetzt aber" eingeleitet werden (Vers 1–8; 9–15; 16–31).

Im ersten Abschnitt (Vers 1–8) beklagt Ijob sein gegenwärtiges Unglück vor dem Hintergrund einer streng hierarchisch gegliederten Gesellschaft. Stand Ijob in seiner glücklichen Vergangenheit „ganz oben", so „steht" er nun, in seiner schrecklichen Gegenwart, „ganz unten". Selbst junge Leute, deren Väter er in seinen guten Tagen nicht einmal bei den Hunden seiner Herde angestellt hätte, schauen nun auf ihn herab und spotten über ihn (Vers 1). Ijob steht noch unter denen, die außerhalb der menschlichen Gemeinschaft ein Leben des Elends und der Verachtung führen, die in Erdhöhlen wohnen und in Felsgeklüft, die zwischen Sträuchern schreien und sich zusammendrängen unter wildem Gestrüpp (Vers 5–7).

Im zweiten Abschnitt (Vers 9–15) setzt Ijob seine Klage fort. Es ist nicht ganz klar, wer jetzt diejenigen sind, die über Ijob spotten. Es könnten weiterhin die „Untermenschen" des vorangehenden

Abschnitts (Vers 1–8) sein. Wahrscheinlicher ist jedoch, dass es Menschen seinesgleichen sind, die von ihm abrücken, die ihn verabscheuen, die ihm ins Gesicht spucken (Vers 10). Vers 11 deutet an, wer der für Ijobs Unglück Verantwortliche ist. Zwar kommt (entgegen der Einheitsübersetzung) das Wort „Gott" nicht vor, aber nur er kann hier gemeint sein als derjenige, der Ijob niederbeugt. War es Gott, der ihn in seinen guten Tagen beschützte (29,2–5), so ist dieser nun von seiner Rechten gewichen und hat sie als offene Flanke den Mächten des Unheils schutzlos preisgegeben (Vers 12).

Unser Text zeigt, wie sehr das Ansehen eines Menschen in einer Gesellschaft, die einfach dem „natürlichen" Lauf der Dinge folgt, durch das bestimmt wird, was er „darstellt". Einst war Ijob reich und gesund, voller Kraft (29,17) und Weisheit, „bekleidet mit Gerechtigkeit" (29,14). Damals thronte er „wie ein König inmitten der Schar" (29,25). Jetzt ist er arm und krank, körperlich entstellt, dem Tode nah. „Jetzt bin ich ihr Spottlied, bin zum Klatsch für sie geworden. Sie verabscheuen mich, rücken weit von mir weg, scheuen sich nicht, mir ins Gesicht zu speien" (Vers 9–10). Was Ijob widerfährt, ist Folge einer Einstellung, die als eine Art von ungebrochenem Naturalismus zu verstehen ist. Sie feiert nicht nur in unserer Zeit fröhliche Urstände, sie war auch der Alten Welt bekannt und wird vom Buch der Weisheit in kaum zu übertreffender Klarheit so formuliert: „Lasst uns den Gerechten unterdrücken, der in Armut lebt, die Witwe nicht schonen und das graue Haar des betagten Greises nicht scheuen! Unsere Stärke soll bestimmen, was Gerechtigkeit ist, denn das Schwache erweist sich als unnütz" (Weish 2,10–11). Die jüdisch-christliche Tradition hat einem derartigen Denken einen Strich durch die Rechnung gemacht. „Ich bin arm und gebeugt, der Herr aber sorgt für mich" (Ps 40,18). Das hat ihr den Vorwurf eingebracht, sie sei lebensverachtend, eine Religion der Schwachen und Zu-kurz-Gekommenen. „Der Begriff ‚Gott' erfunden als Gegensatz-Begriff zum Leben – in ihm … die ganze Todfeindschaft gegen das Leben in eine entsetzliche Einheit gebracht! … Dionysos gegen den Gekreuzigten …" – der Gott des Rausches und der Lebensfreude gegen den Gott der Christen, der das Leben verneint –, so endet Friedrich Nietzsches „Ecce Homo. Wie man wird, was man ist".

Ein derartiger Vorwurf beruht auf einem folgenschweren Missverständnis. Die Heilige Schrift freut sich über die Kraft und Schönheit der Menschen (vgl. Ps 92,11), die Vitalität der Jugend (vgl. Hld 1,15–2,3; 4,1–7; 5,9–16; 6,4–10; 7,7–10), das Geschenk eines gesegneten Alters (vgl. Spr 16,31), und sie ruft dazu auf, das Leben hier und jetzt zu genießen (Sir 14,5–19), „denn es gibt weder Tun noch Planen, weder Wissen noch Weisheit in der Unterwelt, zu der du unterwegs bist" (Koh 9,10). In der Schönheit des Lebens erstrahlt göttlicher Glanz. Sie nicht wahr- und anzunehmen wäre Undankbarkeit gegenüber dem, der sie gewährt. Zugleich weiß die Heilige Schrift aber auch um die Gefahr der Täuschung. Schönheit und Kraft, „für sich genommen", ohne Wahrnehmung dessen, was sich in ihnen zeigt, ist Ausdruck von Verblendung und Gottlosigkeit. Nach Auskunft des Psalmisten ist „der Schönste von allen Menschen" zugleich derjenige, „der das Recht liebt und das Unrecht hasst" (Ps 45,3.8).

Ijobs Glück war Ausdruck göttlichen Segens. Er selbst hat es so verstanden (29,2–5), und der Erzähler bestreitet es nicht. Sein Unglück, das „jetzt" über ihn hereingebrochen ist, wird von ihm als Gottesferne, als Gottes Angriff erlebt: „Er löste mein Seil und beugte mich nieder" (Vers 11). *Tatsächlich* aber ist ihm jetzt, am „Tiefpunkt" seines Lebens, Gott nicht (mehr) fern. Schon bald wird er ihn schauen. „Der Gerechte muss viel leiden, doch allem wird der Herr ihn entreißen" (Ps 34,20).

So fällt Ijob, genau besehen, in seinem Leid nicht aus der Gegenwart des ihn erlösenden Gottes (vgl. 19,25) heraus. Sie wahrzunehmen, losgelöst von den Formen, in denen sie ihm bisher vertraut war, ist der schmerzhafte Weg, den er geführt wird.

Du führst mich in den Tod (30,16–23)

16 *Jetzt aber zerfließt meine Seele in mir,*
die Tage meines Elends packen mich.
17 *Des Nachts durchbohrt es mir die Knochen,*
meine nagenden Schmerzen kommen nicht zur Ruh.
18 *Mit Allgewalt packt er mich am Kleid,*
schnürt wie der Gürtel des Rocks mich ein.
19 *Er warf mich in den Lehm,*
ich werde Staub und Asche gleich.

20 *Ich schreie zu dir, doch du antwortest mir nicht;*
ich stehe da, doch du achtest nicht auf mich.
21 *Du wandelst dich zum grausamen Feind gegen mich,*
mit der Stärke deiner Hand befehdest du mich.
22 *Du hebst mich in den Wind, lässt mich auf ihm dahinfahren*
und mich zergehen im Krachen.
23 *Ja, ich weiß: Du führst mich in den Tod,*
in das Haus, in dem sich alle Lebenden einmal treffen.

Ijobs Klage über die Verachtung, die ihm vonseiten der Mitmenschen entgegenschlägt (30,1–15), wendet sich nun wieder stärker nach innen, seinem körperlichen und seelischen Schmerz zu. Sein Inneres löst sich auf (Vers 16). Sein körperlicher Verfall schreitet unaufhörlich voran. Hatte er in 19,26 noch gehofft, „ohne seine Haut und ohne sein Fleisch", gleichsam in der Gestalt eines gerade noch lebenden Skeletts, Gott zu schauen, so wird nun die innere Substanz seines Leibes, seine Knochen, angegriffen (Vers 17; vgl. 7,5; 19,20). Die nagenden Schmerzen kennen keine Ruh. Ijob steht der Tod bevor (Vers 23).

Er lässt keinen Zweifel daran, wer der für sein Unglück Verantwortliche ist. Er klagt *über* Gott (Vers 18–19), und er klagt *zu* Gott (Vers 20–23). Die Klage über Gott verwendet Bilder eines ungleichen Kampfes. Gott, der hier nur mit einem anonymen „Er" benannt wird, packt Ijob und wirft ihn wie ein Ringkämpfer zu Boden, so dass er wie Staub und Asche wird (Vers 19). „Staub und Asche gleich werden", das heißt hier: dem Tod gleich werden, „denn Staub bist du, und zum Staub wirst du zurückkehren" (Gen 3,19; vgl. Koh 12,7).

In den Versen 20–23 spricht Ijob Gott mit „Du" an. Er wirft ihm vor, auf seine Klage nicht zu antworten, sein flehentliches Bitten nicht zu beachten (Vers 20). Ijob ist sich und Gott treu geblieben, doch Gott hat sich gewandelt. Er ist Ijobs Feind geworden, „mit der Stärke deiner Hand befehdest du mich" (Vers 21; vgl. 13,24; 16,9; 19,11). Der Beter von Psalm 18 bekennt dankbar von Gott, „der auf den Flügeln des Windes einherflog", dass er „aus der Höhe herabgriff und mich fasste, mich herauszog aus gewaltigen Wassern" (Ps 18,11.17). Gott hebt auch Ijob in den Wind empor, doch nicht um ihn der Not zu entreißen, sondern um ihn fallen zu lassen, so dass er krachend am

Boden zerschellt (Vers 22). Hatte Ijob in 19,25 noch bekannt: „Ich aber weiß: Mein Erlöser lebt!“, so muss er nun eingestehen: „Ja, ich weiß: Du führst mich in den Tod!“ (Vers 23)

Ijobs Klage enthält ein Motiv, das Glaubende zu wohl allen Zeiten bedrängt und den Ungläubigen ein Argument ihres Unglaubens ist: Gott hört und hilft nicht, wenn man zu ihm ruft. „Ich schreie zu dir, doch du antwortest mir nicht; ich stehe da, doch du achtest nicht auf mich“ (Vers 20). Ist dies nicht in der Tat eine Erfahrung, die viele Gläubige in die Verzweiflung treibt?

Gregor der Große (540–604), dem wir einen umfangreichen Kommentar zum Ijobbuch verdanken, versucht tastend eine Antwort zu geben. Sie dürfte jedoch wohl nur recht zu verstehen sein, wenn man sich den Adressatenkreis vor Augen führt, für den Gregor das seiner Ansicht nach schwer zu verstehende Buch auslegt: die Mönche seines Andreasklosters, einer kontemplativen Gemeinschaft, die ihn gebeten hatten, ihnen die tieferen Wahrheiten und Geheimnisse dieses Buches zu erschließen. Gregor äußert volles Verständnis für die Klage. Zugleich macht er auf eine Erfahrung aufmerksam, die häufig übersehen wird. Wenn Gott aufgrund eines erhabenen, von Menschen nicht einsichtigen Plans (*alto consilio*) die Bitten seiner Heiligen nicht erhört, scheinen sie von Gott verachtet und verworfen zu werden. In Wirklichkeit aber findet bei ihnen eine Wandlung statt. Sie *scheinen* zu verlieren, in Wirklichkeit gewinnen sie. Ihre Sehnsucht *(desiderium)* wächst, aus der Sehnsucht wächst die Erkenntnis *(intellectus)*, und ihr entspringt eine umso leidenschaftlichere Liebe zu Gott *(in Deum ardentior affectus aperitur)*. Die hier von Gregor, sicherlich nicht frei von persönlicher Erfahrung, gegebene Deutung von Ijob 30,20 entspricht tatsächlich dem Verlauf des Ijobbuches. Ijob wird erhört, Gott antwortet ihm – allerdings erst nach sehr großer Verzögerung. Und Ijob wird durch diesen Prozess in die Lage versetzt, Gott zu schauen (42,5).

Enttäuschte Hoffnung (30,24–31)

> 24 *Doch nicht zur Zerstörung sendet man seine Hand aus,*
> *wenn jemand in seinem Unglück um Hilfe ruft!*
> 25 *Weinte ich nicht um den, der einen schweren Tag hatte,*
> *empfand ich nicht Mitgefühl mit dem Armen?*
> 26 *Ja, ich hoffte auf Gutes, doch Böses kam,*
> *ich harrte auf Licht, doch Finsternis kam.*
> 27 *Mein Inneres kocht und kommt nicht zur Ruh,*
> *mich haben die Tage des Elends erreicht.*
> 28 *Geschwärzt, doch nicht von der Sonne, gehe ich umher,*
> *stehe auf in der Gemeinde und rufe um Hilfe.*
> 29 *Den Schakalen wurde ich zum Bruder,*
> *den Straußenhennen zum Freund.*
> 30 *Die Haut an mir ist schwarz,*
> *von Fieberglut brennt mein Gebein.*
> 31 *Zur Trauer wurde mein Harfenspiel,*
> *mein Flötenspiel zur weinenden Stimme.*

Mit diesem Abschnitt endet der zweite Teil von Ijobs großer Abschlussrede: die Klage über seine schreckliche Gegenwart (Kap. 30). Zugleich aber spannt sich der Bogen zurück zum ersten Teil seiner Schlussrede, der Beschreibung seiner gesegneten Vergangenheit und der Gerechtigkeit, die er damals ausübte (Kap. 29). Die Verbindung wird gleich in den ersten beiden Versen des hier auszulegenden Abschnitts deutlich. Vers 24 könnte ein Sprichwort sein, in dem die Forderung nach einem Mindestmaß an Humanität zum Ausdruck kommt. Gegen einen Menschen, der bereits am Boden liegt, der „in seinem Unglück um Hilfe ruft", sendet man nicht seine Hand zur Zerstörung aus. Ein solcher Rest an Humanität scheint Gott abzugehen. Dass das Wort im vorliegenden Zusammenhang auf Gott gemünzt ist, geht aus den unmittelbar vorangehenden Versen deutlich hervor. Ijob, der in seinem Unglück zu Gott um Hilfe schreit, wird von Gott nicht nur nicht beachtet (30,20), sondern sogar aktiv bekämpft (30,21), in die Luft gewirbelt und fallen gelassen (30,22), in den Tod geführt (30,23). Ijob liegt halbtot darnieder (vgl. Lk 10,30), doch ihm wird nicht aufgeholfen, ihm wird von Gott der Rest gegeben. So zumindest nimmt Ijob sich und seine Lage wahr. Was Ijob erfährt, ist ihm umso unverständlicher, da er sich selbst stets anders verhalten hatte. Er „weinte um den, der einen schweren Tag hatte, er empfand Mitgefühl mit dem Armen" (Vers 25; vgl. Röm 12,15). Das Bild des gerechten Ijob, wie es in 29,12–17 gezeichnet wird, erfährt hier eine wichtige Ergänzung. Ijob trat nicht nur rettend und helfend für die Armen und Bedrängten ein, er empfand auch echtes Mitgefühl. So hatte er allen Grund, Gutes für sich zu erhoffen. Doch das Gegenteil traf ein: „Ich hoffte auf Gutes, doch Böses kam, ich harrte auf Licht, doch Finsternis kam" (Vers 26). Dass Ijob anderen in ihrer Not geholfen hat, bestätigt auch sein Freund Elifas: „Viele hast du unterwiesen und erschlaffte Hände stark gemacht. Dem Strauchelnden halfen deine Worte auf, wankenden Knien gabst du Halt" (4,3–4). Jetzt aber haben ihn selbst „die Tage des Elends erreicht" (Vers 27). Doch er findet niemanden, der ihm hilft (Vers 28). Von Freunden und Verwandten wird ihm nur Verachtung zuteil (vgl. 19,13–20; 30,1–15), von Gott Teilnahmslosigkeit (30,20) und Quälerei bis in den Tod (30,21–23).

In den Versen 27 bis 31 beklagt Ijob erneut seine Not. Menschen, die von schwerer Krankheit getroffen sind, können bisweilen zwei Ebenen der Wahrnehmung unterscheiden: zum einen die schwere Krankheit, zum anderen das, was diese Krankheit bewirkt. Es gibt Menschen, die von einer unheilbaren, schmerzhaften Krankheit heimgesucht werden, die sich aber innerlich in einer gewissen Ruhe geborgen wissen. Bei Ijob ist das nicht der Fall. Er ist „äußerlich" schwer krank: Seine Haut ist als Folge des Aussatzes schwarz (Vers 30a), sein Leib glüht vor Fieber (Vers 30b). Zugleich „kocht sein Inneres und kommt nicht zur Ruh" (Vers 27a). Dass eine innere und äußere Seite des Ijobproblems zu unterscheiden sind, wird vom Ende des Buches her bestätigt. Die innere Seite ist die spezifisch religiös-spirituelle Seite der Not. Sie drängt sich im Laufe des Geschehens immer mehr nach vorn. Am Ende wünscht Ijob nur noch, mit Gott in Kontakt zu kommen. Der Wunsch, gesund zu werden, hat sich weitgehend verflüchtigt: „Das ist mein Begehr, dass der Allmächtige mir Antwort gibt", ist eines seiner letzten Worte (31,35). Tatsächlich geht zunächst dieser Wunsch in Erfüllung. „Der Herr antwortete dem Ijob aus dem Wettersturm und sprach ..." (38,1), und Ijob atmet auf, „in Staub und Asche" (42,6) – noch bevor er wieder gesund wird.

Doch soweit ist er jetzt noch nicht. „Den Schakalen wurde ich zum Bruder, den Straußenhennen zum Freund" (Vers 29). „Schakale" heißen im Arabischen „Töchter des Heulens". „Wenn man ihnen aus der Ferne zuhört, so meint man oft, halbwüchsige Knaben weinen zu hören", schreibt Georg Fohrer im Anschluss an Alois Musil (Arabia Petraea, Bd. III, Wien 1908, 18). Strauße geben besonders in der Nacht klagende und stöhnende Schreie von sich. Zusammen mit den Schakalen und anderen wilden Tieren gelten sie als Bewohner einer menschlichen Gegenwelt (vgl. Jes 13,21–22; 34,13; Jer 50,39). Ijob ist ihr Mitbewohner geworden. So hat sich in Ijobs Leben ein grauenvoller Wandel vollzogen: „Zur Trauer wurde mein Harfenspiel, mein Flötenspiel zur weinenden Stimme" (Vers 31).

Ijobs Reinigungseid (31,1–12)

1 *Einen Bund schloss ich mit meinen Augen,*
mich nie nach einer Jungfrau umzusehen.
2 *Was wäre sonst mein Teil von Gott dort oben,*
mein Erbe vom Allmächtigen in der Höhe?
3 *Ist nicht Verderben dem Frevler bestimmt*
und Missgeschick den Übeltätern?
4 *Sieht er denn meine Wege nicht,*
zählt er nicht alle meine Schritte?
5 *Wenn ich in Falschheit einherging,*
wenn zum Betrug mein Fuß eilte,
6 *dann wäge Gott mich auf gerechter Waage,*
so wird er meine Unschuld anerkennen.
7 *Wenn mein Schritt vom Wege wich,*
mein Herz meinen Augen folgte,
an meinen Händen Makel klebte,
8 *dann esse ein anderer, was ich säe,*
entwurzelt werde, was mir sprosst.
9 *Wenn sich mein Herz von einer Frau betören ließ*
und ich an der Tür meines Nachbarn lauerte,
10 *dann mahle meine Frau einem anderen,*
und andere sollen sich beugen über sie.
11 *Denn das wäre eine Schandtat und ein Verbrechen,*
von Richtern zu strafen.
12 *Denn das wäre Feuer, das zum Abgrund frisst*
und meine ganze Habe entwurzelt.

Im dritten Teil seiner großen Abschlussrede beteuert Ijob erneut seine Unschuld (Kap. 31). Die Unschuldsbeteuerung wird gern als „Reinigungseid“ bezeichnet. In Form bedingter Selbstverfluchungen beschwört er seine Unschuld. In das Bekenntnis eingeflochten ist die an den Allmächtigen gerichtete Aufforderung, ihm auf seine Rede endlich eine Antwort zu geben (Vers 35–37). Insgesamt ergibt sich eine Aufzählung von vierzehn Vergehen, derer sich Ijob *nicht* schuldig gemacht hat. Die Zahl vierzehn (zweimal sieben) soll wohl eine gewisse Vollständigkeit zum Ausdruck bringen. Nirgendwo hatte Ijob bisher in so grundsätzlicher und systematischer Form seine Unschuld beteuert. Bevor er von Gott zum letzten Mal eine Antwort erfleht, legt er eine Art von „Generalbeichte“ ab, wobei es aber eben keine Beichte, kein Schuldbekenntnis ist, sondern ein Bekenntnis seiner Unschuld. Deshalb wird der hier auszulegende Teil seiner Rede auch „negatives Sündenbekenntnis“ genannt.

Im Vergleich zu den Zehn Geboten (Ex 20; Dtn 5) und anderen Zusammenfassungen alttestamentlicher Ethik (vgl. Ex 34,12–26; Ps 15; 24) fällt in Ijob 31 zweierlei auf: Zum einen verlagert sich der Akzent von der vollbrachten Tat zur Gesinnung. Man könnte Ijob 31 als eine gesinnungsethische Vertiefung des Dekalogs bezeichnen. Zum anderen fehlen in der Aufzählung kultische Vergehen, wie zum Beispiel das Sabbatgebot, wohingegen soziale Vergehen ausgeweitet werden. Beides entspricht weisheitlichem Denken, wobei nicht vergessen werden sollte, dass Ijob kein Israelit ist (vgl. 1,1).

Die ersten vier Vergehen, von denen Ijob bekennt, dass er sie nicht begangen habe, sind Lüsternheit (Vers 1–4), Betrug (Vers 5–6), Begehrlichkeit (Vers 7–8) und Ehebruch (Vers 9–12). Dass aller Nachdruck von Anfang an auf innerer Haltung und Gesinnung ruht, wird gleich zu Beginn der aufgezählten Vergehen deutlich. Ganz in Übereinstimmung mit der biblischen Überlieferung weiß Ijob um die Gefahren des Auges. Die Sünde geht oft vom Schauen aus. Das war schon bei der Ursünde im Garten Eden der Fall (Gen 3,6), und es gilt vor allem für jene Sünde, „zu der ein Mann leicht neigt“ (Georg Fohrer, Das Buch Hiob, Gütersloh 1963, 432). Sogar David, der „Gesalbte des Herrn“ (1 Sam 16,13; Ps 89,39), fiel ihr zum Opfer (2 Sam 11,2). Deshalb warnt der erfahrene Weisheitslehrer mit Nachdruck: „Verhüll dein Auge vor einer reizvollen Frau, blick nicht auf eine Schönheit, die dir nicht gehört" (Sir 9,8). Auch Ijob weiß um diese Gefahr und begegnet ihr gleichsam im Vorfeld durch eine kluge Bündnispolitik – ein überaus weiser Zug seines edlen Charakters: „Einen Bund schloss ich mit meinen Augen, mich nie nach einer Jungfrau umzusehen" (Vers 1). Das Bild führt uns einen Menschen vor Augen, der mit gesammeltem, innerlich „gehaltenem" Blick voller Kraft in sich ruht und so nicht zum Opfer einer ungezügelten Leidenschaft und eines umherschweifenden, ungestillten Gaffens wird. Die folgenden beiden Verse zeigen, dass Ijob vor seinem Leid – wie seine Freunde auch – Anhänger der traditionellen Vergeltungslehre war. Die Verse benennen die Motive seiner Rechtschaffenheit: Er wollte nicht das „Verderben eines Frevlers" und das „Missgeschick eines Übeltäters" (Vers 3) erleiden, deshalb schloss er einen Bund mit seinen Augen, sich nie nach einer Jungfrau (lüstern) umzusehen, denn Gott sieht die Wege der Menschen (Vers 4). Ijobs Tragik jedoch ist, dass ausgerechnet ihn, der schuldlos ist, das Los der Schuldigen trifft.

In Vers 5 beteuert Ijob, nicht in Falschheit einhergegangen sein und keinen Betrug begangen zu haben (vgl. Dtn 25,13–16; Am 8,5; Spr 20,10.23). Käme er vor das göttliche Gericht, so würde (und müsste) Gott seine Unschuld anerkennen (Vers 6). Das Bild der „Waage der Gerechtigkeit", mit der Gott die Menschen beziehungsweise ihr Herz im Gericht wägt, ist eine Vorstellung, die auch in der ägyptischen Tradition des Totengerichts anzutreffen ist.

Eng verwandt mit der eingangs genannten Sünde der Lüsternheit ist die der Begehrlichkeit, bei der das Herz den Augen nachläuft (Vers 7–8; vgl. Num 15,39). Niemals hat sich Ijob fremdes Gut angeeignet (vgl. Ex 20,17; Dtn 5,21). Andernfalls wäre er bereit, den Verlust seiner eigenen Ernte zu erleiden (Vers 8) – ein Zeichen des göttlichen Strafgerichts (vgl. Lev 26,16; Am 5,11; Mi 6,15).

In den Versen 9 bis 12 geht es um Ehebruch, ein vom Dekalog verbotenes Vergehen (Ex 20,14.17; Dtn 5,18.21), vor dem auch in der weisheitlichen Literatur eindringlich gewarnt wird (Spr 6,24–35; 7,4–23; Sir 9,8). Erneut liegt der Akzent nicht auf der vollbrachten Tat, sondern auf den Umtrieben und Machenschaften, die zur verbotenen Handlung führen und diese vorbereiten. An der Tür des Nachbarn zu lauern und zu warten, bis dieser das Haus verlässt und „auf Reisen geht, weit fort" (Spr 7,19), um sich dann in sein Haus zu schleichen und über seine Frau „zu beugen“ (Vers 10), „das wäre eine Schandtat und ein Verbrechen, von Richtern zu strafen“ (Vers 11). Erneut ist Ijob bereit, eine spiegelbildliche Strafe zu erleiden, falls er eine solche Schandtat begangen haben sollte: „Dann mahle meine Frau einem anderen, und andere sollen sich beugen über sie (Vers 10; vgl. Dtn 28,30).

Die Ethik und das Ethos, die hier zur Sprache kommen, gehören zum Kernbestand biblischer Anthropologie. Ihre Grundidee ist die Ordnung der Affekte. Aus ihr heraus ergibt sich ein geordnetes, dem Wohl der Menschen zutiefst förderliches Zusammenleben. Möglich ist die „Ordnung der Liebe“ aber nur dadurch, dass sich der Mensch auf Gott hin ausrichtet, sich auf ihn hin ordnet und sich von ihm her ordnen lässt. Aus dieser Tradition heraus hat Ijob gelebt. Umso überraschender und verwirrender ist es, dass ausgerechnet er in das Chaos eines unverständlichen Leids gestürzt wird.

Vater der Armen (31,13–23)

13 *Wenn ich das Recht meines Knechtes missachtet*
und das meiner Magd im Streit mit mir,
14 *was könnt' ich tun, wenn Gott sich erhöbe,*
was ihm entgegnen, wenn er mich prüfte?
15 *Hat nicht mein Schöpfer auch ihn im Mutterleib geschaffen,*
hat nicht der Eine uns im Mutterschoß gebildet?
16 *Wenn ich der Armen Wunsch versagte,*
verschmachten ließ der Witwe Augen,
17 *wenn ganz allein ich meinen Bissen aß,*
ohne dass die Waise davon aß
18 *– ja, von Jugend an hat wie ein Vater er mich großgezogen,*
vom Mutterschoß an mich geleitet –,
19 *wenn ich den Verlorenen sah ohne Kleid*
und ohne Decke den Verarmten,
20 *wenn nicht seine Lenden mir dankten,*
er nicht von der Schur meiner Lämmer sich wärmte,
21 *wenn meine Hand der Waise drohte,*
weil ich im Tor Helfer für mich sah,
22 *dann falle die Schulter mir vom Nacken,*
breche der Arm mir aus dem Gelenk.

23 *Ja, Schrecken träfe mich, Gottes Verderben,*
vor seiner Hoheit hielte ich nicht stand.

In seiner großen Unschuldsbeteuerung schreitet Ijob weitere, von ihm nicht begangene Verbrechen ab. Gehörten die ersten vier Sünden in den Bereich von Begierde und Habsucht (Vers 1–12: Lüsternheit, Betrug, Begehrlichkeit, Ehebruch), so folgen nun vier Vergehen, die in den Bereich des Rechts und der sozialen Gerechtigkeit gehören. Es beginnt mit dem *Recht des Knechtes und der Magd* (Vers 13–15). Knechte und Mägde, Schuldsklavinnen und Schuldsklaven sind nur allzu leicht schutzlos der Willkür ihrer Herren ausgeliefert. Umso mehr bemüht sich die alttestamentliche Gesetzgebung, diese in Abhängigkeit geratenen Menschen zu schützen. Das älteste Gesetz zum Schutz dieser Personengruppe begrenzt die Zeit der Schuldknechtschaft auf sechs Jahre (Ex 21,2–6) und schützt die Schuldsklavin vor sexueller Ausbeutung vonseiten ihres Herrn und seiner Familie (Ex 21,7–11). Das deuteronomische Gesetz geht noch einen Schritt weiter und verfügt, dass einem Knecht und einer Magd, die aus ihrer Schuldknechtschaft entlassen werden, eine Art von Existenzgründungsdarlehen mit auf den Weg zu geben ist, das sie allerdings nicht einmal zurückzahlen müssen, damit sie wirtschaftlich wieder auf die Beine kommen (Dtn 15,14). Das alttestamentliche Recht ist realistisch und weiß, dass Menschen – verschuldet oder unverschuldet – in Not und wirtschaftliche Abhängigkeit geraten können. Aber es zieht eine Grenze, die nicht überschritten werden darf, um die Würde von Menschen zu schützen, die sich gegen Übergriffe nur schwer zur Wehr setzen können. In den Zehn Geboten wird dem Sklaven und der Sklavin sogar das Recht auf Arbeitsruhe am siebten Tag der Woche zugestanden (Ex 20,10; Dtn 5,14) – eine für die Antike geradezu revolutionäre Forderung. Ijob, der eine „große Dienerschaft besaß" (1,3), hat seine Bediensteten vorzüglich behandelt. Er hat das „Recht seines Knechtes und seiner Magd" auch im Konfliktfall geachtet (Vers 13–14). Beachtenswert ist die Begründung. Ijob verweist auf den *einen* Gott als den Schöpfer von „Herr *und* Knecht" – ein schönes Beispiel für die Wirkungsgeschichte des biblischen Monotheismus und der mit ihr verbundenen Schöpfungstheologie (vgl. Gen 1,26f) hinsichtlich einer Ethik der Menschenrechte mit universalem Geltungsanspruch. Jenseits aller sozialen Unterschiede gibt es eine allen Menschen gemeinsame Würde, die darin gründet, dass sie Geschöpfe Gottes sind. So steht Ijob seinen Knechten nicht nur als „Herr" gegenüber, sondern er ist mit ihnen zuvor als Geschöpf Gottes in einem gemeinsamen „Wir" verbunden: „Hat nicht *mein* Schöpfer auch *ihn* im Mutterleib geschaffen, hat nicht der Eine *uns* im Mutterschoß gebildet? (Vers 15) Umso bitterer muss es für Ijob sein, dass *ihm*, der stets Gott gefürchtet und das Böse gemieden (1,1.8; 2,3), der selbst das Recht seines Knechtes und seiner Magd geachtet hat, vonseiten *seines* Herrn keine Beachtung geschenkt wird.

In den Versen 16 bis 23 geht es um mögliche Verfehlungen gegen Arme und Hilfsbedürftige. Genannt wird die Dreiergruppe der so genannten *personae miserabiles,* der besonders beklagenswerten Personen altorientalischer und antiker Gesellschaften: der Arme, die Witwe und die Waise (Vers 16–17). In 31,32 wird auch noch der Fremde genannt. All diesen Personen gegenüber hat sich Ijob äußerst großzügig und hilfsbereit erwiesen. Die Armen hat er mit Nahrung (Vers 16–18) und Kleidung (Vers 19–20) versorgt, der Waisen ist er im Rechtsstreit beigestanden (Vers 21–23).

Obwohl Ijob als Nichtisraelit das alttestamentliche Gesetz nicht kannte, handelte er in voller Übereinstimmung mit der Tora, die in vielfältiger Weise den Schutz dieser Personen fordert (vgl. Ex 22,20–26; 23,1–8; Dtn 24,17–18; Jes 58,7; Tob 4,7–11). Ijob war ein Gerechter, der – wie Gregor der Große sagt – „ohne Gesetz dem Gesetze gemäß lebte" *(sine lege legaliter vixit)*. Aus christlicher Perspektive wäre er – mit Karl Rahner gesprochen – ein „anonymer Christ".

Hätte Ijob sich den Armen gegenüber hartherzig verhalten, dann – so gesteht er ein – „mögen mich Schrecken und Gottes Verderben treffen" (Vers 23). Tatsächlich haben ihn aber nun Schrecken und Verderben getroffen. So ist es nur allzu verständlich, dass er, der „den Armen ein Vater war" (29,16), von Gott eine Auskunft verlangt.

Auf Gott vertrauen (31,24–34)

24 *Wenn ich auf Gold meine Hoffnung setzte,*
zum Feingold sprach: Du meine Zuversicht!,
25 *wenn ich mich freute, dass groß mein Vermögen,*
dass viel erreicht hat meine Hand,
26 *wenn ich die leuchtende Sonne sah, wie sie strahlte,*
den Mond, wie er herrlich dahinzog,
27 *wenn heimlich sich mein Herz betören ließ*
und meine Hand dem Mund zum Kuss sich bot,
28 *auch das wäre ein Verbrechen, vom Richter zu strafen,*
denn Gott da droben hätte ich verleugnet.
29 *Wenn ich am Unglück meines Feinds mich freute*
und triumphierte, dass Unheil ihn traf –
30 *habe ich doch meinem Mund zu sündigen verboten,*
sein Leben mit Fluch zu verwünschen –.
31 *Wenn meine Zeltgenossen nicht gestanden:*
Wer wurde von seinem Fleisch nicht gesättigt?
32 *Kein Fremder musste draußen übernachten,*
dem Wanderer tat meine Tür ich auf.
33 *Wenn ich nach Menschenart meine Frevel verhehlte,*
meine Schuld verbarg in meiner Brust,
34 *weil ich die große Menge scheute*
und die Verachtung der Sippen mich schreckte,
so schwiege ich still und ginge nicht zur Tür hinaus.

In seiner großen Unschuldsbeteuerung hatte Ijob bisher acht Vergehen genannt, von denen er in Form einer bedingten Selbstverfluchung bekannte, dass er sie nicht begangen habe (31,1–23). Es waren vor allem soziale Vergehen, Sünden gegenüber den Mitmenschen, insbesondere gegenüber den Armen und Schwachen. Vom Dekalog her gelesen, sind hier vor allem die Gebote der zweiten Tafel angesprochen. Die folgenden beiden Vergehen, mit denen der hier auszulegende Text beginnt, gehören inhaltlich zur ersten Tafel des Dekalogs. Es geht um religiöse Verfehlungen im engeren Sinn, Verstöße gegen das Fremdgötter- und Bilderverbot. Ijob wurde bisher durchgehend als wohlhabend gezeichnet. Doch er hat sich von seinem Reichtum nie in die Irre führen lassen. Als reicher, wohlhabender und einflussreicher Mann hat er sich für die Armen eingesetzt und sich nie von Gott abgewandt. Das Alte Testament weiß um die Gefahren des Reichtums. „Wenn der Reichtum auch wächst, so verliert doch nicht euer Herz an ihn!“ (Ps 62,11) Frevler und törichte Menschen „verlassen sich ganz auf ihren Besitz und rühmen sich ihres großen Reichtums“ (Ps 49,7). Doch im Tod nehmen sie das alles nicht mit (Ps 49,18). So warnt die alttestamentliche Weisheit: „Wer auf seinen Reichtum vertraut, der fällt“ (Spr 11,28). Ist Ijob so tief gefallen, weil er sein Vertrauen auf seinen Reichtum gesetzt hat? Keineswegs! Auf Gott setzt der Fromme seine Hoffnung (Ps 78,7; Spr 3,26), nicht auf Gold, zu *ihm* spricht er: „Du meine Zuversicht!“ (Ps 40,5; 65,6) und nicht zum Feingold. So hat es auch Ijob zeit seines Lebens getan.

Ebenso wenig wie Ijob seinen Reichtum als einen Gott verehrte, tat er es mit den Gestirnen. Sonne und Mond galten in den altorientalischen Religionen als Gottheiten. Sie wurden verehrt und angebetet. Spuren davon finden sich auch noch im Alten Testament. Das bekannte Beschwörungswort Josuas: „Sonne, erstarre über Gibeon und du, Mond, über dem Tal von Ajalon!“ (Jos 10,12), deutet darauf hin, dass die alten Jerusalemer Schutzgottheiten Sonne und Mond durch JHWH „blockiert“ und so letztlich entmachtet wurden. In der offiziellen JHWH-Religion war die Verehrung der Gestirne untersagt: „Wenn du die Augen zum Himmel erhebst und das ganze Himmelsheer siehst, die Sonne, den Mond und die Sterne, dann lass dich nicht verführen! Du sollst dich nicht vor ihnen niederwerfen und ihnen nicht dienen“ (Dtn 4,19). In der gelebten Alltagsfrömmigkeit dürfte die (heimliche) Verehrung astraler Gottheiten zu gewissen Zeiten und in einigen Kreisen aber durchaus eine Rolle gespielt haben. „Sie beteten, nach Osten gewandt, die Sonne an“, heißt es in Ezechiel 8,16 (vgl. Ri 8,21.26; Jes 3,18; 2 Kön 21,3; 23,5; Jer 8,2). Ijob jedoch hat sich niemals daran beteiligt. Er hat den *einen* Gott „da droben“ nicht verleugnet (Vers 26–28).

Zu den Spitzenaussagen biblischer Ethik gehört sicherlich das Gebot der Feindesliebe, wie es in der Bergpredigt des Matthäusevangeliums (5,43–48) überliefert ist. Die alttestamentliche Ethik steht dem nicht nach: „Hat dein Feind Hunger, gib ihm zu essen, hat er Durst, gib ihm zu trinken“ (Spr 25,21). Sich über das Unglück seines Feindes nicht zu freuen, setzt ein beträchtliches Maß an seelischer Reinheit und sittlicher Reife voraus. „Freu dich nicht über den Sturz deines

Feindes, dein Herz juble nicht, wenn er strauchelt" (Spr 24,17). Ijob hat dieses Maß erreicht, wenn er sich nicht über das Unglück seines Feindes freute (Vers 29–30). Ebenso wenig ist er aufgrund mangelnder Fürsorge gegenüber seinen Angehörigen („meine Zeltgenossen", Vers 31) und fehlender Gastfreundschaft gegenüber Fremden (Vers 32) schuldig geworden.

Aufgrund der Aussage der Verse 33–34 könnte man vermuten, Ijob sei doch schuldig geworden. Die Verse sind jedoch so zu verstehen, dass Ijob beim Bekenntnis seiner Unschuld nicht geheuchelt hat. Wäre er schuldig geworden, hätte er dies nicht aus Angst vor den Menschen verborgen (Vers 33–34). Er hat aber nicht gesündigt. Folglich hat er auch kein Schuldbekenntnis abzulegen.

Ijob, der weder seinen Reichtum (Vers 24–25) noch Sonne und Mond (Vers 26–28) als Gott verehrte, der seinem Feind nichts Böses wünschte (Vers 29–30), der sich gegenüber Nah- (Vers 31) und Fernstehenden (Vers 32) wohltätig erwies und sich niemals in Heuchelei erging (Vers 33–34), ist ein Gerechter, ein „Diener Gottes" (1,8), der seinem Herrn die Treue hielt und seinen Willen tat. Umso unverständlicher erscheint, dass dieser Herr seinen Diener verachtet und verlassen hat.

Der Allmächtige antworte mir! (31,35–40)

35 *Gäbe es doch einen, der mich hört!*
Hier ist mein Handzeichen! Der Allmächtige antworte mir!
Das ist das Schriftstück, das mein Gegner geschrieben.
36 *Auf meine Schulter wollte ich es heben,*
als Kranz es um den Kopf mir binden.
37 *Ich täte die Zahl meiner Schritte ihm kund,*
ich nahte mich ihm wie ein Fürst.
38 *Wenn über mich mein Acker schrie,*
seine Furchen miteinander weinten,
39 *wenn seinen Ertrag ich verzehrte, ohne zu bezahlen,*
und die Lebenskraft seines Besitzers schädigte,
40 *sollen Dornen wachsen statt Weizen,*
statt Gerste stinkendes Kraut.
Zu Ende sind die Worte Ijobs.

Mit den Versen 35 bis 37 gelangt die große Abschlussrede Ijobs an ihr Ziel. Ijob äußert den doppelten Wunsch, gehört zu werden und eine Antwort vom Allmächtigen zu bekommen. Der Wunsch: „Gäbe es doch einen, der mich hört!“ (Vers 35), ist unpersönlich formuliert. Aus dem Zusammenhang geht aber deutlich hervor, dass er auf Gott zielt. Der an Gott gerichtete Wunsch, gehört zu werden, dürfte sich im vorliegenden Zusammenhang wohl vor allem auf jene Worte beziehen, mit denen Ijob seine Unschuld beteuert hatte. Der zweite Wunsch: „Der Allmächtige antworte mir“ (Vers 35), zielt wohl nicht auf eine göttliche Bestätigung der Unschuld Ijobs, sondern auf eine Rechtfertigung des unverständlichen göttlichen Handelns. Angesichts seiner Unschuld, von der Ijob zutiefst überzeugt ist (vgl. 13,18), erscheint ihm das Handeln Gottes ungerecht und widersinnig. Darauf erwartet er eine Antwort des Allmächtigen. Ijob scheut sich nicht, die ironisch-zynische Aussage seines Freundes Elifas zu unterlaufen. Dieser hatte ihm „geraten“: „Ruf doch! Ist einer, der dir Antwort gibt?“ (5,1)

Eingeschoben in die doppelte Bitte ist die auf den ersten Blick nicht leicht zu verstehende hebräische Wendung *haen-tawi*. Die Einheitsübersetzung korrigiert den hebräischen Text im Anschluss an die lateinische Übersetzung der Vulgata und übersetzt: *„Das ist mein Begehr [desiderium meum]*, dass der Allmächtige mir Antwort gibt.“ Wahrscheinlich ist aber vom hebräischen Text etwas anderes gemeint. Im Buch des Propheten Ezechiel sagt JHWH zu diesem: „Geh mitten durch die Stadt Jerusalem und schreib ein Tau auf die Stirn aller Männer, die über die in der Stadt begangenen Greueltaten seufzen und stöhnen“ (9,4). *Tau* (oder: *Taw*) ist der letzte Buchstabe des hebräischen Alphabets. Im Althebräischen existiert seine Form als stehendes oder liegendes Kreuz. Als einer der einfachsten Buchstaben wurde das Tau zum Inbegriff für „Zeichen“. Es konnte von Analphabeten als Unterschrift verwendet werden. In Ez 9,6 werden die mit einem Tau auf der Stirn Bezeichneten am Tage des Gerichts gerettet werden. Tertullian bringt das Zeichen mit dem christlichen Kreuz in Verbindung. Franz von Assisi signiert mit dem Tau. In Ijob 31,35 dürfte das Tau ein die Unterschrift ersetzendes Handzeichen bezeichnen. Ijob unterzeichnet und bekräftigt seine im Reinigungseid vorgelegte Unschuldserklärung. Es ist aber auch nicht auszuschließen, dass – von Ez 9,4–6 her gelesen – hier bereits der Aspekt der Rettung mit anklingt.

Mit dem „Schriftstück, das mein Gegner geschrieben“, ist sehr wahrscheinlich eine Anklageschrift gemeint. Aus dem Zusammenhang der Unschuldsbeteuerung aber geht deutlich hervor, dass die „Anklageschrift“ nichts anderes als das Zeugnis von Ijobs Unschuld enthält. „Mein Gegner“ meint hier den Prozessgegner und verweist auf Gott (vgl. 9,3.15; 10,2.17; 13,3.18–28; 23,2–10). Erneut nehmen wir in Ijobs Gottesbezug eine Doppelstruktur wahr. Sie begegnete bereits in 16,18–22 und in 19,21–29. Auf *einer* Ebene der Wahrnehmung erfährt Ijob Gott als seinen Gegner und Ankläger. Auf einer *anderen*, tieferen Ebene der Wahrnehmung (und des Glaubens) wendet er sich an Gott als seinen Zeugen im Himmel (16,19), seinen Erlöser (19,25) und gerechten Richter.

Ijob ist sich sicher, dass Gott angesichts seines Reinigungseids nicht anders kann, als auf Unschuld zu plädieren (vgl. 23,10). Wie eine Art Siegestrophäe, eine Art Victory-Zeichen, hielte er das Schriftstück als Beweis seiner Unschuld in die Höhe: „Auf meine Schulter wollte ich es heben, als Kranz es um den Kopf mir binden“ (Vers 36). Dann wäre Ijob in aller Öffentlichkeit rehabilitiert (vgl. 19,23–24). All dies sind seine Gedanken „vor dem Prozess“. Es sind gute Gedanken, Gedanken, die ihm die Zuversicht geben, erhobenen Hauptes „wie ein Fürst“ (Vers 37) Gott entgegenzutreten.

Dass all dies im Rahmen eines Reinigungseids gesagt ist, wird noch einmal in den Schlussversen deutlich. Eine letzte, von Ijob nicht begangene Sünde wird genannt (Vers 38–40). Niemals hat Ijob seinen Acker vergewaltigt. Was soll damit gemeint sein? Wahrscheinlich liegt hier eine alte und zugleich wieder moderne Vorstellung zugrunde, der zufolge der Ackerboden etwas Lebendiges ist, mit dem der Mensch sorgsam umzugehen hat. Das vierte Werk der Schöpfung besteht genau genommen nicht in der Erschaffung der Pflanzen, sondern in der Ausstattung der Erde mit Fruchtbarkeit (Gen 1,11–12). Die Erde gibt dem Menschen Pflanzen zur Nahrung, entsprechend hat der Mensch zurückzugeben. Andernfalls „schreit“ und „weint“ der Acker, „wenn seinen Ertrag ich verzehrte, ohne zu bezahlen“ (Vers 39; vgl. Ex 23,10f; Lev 25,2–7). Noch einmal erscheint Ijobs Verhalten in hellem Licht vor dem dunklen Hintergrund des unbegreiflichen Gottes. Selbst gegenüber dem Ackerboden hat sich Ijob so achtsam und liebevoll verhalten, dass dieser niemals Grund zur Klage und zum Schreien hatte. Ijob aber, der allen Grund zur Klage hat, der unaufhörlich schreit – wird er einen treffen, der ihn hört?

Ijob bittet nicht (mehr) darum, wieder gesund zu werden. Etwas Ähnliches begegnete bereits in seiner großen Eingangsklage (Kap. 3). Auch dort flehte er nicht um Gesundheit, er bat um den Tod: „Sie warten auf den Tod, der nicht kommt, sie suchen ihn mehr als verborgene Schätze" (3,21). In Ijobs Leid scheint ein intuitives Wissen durchzubrechen, dass die Beseitigung der Not, die ihn getroffen hat, nicht einfach in der Wiederherstellung des früheren Zustands besteht, sondern in einem Weg nach vorn zu einem „Ort", an dem der frühere Zustand vielleicht in verwandelter Form und auf anderer Ebene wiederkehrt. Oft meinen wir, Ijobs Not sei das Unglück, das ihn getroffen habe: der Tod seiner Kinder, seine schwere Krankheit. Genau genommen ist diese Not (nur) der Anfang einer Not, die noch größer ist und sich im Laufe der Geschichte als die wahre Not zu erkennen gibt. Hinter der Not des äußeren Unglücks verbirgt sich die Not, nicht mit Gott in Kontakt kommen zu können. Deshalb enden seine Worte mit dem Wunsch: „Gäbe es doch einen, der mich hört! Der Allmächtige antworte mir!"

Worte eines Geisterfüllten (Ijob 32–37)

Der Zorn des Elihu (32,1–5)

1 *Nun hörten jene drei Männer auf, Ijob zu entgegnen,*
weil er gerecht war in seinen Augen.
2 *Da entbrannte der Zorn Elihus, des Sohnes Barachels, des Busiters*
aus dem Geschlecht Ram.
Gegen Ijob entbrannte sein Zorn,
weil er sich vor Gott für gerecht hielt.
3 *Auch gegen seine drei Freunde entbrannte sein Zorn,*
weil sie keine Antwort mehr fanden, um Ijob schuldig zu sprechen.
4 *Elihu aber hatte Ijob gegenüber mit Worten gezögert,*
weil jene älter waren als er.
5 *Doch als Elihu sah, dass die drei Männer keine Antwort mehr wussten, entbrannte sein Zorn.*

In einer großen, insgesamt sechs Kapitel umfassenden Rede (Kap. 26–31) hatte Ijob noch einmal alles gesagt, was aus seiner Sicht zu sagen war. Über das unverständliche Walten Gottes in der Schöpfung hatte er sein Erschrecken bekundet (Kap. 26). Gegenüber den Vorhaltungen und Verdächtigungen seiner Freunde hatte er seine Unschuld verteidigt (Kap. 27). Im Lied über die Weisheit (Kap. 28) hatte er die Möglichkeit einer allein von Menschen zu findenden Lösung seines „Falles" in Zweifel gezogen. Im Rückblick auf seine gesegnete Vergangenheit (Kap. 29) hatte er im Angesicht seiner schrecklichen Gegenwart (Kap. 30) und in der Gewissheit seiner Unschuld (Kap. 31) Gott zu einer Antwort herausgefordert (31,35–37). Der Erzähler hält ausdrücklich fest, dass „jene drei Männer nun aufhörten, Ijob zu entgegnen" (Vers 1). Nicht ganz eindeutig ist die Begründung: „weil er gerecht war in seinen Augen". Worauf bezieht sich der Ausdruck „in seinen Augen"? Am wahrscheinlichsten ist, dass er sich auf Ijob selbst bezieht. Den Freunden dürfte – zumal nach dem Reinigungseid (Kap. 31) – endgültig klar geworden sein, dass Ijob von seiner Unschuld zutiefst überzeugt ist und dass es völlig aussichtslos ist, ihn vom Gegenteil überzeugen zu wollen. Folglich geben sie alle weiteren diesbezüglichen Bemühungen auf. Wenig wahrscheinlich, aber auch nicht ganz auszuschließen ist, dass sich der Ausdruck (auch) auf Gott bezieht. Einige alte Übersetzungen lesen sogar: „Weil er gerecht war in *ihren* Augen." Demnach wären die Freunde selbst zu der Einsicht gekommen, dass Ijob gerecht sei. – Wie dem auch sei, in jedem Fall erwarten Ijob und die Leser des Buches nun eine Antwort Gottes. Doch sie bleibt zunächst aus. Stattdessen meldet sich eine weitere Person zu Wort: Elihu.

Der Name „Elihu" bedeutet „mein Gott ist Er". Schon der Name des vierten Freundes deutet also darauf hin, dass jetzt etwas zutiefst Theologisches zur Sprache kommt. In die gleiche Richtung weist der Name seines Vaters: Barachel, das heißt: „Gott segnet, Gott möge segnen." Elihu hält insgesamt vier Reden. Sie folgen unmittelbar aufeinander (32,6–33,33; 34; 35; 36–37). Ijob kommt gar nicht mehr zu Wort. Die meisten Exegeten halten den Auftritt des Elihu für eine spätere Ergänzung. Von der Gesprächsdynamik her gesehen erwartet der Leser nach der großen Herausforderungsrede Ijobs tatsächlich eine Antwort Gottes. Sie erfolgt aber erst in den Kapiteln 38 bis 41. Ob ursprünglich zum Buch gehörend oder später hinzugefügt – in jedem Fall wirken die Elihu-Reden retardierend (verzögernd); sie halten eine Spannung aufrecht und erzeugen sie zugleich.

Als Grund für das späte Auftreten des Elihu wird sein jugendliches Alter genannt (Vers 4). So gewinnt der Leser den Eindruck, Elihu sei während des gesamten bisherigen Gesprächs anwesend gewesen. Elihu selbst bestätigt später diesen Eindruck (32,12). Er habe, so sagt er, zunächst den „älteren Herren" den Vortritt gelassen, entsprechend der in traditionalen Gesellschaften verbreiteten Auffassung, der zufolge Alter und (Erfahrungs-)Weisheit einander entsprechen: „Wie gut steht Hochbetagten Weisheit an, würdigen Männern Überlegung und Rat" (Sir 25,5; vgl. Ijob 15,10; 1 Kön 12,5–11; Jer 1,6). „Als Jüngerer ergreife nur das Wort, wenn du musst, wenn man dich nachdrücklich zwei- oder dreimal auffordert" (Sir 32,7).

Elihu meldet sich aus zwei Gründen zu Wort: Zum einen, weil sich Ijob „vor Gott für gerecht hielt" (Vers 2); damit schließt er an die unmittelbar vorangehende Unschuldsbeteuerung Ijobs an (Kap. 31). Zum anderen meldet er sich zu Wort, weil die drei Freunde „keine Antwort mehr fanden, um Ijob schuldig zu sprechen" (Vers 5). Die tatsächliche oder vermeintliche Unschuld Ijobs erregt den Zorn Elihus. Viermal ist vom Zorn Elihus die Rede. Damit beansprucht er, über das bisher Gesagte hinauszugehen und die durch das Verstummen der Freunde entstandene Aporie (Ausweglosigkeit) aufzulösen.

Dass zu vorgerückter Stunde ein weiterer Teilnehmer zu einer Diskussionsrunde stößt, findet sich auch in Platons „Symposion". Schien mit der Rede des Sokrates der Höhepunkt erreicht, so stößt völlig unerwartet Alkibiades zu den Gesprächsteilnehmern hinzu (212c–214d) und beendet mit einer langen Rede (214d–222c) den Dialog über den Eros, bevor das Werk in einer erzählerisch gestalteten Schlussszene ausklingt (222c–223d).

Inhaltlich entfaltet Elihu in seinen Reden vor allem *einen* Gedanken: die Leidenspädagogik Gottes. Gott lässt den Menschen leiden, um ihn zu erziehen. Dieser Gedanke tauchte zu Beginn des Dialogs bereits an einer Stelle einmal kurz auf: in der ersten Rede des Elifas (5,17–26). Das Argument spielte aber im weiteren Verlauf des Dialogs keine Rolle mehr. Elihu greift es auf und macht es stark.

Mich drängt der Geist in meiner Brust (32,6–22)

6 *Da ergriff Elihu, der Sohn Barachels, der Busiter, das Wort und sprach:*
Noch bin ich jung an Jahren,
doch ihr seid hochbetagt;
deshalb hielt ich mich zurück und scheute mich,
euch mein Wissen darzulegen.
7 *Ich dachte: Mag erst das Alter reden,*
der Jahre Fülle Weisheit künden.
8 *Jedoch, es ist der Geist im Menschen,*
des Allmächtigen Hauch, der ihn verständig macht.
9 *Die alt an Jahren sind, nicht immer sind sie weise*
noch Greise stets des Rechten kundig.
10 *Darum sage ich: Hört mich an!*
Darlegen will auch ich mein Wissen.
11 *Seht, gewartet habe ich auf eure Worte,*
gelauscht eurer einsichtigen Rede,
bis ihr die rechten Worte fändet.
12 *Ich bin euch aufmerksam gefolgt,*
doch seht, keiner hat Ijob widerlegt,
keiner von euch ihm zu entgegnen vermocht.

13 *Sagt nicht: Wir haben die Weisheit gefunden.*
Gott wird ihn wegwehen, nicht ein Mensch.
14 *Nicht gegen mich richteten sich seine Reden,*
nicht mit euren Worten werd' ich ihm entgegnen.
15 *Besiegt sind sie, geben keine Antwort mehr,*
die Worte sind ihnen ausgegangen.
16 *Soll ich nun warten, wenn sie nicht reden,*
wenn sie dastehen, nichts mehr zu sagen wissen?
17 *So will auch ich nun meinen Teil erwidern,*
darlegen will auch ich mein Wissen.
18 *Denn angefüllt bin ich mit Worten,*
mich drängt der Geist in meiner Brust.
19 *Mein Inneres ist wie Wein, der keine Luft hat,*
wie neue Schläuche muss es bersten.
20 *Reden will ich, dann wird mir leichter,*
ich öffne meine Lippen und entgegne.
21 *Ich ergreife für niemand Partei*
und sage keinem Schmeichelworte.
22 *Denn ich versteh' mich nicht aufs Schmeicheln,*
sonst raffte mich mein Schöpfer bald hinweg.

Die erste Rede des Elihu gliedert sich in drei Teile. Im hier auszulegenden ersten Teil (32,6–22) versucht Elihu, noch bevor er zur Sache kommt, seinen Auftritt zu rechtfertigen. Dabei muss er zunächst die in antiken Gesellschaften verbreitete Einstellung entkräften, Weisheit sei nur bei Menschen anzutreffen, „die alt an Jahren sind" (Vers 9). Diese Ansicht gründet auf der Beobachtung, dass ein Mensch im Laufe seines Lebens weise werden *kann*. „Hast du in der Jugend nicht gesammelt, wie wirst du im Alter etwas haben?" (Sir 25,3; vgl. Ijob 8,8–9; 15,10) Elihu relativiert diese Ansicht dadurch, dass er neben der *Erfahrungsweisheit* einen neuen Typ von Weisheit einführt: den der *Offenbarungsweisheit*. Dieser ist unabhängig von der Erfahrung und kann bereits einem Menschen in jungen Jahren zuteilwerden: „Es ist der Geist *(ruach)* im Menschen, des Allmächtigen Hauch [vgl. Gen 2,7], der ihn verständig macht" (Vulgata: „*Spiritus* est in hominibus et *inspiratio* Omnipotentis dat intelligentiam"; Vers 8). Diesen Typ geistgewirkten Wissens nimmt Elihu für sich in Anspruch. Damit verleiht er seinen Reden eine gleichsam göttliche Legitimation (vgl. 33,1–4). Nicht von sich aus sucht er das Wort, vielmehr weiß er sich „durch den Geist in seiner Brust“ dazu gedrängt, wie ein Prophet, der nicht mehr an sich halten kann (Vers 18–20).

Mit der Theorie eines inspirierten Wissens steht Elihu in einer gut bezeugten biblischen Tradition: „JHWH gibt Weisheit, aus seinem Mund kommen Erkenntnis und Einsicht“ (Spr 2,6). Neben der „Weisheit der Alten“ weiß die Heilige Schrift also auch von der Weisheit junger Menschen zu erzählen. Von Daniel und seinen Gefährten heißt es: „Und Gott verlieh diesen vier jungen Leuten Wissen und Verständnis in jeder Art Schrifttum und Weisheit“ (Dan 1,17). Der fromme Beter des 119. Psalms scheut sich nicht, von sich zu bekennen: „Ich wurde klüger als all meine Lehrer ... Mehr Einsicht habe ich als die Alten“ (Ps 119,99–100). Auch der heilige Benedikt weiß, dass „der Herr oft einem Jüngeren offenbart, was das Bessere ist“ (Regel des heiligen Benedikt 3,3).

Was Elihu ärgert, ist die Tatsache, dass den Freunden die Worte ausgegangen sind (Vers 15–17). So entsteht der Eindruck, Ijob sei im Recht (Vers 12), nur Gott könne ihn „wegwehen, nicht ein Mensch“ (Vers 13). Dem tritt Elihu entschieden entgegen, allerdings nicht mit den Worten der drei Freunde (Vers 14), sondern mit eigener, göttlich inspirierter Rede, die nicht parteiisch ist (Vers 21–22), sondern objektiv das Wahre sagen will.

Hab' keine Angst vor mir! (33,1–13)

1 *Du aber, Ijob, hör doch auf meine Rede,*
all meinen Worten leih dein Ohr!
2 *Siehe, ich habe meinen Mund geöffnet,*
meine Zunge spricht an meinem Gaumen.
3 *Aufrecht sind die Worte meines Herzens,*
das Wissen meiner Lippen – rein sprechen sie es aus.
4 *Gottes Geist hat mich erschaffen,*
der Atem des Allmächtigen mir das Leben gegeben.
5 *Wenn du kannst, so gib mir Antwort!*
Leg es mir vor, und stell dich!
6 *Schau, ich bin wie du vor Gott,*
auch ich bin nur aus Lehm geformt.

7 *Siehe, Furcht vor mir braucht dich nicht zu erschrecken,*
Druck von mir nicht auf dir lasten.
8 *Jedoch, du sprachst vor meinen Ohren,*
und ich vernahm der Worte Laut:
9 *„Rein bin ich und ohne Sünde,*
makellos und ohne Schuld.
10 *Siehe, Vorwürfe sucht Gott gegen mich zu finden,*
er sieht mich an als seinen Feind.
11 *Meine Füße legt er in den Block,*
er überwacht all meine Pfade."
12 *Siehe, da bist du nicht im Recht, antworte ich dir,*
denn Gott ist größer als der Mensch.
13 *Weshalb hast du mit ihm gehadert?*
Weil er auf all deine Worte keine Antwort gab?

Im ersten Teil (32,6–22) seiner ersten Rede hatte Elihu sein Auftreten angesichts seines noch jungen Alters gerechtfertigt: „Die alt an Jahren sind, nicht immer sind sie weise noch Greise stets des Rechten kundig" (32,9). Im hier auszulegenden zweiten Teil (33,1–13) wendet er sich direkt an Ijob. Er spricht ihn mit seinem Namen an, was die übrigen drei Freunde niemals getan hatten, und er bittet ihn um aufmerksames Zuhören (Vers 1). Auch in diesem Teil der Rede kommt Elihu zunächst noch nicht wirklich zur Sache. Er spricht Rahmenbedingungen des Gesprächs an. Er möchte für eine gute Gesprächsatmosphäre sorgen. Man gewinnt den Eindruck, Elihu habe einen Grundkurs in personenzentrierter Gesprächsführung erfolgreich absolviert. Er poltert nicht einfach drauflos, wie es zum Teil bei den älteren Freunden Elifas, Bildad und Zofar der Fall war, sondern er kündigt seine Rede an (Vers 2), er spricht über das bevorstehende Gespräch und die Voraussetzungen seines Gelingens. Hier meldet sich in der Tat eine neue, junge Generation zu Wort.

Zunächst verweist Elihu auf die Lauterkeit und Wahrhaftigkeit seiner Worte. Er möchte offen und ehrlich mit Ijob sprechen: „Aufrecht sind die Worte meines Herzens" (Vers 3). Was er zu sagen hat, entspringt nicht seinen persönlichen Interessen und Vorlieben, es ist nicht subjektiv verfälscht, sondern durch „Gottes Geist" und durch den „Atem des Allmächtigen" in seiner Wahrheit bezeugt (Vers 4; vgl. 32,8). Zuvor schon hatte er gesagt: „Ich ergreife für niemand

Partei und sage keinem Schmeichelworte. Denn ich versteh' mich nicht aufs Schmeicheln" (32,21–22). Elihu ermutigt Ijob, gegebenenfalls auch selbst etwas zu sagen (Vers 5). Hier allerdings deutet sich schon eine gewisse Spannung zwischen Anspruch und Wirklichkeit an. Tatsächlich werden Elihus Reden an keiner Stelle durch Worte Ijobs unterbrochen. Ob Ijob wirklich nichts mehr zu sagen hat?

Elihu bemüht sich des weiteren um eine angstfreie Gesprächsatmosphäre. Er will Ijob jede Art von Druck nehmen: „Siehe, Furcht vor mir braucht dich nicht zu erschrecken, Druck von mir nicht auf dir lasten" (Vers 7). Er verweist auf ihre gleichrangige Stellung vor Gott: „Ich bin wie du vor Gott" (Vers 6).

Ein weiteres Merkmal seiner hoch entwickelten Gesprächskultur findet sich in den Versen 8 bis 11. Bevor Elihu zur Sache Stellung nimmt, wiederholt er Ijobs Worte, gleichsam als wolle er sich vergewissern, ob er alles recht verstanden habe. Er gibt den Inhalt von dessen Reden sachlich zutreffend wieder: Ijobs Unschuldsbeteuerung (Vers 9) und das in seinen Augen ungerechtfertigte, feindliche Verhalten Gottes ihm gegenüber (Vers 10–11). Erst in Vers 12 erfolgt Elihus Stellungnahme in der Sache. Sie ist unzweideutig: „Da bist du nicht im Recht, antworte ich dir." Darin zeigt sich, was in den folgenden Reden zu erwarten ist. Elihu spricht „fortiter in re, suaviter in modo – hart in der Sache, lieblich im Ton" – eine Maxime, die Claudio Acquaviva, dem fünften Generaloberen der Gesellschaft Jesu (SJ) zugeschrieben wird. Elihu nennt zwei Gründe für seine in der Sache klare Antwort. Zum einen: „Gott ist größer als der Mensch" (Vers 12). Zum anderen greift er Ijobs Vorwurf auf, Gott würde ihm nicht antworten. Den hier zuletzt genannten Punkt wird Elihu im Folgenden vertiefen: Gott spricht sehr wohl, doch der Mensch bemerkt es nicht.

Gott spricht im Verborgenen (33,14–33)

14 *Denn einmal redet Gott*
und zweimal, man achtet nicht darauf.
15 *Im Traum, im Nachtgesicht,*
wenn tiefer Schlaf die Menschen überfällt,
im Schlummer auf dem Lager,
16 *da öffnet er der Menschen Ohr*
und schreckt sie auf durch Warnung,

17 *um von seinem Tun den Menschen abzubringen,*
den Hochmut aus dem Manne auszutreiben,
18 *seine Seele vor dem Grab zu retten,*
sein Leben davor, in den Todesschacht hinabzusteigen.
19 *Er wird gemahnt durch Schmerz auf seinem Lager,*
und ständig ist Kampf in seinen Gliedern.
20 *Am Brot verspürt sein Leben Ekel*
und seine Seele an der Lieblingsspeise.
21 *Es schwindet sein Fleisch, man sieht's nicht mehr.*
Abgemagert bis auf die Knochen, die man sonst nicht sieht.
22 *Dem Grabe nähert sich seine Seele,*
sein Leben den Todesboten.
23 *Wenn dann ein Engel ihm zur Seite steht,*
ein Mittler, einer von den Tausenden,
dem Menschen zu verkünden, was recht ist,
24 *wenn dieser sich erbarmt und spricht:*
Erlös ihn, dass er nicht ins Grab absteige,
Lösegeld hab' ich für ihn gefunden!,
25 *dann blüht sein Fleisch in Jugendfrische,*
zu Jugendtagen kehrt er zurück.
26 *Er betet zu Gott, und der ist ihm gnädig,*
er darf sein Angesicht schauen in festlichem Jubel.
Dem Menschen gibt er seine Gerechtigkeit zurück.
27 *Er singt bei den Menschen und spricht:*
Gesündigt hatte ich und das Recht verkehrt,
doch hat er mir nicht mit Gleichem vergolten.
28 *Er hat meine Seele erlöst vor dem Abstieg ins Grab,*
mein Leben darf schauen das Licht.
29 *Sieh, alles das pflegt Gott zu tun,*
zweimal, ja dreimal mit den Menschen,
30 *um fernzuhalten seine Seele vom Grab,*
um ihm zu leuchten mit dem Licht des Lebens.
31 *Merk auf, Ijob, hör mich an,*
schweig still, dass ich rede!
32 *Wenn du Worte hast, entgegne mir!*
Sprich nur, denn gern geb' ich dir recht.
33 *Wenn aber nicht, hör du mich an!*
Schweig still, ich will dich Weisheit lehren!

Nun endlich, im dritten Teil seiner Eröffnungsrede (33,14–33), kommt Elihu zur Sache. Warum bleibt Gottes Antwort aus? Warum bleibt Ijobs Klage unerhört? Auf diese von Ijob immer wieder und in vielfältigen Variationen vorgetragene Klage gibt Elihu eine überraschende Antwort: Gott spricht sehr wohl, doch der Mensch achtet nicht darauf. Es liegt nicht an Gott, wenn der Mensch ihn nicht hört, es liegt am Menschen: „Denn einmal redet Gott und zweimal, man achtet nicht darauf" (Vers 14). Die bevorzugten Medien, durch die Gott immer wieder („einmal", „zweimal", Vers 14; „zweimal", „dreimal", Vers 29) zum Menschen spricht, sind für Elihu der Traum (Vers 15–18) und die Krankheit (Vers 19–22).

In der Tat werden *Träume* in der Bibel und in vielen anderen Religionen als besondere Medien angesehen, durch die ein Gott zum Menschen spricht (vgl. Gen 28,10–22; Num 12,6; Joël 3,1; Mt 2,13–15; 27,19). Auch losgelöst von einem religiösen Hintergrund gehört die Erkenntnis, dass sich dem Menschen im Traum eine „andere" Seite der Wirklichkeit erschließt, zu unserem psychologischen Alltagswissen. Es ist jene Seite der Wirklichkeit, die der Mensch im hellen Licht seines Tagesbewusstseins übersieht oder verdrängt. Im Traum kommt – oft in verschlüsselter Form – die ganze Wahrheit ans Licht. Gott spricht im Traum nicht um seiner selbst willen. Vielmehr will er den Menschen warnen, um ihn abzubringen von seinem verkehrten Tun (Vers 17), um „seine Seele vor dem Grab zu retten" (Vers 18).

Aber nicht nur im Traum, auch in der *Krankheit* – so Elihu – wird der Mensch von Gott „gemahnt" (Vers 19). Krankheiten und Schmerzen sind Warnzeichen Gottes. Wenn der Mensch sie übersieht und überhört, „nähert sich seine Seele dem Grab, sein Leben den Todesboten" (Vers 22). In den Versen 23–30 malt Elihu aus, wie eine Rettung durch Krankheit vor sich gehen könnte. Dabei scheint ein Engel die Rolle der Deutung der göttlichen Botschaft (Vers 23: „dem Menschen zu verkünden, was recht ist") und zugleich die der Fürsprache (Vers 24) zu übernehmen. Anschließend wird der Mensch wieder aufblühen (Vers 25), er wird zu Gott beten (Vers 26) und im Rückblick auf seine Not vor den Menschen seine Sünden bekennen und von seiner Rettung erzählen (Vers 27–28). So handelt Gott: Aus tiefster Not rettet er den Menschen, wenn dieser die verborgenen

Zeichen Gottes zu deuten und den von ihnen gewiesenen Weg zu gehen vermag (Vers 29–30).

Am Ende seiner ersten Rede (Vers 31–33) wendet sich Elihu – wie bereits zu Beginn (33,1) – noch einmal direkt an Ijob, den er wiederum mit seinem Namen anspricht (Vers 31–33). Die Art und Weise, wie Elihu hier spricht, ist bezeichnend für sein Selbstverständnis und wirft zugleich ein helles Licht auf die Gesprächssituation. Dreimal fordert er Ijob zum Hören auf, zweimal zum Schweigen und zweimal zum Sprechen. Die Aufforderung zum Sprechen ist aber rein hypothetisch gemeint („*wenn* du Worte hast"). Elihu ist von seiner Lehre so sehr überzeugt, dass er nicht ernsthaft mit einer Antwort Ijobs rechnet. So endet seine erste Rede mit den Worten: „Schweig still, ich will dich Weisheit lehren!"

Zweifelsohne legt Elihu ein faszinierendes Modell einer therapeutisch orientierten spirituellen Theologie vor. Dass Gott in verborgener Weise durch Träume und Krankheiten zum Menschen spricht, um ihm den Weg zum Heil zu weisen, ist ein biblisch bezeugtes, in vielen Kulturen und Religionen anzutreffendes Wissen, dem auch die moderne Traumforschung, die Psychologie und psychosomatische Medizin nicht grundsätzlich widersprechen werden. In dieser Schärfe und Klarheit war es in der bisherigen Auseinandersetzung zwischen Ijob und seinen Freunden noch nicht zur Sprache gekommen. In der Tat, Elihu, „noch jung an Jahren" (32,6), hat wirklich Neues zu sagen. Tatsächlich hatte Ijob selbst bekannt, dass Gott ihn mit Träumen quält und mit Nachtgesichten Angst einjagt (7,14). Das Problem, so Elihu, liegt also nicht darin, dass Gott nicht spricht, sondern darin, dass Ijob das verborgene Sprechen Gottes nicht bemerkt und nicht zu deuten weiß.

Gott ist gerecht (34,1–15)

1 *Dann ergriff Elihu das Wort und sprach:*
2 *Ihr Weisen, hört meine Worte,*
ihr Wissenden, leiht mir Gehör!
3 *Denn das Ohr prüft die Worte,*
und der Gaumen schmeckt die Speise.
4 *Lasst das Recht uns untersuchen,*
erkennen unter uns, was gut ist.

5 *Denn Ijob sagt: Ich bin im Recht,*
doch Gott hat mir mein Recht entzogen.
6 *Meinem Recht zuwider soll ich lügen?*
Unheilbar traf mich ohne Schuld der Pfeil.
7 *Wo ist ein Mann wie Ijob,*
der Lästerung wie Wasser trinkt,
8 *der hingeht, um sich den Übeltätern zuzugesellen,*
und mit den Frevlern Umgang pflegt?
9 *Er sagte ja: Es nützt dem Menschen nichts,*
dass er in Freundschaft lebt mit Gott.
10 *Darum hört mir zu, ihr Männer mit Verstand!*
Fern ist es Gott, Unrecht zu tun,
und dem Allmächtigen, Frevel zu üben.
11 *Nein, was der Mensch tut, das vergilt er ihm,*
nach eines jeden Verhalten lässt er es ihn treffen.
12 *Nein, wahrhaftig, nie tut Gott Unrecht,*
niemals beugt der Allmächtige das Recht.
13 *Wer hat ihm seine Erde anvertraut,*
und wer den ganzen Erdkreis hingestellt?
14 *Wenn er auf sich selbst den Sinn (das Herz) nur richtete,*
seinen Geist und seinen Atem zu sich zurücknähme,
15 *dann müsste alles Fleisch zusammen sterben,*
und der Mensch kehrte zum Staube zurück.

Ohne dass Ijob zu Wort kommt („Schweig still!“, 33,33), beginnt Elihu seine zweite Rede. Er richtet seine Ansprache nicht mehr nur an Ijob, sondern auch an „Weise“, an „Wissende“ (Vers 2), an „Männer mit Verstand“ (Vers 10). Elihu scheint der Ansicht zu sein, dass das, was er nun zu sagen hat, in die Öffentlichkeit gehört, und zwar in eine Öffentlichkeit, die etwas von der Sache versteht. Ijob wird – ähnlich einem Kranken, an dem Außenstehende etwas lernen können – zu einem „Fall“, an dem zu untersuchen ist, was Recht ist, an dem erkannt werden soll, was gut ist (Vers 4). Wer die von Elihu angesprochenen „Weisen“ sind, bleibt offen. Von der Gesprächssituation her gesehen können nur die drei Freunde gemeint sein. Deren Weisheit hatte Elihu allerdings in Frage gestellt (vgl. 32,7–16). So dürfte die Anrede zunächst wohl rein formal und höflich gemeint sein. Zugleich aber zeigt sie an, dass es jetzt um Wissen und Einsicht geht.

Erneut erweist sich Elihu als sachkundiger Berichterstatter, da er, bevor er selbst zur Sache Stellung nimmt, Ijob zitiert. „Denn Ijob sagt: Ich bin im Recht, doch Gott hat mir mein Recht entzogen ... Unheilbar traf mich ohne Schuld der Pfeil" (Vers 5–6). Elihu greift Ijobs Unschuldsbeteuerung auf. Das Zitat ist der Sache nach korrekt. Ähnlich hatte Ijob mehrfach gesprochen (vgl. 6,30; 9,21; 10,7; 13,18; 16,17; 31). Was Ijob sagt, ist in den Augen Elihus eine (Gottes-)Lästerung (Vers 7). Mit seiner Unschuldsbeteuerung – so Elihu – gesellt er sich zu den Frevlern (Vers 8).

Im folgenden Vers 9 zitiert er Ijob erneut. Das Problem wird noch einmal verschärft: „Er (Ijob) sagte ja: Es nützt dem Menschen nichts, dass er in Freundschaft lebt mit Gott." Tatsächlich hatte Ijob von der Nutzlosigkeit des „Gottesdienstes" gesprochen. Allerdings hatte er das Wort den *Frevlern* in den Mund gelegt: „Sie sagen zu Gott: ... Was ist der Allmächtige, dass wir ihm dienen, was nützt es uns, wenn wir ihn angehen?" (21,15) Elihu schiebt Ijob zu, was dieser wohl nicht auszusprechen gewagt hatte, was aber sehr wohl der Dynamik seiner Reden entspricht.

Die Entgegnung Elihus scheint nicht über das hinauszugehen, was von den Freunden bereits vorgetragen wurde. Vergegenwärtigen wir uns aber die erste Rede Elihus, so tritt gegenüber der Argumentation der Freunde doch etwas Neues hervor. Hegten die Freunde den Verdacht, Ijob habe *vor* seinem Leid gesündigt und müsse deshalb leiden (vgl. 22,1–11), so scheint Elihu anders zu akzentuieren: Das Leid, das Ijob getroffen hat, war zunächst eine erzieherische Maßnahme Gottes, „um seine Seele vor dem Grab zu retten" (33,18). Ijob hat das jedoch nicht erkannt. Er macht Gott ungerechtfertigterweise Vorwürfe und fällt *dadurch* in Schuld. Ijob sündigt *jetzt*. Angesichts seines Leids gelangt er zu einer falschen Vorstellung von Gott, zu einer falschen Theologie. Er ist ein Häretiker. „Wo ist ein Mann wie Ijob, der Lästerung wie Wasser trinkt?" (Vers 7) Dagegen muss mit aller Schärfe vorgegangen werden. Elihu schickt sich an, Ijobs falsche Gotteslehre zu widerlegen.

Er beginnt damit in den Versen 10 bis 15. Mit einem erneuten Höraufruf leitet er seine Widerlegung ein. Was er sagt, gehört zum Kernbestand biblischer Gotteslehre: Gott ist gerecht (vgl. Gen 18,25; Dtn 32,4; Ps 11,7). „Nie tut Gott Unrecht, nie beugt der Allmächtige das

Recht“ (Vers 12). Das hatte bereits Bildad gesagt (8,3). Daraus folgt: Gott vergilt einem jeden Menschen nach seinem Tun (Vers 11). Damit erweist sich Elihu als klassischer Vertreter des Tun-Ergehen-Zusammenhangs. Auch darin stimmt er mit den Freunden überein. Wie begründet er seine so eindringlich vorgetragene Lehre? Ein erster Ansatz findet sich in den Versen 13 bis 15. Die Aussagen erinnern an den Gottesbeweis des Anselm von Canterbury: Es gibt keine Gott übergeordnete Person oder Instanz, an die sich der Mensch wenden und von der aus er Gottes Tun beurteilen könnte außer Gott selbst (Vers 13). Alles „Fleisch“ lebt bereits aus der Zuwendung Gottes. Würde Gott sein Herz nur auf sich selbst richten und seinen Geist und seinen Atem zu sich zurückholen, „dann müsste alles Fleisch zusammen sterben und der Mensch kehrte zum Staub zurück“ (Vers 14–15). Auch damit steht Elihu in biblisch bezeugter Tradition (vgl. Gen 2,7; 3,19; Ps 104,29; Koh 12,7). Alles Leben ist Leben aus der Gnade.

Elihu nimmt Ijob gleichsam von zwei Seiten in die Zange. Seiner Klage, Gott würde „seinen Worten nicht erwidern“ (33,13), hält Elihu entgegen: Gott spricht sehr wohl, doch der Mensch achtet nicht darauf (33,14). Ijobs Vorwurf, Gott habe ihm sein Recht entzogen (34,5), hält Elihu entgegen: Nie tut Gott Unrecht (34,12). Wer so von Gott spricht, wie Ijob es tut, weiß nicht, was das Wort „Gott“ bedeutet: „Gott ist groß, nicht zu begreifen“ (36,26).

Gott verklagen? (34,16–24)

16 *Hast du Verstand, so höre dies,*
lausche dem Laut meiner Worte!
17 *Kann, wer das Recht hasst, Herrschaft führen?*
Oder willst du den Gerechten, den Erhabenen verklagen,
18 *ihn, der zum König sagt: Du Nichtsnutz!,*
zu Edelmännern: Bösewicht!,
19 *der nicht auf Fürsten Rücksicht nimmt,*
den Vornehmen nicht vor dem Armen begünstigt?
Alle sind ja seiner Hände Werk.
20 *Sie sterben plötzlich, mitten in der Nacht;*
das Volk gerät in Aufruhr, doch sie müssen fort.
Starke müssen weichen, ohne dass eine Hand sich rührt.
21 *Denn seine Augen schauen auf des Menschen Wege,*
alle seine Schritte sieht er wohl.

22 *Kein Dunkel gibt es, keine Finsternis,*
wo sich die Übeltäter bergen könnten.
23 *Er gewährt dem Menschen keinen Aufschub,*
wann er zu Gott ins Gericht gehen muss.
24 *Gewaltige zerschlägt er ohne Verhör,*
andere stellt er an ihren Platz.

Im hier auszulegenden Text entfaltet Elihu den Ansatz seiner Gotteslehre. Seine Worte sind auf den ersten Blick nicht leicht zu verstehen. Schaut man aber genauer hin, so lässt sich in ihnen eine Logik erkennen, die dem erreichten Diskussionsstand durchaus entspricht. Elihu hat richtig erkannt, dass Ijob niemals die Existenz Gottes geleugnet hat. Was Ijob in Frage stellt, ist eine der zentralen Eigenschaften Gottes: seine Gerechtigkeit. Zudem beklagt er seine Abwesenheit: „Geh' ich nach Osten, so ist er nicht da, nach Westen, so bemerke ich ihn nicht, nach Norden, sein Tun erblicke ich nicht; bieg' ich nach Süden, sehe ich ihn nicht" (23,8–9). Elihu kann also bei allen Gesprächsteilnehmern, bei allen „Männern mit Verstand" (34,10), auch bei Ijob (Vers 16), den Begriff „Gott" voraussetzen. Hier setzt Elihu mit seiner doppelten rhetorischen Frage von Vers 17 an. Er versucht zu zeigen, dass Ijobs Vorwurf, Gott sei ungerecht, dem Begriff „Gott" widerspricht. Mit dem Begriff „Gott" verbindet sich der Begriff „Herrschaft". Dieser Begriff gilt, wenn er auf Gott angewandt wird, uneingeschränkt. Denn ein Gott, der von anderen beherrscht würde, der sich an Gesetze halten müsste, die andere ihm geben, wäre kein Gott. Denkt man den Begriff der Herrschaft in diesem Sinne konsequent zu Ende, so enthält er zugleich den Begriff des Rechts. Denn eine Herrschaft, die sich nicht an das Recht hält, zerstört sich selbst, wäre also nicht vollkommen. Ein Gott, der Herrschaft ausübt und zugleich das Recht hasst, wäre ein Widerspruch in sich selbst. In diesem Sinne ist Elihus rhetorische Frage zu verstehen: „Kann, wer das Recht hasst, Herrschaft führen?" (Vers 17)

Elihu setzt also, durchaus berechtigt, bei Ijob ein Vorverständnis im Hinblick auf Gott voraus. Er greift es auf und führt es zur Vollgestalt dessen, was es unausgesprochen in sich enthält. Diese Art der Argumentation ist auch uns nicht so ungeläufig, wie sie auf den ersten Blick erscheint. In einigen philosophischen Schulen der Antike wurde sie sogar als eine Art von geistiger Übung, von Betrachtung, praktiziert, um die Wahrnehmung aus subjektiver Verengung zu befreien. Wird jemand von einem schweren (göttlichen) Schlag getroffen, wie Ijob, verzweifelt er nur allzu leicht an Gott und seiner Gerechtigkeit, was aus seiner subjektiven Lage heraus verständlich und nachvollziehbar ist. Gelingt es ihm aber, aus dieser Situation (vorübergehend) herauszutreten und gleichsam aus der Vogelperspektive „objektiv" alles zu betrachten, was auf der Erde geschieht, was also Gott „tut", muss er dann nicht mit Elihu sagen, dass es immer wieder vorkommt, dass Arme und Reiche „plötzlich sterben, mitten in der Nacht", dass „Starke weichen müssen, ohne dass eine Hand sich rührt" (Vers 20)? Wenn Gott sogar „zum König sagt: Du Nichtsnutz!, zu Edelmännern: Bösewicht!" (Vers 18), wenn er nicht einmal „auf Fürsten Rücksicht nimmt" (Vers 19), warum sollte es dann nicht auch einmal mich, warum sollte es dann nicht auch einmal Ijob treffen? Wenn Ijob also „Verstand hat" (Vers 16), dann – so Elihu – müsste er diese Überlegungen nachvollziehen können. Dann müsste auch er sagen: Gottes „Augen schauen auf des Menschen Wege, alle seine Schritte sieht er wohl ... Er gewährt dem Menschen keinen Aufschub, wann er zu Gott ins Gericht gehen muss. Gewaltige zerschlägt er ohne Verhör, andere stellt er an ihren Platz" (Vers 21–24). Wenn all das zutrifft – und wer wollte es leugnen? –, dann allerdings muss sich auch Ijob die Frage gefallen lassen: „Willst du den Gerechten, den Erhabenen verklagen?" (Vers 17)

Ijob ist uneinsichtig (34,25–37)

25 *Wahrhaftig, er (Gott) achtet auf ihre Taten,*
er stürzt sie bei Nacht und zermalmt sie.
26 *Wie Frevler schlägt er sie nieder,*
an einem Ort, wo man es sieht,
27 *deshalb, weil sie von ihm wichen,*
nicht achteten auf alle seine Wege.
28 *So lässt er der Armen Geschrei zu sich kommen,*
er hört das Geschrei der Gebeugten.
29 *Hält er sich still, wer spricht ihn schuldig?*
Verbirgt er sein Antlitz, wer nimmt ihn wahr?
Über Volk und Menschen aber wacht er,

30 *damit nicht ruchlose Menschen herrschen,*
die dem Volk zum Fallstrick werden.
31 *Denn nicht ist's an Gott, zu sagen:*
„Geirrt habe ich, ich mach's nicht wieder falsch.
32 *Was ich nicht sehe, lehre du mich!*
Tat ich Unrecht, ich will es nicht mehr tun."
33 *Soll er (Gott) nach deinem Sinn vergelten, weil du verwirfst, indem er (Gott) sagt:*
„Du musst entscheiden, nicht ich,
und was du weißt, das sage an!"?
34 *Verständige Männer werden zu mir sagen,*
ein jeder Weise, der mich hört:
35 *„Bar des Wissens redet Ijob,*
und unbedacht sind seine Worte.
36 *Wohlan, weiter werde Ijob geprüft,*
weil er nach der Frevler Art erwidert.
37 *Denn Frevel fügt er noch zu seiner Sünde,*
in unserer Mitte höhnt er laut,
mehrt seine Worte gegen Gott."

Weiterhin legt Elihu seine Gotteslehre dar. Die Grundidee wurde in den vorangehenden Versen 16 bis 24 entworfen. Jetzt wird sie entfaltet und veranschaulicht. Erneut hat es den Anschein, als würde Elihu gegenüber den drei Freunden nichts wirklich Neues sagen. Auch er knüpft an die traditionelle Lehre an, der zufolge Gott die Taten derer, „die nicht auf seine Wege achten" (Vers 27), kennt und die Übeltäter „zermalmt" (Vers 25). All das findet in der Öffentlichkeit statt, „an einem Ort, wo man es sieht" (Vers 26). Soweit spricht Elihu wie seine Freunde. Er hält also an der Gerechtigkeit Gottes fest und daran, dass sie erkannt werden kann. Gott zerschlägt die Frevler (Vers 25–27), das Geschrei der Armen und Gebeugten aber lässt er zu sich kommen (Vers 28). So hatten auch die Freunde gesprochen. Ijob hatte diese Lehre angesichts seiner Situation in Frage gestellt: Er ist arm und gebeugt, hat keine Schuld auf sich geladen, er ruft zu Gott, doch dieser erhört ihn nicht. Angesichts dieser Situation fiel den Freunden im Grunde nichts anderes ein, als die Lehre zu wiederholen, zu bekräftigen und ein wenig zu variieren. Elihu scheint erkannt zu haben, dass das nicht reicht. Den Freunden hält er entgegen: „Keiner hat Ijob widerlegt, keiner von euch ihm zu entgegnen vermocht" (32,12). So versucht er, die Lehre zu begründen und einsichtig zu machen. Er tut dies dadurch, dass er die Einwände gegen sie zurückweist. Die entscheidende Aussage lautet: „Hält er (Gott) sich still, wer spricht ihn schuldig?" (Vers 29) Elihu gesteht also ein, dass Gott nicht immer so handelt, wie es von der Lehre her über ihn zu erwarten wäre, oder, vorsichtiger formuliert: dass Gott nicht immer so zu handeln *scheint*, wie es von der „reinen Lehre" her zu erwarten wäre. Bisweilen, wenn wir ein rettendes oder vernichtendes Eingreifen Gottes herbeisehnen, „hält er still" und „verbirgt sein Antlitz" (Vers 29). Wer aber, so Elihu, vermag ihn in diesem Fall „schuldig zu sprechen" (Vers 29)?

Jetzt wird deutlich, welche Rolle der von Elihu zuvor eingeführte Gottesbegriff spielt. Niemand kann über Gott ein Urteil fällen, niemand kann ihn schuldig sprechen. Denn wäre das der Fall, so wäre Gott nicht Gott, sondern der Mensch, der über ihn richtet. Folglich kann Gott niemals irren (Vers 31). Es gibt nichts, was ein Mensch sehen könnte, nicht aber Gott (Vers 32). Gegenüber allen menschlichen Erwägungen ist Gott unendlich erhaben. Durch Worte, die er Gott in den Mund legt, veranschaulicht Elihu die Erhabenheit und Unverfügbarkeit Gottes: „Denn nicht ist's an Gott, zu sagen: ‚Geirrt habe ich, ich mach's nicht wieder falsch. Was ich nicht sehe, lehre du mich! Tat ich Unrecht, ich will es nicht mehr tun.'" (Vers 31–33) Und an Ijob gerichtet fragt Elihu: „Soll er nach *deinem* Sinn vergelten, weil *du* verwirfst, indem er (Gott) sagt: ‚*Du* musst entscheiden, nicht ich'" (Vers 33). „Verständige Männer" werden das verstehen (Vers 34) und sagen: „Bar des Wissens redet Ijob, und unbedacht sind seine Worte" (Vers 35). Mit seinen „Worten gegen Gott" (Vers 37) hat Ijob gesündigt. Noch ist er nicht zur Einsicht gekommen. Deshalb, so Elihu, „werde Ijob weiter geprüft" (Vers 36). Mit der Aussage von Vers 37 scheint nun auch Elihu, wie die Freunde, anzudeuten, dass Ijob bereits *vor* seinem Leid gesündigt habe. In jedem Fall aber, so Elihu, hat Ijob mit dem, was er *in* seinem Leid gesagt hat, „laut gehöhnt" (Vers 37) und gesprochen „nach der Frevler Art" (Vers 36). Wenn er weiter so uneinsichtig auf sein Leid reagiert, mit dem er doch zur Einsicht kommen sollte (vgl. 33,14–30), dann wird er weiter leiden müssen.

Gott bleibt unberührt (35,1–8)

1 *Dann ergriff Elihu das Wort und sprach:*
2 *Hältst du das für Recht?*
Du hast gesagt: Gerecht bin ich vor Gott.
3 *Ja, du sagst, was es dir nütze:*
Was habe ich davon, dass ich nicht sündige?
4 *Ich will mit Worten dir erwidern*
und deinen Freunden auch mit dir.
5 *Schau den Himmel an und sieh,*
blick zu den Wolken auf hoch über dir!
6 *Hast du gesündigt, was tust du ihm,*
sind zahlreich deine Frevel, was schadest du ihm?
7 *Tust du recht, was gibst du ihm,*
oder was empfängt er aus deiner Hand?
8 *Einen Mann wie dich trifft dein Frevel,*
dein Gerechtsein (nur) den Menschen.

Elihu setzt seine Rede fort, ohne dass sich Ijob zu Wort meldet (Vers 1). Zu Beginn der recht kurz gehaltenen dritten Rede referiert Elihu erneut die Position Ijobs. Er zitiert ihn in den Versen 2 bis 3, um ihn anschließend zu widerlegen (Vers 4–16) – eine für Elihu typische Argumentationsstrategie. Mit zwei Zitaten gibt er sachlich durchaus korrekt Ijobs Position wieder. Zum einen: „Gerecht bin ich vor Gott" (Vers 2), zum anderen: „Was habe ich davon, dass ich nicht sündige?" (Vers 3) Dazu nimmt Elihu im Folgenden Stellung. Aber er möchte nicht nur Ijob „erwidern", sondern auch den Freunden (Vers 4). Wir hatten ja bereits vernommen, dass Elihu auch mit dem, was die Freunde gesagt hatten, nicht zufrieden war: „Ich bin euch aufmerksam gefolgt, doch seht, keiner hat Ijob widerlegt, keiner von euch ihm zu entgegnen vermocht" (32,12). Was hat er nun zu sagen?

„Schau den Himmel an und sieh, blick zu den Wolken auf hoch über dir!" (Vers 5) Mit dieser an Ijob gerichteten Aufforderung soll ihm seine wahre Stellung in der Schöpfung vor Augen geführt werden. Er steht nicht über dem Himmel und über den Wolken, sondern weit unter ihnen. Angesichts des Himmels ist der Mensch klein. „Seh' ich den Himmel, das Werk deiner Finger, Mond und Sterne, die du befestigt: Was ist der Mensch, dass du an ihn denkst, des Menschen Kind, dass du dich seiner annimmst?" (Ps 8,4–5) Ist der Mensch schon angesichts von Himmel und Wolken klein, um wie viel mehr gegenüber dem, „der die Wolken zu seinem Fahrzeug gemacht" (Ps 104,3), der Himmel und Erde erschaffen hat (Gen 1,1). Elihu öffnet Ijob den Blick für die Größe der Schöpfung und will ihn damit zur Einsicht in die Erhabenheit des Schöpfergottes führen. So wird das nun folgende, hochstehende theologische Argument vorbereitet. Mit ihm versucht Elihu, dem Gottesbegriff jede Art von Anthropomorphismus, jede Art menschlich-allzumenschlicher Vorstellungen, die mit dem Begriff „Gott" verbunden werden, auszutreiben: Gott, so Elihu, wird durch das Verhalten der Menschen nicht „berührt". Durch menschliche Sünde wird ihm nichts genommen (Vers 6), durch menschliche Gerechtigkeit wird ihm nichts gegeben (Vers 7). Sünde und Gerechtigkeit wirken sich nur innerweltlich aus: „Einen Mann wie dich trifft dein Frevel, dein Gerechtsein (nur) den Menschen" (Vers 8). Damit geht Elihu auf Ijobs Frage ein: „Was habe ich davon, dass ich nicht sündige?" (Vers 3) Es ist offenbar nicht so, dass das rechte Verhalten eines Menschen Gott nützt – nach der Devise „do, ut des" („ich gebe, damit du gibst"). Und es ist auch nicht so, dass Gott durch das frevlerische Verhalten eines Menschen Schaden zugefügt wird.

Ähnlich hatte bereits Elifas gesprochen: „Kann denn der Mensch Gott nützen? Nein, sich selber nützt der Kluge" (22,2). Es ist nicht ganz klar, ob Elihu das Argument des Elifas lediglich wiederholt, oder ob er es ein wenig abändert. Nach Elifas wirkt sich gutes und böses Handeln auf den Täter selbst aus. Elihus Aussage könnte aber auch so verstanden werden, dass sich sittlich verwerfliches Handeln auf andere, auf die Mitmenschen auswirkt: „Einen Mann wie dich trifft dein Frevel" kann heißen: „Deinen Mitmenschen trifft dein Frevel". Es ist aber auch nicht ausgeschlossen, dass der Ausdruck „einen Mann wie dich" im Sinne von „dich selbst" zu verstehen ist. Entscheidend ist: Das Gute und das Böse, das ein Mensch tut, betrifft den Menschen, nicht Gott. Wenn Gott handelt, wenn er aufgrund menschlicher Taten eingreift, dann tut er es nicht, weil er zuvor berührt, gedrängt oder affiziert wurde. Gott handelt nicht, wie es bei Menschen üblich ist, aus dem Affekt, weil ihm zuvor etwas „gegeben" oder „genommen" wurde. Er handelt souverän und frei.

Keiner fragt: Wo ist Gott? (35,9–16)

9 *Sie schreien über der Bedrücker Menge,*
rufen um Hilfe unter dem Arm der Großen.
10 *Doch keiner fragt: Wo ist Gott, mein Schöpfer,*
der Loblieder schenkt bei Nacht,
11 *der uns mehr lehrt als die Tiere der Erde*
und uns weiser macht als die Vögel des Himmels?
12 *Dort schreien sie über den Hochmut der Bösen,*
doch er antwortet nicht.
13 *Vergeblich, Gott hört es nicht,*
der Allmächtige sieht es nicht.
14 *Nun sagst du, du sähest ihn nicht.*
Das Gericht steht bei ihm, warte auf ihn!
15 *Jetzt aber, da sein Zorn (noch) nicht heimgesucht hat*
und er (noch) nicht so sehr des Frevels achtet,
16 *reißt Ijob sinnlos auf den Mund,*
macht große Worte im Unverstand.

Hatte Elihu im vorangehenden Teil seiner dritten Rede (35,1–8) dargelegt, dass Gott von den Taten der Menschen „unberührt" bleibt, so heißt das nicht, dass er nichts tut. Gott handelt sehr wohl, aber er handelt frei und souverän. Von diesem Gedanken ausgehend versucht Elihu im letzten Teil seiner dritten Rede (35,9–16) das Problem der nicht erhörten Gebete zu lösen. In zwei miteinander verschränkten Anläufen geht er das Thema an: zunächst grundsätzlich (Vers 9–13), anschließend bezogen auf den „Fall Ijob" (Vers 14–16).

Die Unterdrückten, so Elihu, schreien zwar um Hilfe (Vers 9), aber sie richten ihren Hilferuf nicht an Gott: „Keiner fragt: Wo ist Gott, mein Schöpfer?" (Vers 10) Damit löst Elihu das Problem unerhörter Gebete ähnlich wie das in seiner ersten Rede angesprochene Schweigen Gottes: Gott spricht, doch der Mensch überhört ihn (33,14–33), Gott ist bereit zu helfen, doch der Mensch sucht nicht den, der helfen will und helfen kann (Vers 9–14). Das Problem liegt also nicht bei Gott, sondern bei den Menschen. Wer deshalb Gott anklagt, wie Ijob, „macht große Worte im Unverstand" (Vers 16).

Das von Elihu angeführte Argument ist nach vorn hin sehr offen. Auf einer ersten Ebene könnte es so verstanden werden, dass sich die um Hilfe Rufenden nicht an JHWH, den einen, wahren Gott, sondern an andere Götter wenden. Dieser Vorwurf findet sich an vielen Stellen des Alten Testaments. Beim Propheten Jeremia lesen wir: „So spricht der Herr: Was fanden eure Väter Unrechtes an mir, dass sie sich von mir entfernten, nichtigen Göttern nachliefen und so selber zunichte wurden? Sie fragten nicht: Wo ist der Herr? ... Die Priester fragten nicht: Wo ist der Herr? ... Die Propheten traten im Dienst des Baal auf und liefen unnützen Götzen nach" (Jer 2,5–8). Da aber die Gegenüberstellung „JHWH – andere Götter" im Ijobbuch keine Rolle spielt (der Gottesname JHWH kommt in den Elihu-Reden gar nicht vor), eröffnet das von Elihu vorgebrachte Argument ein Verständnis, das in eine andere Richtung führt. Zum einen könnte gemeint sein, dass die Notleidenden ihren Hilferuf *überhaupt nicht* an Gott richten. Zum anderen könnte gemeint sein, dass die Notleidenden ihren Hilferuf nicht *wirklich* an Gott richten. In welche Richtung das Verständnis auch gehen mag, das Problem liegt nach Elihu beim Menschen, nicht bei Gott.

Was Gott anbetrifft, so steht auch für Elihu die überkommene Lehre außer Frage: Er schenkt Loblieder in der Nacht (Vers 10), das heißt: Er rettet aus tiefster Not (vgl. Ex 12–14; Ps 30,6; 90,14). Im Gegensatz zu den Tieren, die schreien, wenn sie Hunger haben (vgl. Ps 147,9; Ijob 38,41), sollten die weitaus klügeren Menschen wissen, dass Gott immer nahe ist (Vers 11; vgl. Ps 119,98).

In den Versen 12 bis 13 beschreibt Elihu noch einmal sehr genau das hier zu erörternde Problem: „Dort schreien sie über den Hochmut der Bösen, doch er (Gott) antwortet nicht. Vergeblich, Gott hört es nicht, der Allmächtige sieht es nicht." Diese Beschreibung trifft auch auf die Lage Ijobs zu. An ihn wendet sich Elihu in den Versen 14 bis 16. Ijob beklagt, dass er Gott nicht wahrzunehmen vermag (Vers 14). Darauf antwortet Elihu mit einem klassischen Argument: Deine Sache ist Gott längst bekannt („das Gericht steht bei ihm"), „warte auf ihn" (Vers 14). Die Ungeduld, die Ijob jetzt an den Tag legt, ist höchst gefährlich (Vers 15–16). Sie zeigt, dass er seine Situation falsch deutet. Elihu versteht Ijobs Leid noch nicht als Heimsuchung des göttlichen Zornes (Vers 15). Durch sein Leid wird Ijob gemahnt und erzogen (vgl. 33,19.30). Wenn er das aber nicht einsieht und annimmt, wenn er „sinnlos den Mund aufreißt und große Worte macht im Unverstand" (Vers 16), weil Gott zögert, dann ist zu erwarten, dass Gottes Zorn ihn aufgrund eines derartigen Frevels endgültig heimsuchen wird.

Durch Leid geprüft (36,1–21)

1 *Dann fuhr Elihu fort und sprach:*
2 *Hab etwas Geduld mit mir, dass ich dich unterrichte,*
denn noch mehr der Worte gibt es für Gott (zu sagen).
3 *Ich beziehe mein Wissen von ferne her,*
meinem Schöpfer verschaff' ich Recht.
4 *Fürwahr, meine Worte sind kein Trug,*
ein Mann umfassenden Wissens steht vor dir.
5 *Sieh, Gott ist gewaltig, er verwirft nicht,*
gewaltig an Kraft und Weisheit.
6 *Den Frevler lässt er nicht am Leben,*
doch den Gebeugten schafft er Recht.
7 *Er wendet seine Augen nicht von dem Gerechten,*
mit Königen auf dem Thron
lässt er sie sitzen auf Dauer, und sie werden groß.
8 *Doch sind in Fesseln sie geschlagen,*
gefangen in des Elends Stricken,
9 *dann legt er ihnen ihre Taten offen dar*
und ihr Vergehen, weil sie stolz geworden.
10 *Er öffnet ihr Ohr zur Warnung,*
fordert sie auf, vom Bösen zu lassen.
11 *Wenn sie hören und (ihm) dienen,*
vollenden sie ihre Tage im Glück,
in Wonnen ihre Jahre.
12 *Hören sie nicht, so fahren sie zum Todesschacht hinab,*
verscheiden im Unverstand.
13 *Ruchlos Gesinnte brechen in Wut aus,*
schreien nicht um Hilfe, wenn er sie gefesselt hat.
14 *Jung schon muss ihre Seele sterben,*
ihr Leben (geht zugrunde) in der Jugend.
15 *Den Geplagten rettet Gott durch seine Plage,*
er öffnet durch Bedrängnis sein Ohr.
16 *Auch dich entreißt er dem Rachen der Bedrängnis,*
in Weite stehst du, nicht in Enge,
voll ist deine Tafel von fetten Speisen.

17 *Doch trifft das Urteil „Frevler" auf dich zu,*
werden Recht und Gericht eintreffen.
18 *Zornglut verleite dich nicht beim Schicksalsschlag,*
und reiches Lösegeld verführe dich nicht.
19 *Wird dein Schreien aus der Not dich führen*
und alle Anstrengungen voll Kraft?
20 *Sehne nicht die Nacht herbei,*
dass Völker aufsteigen an ihrer Stelle.
21 *Hüte dich, wende dich nicht zum Bösen!*
Denn du wirst durch Leid geprüft.

In seiner vierten und letzten Rede (Kap. 36 bis 37) legt Elihu abschließend und zusammenfassend im Angesicht Ijobs seine Theologie und Anthropologie als eine „wahre Lehre ohne Trug" (36,4) dar. Ihre beiden Leitideen sind die unbegreifliche Größe Gottes (36,26) und die dem Menschen eröffnete Möglichkeit, im Leid zu Gott zu finden (36,10–11). Die Argumentationsfigur wird erstmals in 36,5–15 durchgespielt und in 36,16–21 auf den Fall Ijob angewandt.

Zunächst bittet Elihu Ijob um Geduld, „denn noch mehr der Worte gibt es für Gott (zu sagen)" (Vers 2). Tatsächlich holt Elihu im Folgenden weit aus. Seine vierte Rede ist zugleich seine längste. Erneut lässt er theologisches Problembewusstsein erkennen. Tiefergehende theologische Sachverhalte lassen sich in aller Regel nicht in einem Crashkurs vermitteln. Sie zu verstehen, sie geistig und existenziell zu durchdringen, erfordert Zeit und Geduld. Genau darum bittet Elihu. Hinzu kommt, dass er viel weiß: „Ein Mann umfassenden Wissens steht vor dir" (Vers 4). Elihu will sein Wissen aber nicht zur Schau stellen, um selbst groß herauszukommen, er stellt es vielmehr ganz in den Dienst seines Schöpfers: „Meinem Schöpfer verschaff' ich Recht" (Vers 3). Schließlich hat er sein Wissen „von ferne her" bezogen (Vers 3). Vielleicht soll damit angedeutet sein, dass er es von Gott, von seinem Geist (vgl. 32,8) empfangen hat.

Mit Vers 5 beginnt Elihu die inhaltliche Entfaltung seiner Lehre. Ausgangspunkt ist die These von der Größe und Gerechtigkeit Gottes (Vers 5–7). Geraten Menschen in Not, so wird ihnen damit ihr Stolz, der eine Sünde ist, vor Augen geführt (Vers 8–9). Elihu erläutert dies am Beispiel von „Königen auf dem Thron". Grundprobleme des menschlichen Daseins werden im Alten Testament gerne am Beispiel von Königen erläutert – in den Psalmen am Beispiel Davids, im Buch Kohelet am Beispiel „König Kohelets“, im Hohenlied und im Buch der Weisheit am Beispiel Salomos. Könige stehen hoch oben, aber sie können tief fallen. An ihrem Absturz können sie reifen oder zerbrechen. Aus Todesnot wurde David errettet, als er zu Gott um Hilfe schrie (Ps 18). Als der Prophet Natan zu ihm kam, nachdem er sich mit Batseba versündigt hatte, erkannte er all seine bösen Taten: „Gegen dich allein habe ich gesündigt, ich habe getan, was dir missfällt“ (Ps 51,6). Durch Weisheit wird der große Salomo zu der Erkenntnis geführt: „Auch ich bin ein sterblicher Mensch wie alle anderen“ (Weish 7,1). Der von Elihu vorgenommene Vergleich mit Königen ist durchaus passend, da sich Ijob selbst mit einem thronenden König verglichen hatte: „Ich thronte wie ein König inmitten der Schar“ (29,25). Jetzt aber ist er „in Fesseln geschlagen, gefangen in des Elends Stricken“ (Vers 8). Einen Grund für den Absturz gibt Elihu nicht direkt an. Aus dem Zusammenhang kann aber erschlossen werden, dass der Grund des Unheils, in das Gott einen Menschen stürzt, in seiner Selbstgefälligkeit, in seiner Selbstüberschätzung, in seinem Stolz liegen *kann*: Er legt ihnen „ihre Taten offen dar und ihr Vergehen, weil sie stolz geworden“. Eine vergleichbare Erfahrung scheint in Psalm 30,7–8 ausgedrückt zu sein: „Im sicheren Glück dachte ich einst: Ich werde niemals wanken ... Doch dann hast du dein Gesicht verborgen. Da bin ich erschrocken.“ Erneut wird der besondere Akzent deutlich, den Elihu setzt. Der Diagnose der Freunde zufolge stellt sich der Fall Ijob folgendermaßen dar: Ijob hat gesündigt und wird dafür von Gott durch ein schweres Leid bestraft. Nach Elihu scheint es ein wenig anders zu sein: Ijob lebte im Glück, war sich aber seines Glückes zu sicher und wurde stolz. Das war seine Sünde und nicht, wie Elifas gemeint hatte, dass er „Witwen mit leeren Händen weggeschickt und die Arme der Waisen zerschlagen hat“ (22,9). Elihu argumentiert feinsinniger als die drei Freunde.

Für den in Leid gefallenen Menschen gibt es nun zwei Möglichkeiten: Er kann sein Leid als Chance zur Umkehr begreifen (Vers 10). Wenn er dies tut, wird sein Leben im Glück enden (Vers 11). Tut er dies aber nicht, fährt er „zum Todesschacht hinab“ (Vers 12). Gott bewahrt den Menschen also nicht *vor* Krankheit, er rettet ihn *durch* Krankheit, wenn er sich dem rettenden Handeln Gottes nicht

„durch Wut“ (Vers 13) widersetzt: „Den Geplagten rettet Gott durch seine Plage, er öffnet durch Bedrängnis sein Ohr“ (Vers 15). Krankheit und Leid sind Medien des rettenden Handelns Gottes. Für den Menschen kommt es darauf an, das zu erkennen und die damit verbundene Chance zu ergreifen. Ijob läuft Gefahr, diese Zusammenhänge zu verkennen und in der Rebellion gegen Gott zu erstarren (Vers 18). Deshalb Elihus eindringlicher Appell: „Wende dich nicht zum Bösen! Denn du wirst durch Leid geprüft“ (Vers 21).

Gott als Lehrer (36,22–33)

22 *Sieh, groß ist Gott in seiner Macht.*
Wer ist ein Lehrer wie er?
23 *Wer kann ahnden seinen Weg?*
Wer kann ihm sagen: Du tust Unrecht?
24 *Denk daran, sein Werk zu preisen,*
das die Menschen besingen.
25 *Jedermann schaut darauf,*
von ferne nur erblickt es der Mensch.
26 *Sieh, Gott ist groß, nicht zu begreifen,*
unerforschlich ist die Zahl seiner Jahre.
27 *Ja, er zieht die Wassertropfen herauf,*
als Regen ergießen sie sich aus der Flut.
28 *Ihn lassen die Wolken fließen,*
träufeln ihn nieder auf die vielen Menschen.
29 *Wer gar versteht des Gewölkes Schweben,*
den Donnerhall aus seiner Hütte?
30 *Sieh, darüber breitet er sein Licht*
und deckt des Meeres Wurzeln zu.
31 *Ja, mit ihnen richtet er die Völker,*
gibt Speise in reicher Fülle.
32 *Beide Hände bedeckt er mit Licht,*
er befiehlt ihm wie einer, der treffen lässt.
33 *Ihn kündigt an sein Donnerhall,*
wenn er im Zorn eifert gegen den, der sich erhebt.

Gleich im ersten Vers des hier auszulegenden Textes aus der vierten und letzten Rede Elihus begegnen zwei zentrale Gedanken seiner Theologie: die unbegreifliche Größe Gottes und der Gedanke von

Gott als Lehrer. Beide Gedanken hängen miteinander zusammen. Von ihnen ausgehend versucht Elihu, das Ijob-Problem zu lösen.

Nach Ansicht Elihus übt Gott die für einen Lehrer typischen Tätigkeiten aus: Er spricht „zum wiederholten Male" – wird dabei allerdings oft überhört – (33,14), er mahnt und warnt (33,16–19; 36,10), er vermittelt Weisheit (35,11) und erschließt Zusammenhänge, die auf den ersten Blick nicht zu erkennen sind (35,11). All dies tut Gott, um des Menschen Seele „fernzuhalten von dem Grab" (33,18). Der Gedanke von Gott als Lehrer ist auch anderen Büchern der Heiligen Schrift nicht unbekannt: Gott unterweist und belehrt den Bauern, seine Arbeit in rechter Weise zu verrichten (Jes 28,23–29). Er belehrt den Handwerker (Ex 35,34), den Priester, den Leviten (Lev 10,11; 14,57) und den Propheten (Jes 50,4). In künftigen Tagen erwarten die zum Zion pilgernden Völker, dass JHWH sie „lehre von seinen Wegen" (Jes 2,3; Mi 4,2; vgl. Jes 54,13; Joh 6,45). Der Beter der Psalmen bittet: „Lehre mich, Herr, deinen Weg" (Ps 27,11).

Mit der Belehrung durch Gott und Mensch ist aber nach biblischer Überlieferung etwas Weiteres verbunden. Sosehr eine gute Erziehung zu Einsicht und Weisheit führt, so sehr verläuft der Weg dorthin nicht ohne Schmerzen. Wer die mit dem Weg verbundenen Schmerzen vermeiden will, erreicht niemals das Ziel, zu dem der Weg führt. Weisheit ist *auch* ein Joch und eine Last (Sir 6,23–29; 51,26). „Viel Weisheit, viel Kummer, wer Wissen vermehrt, vermehrt den Schmerz" (Koh 1,18). Auch der griechische Dichter Hesiod (um 700 v. Chr.) weiß ein Lied davon zu singen: „Vor das Gutsein haben den Schweiß die unsterblichen Götter dir gesetzt, und lang ist und steil der Pfad, der hinaufführt, und auch rau zu Beginn, doch wenn er die Höhe erreicht hat, leicht ist das Gutsein dann, so schwierig es immer auch sein mag" (Werke und Tage 288–291). Deshalb gilt: „Mein Sohn, verachte nicht die Zucht des Herrn, widersetz dich nicht, wenn er dich zurechtweist" (Spr 3,11). Was also auf lange Sicht guttut, kann vorübergehend wehtun. Auf Ijob bezogen heißt das: Die Anklage Gottes, die Ijob an den Tag legt, ist genau die falsche Haltung. Sie führt nicht weiter. Deshalb warnt Elihu: „Zornglut verleite dich nicht beim Schicksalsschlag" (36,18). Ijob möge die Haltung eines lernwilligen Schülers einnehmen, dann wird alles ein gutes Ende finden, dann wird Gott „auch dich dem Rachen der Bedrängnis entreißen" (36,16). So wie ein guter Schüler manche Phasen des Lernprozesses nicht versteht, sich aber dennoch im Vertrauen auf den Lehrer, der aufgrund seiner Erfahrung die größeren Zusammenhänge durchschaut, auf den Weg des Lernens einlässt und am Ende zu einer beglückenden Einsicht gelangt (vgl. Sir 51,26–30), so möge auch Ijob die Haltung von Rebellion und Widerspruch baldmöglichst auf- und sich vertrauensvoll dem erzieherischen Handeln Gottes hingeben. Denn: „Wer ist ein Lehrer wie er?" (Vers 22)

Der Gedanke von der unbegreiflichen Größe Gottes, den Elihu in den Versen 24 bis 33 mit Hilfe von Naturerscheinungen erläutert, soll Ijob also nicht erschrecken; er soll Vertrauen stiften. Auch wenn wir vieles in der Natur nicht verstehen (Vers 29), so leben wir doch von ihrer sinnvollen Ordnung – so die Auskunft Elihus. Gott gibt Speise in reicher Fülle (Vers 31), er lässt regnen aus den Fluten oberhalb des Himmels (Vers 27–28), seinen Donner bietet er auf gegen den, „der sich erhebt" (Vers 33). So ist nur allzu verständlich, dass die Menschen Gottes Werk besingen (Vers 24). Wird auch Ijob einstimmen können in den Lobpreis der Schöpfung (Vers 24), oder wird er sich zu denen gesellen, die sich gegen Gott erheben?

Wunder der Schöpfung (37,1–13)

1 *Darum erbebt mein Herz gar sehr,*
pocht erregt an seiner Stelle.
2 *Hört, hört das Tosen seiner Stimme,*
das Grollen, das seinem Mund entfährt.
3 *Unter dem ganzen Himmel lässt er es los*
und sein Licht(-Blitz) über die Säume der Erde.
4 *Hinter ihm dröhnt die Stimme,*
er donnert mit seiner erhabenen Stimme.
Nicht hält er (die Blitze) zurück,
wenn seine Stimme gehört wird.
5 *Gott dröhnt mit seiner Stimme, wunderbar,*
er schafft große Dinge, wir erkennen sie nicht:
6 *Dem Schnee befiehlt er: Fall zur Erde!,*
dem Regenschwall, seinen mächtigen Güssen.
7 *In seiner Macht schließt er alle Menschen ein,*
so dass ein jeder sein Tun erkennt.

8 *Die Tiere verkriechen sich in ihr Versteck,*
sie lagern in ihren Höhlen.
9 *Aus der Kammer kommt der Sturm hervor,*
von den Winden des Nordens die Kälte.
10 *Durch Gottes Hauch entsteht das Eis,*
liegt starr des Wassers Fläche.
11 *Auch belädt er die Wolken mit Nass,*
streut umher die Wolke seines Lichts.
12 *Sie bewegt sich hin und her, wie er sie lenkt,*
um alles, was er gebietet,
zu wirken auf dem Erdenrund,
13 *sei es als Zuchtrute für seine Erde,*
sei es als Erweis seiner Huld –
so lässt er es eintreffen.

Die unbegreifliche Größe Gottes (36,26) und die dem Menschen eröffnete Möglichkeit, im Leid zu Gott zu finden (36,10–11), sind die beiden Leitideen von Elihus großer Abschlussrede. Um beiden Ideen Nachdruck zu verleihen, werden sie in zwei Durchgängen (36,1–21 und 36,22–37,24) durchgespielt. Wir befinden uns mit dem hier auszulegenden Text im zweiten Durchgang. Der Schwerpunkt ruht jetzt auf der Schöpfungstheologie. In den Wundern der Natur zeigt sich die unbegreifliche Größe des Schöpfergottes. Geradezu erregt und erschüttert (Vers 1) vernimmt Elihu in Donner und Blitz die „Stimme Gottes" (Vers 2–5). Religionsgeschichtlich gesehen, wird hier eine religiöse Ursprungserfahrung berührt. Der Religionsphilosoph Rudolf Otto (1869–1937) spricht in diesem Zusammenhang vom *mysterium tremendum et fascinans*, vom erschütternd-anziehenden Geheimnis. In Donner und Blitz und dunklem Gewölk steigt JHWH auf den Berg Sinai herab und lässt seine Stimme ertönen. Das Volk zittert und hält sich in der Ferne auf (Ex 19–20).

Elihu beschreibt Naturerscheinungen, die sein Herz erbeben lassen. Gewitter treten in Palästina gewöhnlich in den Wintermonaten auf. So kommt er nach breiter Schilderung von Blitz und Gewitter in Vers 6 auf den Einbruch des Winters mit Schnee und schweren Regenfällen zu sprechen. In den Versen 7 bis 8 beschreibt er die Folgen des hereinbrechenden Winters: Gott schließt in seiner Macht die Menschen in ihren Häusern ein (Vers 7), die Tiere verkriechen sich in ihr Versteck (Vers 8), Sturm und Kälte brechen herein (Vers 9), Wasser erstarrt zu Eis (Vers 10). Mensch und Tier sind höheren Mächten ausgeliefert. Ursprünglich religiöses Empfinden sieht in den überwältigenden Kräften der Natur Götter am Werk. Elihu, ganz in der biblischen Tradition stehend, vernimmt in ihnen eine einzige Macht, die Macht Gottes. Sie steuert die Kräfte der Natur, den einen zur Zucht, den anderen zur Huld (Vers 13).

Was hier in hochpoetischer Form zur Sprache kommt, ist auch dem modernen Menschen gar nicht so fremd, wie es zunächst scheinen mag. Nach wie vor finden nicht wenige Menschen über die Natur einen Zugang zum Göttlichen. Wenn sie, befreit von der Oberflächlichkeit einer wissenschaftlichen „Erklärung", Naturerscheinungen unmittelbar auf sich wirken lassen, kann plötzlich oder auch allmählich in der Wahrnehmung eine Veränderung stattfinden, bei der sich das menschliche Bewusstsein für etwas öffnet, das über das hinausgeht, was in der liebgewordenen Enge einer alltäglichen Sicht gewöhnlich vernommen wird. Sie kann Menschen erschüttern und verwandeln und sie auf etwas hin öffnen, das mehr ist als Mensch und Natur. Gänzlich unbefangen spricht Elihu vom Hauch Gottes, aus dem das Eis entsteht (Vers 10), vom Schnee, dem *er* befiehlt, von Wolken, die *er* mit Nass belädt (Vers 11).

Gleichwohl zeigt sich in den Erfahrungen der Natur eine Ambivalenz, eine Uneindeutigkeit, die auch Elihu nicht verschweigt: Einerseits vernehmen wir in der Natur Gottes Stimme und sehen die von ihm geschaffenen „großen Dinge", andererseits „erkennen wir sie nicht" (Vers 5). Die Wahrnehmung bewegt sich in der Spannung von Erkennen (Vers 7) und Nicht-Erkennen (Vers 5). Der aufmerksame Leser fühlt sich an das Geschehen am Sinai erinnert. Dort hört das Volk, *dass* Gott spricht, es versteht aber nicht, *was* er spricht. Erst die Deutung des Propheten (Mose), der sich dem herabsteigenden Gott in der Wolke nähern darf, erschließt dem Volk, das nur „von ferne hört", den Sinn und Gehalt der göttlichen Worte. Erst am Ende seiner Rede deutet auch Elihu, der sich als prophetisch inspiriert versteht (vgl. 32,6–22), die ihm eingegebenen Worte: „Den Allmächtigen ergründen wir nicht ... Darum sollen die Menschen ihn fürchten" (37,23–24).

Gott fürchten (37,14–24)

14 *Hör dir dies an, Ijob!*
Stell dich hin, und wende deine Aufmerksamkeit den Wunderwerken Gottes zu!
15 *Weißt du, wie Gott ihnen Auftrag gibt,*
dass das Licht seines Gewölks strahlend sichtbar wird?
16 *Weißt du um der Wolke Schweben,*
um die Wunderwerke vollkommenen Wissens?
17 *Du, dem die Kleider vor Hitze glühen,*
wenn die Erde unter dem Südwind liegt,
18 *breitest du mit ihm die Wolkendecke aus,*
fest wie ein gegossener Spiegel?
19 *Lehre du uns, was wir ihm sagen sollen!*
Wir können wegen des Dunkels nichts vorbringen.
20 *Würde es ihm erzählt, wenn ich redete?*
Wenn jemand spricht, wird es ihm mitgeteilt?
21 *Nun, man kann das Licht nicht sehen,*
das durch Wolken verdunkelt wird.
Ein Wind geht vorüber und fegt sie rein,
22 *da naht sich von Norden her ein goldener Schein,*
um Gott her ist schreckliche Herrlichkeit.
23 *Den Allmächtigen ergründen (finden) wir nicht,*
er ist erhaben an Macht und Recht,
die Fülle der Gerechtigkeit beugt er nicht.
24 *Darum sollen die Menschen ihn fürchten.*
Keinen der Weisen schaut er an.

Mit dem hier auszulegenden Text kommen die Reden Elihus an ihr Ende. Sprachlich und von den verwendeten Bildern her gesehen sind seine Ausführungen nicht immer leicht zu verstehen. Bevor auf Einzelheiten einzugehen ist, soll ihr Grundgedanke erörtert werden. Es geht um die rechte Balance von Theorie und Praxis in Glaubenssachen. Bis zu einem gewissen Grad kann Gottes Tun erkannt (37,7), kann seine Stimme in den Werken der Natur vernommen werden (37,2). Aber es bleibt ein Rest, der sich dem menschlichen Verstehen entzieht (37,5). So gesehen kann Elihu sagen: „Den Allmächtigen finden wir nicht“ (Vers 23). Die Frage, die sich nun stellt, lautet: Wie ist dieser Rest „aufzufüllen“? Elihus Antwort: Nicht durch weiteres Nachdenken, sondern durch Gottesfurcht (Vers 24). Der biblische

Ausdruck „Gott fürchten" ist angemessen wiederzugeben mit „glauben". „Glauben" meint hier aber nicht ein „Für-wahr-Halten" von dem, was man nicht finden kann, sondern ein existentielles Sich-Ausrichten auf den, der sich einem endgültigen Zugriff entzieht. Die Alternative, die sich hier auftut, hält Elihu sehr schön in seinen beiden Schlusssätzen fest: „Keinen der Weisen schaut er (Gott) an" (Vers 24b). Mit dieser Aussage behält Elihu Recht. Gott gibt sich den drei Freunden, die sich zu den Weisen rechnen (vgl. 5,27; 12,2–3.12; 13,2–5; 15,9–10; 32,13), nicht zu erkennen. Er schaut sie nicht an, er lässt sich nicht sehen. Im Grunde kann er es auch nicht, da sie ihn nicht sehen *wollen*. Und sie wollen ihn nicht sehen, da sie meinen, alles über ihn zu wissen. Die drei Freunde füllen den „Rest" durch ihr vermeintliches, durchaus rechtgläubiges Wissen auf. Damit gehen sie der Begegnung mit dem lebendigen Gott aus dem Weg. Dem entspricht, dass sie in all ihren Reden nur *über* Gott, niemals *zu* ihm sprechen. So sieht auch Elihu sich genötigt, sie zu tadeln (32,9–16).

Wie sieht es mit Ijob aus? Bei ihm ist die Sache noch offen. Nach Elihus Ansicht besteht auch bei ihm die Gefahr, dass er sich ebenfalls in einem vermeintlichen, diesmal aber wohl als nicht rechtgläubig anzusehenden Wissen verfängt. Hier setzt Elihu mit seinen Warnungen an (33,12–13.31–33; 34,34–37; 35,15–16). Gleichwohl ist Ijob in den Augen Elihus noch kein „hoffnungsloser Fall" (36,21). Im Unterschied zu den Freunden hatte er sich schon früh direkt an Gott gewandt (vgl. 7,7.12–21). Seine Ausrichtung auf Gott wird im Laufe der Auseinandersetzung immer stärker. Am Ende wendet er sich ganz von seinen Freunden ab und wirft sich mit allen Fasern seiner Existenz, mit seiner ganzen Biographie, seiner Vergangenheit (Kap. 29), seiner Gegenwart (Kap. 30) und seiner noch völlig ungewissen Zukunft (31,35–40) Gott entgegen. So fürchtet er Gott, obwohl er ihn nicht versteht. Auch wenn es zunächst in eine andere Richtung zu laufen schien – man beachte den Vorwurf des Elifas: „Du brichst sogar die (Gottes-)Furcht, zerstörst das andächtige Besinnen vor Gott" (15,4) –, aufs Ganze gesehen bestätigen die Dialoge das, was bereits der Erzähler zu Beginn über Ijob gesagt hatte: „Dieser Mann war untadelig und rechtschaffen, gottesfürchtig und dem Bösen fern" (1,1). Darauf spielt Elihu an, wenn er sagt: „Darum sollen die Menschen ihn (Gott) fürchten" (Vers 24a).

Im letzten Teil der Abschlussrede Elihus (37,14–24) geht es vom Grundgedanken her um das rechte Verhältnis von Theorie und Praxis im Glauben. Elihu versucht, Ijob über die Wahrnehmung der Schöpfung zu dieser Einsicht zu führen. Höchst beachtenswert ist sein Einstieg: „Stell dich hin, und wende deine Aufmerksamkeit den Wunderwerken Gottes zu!" (Vers 14) Das hebräische Wort *amad* kann auch mit „Bleib stehen!" übersetzt werden. Die Einheitsübersetzung schreibt „Steh still!". Gemeint ist ein Innehalten, eine Unterbrechung des unbedachten Daherlaufens.

Ziel des Innehaltens ist es, die Aufmerksamkeit zu sammeln und neu auszurichten. Worauf soll Ijob achten? Auf die Wunderwerke Gottes (Vers 14)! Im Folgenden hilft Elihu Ijob gleichsam mit einer geführten Wahrnehmung, die Werke Gottes zu schauen (Verse 15–18). Dabei wird deutlich: Das, was er sieht, kann er nicht bis ins Letzte ergründen. So könnte Ijob die ironisch gemeinte Aufforderung Elihus „Lehre du uns, was wir ihm (Gott) sagen sollen!" wohl nur mit einem „Ich kann es nicht" beantworten. Erneut zeigt sich, dass Elihu in Form und Inhalt seiner Worte auf die Gottesreden vorbereitet.

Das wird auch im Folgenden deutlich. Elihu beschreibt eine Theophanie, eine Gotteserscheinung. Zunächst ist das Licht noch nicht zu sehen, da es durch Wolken verdunkelt wird (Vers 21) – eine unüberhörbare Anspielung auf Ijobs Leben in der Finsternis (vgl. 17, 13–16). Fegt aber ein Wind den Himmel rein, dann naht sich von Norden her, vom Götterberg (vgl. Jes 14,13; Ps 48,2–3), ein goldener Schein, und „um Gott her ist schreckliche Herrlichkeit" (Vers 22).

Genau an dieser Stelle bricht Elihu seine Beschreibung ab und sagt: „Den Allmächtigen finden wir nicht" (Vers 23a). Wir „finden" Gott nicht, *obwohl* er sich zeigt, genauer: *weil* er sich zeigt. Hier kommt sehr schön die personale Struktur des biblischen Gottesglaubens in den Blick. Man kann einen Menschen „nicht finden", weil er sich versteckt hält. Man kann aber auch einen Menschen „nicht finden", *weil* er sich zeigt, *weil* er sich mitteilt, *weil* er sich zu erkennen gibt. „Nicht finden" meint dann: ihn nicht endgültig fassen und „stellen" können. Gott kann nicht wie ein Dieb im Versteck gefunden und „gestellt" werden. „Nicht finden" ist, so gesehen, etwas unendlich

Schönes und Wertvolles, die innere Dynamik von Freundschaft und Liebe. Liebe erfordert ein gewisses Maß an „Nicht-Wissen", an „Nicht Finden", ein „Nicht-Wissen" freilich, das nicht aus Unkenntnis herrührt, sondern aus der Offenheit für das, was sich je und je neu zeigt.

Das „gelehrte Nichtwissen" – von Nikolaus von Kues (1401–1464) *docta ignorantia* genannt – ist die dem biblischen Gott angemessene Haltung. Bei den Freunden fehlt die *ignorantia*, das Nicht-Wissen. Und so bleiben sie in ihrer vermeintlichen Gelehrsamkeit Gott fern. Elihu versucht, zwischen Wissen und Nicht-Wissen die rechte Balance zu halten. Er tadelt die Freunde und ermahnt Ijob.

Wie sind Elihus Reden abschließend zu bewerten? Sie werden in der Forschung sehr unterschiedlich beurteilt. Einige halten ihn für einen eitlen Schwätzer, andere für einen hochstehenden Theologen. Unklar ist auch, welches Urteil das Buch über ihn fällt. Auffallend ist, dass Elihu am Ende nicht – wie die Freunde – von JHWH getadelt wird. Er wird gar nicht mehr erwähnt. Das könnte damit zusammenhängen, dass seine Reden dem Buch später hinzugefügt wurden. Hat ein Redaktor dies getan, weil er der Ansicht war, die von Elihu vertretene Theologie sei eine angemessene, menschliche „Antwort" auf das von Ijob aufgeworfene Problem? Oder soll auch Elihus Theologie, die in der Tat reflektierter und schärfer ansetzt als die der drei Freunde, von der Gesamtgestalt des Buches (indirekt) verworfen oder zumindest doch relativiert werden?

Bedenkenswert erscheint das Urteil Gregors des Großen (540–604). Was Elihu sagt, so Gregor, sei inhaltlich zwar richtig, aber er selbst sei arrogant („Per Heliu ... persona uniuscuiusque arrogantis exprimitur"). Von dieser Sorte, so der Heilige, gibt es auch viele in der Kirche: „Wegen der Wahrheit ihres Glaubens sind sie in ihr, aber wegen ihres Hochmutes sind sie unannehmbar" (Moralia in Iob, Praefatio 19). So könnte man vielleicht sagen: Elihu ist ein spiritueller Lehrer, der Treffendes und Wahres sagt, der Ijob auf die Begegnung mit Gott vorbereitet, der aber auch selbst nicht frei von Schattenkräften ist.

Vom Glauben zum Schauen (Ijob 38–42,6)

JHWH antwortet (38,1)

> *38,1 Da antwortete JHWH dem Ijob aus dem Wettersturm und sprach.*

Endlich antwortet Gott. Doch genau besehen antwortet nicht „Gott“ *(älohim)*, sondern „JHWH“ – von der Einheitsübersetzung gewöhnlich mit „der Herr“ (Vulgata: *Dominus*) wiedergegeben. Vielleicht findet sich in diesem oft kaum beachteten Wechsel von der Gottesbezeichnung zum Gottesnamen schon ein erster Hinweis auf eine „Lösung“ des Problems. Der Nichtisraelit Ijob schreit nach Gott, nach dem Allmächtigen, doch es antwortet JHWH. Im Dialogteil werden – von einer Ausnahme abgesehen (12,9) – durchgehend die Gottesbezeichnungen *el, äloach* („Gott“) und *schaddaj* („Allmächtiger“), einige wenige Male auch *älohim* („Gott“), verwendet. In 38,1 erscheint nach dem Prolog (und der geprägten Wortverbindung „Hand JHWHs“ in 12,9) erstmals wieder der Name des Gottes Israels: JHWH. Wer das Ijobbuch im Kontext der Heiligen Schrift liest, fühlt sich an Ex 3,14 erinnert. Dort nennt Gott auf die Frage des Mose die Bedeutung seines Namens: „Ich werde sein, wer immer ich sein werde.“ Gott sagt sein Dasein zu („ich werde sein“), lässt aber das Wie dieses Seins offen („wer immer ich sein werde“). Darin kommt der Kern biblischer „Gotteserfahrung“ zur Sprache: Gottes Wesen ist Da-Sein, aber dieses Da-Sein ist unverfügbar. Gott ist gegenwärtig, aber seine Gegenwart ist dem menschlichen Auge bisweilen verborgen.

Hier klingt das Thema von Anwesenheit und Abwesenheit Gottes an, von seinem Offenbar- und Verborgensein. Ijob hatte angesichts seines und der Menschen Leid das Schweigen und die Abwesenheit Gottes beklagt und erlitten. Gott, so seine Wahrnehmung, war „nicht da“. Er war für ihn unauffindbar: „Geh’ ich nach Osten, so ist er nicht da, nach Westen, so merke ich ihn nicht, nach Norden, sein Tun erblicke ich nicht; bieg’ ich nach Süden, sehe ich ihn nicht“ (23,8–9). Gott schweigt. Er achtet nicht auf das Flehen der Gebeugten (vgl. 24,12). Vor dem Hintergrund dieser Wahrnehmung tritt nun eine Änderung ein. JHWH spricht. Er antwortet. War er bisher abwesend? Kommt er in seinem Sprechen zu Ijob als jemand, der bisher nicht „da" war? Der Text lässt diese Fragen offen. Die Elihu-Reden hatten allerdings gezeigt, dass jemand anwesend sein kann, ohne etwas zu sagen (vgl. 32,6–7).

Mit seiner Antwort erfüllt JHWH Ijobs Verlangen. Dieser hatte gesagt: „Gäbe es doch einen, der mich hört! Der Allmächtige antworte mir!" (31,35) JHWH hat also sehr wohl Ijobs Klage gehört. So gesehen war er „da". Aber er hatte sich bisher nicht zu erkennen gegeben, er hatte sich nicht kundgetan. Oder hatte Ijob – wie Elihu unterstellt (33,14–33) – Gottes verborgenes Sprechen nicht wahrgenommen?

Auf der Ebene der Erzählung jedenfalls geschieht nun etwas Neues. JHWH antwortet „aus dem Wettersturm". Der Wettersturm (gemeint ist wohl ein starker Wind, ein Sturmwind, der Schiffe in Seenot bringen kann, vgl. Jona 1,4; 2 Kön 2,11) begegnet häufig in Texten, die ein Kommen Gottes, eine Theophanie, schildern. Kosmische Erschütterungen zeigen an, dass die gewohnte Weltsicht (zumindest vorübergehend) zusammenbricht, wenn die Gottheit erscheint. Nach biblischer Überlieferung ist Gottes Kommen allerdings nicht an solche Erscheinungen gebunden. Am Berg Horeb erscheint JHWH dem Elija weder im Sturm, noch im Erdbeben, noch im Feuer, sondern in einer „Stimme verschwebenden Schweigens" – wie Martin Buber übersetzt (1 Kön 19,11–13). Ähnlich verweist Elihu auf das von Menschen oft überhörte Sprechen Gottes im Traum und im Schmerz (33,14–33). Von 38,1 her gelesen nimmt sich die erste Elihu-Rede wie eine Kritik an der Vorstellung außergewöhnlicher Gotteserscheinungen aus: „Denn einmal redet Gott und zweimal, man achtet nicht darauf: Im Traum, im Nachtgesicht, wenn tiefer Schlaf die Menschen überfällt, im Schlummer auf dem Lager, da öffnet er der Menschen Ohr" (33,14–16). Am Ende seiner Ausführungen spricht aber auch Elihu von einer Theophanie, von einem Kommen Gottes in „schrecklicher Herrlichkeit" (37,22). Verglichen mit anderen Texten des Alten Testaments, in denen die Begleitumstände einer Theophanie breit erzählt werden (vgl. Jes 29,6; Ez 1; Ps 18,8–20; 77,14–21; 97,2–6), klingt in Ijob 38,1 eine solche Vorstellung nur noch von ferne mit an. Die Angabe „aus dem Wettersturm" signalisiert im Grunde nur, dass das Sprechen JHWHs nicht auf gleicher Ebene wie das Sprechen Ijobs und seiner Freunde anzusiedeln ist. Niemand von ihnen hatte „aus dem Wettersturm“ gesprochen. JHWH tut es. Mit ihm meldet sich eine andere Seite der Wirklichkeit zu Wort.

Befreiendes Nichtwissen (38,1–7)

1 *Da antwortete JHWH dem Ijob aus dem Wettersturm und sprach:*
2 *Wer ist es, der den Ratschluss verdunkelt*
mit Gerede ohne Einsicht?
3 *Auf, gürte deine Lenden wie ein Mann:*
Ich will dich fragen, du belehre mich!
4 *Wo warst du, als ich die Erde gegründet?*
Sag es denn, wenn du Bescheid weißt.
5 *Wer setzte ihre Maße? Du weißt es ja.*
Oder wer hat die Messschnur über ihr gespannt?
6 *Worauf sind ihre Pfeiler eingesenkt?*
Oder wer hat ihren Eckstein gelegt,
7 *als alle Morgensterne jauchzten,*
als jubelten alle Gottessöhne?

Über die Bedeutung der Gottesreden wird viel gerätselt. Nicht wenige Ausleger halten sie für unbefriedigend. Soll das die Lösung des Ijob-Problems sein, wenn JHWH seinem leidenden Knecht eine Belehrung über Meteorologie und die Welt der Tiere erteilt? Felix Gradl, dem wir einen ansprechenden Kommentar zum Ijobbuch verdanken, schreibt bezüglich der Gottesreden: „ ... bei aller Sympathie für solche Gedankengänge bleibt der ungute Geschmack des billigen Trostes zurück. Eine solche Rede mag eine wohltuende Wirkung auf Menschen ausüben, denen es im Wesentlichen gut geht, sie mag vorhandenes Vertrauen stärken und festigen. Aber genügt sie für den Fall Ijob?“ (Das Buch Ijob, Stuttgarter Kommentar, Altes Testament, Stuttgart 2001, 323–324)

In der uns heute vorliegenden Gestalt des Ijobbuches finden sich, wenn man von 40,1–2 einmal absieht, zwei Gottesreden (in 38,1–40,2 und in 40,6–41,26). Durch das Prinzip der Doppelung wird die Bedeutung des Geschehens betont. Der Schlüsselsatz zum Verständnis der ersten Gottesrede liegt in Vers 2 vor: „Wer ist es, der den Ratschluss verdunkelt mit Gerede ohne Einsicht?" Die rhetorische Frage kann im vorliegenden Zusammenhang nur auf Ijob zielen. Der „Ratschluss" verweist hier auf den Ratschluss *Gottes*. Gemeint ist der Plan, den Gott in und mit der Welt verwirklicht. In der Heiligen Schrift ist oft vom Ratschluss und vom Plan Gottes die Rede: „Der Ratschluss des Herrn bleibt ewig bestehen, die Pläne seines Herzens überdauern die Zeiten" (Ps 33,11). Immer wieder wird Gottes Plan verkannt und vergessen – von den Völkern (Mi 4,12), aber auch von Israel (Ps 106,13; 107,11). Im Zusammenhang des Ijobbuches könnte man hier durchaus von einer göttlichen Weltordnung sprechen. Diese, so der weitere Textverlauf, sei verdunkelt worden „mit Gerede ohne Einsicht". Damit wird gesagt, dass Ijob, was den Plan Gottes anbetrifft, „ohne Einsicht" gesprochen habe. Inhaltlich wird damit ein zentraler Vorwurf Ijobs aufgegriffen. Dieser hatte vor allem zu Beginn seiner Klage, ausgehend von seinem Leid, behauptet, die Erde sei ein Chaos. Sie sei verdunkelt. Und er hatte den dringenden Wunsch ausgesprochen, das Dunkel der Welt möge das wenige Licht, das ihr gegeben sei, ein für alle Mal hinwegraffen (3,4–10). „Warum schenkt er dem Elenden Licht und Leben denen, die verbittert sind? Sie warten auf den Tod, der nicht kommt, sie suchen ihn mehr als verborgene Schätze" (3,20).

Im Folgenden stellt Gott Fragen. Damit greift er einen Vorschlag auf, den Ijob selbst in seiner Not unterbreitet hatte: „Dann rufe, und ich will Rede stehen, oder ich rede, und du antworte mir" (13,22). Ijob soll nicht etwas äußerlich Mitgeteiltes, ohne es zu verstehen, annehmen, sondern das von JHWH Gesagte und Gefragte in seiner Sinnhaftigkeit innerlich nachvollziehen. Zu einer solchen Form aktiven Verstehens fordert Gott ihn mit den Worten: „Auf, gürte deine Lenden wie ein Mann!" (Vers 3a), heraus. Der Prozess des Verstehens, den Ijob im Folgenden durchläuft, ist in gewisser Weise auch ein Kampf. Das Wortfeld „Wissen" spielt in unserem Text eine entscheidende Rolle. In den Versen 2 bis 4 kommen allein fünf Mal Worte vor, die zum Wortfeld Wissen und Erkenntnis gehören.

Der weitere Gesprächsverlauf aber zeigt zunächst, dass Ijob die Fragen, die JHWH ihm stellt, gar nicht beantworten kann: „Wo warst du, als ich die Erde gegründet? Sag es denn, wenn du Bescheid weißt“ (Vers 4). Diese und die weiteren Fragen kann Ijob nur mit einem „Ich weiß es nicht“ oder mit einem „Ich war es nicht“ beantworten. Ijob hatte also aus einem Wissen heraus gesprochen, das in Wahrheit gar kein Wissen war. JHWH führt ihm dies vor Augen. Er zeigt ihm sein Nicht-Wissen. Das ist die entscheidende Erkenntnis, zu der Ijob in den Gottesreden geführt wird: sein Nicht-Wissen zu erkennen. Dieser Prozess braucht Zeit. Wer sich über die Länge der Gottesreden beklagt, hat offensichtlich noch nicht die Erfahrung gemacht, wie schmerzhaft und langwierig es sein kann, von (vermeintlichem) Wissen befreit zu werden. Alles muss durchgegangen werden, gleichsam die ganze (Lebens-)Welt. So stellt JHWH im ersten Teil der ersten Rede (38,4–38) vierzig rhetorische Fragen. Sie behandeln zehn Themen aus dem Bereich der Schöpfung, von der Gründung der Erde bis zu Regen und Blitz. Der Symbolwert der Zahlen (4 x 10: eine sich in alle vier Himmelsrichtungen erstreckende Totalität) soll hier offensichtlich Vollständigkeit signalisieren. In Bezug auf Gott scheint alles Wissen vermeintlich zu sein.

Der Gang durch die Welt (des Wissens) beginnt in den Versen 4 bis 7 mit der Gründung der Erde. Da Ijob bei der Gründung der Erde noch gar nicht lebte, fehlt ihm jede Einsicht in den Plan, nach dem „ihre Maße festgesetzt wurden“ (Vers 5). Aus einem solchen, das Ganze der Welt betreffenden Wissen heraus aber hatte er gesprochen. Nun zeigt sich, dass es gar kein wahres Wissen war.

So wird Ijob durch die Fragen der Gottesreden nach und nach von einer Täuschung befreit. Am Ende sieht er ein: „So habe ich im Unverstand geredet über Dinge, die zu wunderbar für mich und unbegreiflich sind“ (42,3). Durch Erkenntnis seines Nichtwissens wird Ijob dazu geführt, Gott zu schauen (42,5).

So deutet sich bereits zu Beginn der Gottesreden an, dass Gott Ijobs Not nicht dadurch wendet, dass er ihn einfach zu sich nimmt, ihn tröstet und heilt. Gott fordert Ijob zu einem „Kampf der Erkenntnis“ (Vers 2–3) heraus, zu einer harten, aber erlösenden Reinigung des Bewusstseins.

Buch der Schöpfung (38,8–15)

8 *Wer verschloss das Meer mit Toren,*
als schäumend es dem Mutterschoß entquoll,
9 *als Wolken ich zum Kleid ihm machte,*
ihm zur Windel dunklen Dunst,
10 *als ich ihm ausbrach meine Grenze,*
ihm Tor und Riegel setzte
11 *und sprach: Bis hierher darfst du und nicht weiter,*
hier muss sich legen deiner Wogen Stolz.
12 *Hast du je in deinem Leben dem Morgen geboten,*
der Morgenröte ihren Ort bestimmt,
13 *dass sie der Erde Säume fasse*
so dass die Frevler von ihr abgeschüttelt werden?
14 *Sie wandelt sich wie Siegelton,*
die Dinge stehen da wie ein Gewand.
15 *Den Frevlern wird ihr Licht entzogen,*
zerschmettert der erhobene Arm.

Der Weg zu Gott führt über das rechte Verständnis der Welt. Für Ijob, so hatten wir gesehen, war die Welt zutiefst unverständlich geworden. Einen Gott konnte er in ihr nicht mehr finden (vgl. 23,8). Gleichwohl bleibt seine Sehnsucht, dem lebendigen Gott zu begegnen. Diese Sehnsucht wächst mit zunehmender Not.

Nun spricht Gott. Aber er spricht nicht über sich, sondern über die Welt. Er führt Ijob, der nach *ihm* gerufen hatte, in die Wahrnehmung der Welt. Dieser Vorgang ist theologisch und spirituell höchst bedeutsam. Er erinnert an die Lehre von den zwei Büchern. Für den „Menschen am Anfang“ war die Schöpfung ein offenes Buch, das unüberhörbar von Gott kündete. Der Mensch konnte es mit Leichtigkeit lesen. Es war ihm ein sicherer Führer zu Gott. Erst durch den Sündenfall wurden Sinne und Erkenntniskraft des Menschen so getrübt, dass er die Zeichen Gottes in der Schöpfung nicht mehr entziffern konnte. Zwar liegt das Buch der Schöpfung noch immer aufgeschlagen vor ihm, doch der gefallene Mensch vermag es nicht mehr zu lesen. Er klammert sich an die Dinge, weil er nicht mehr weiß, dass sie Zeichen sind, die auf Gott verweisen. Daher bedurfte der Mensch eines zweiten Buches, des Buches der Heiligen Schrift. Dieses Buch reinigt des Menschen Herz und Verstand, damit er jenes ursprüngliche Buch der Schöpfung wieder unverstellt lesen kann (vgl. Bonaventura, Das Sechstagewerk XIII,12).

Nach diesem Modell lassen sich die Fragen verstehen, die Gott stellt. Mit ihnen hilft er Ijob, die Welt (wieder) in ihrem sinnstiftenden Verweis auf Gott wahrzunehmen. Ijob war nicht (mehr) in der Lage, das Buch der Welt in rechter Weise zu lesen. Er hatte sich eine Lesart angeeignet, die „den Plan (der Welt) verdunkelt mit Gerede ohne Einsicht" (38,2). Dieses falsche Wissen wird nun Stück für Stück abgebaut. Die vom göttlichen „Frage-Wort" geführte Wahrnehmung der Welt befreit Ijob von einer lähmenden Täuschung und führt ihn am Ende zur erlösenden Gottesschau (42,5).

Das geht nicht in kurzer Zeit. Alle Bereiche der Welt müssen – unter Führung des göttlichen Wortes – angeschaut werden. In den Versen 4 bis 7 ging es um die Gründung der Erde. Nun richtet sich in den Versen 8 bis 11 die Aufmerksamkeit auf „das Meer mit seinen Toren". Das Meer wird in der alttestamentlichen Tradition als bedrohlich empfunden. Das bei seinem Anblick vernommene Wunder besteht für den biblischen Menschen vor allem darin, dass Gott der Leben bedrohenden Macht des Meeres eine Grenze gesetzt hat (vgl. Ps 104,9): „Bis hierher darfst du und nicht weiter, hier muss sich legen deiner Wogen Stolz" (Vers 11).

In den Versen 12 bis 15 geht es um die Morgenröte und den Anbruch eines neuen Tages. Erneut kommt die Grenze zwischen dem Leben und seiner Bedrohung, zwischen Licht und Finsternis in den Blick. *Schachar*, die Morgenröte, war in der Religion Altsyriens eine Gottheit. In unserem Text wird ihr von JHWH ein „Ort bestimmt" (Vers 12). Nach leiddurchtränkter Nacht ruft der Beter des Psalms: „Wacht auf, Harfe und Saitenspiel, ich will wecken die Morgenröte" (Ps 57,9). Mit dem anbrechenden Tag kehrt Licht in das Leben der Menschen zurück. In der Finsternis der Nacht tummeln sich Frevler und wilde Tiere (vgl. Ps 104,20–21): „Ist kein Licht, erhebt sich der Mörder, tötet Elende und Arme" (24,14). Das „Licht der Frevler" ist die Nacht (Vers 15). Mit dem Aufgang des Morgenrots findet ihr Treiben ein Ende. Sie werden von der Erde „abgeschüttelt" (Vers 13).

Bereits die ersten Verse der Gottesreden zeigen, wie mit den Mächten der Finsternis, die auch Ijob erreicht haben, umzugehen ist. Ihre Existenz wird nicht geleugnet. Die Gottesreden, wie überhaupt die

Heilige Schrift, zeichnen keine „heile Welt". Es wird auch nicht gesagt, woher sie kommen. Gesagt wird, dass ihnen eine Grenze gesetzt ist. Wer aber ist der Setzer dieser Grenze? Bist du es, Ijob? (vgl. Vers 12 und 16)

In nicht wenigen Therapien und spirituellen Übungen wird dem am Sinn des Lebens (ver-)zweifelnden Menschen der Weg in die Natur gewiesen. Von den therapeutisch orientierten Philosophien der Antike (vgl. Pierre Hadot, Philosophie als Lebensform. Geistige Übungen in der Antike, Berlin 1991, 77ff.) bis hin zu Lehren des geistlichen Lebens unserer Zeit, immer wieder bestätigt sich die grundlegende Einsicht: *natura sanat* – die Natur heilt. Allerdings tut sie es nicht „von Natur aus", sondern erst, wenn dem Menschen die Sinne geöffnet werden, sie in ihrer Wahrheit zu „schauen" und auf sich wirken zu lassen.

Grenzen des Wissens (38,16–21)

> 16 *Bist du zu den Quellen des Meeres gekommen,*
> *hast du der Urflut Tiefe durchwandert?*
> 17 *Haben dir sich die Tore des Todes geöffnet,*
> *hast du der Finsternis Tore geschaut?*
> 18 *Hast du der Erde Breiten überblickt?*
> *Sag es, wenn du das alles weißt.*
> 19 *Wo ist der Weg zur Wohnstatt des Lichts?*
> *Die Finsternis, wo hat sie ihren Ort,*
> 20 *dass du sie einführst in ihren Bereich,*
> *die Pfade zu ihrem Haus sie führst?*
> 21 *Du weißt es ja; du wurdest damals schon geboren,*
> *und deiner Tage Zahl ist groß.*

Die Dynamik des menschlichen Geistes strebt zu einer allumfassenden Erkenntnis. Sie legt sich gern in räumlichen Metaphern (Bildern) aus. Die Erkundung des Weltalls im Rahmen der modernen Raumfahrt weckt immer wieder die Erwartung, hier sei der Schlüssel zu finden, die Welt von ihrem Ursprung her zu verstehen. In der Antike war dies nicht anders. Im hier auszulegenden Text wird Ijob in eine unendliche Tiefe (Vers 16–17), Weite (Vers 18) und Höhe (Vers 19–21) geführt.

Vers 16 spricht von „der Urflut Tiefe“. Damit nimmt JHWH auf den Zustand der Welt „vor der Schöpfung“ Bezug. Das Wort „Urflut“ *(tehom)* begegnet in Gen 1,2. Hier wird in gewisser Weise der chaotische Zustand der Welt beschrieben, bevor mit der Erschaffung des Lichts das eigentliche schöpferische Handeln Gottes beginnt (Gen 1,3). Wir bewegen uns im Grenzbereich des Aussagbaren. Streng genommen findet sich in der Schöpfungserzählung von Gen 1 noch nicht die Vorstellung einer „Schöpfung aus dem Nichts“ („creatio ex nihilo“). Gen 1,2: „Die Erde war wüst und wirr, Finsternis lag über der Urflut, und ein Gottessturm schwebte über dem Wasser“, beschreibt die so genannten „negativen Urgegebenheiten“. Aus diesen schafft Gott die Erde als Lebenshaus. Die dem Text zugrunde liegende Vorstellung ist nicht: „Vom Nichtsein zum Sein“, sondern: „Vom Chaos zum Kosmos“. Die ersten drei Schöpfungswerke bestehen in der Zurückdrängung (nicht in der Beseitigung) chaotischer Urelemente: der Zurückdrängung der Finsternis auf die Zeit der Nacht (Gen 1,3–5), und der Zurückdrängung der Wasser auf den Raum oberhalb der Himmelsfeste (Gen 1,6–8) und den Raum des vom trockenen Land abgegrenzten Meeres (Gen 1,9–10). Mit der Doppelfrage von Vers 16 führt Gott Ijob nicht nur an den Anfang der Schöpfung, sondern gleichsam in die „Zeit“ vor der Schöpfung. Geradezu absurd wäre es, würde er behaupten, er wäre „damals schon geboren“ (Vers 21). So begegnen in unserem Text Schlüsselworte der Schöpfungserzählung: Urflut, Licht, Finsternis. Sie waren da oder wurden erschaffen, noch bevor es überhaupt Menschen gab – geschweige denn Ijob.

So zeigt sich: Ijob kann die Welt in ihrem vollen Ausmaß nicht ermessen. Er hatte sich den Tod gewünscht: „Still läge ich jetzt und könnte rasten, entschlafen wäre ich und hätte Ruh“ (3,13). Woher weiß er davon? „Haben sich dir die Tore des Todes geöffnet, hast du der Finsternis Tore geschaut?“ (Vers 17) Die rhetorischen Fragen steigern sich in Vers 21 zur bitteren Ironie: „Du weißt es ja; du wurdest damals schon geboren, und deiner Tage Zahl ist groß“ (Vers 21). Ijob wird hier auf sein Wissen angesprochen, aus dem heraus er gesprochen und geurteilt hatte. „Du weißt es ja!“ Jetzt aber wird deutlich: es war ein Schein-Wissen.

Das berühmte Wort Immanuel Kants: „Ich musste also das Wissen aufheben, um zum Glauben Platz zu bekommen“, aus der Vorrede zur zweiten Auflage der Kritik der reinen Vernunft (B 30) findet in den Gottesreden des Ijobbuches seine biblische Entsprechung. Es geht dabei aber nicht um die Aufhebung des *Denkens,* ebenso wenig um die Aufhebung *wirklichen Wissens,* sondern darum, der Vernunft „ihre Anmaßung überschwenglicher Einsichten“ zu nehmen (Kant, ebd.). Wo die Vernunft ihre Grenzen erkennt und anerkennt, wo sie sagt: „So habe ich denn im Unverstand geredet über Dinge, die zu wunderbar für mich und unbegreiflich sind“ (42,3), dort findet sie zu der ihr eigenen Weite und Größe. Auch dies ist eine Erkenntnis (42,2). Sie führt – und da wäre Kant zu korrigieren – über den Glauben hinaus zum Schauen (42,5).

Bewusstseinserweiterung (38,22–38)

22 *Bist du zu den Kammern des Schnees gekommen,*
hast du die Kammern des Hagels gesehen,
23 *den ich für Zeiten der Drangsal aufgespart,*
für den Tag des Kampfes und der Schlacht?
24 *Wo ist der Weg dorthin, wo das Licht sich verteilt,*
der Ostwind sich über die Erde zerstreut?
25 *Wer hat der Regenflut eine Rinne gegraben,*
einen Weg für das Donnergewölk,
26 *um regnen zu lassen auf Land, wo kein Mann,*
auf Steppe, darin kein Mensch wohnt,
27 *um zu sättigen Wildnis und Öde*
und sprießen zu lassen frisches Gras?
28 *Hat der Regen einen Vater,*
oder wer zeugte die Tropfen des Taus?
29 *Aus wessen Schoß ging das Eis hervor,*
des Himmels Reif, wer hat ihn geboren?
30 *Wie Stein erstarren die Wasser,*
wird fest die Fläche der Urflut.
31 *Knüpfst du die Bande des Siebengestirns,*
oder löst du des Orions Fesseln?
32 *Führst du heraus des Tierkreises Sterne*
zur richtigen Zeit, lenkst du die Löwin samt ihren Jungen?
33 *Kennst du die Gesetze des Himmels,*
legst du auf die Erde seine Urkunde nieder?

34 *Erhebst du zu den Wolken deine Stimme,*
dass dich die Woge des Wassers bedeckt?
35 *Entsendest du die Blitze, dass sie eilen*
und dir sagen: „Hier sind wir!"?
36 *Wer verlieh dem Ibis Weisheit,*
oder wer gab Einsicht dem Hahn?
37 *Wer zählt in Weisheit die Wolken,*
und die Schläuche des Himmels, wer schüttet sie aus,
38 *wenn der Erdboden hart wird, als sei er gegossen,*
und Erdschollen zusammenkleben?

„Es kann geschehen, dass das eigene Leiden Menschen in eine moralische Überlegenheitsposition hinein manövriert. Alle anderen scheinen, weil sie (in der eigenen Wahrnehmung) nie so weit unten waren, nicht fähig zu sein, die Welt in ihren Tiefendimensionen zu erfassen" (Ilse Müllner, Das hörende Herz. Weisheit in der hebräischen Bibel, Stuttgart 2006, 63). So scheint es auch Ijob ergangen zu sein. In seiner Klage hatte er alles in der Welt, ja die Welt selbst ausschließlich im Lichte seines Schicksals gesehen. Eine derartige Verengung des Blicks ist zunächst einmal verständlich. Vielleicht ist sie für Menschen, die völlig unvorbereitet von schwerem Leid getroffen werden, gar nicht zu umgehen. Sie dürfte auch ihr Gutes haben. Aus einer oberflächlichen Zerstreuung wird die Wahrnehmung gesammelt und an einem Punkt in die Tiefe geführt. In der Kontemplation sprechen wir von der Fokussierung oder der Vereinheitlichung des Bewusstseins. Umgangssprachlich und aus der Welt des Sports kennen wir ein ähnliches Phänomen unter der Bezeichnung „Tunnelblick". Ein solcher Blick ist Zeichen hoher Konzentration und Anspannung. Wird er aber zeitlich und räumlich auf alle Bereiche des Lebens ausgedehnt, entsteht die Gefahr einer lebensgefährlichen Verengung.

Mit den Gottesreden wird Ijobs Blick gewendet und geweitet. Er wird aus einer verständlichen, aber auf Dauer gefährlichen Fixierung befreit. Gott zeigt ihm die Welt in ihrer Größe und Weite. Krankenbesuche dienen oft dem Zweck, einen Kranken ein wenig „abzulenken". Besonders bei kranken Kindern lässt sich die heilende Wirkung einer derartigen „Ablenkung", wenn sie zum rechten Zeitpunkt und in rechter Weise geschieht, oft sehr schön beobachten. In vielen Therapiezentren wird den Patienten der dringende Rat erteilt, *nicht* über ihre Krankheiten zu sprechen. Ähnlich spricht Gott Ijob nicht auf seine Not und Krankheit an. Diese sind bereits so massiv in sein Bewusstsein eingebrochen, dass nun der Zeitpunkt gekommen zu sein scheint, den Blick neu auszurichten. Diese Zusammenhänge werden verkannt, wenn den Gottesreden der Vorwurf entgegengebracht wird, sie würden an der Not Ijobs vorbeireden. Das „Vorbeireden" Gottes trifft im vorliegenden Fall den Kern der Sache. Es erweist sich, wie die spätere Reaktion Ijobs zeigen wird, als wahre, göttliche Therapie.

Ähnliche Vorgänge sind uns aus der Übung der Kontemplation vertraut. Mit der Bewusstseinsvereinheitlichung geht, wenn sie nicht als Fixierung praktiziert und missverstanden wird, eine Bewusstseinserweiterung einher. Ijobs Welt hatte sich auf einen einzigen Punkt zusammengezogen: sein unsägliches Leid. Und von diesem Punkt aus urteilte er über die ganze Welt und über Gott. Jetzt wird er von Gott weitergeführt, bis „zu den Kammern des Schnees" (Vers 22), bis zu dem Weg, „wo das Licht sich verteilt" (Vers 24). Das Hinausgeführtwerden in die Weite der Welt darf nicht als Rückkehr und Abbruch der bisherigen Bewegung verstanden werden. Es ist ein Durchbruch nach vorn. Ijob hatte am Ende seiner Klagen nur noch Gott gesucht und alles andere hinter sich gelassen. Jetzt wird ihm von eben diesem Gott alles andere, die ganze Welt, neu gezeigt.

Zehn „Orte" der Welt werden „besucht". Mit der Zahl zehn soll wohl so etwas wie Vollständigkeit angezielt sein: Die Gründung der Erde (Verse 4–7), die Grenzen des Meeres (Verse 8–11), Morgenröte und Tagesanbruch (Verse 12–15), Unterwelt und Meerestiefen (Verse 16–18), Licht und Finsternis (Verse 19–21) wurden in der Wahrnehmung bereits durchschritten. Jetzt kommen Schnee, Hagel, Blitz und Wind (Verse 22–24), der Weg des Regens in die Wüste (Verse 25–27), der Ursprung von Regen, Tau, Eis und Frost (Verse 28–30), die Bewegung der Gestirne (Verse 31–33) und die Zeiten von Regen und Blitz (Verse 34–38) in den Blick. Die „Löwin samt ihren Jungen" (Vers 32) deutet wahrscheinlich auf Sternkonstellationen, vielleicht auf den „Großen Bären" hin. Ibis und Hahn werden als tierische Wetterpropheten und Zeitansager verstanden (Vers 36). Mit seinem Krähen kündigt der Hahn den Anbruch des neuen Tages an (vgl. Mk 13,35; 14,30; 14,72–15,1). Dem Ibis, in Ägypten heiliger Vogel des

Gottes Thot, wurde besondere Weisheit zuerkannt, da er mit seinem Erscheinen das Steigen des Nils „prophezeite“. Die Darstellungen bewegen sich in den Vorstellungen der damaligen Zeit. In einem soziologischen Sinn können sie durchaus als (gesellschaftlich anerkanntes) Wissen bezeichnet werden. Sie sind ein schönes Beispiel dafür, dass nicht das Wissen über die Natur zum Unglauben führt, sondern die Haltung, aus der heraus der Mensch diesem Wissen begegnet.

Herr der Tiere (38,39–39,4)

> 39 *Erjagst du Beute für die Löwin,*
> *stillst du den Hunger der jungen Löwen,*
> 40 *wenn sie sich ducken in den Verstecken,*
> *im Dickicht auf der Lauer liegen?*
> 41 *Wer bereitet dem Raben seine Nahrung,*
> *wenn seine Jungen schreien zu Gott*
> *und umherirren ohne Futter?*
> 39,1 *Kennst du der Steinziegen Wurfzeit,*
> *überwachst du das Werfen der Hirschkuh?*
> 2 *Zählst du die Monde, die tragend sie füllen,*
> *kennst du die Zeit ihres Wurfs?*
> 3 *Sie kauern sich, werfen ihre Jungen,*
> *werden los ihre Wehen.*
> 4 *Ihre Jungen erstarken, wachsen im Freien,*
> *laufen hinaus und kehren nicht zu ihnen zurück.*

Die erste Gottesrede gliedert sich in zwei etwa gleich umfangreiche Teile. „JHWH ist Schöpfer und Erhalter der Welt, nicht Ijob“ – so konnte der erste Teil (38,4–38) überschrieben werden. Mit dem hier auszulegenden Text beginnt der *zweite Teil* (38,39–39,30). JHWH entführt Ijob in die Welt der *wilden Tiere.* In fünf Abschnitten werden je zwei Tiere vorgeführt: Löwe und Rabe (38,39–41), Steinziege und Hirschkuh (39,1–4), Wildesel und Wildstier (Vers 5–12), Straußenhenne und Pferd (Vers 13–25), Falke und Adler (Vers 26–30) – insgesamt zehn Tiere.

Der Text steht in der Tradition eines breit bezeugten altorientalischen Motivs, bei dem ein Gott oder eine Göttin als Herr oder Herrin der Tiere erscheint. In der altorientalischen Ikonographie (Bildkunst) findet sich das Motiv in vielfältigen Variationen. Auf einem Siegel, das südlich von Gaza gefunden wurde, erscheint eine Göttin zwischen einem Löwen und einem Geier. Ein anderes Bild zeigt eine nackte Göttin, geschmückt mit der Atefkrone, stehend auf einem Pferd. Solche und ähnliche Bilder dienen der Sicherung und Vergewisserung kosmischer Ordnung. Archaisch-animalische Kräfte werden von der Gottheit im Zaum gehalten. Zwar gehören sie zur Schöpfung, aber ihre Kräfte werden von göttlichen Mächten so gebändigt, dass sie die geschaffene Welt nicht zerstören können.

Der Lebensbereich der in unserem Text genannten Tiere ist das von Menschen unbewohnte Land, die Wildnis. Aspekte des Kampfes klingen nur noch von ferne an. Der Akzent ruht ganz auf der göttlichen Fürsorge.

Der in biblischer Zeit in Palästina verbreitete Löwe war gefürchtet, weil er Mensch und Tier bedrohte (Spr 22,13; 26,13; Am 3,12; 5,19). Er brach in die Herden ein (Jes 31,4; Mi 5,7) und griff Menschen an (1 Kön 20,36; Jer 5,6; Ez 19,2–9; Nah 2,12f). In den Klagepsalmen steht der Löwe oft für den Feind: Der Frevler „lauert im Versteck wie ein Löwe im Dickicht, er lauert darauf, den Armen zu fangen" (Ps 10,9). In solcher Not bittet der Beter: „Rette mein Leben vor den wilden Tieren, mein einziges Gut vor den Löwen!" (Ps 35,17) Unser Ijob-Text spielt eine ganz andere Sicht der Dinge ein. JHWH *stillt* den Hunger der jungen Löwen (38,39; vgl. Ps 104,21), er versorgt die Tiere der Wildnis mit Nahrung (vgl. Ps 104,27).

Raben bewohnen mit Dohlen, Eulen und Käuzen ödes und wildes Land (Jes 34,11). Sie gehören zu den unreinen Tieren (Lev 11,15; Dtn 14,14). Und doch werden auch ihre Jungen mit Nahrung versorgt (38,41) – eine Sicht, die auch das Neue Testament ausdrücklich bestätigt: „Gott ernährt sie" (Lk 12,24).

Ging es bei Löwen und Raben um die Versorgung mit Nahrung, so beim folgenden Paar um das Geheimnis der Geburt (39,1–4). Der Geburtsvorgang vollzieht sich bei Steinziege und Hirschkuh ohne Kenntnis und ohne Mitwirkung des Menschen. Die Beschreibung hebt die Leichtigkeit und Schnelligkeit hervor, mit der das Wild gebiert – im Unterschied zu den Menschen, bei denen das Gebären gewöhnlich schmerzhaft und gefährlich ist (vgl. Gen 35,16; Ex 1,19;

Jes 13,8; 42,14; Jer 4,31; 6,24). Kaum sind die Jungtiere in die Welt geworfen, erstarken sie und laufen hinaus in die Freiheit (39,4).

Es gibt Menschen und Kulturen, die danach trachten, das Animalisch-Triebhafte zu vernichten, um, befreit von seinen Gefahren, leben zu können. Es dürfte wohl zu den Urängsten der Menschheit gehören, den wilden, unberechenbaren Kräften der Natur, die zwischen Gut und Böse nicht unterscheiden können, zu erliegen. Von einer solch irrationalen Kraft scheint auch Ijob getroffen. Die Rahmenerzählung spricht vom Satan, der ihn geschlagen habe (2,7). So ist es nur allzu verständlich, dass Ijob eine derart chaotische Welt zum Teufel wünscht. Wird das Animalisch-Triebhafte gänzlich vernichtet, dann wird allerdings auch die darin enthaltene Energie und Lebenskraft zerstört. So zeigen uns die Gottesreden des Ijobbuches einen anderen Weg. Das Animalische wird weder totgeschwiegen noch totgeschlagen, sondern geordnet und, wo es gefährdet erscheint, gehegt und gepflegt. Gott selbst, so sagt unser Text, handelt so. „Wer bereitet dem Raben seine Nahrung, wenn seine Jungen schreien zu Gott und umherirren ohne Futter?" (38,41) Den Kampf gegen die wilden Tiere kann der Mensch nicht aus eigener Kraft führen. Er kann es nicht, und er braucht es nicht. Gott kämpft, aber er kämpft so, dass die Welt der Wildnis nicht zerstört, sondern in Grenzen erhalten bleibt. Sie lebt nach eigenen Gesetzen. Schließt sich der Mensch *dem* Gott an, der auch das Wilde versorgt (38,39–40), sich um das Unbehauste und Gefährdete kümmert (38,41–39,4) und dem Eingezwängten Freiheit verschafft (39,5–12), so wird die Welt belebt, nicht zerstört. In messianischer Zeit werden wilde und zahme Tiere zu Freunden (Jes 11). Elija wird am Bach Kerit von Raben mit Brot und Fleisch versorgt (1 Kön 17,4–6), und auch Jesus, „vom Satan in Versuchung geführt, lebte bei den wilden Tieren, und die Engel dienten ihm" (Mk 1,12).

Freiheit und Stärke (39,5–12)

5 *Wer hat den Wildesel freigelassen,*
des Onagers Fesseln, wer schloss sie auf?
6 *Ich gab ihm zur Behausung die Steppe,*
zu seiner Wohnung die salzige Trift.

7 *Er verlacht das Lärmen der Stadt,*
hört nicht des Treibers Geschrei.
8 *Die Berge erkundet er als seine Weide,*
jeglichem Grün spürt er nach.
9 *Wird dir der Wildstier dienen wollen,*
bleibt er an deiner Krippe zur Nacht?
10 *Hältst du den Wildstier am Seil in der Furche,*
pflügt er die Täler hinter dir her?
11 *Traust du ihm – groß ist fürwahr seine Kraft,*
überlässt du ihm deine Arbeit?
12 *Glaubst du ihm, dass er wiederkommt*
und deine Saat auf deine Tenne bringt?

Als „Herr der Tiere" führt JHWH Ijob im zweiten Teil seiner ersten Rede ein weiteres „wildes Paar" vor Augen: Wildesel und Wildstier. Sie stehen genau in der Mitte der Aufzählung von fünfmal zwei Tieren. Mit ihnen tritt eine Seite der Wirklichkeit hervor, mit der sich „die Frommen und Gerechten" oft schwertun: Freiheit und Stärke, Ungebundenheit und Kraft.

Der Wildesel oder Onager hat nichts mit dem Hausesel zu tun (Vers 5–8). Mit seinen kleinen Ohren ähnelt er einem Pferd. Ismael, der Sohn Hagars und Abrahams, der Halbbruder Isaaks, wird mit einem Wildesel verglichen: „Er wird ein Mensch sein wie ein Wildesel. Seine Hand gegen alle, die Hände aller gegen ihn" (Gen 16,12). Im Gegensatz zu einem Menschen, der in einer wohlgeordneten Gemeinschaft lebt, bewohnt der Wildesel die Steppe oder die durch göttliches Gericht zur Wüste gewordene Stadt (Jes 32,14). Er steht ständig im Kampf ums Überleben. Er schreit nach Futter (Ijob 6,5) und wird von Durst gequält (Jer 14,6). Häufig wird er zur Beute der Löwen (Sir 13,19). Nebukadnezzar, der aus der menschlichen Gemeinschaft ausgestoßene König der Babylonier, musste bei den wilden Eseln hausen (Dan 5,21). Im Gerichtswort über Moab ruft Gott den Bewohnern allerdings zu: „Flieht, rettet euer Leben! Macht es wie der Wildesel in der Wüste!" (Jer 48,6) So kann auch die Stadt als Ort des Schutzes zu einem Ort des Todes werden und die Wüste zu einem Ort der Rettung und des Lebens. In dieser Tradition steht auch unser Text aus dem Ijobbuch. Der Wildesel „verlacht das Lärmen der Stadt, hört nicht des Treibers Geschrei" (Vers 7). JHWH erscheint in unserem Text als ein Gott, der in die Freiheit führt, eine Freiheit, die allerdings nicht ungefährlich ist: „Wer hat den Wildesel freigelassen, des Onagers Fesseln, wer schloss sie auf?“ (Vers 5)

Beim Wildstier (Vers 9–12) ist wohl an den Ur oder Auerochsen gedacht. Im Alten Testament wird er wegen seiner Stärke bewundert und gefürchtet. Der blinde Seher Bileam „schaut“ in dem aus der Knechtschaft Ägyptens befreiten Israel die Kraft eines Wildstiers: „Ja, Gott hat ihn aus Ägypten geführt. Er hat Hörner wie ein Wildstier. Er frisst die Völker, die ihm feind sind, er zermalmt ihre Knochen und zerbricht ihre Pfeile“ (Num 24,8). Der Beter des Psalms fürchtet sich vor Löwen und wilden Stieren: „Rette mich vor dem Rachen des Löwen, vor den Hörnern der wilden Stiere rette mich Armen“ (Ps 22,22). Voller Dankbarkeit erfährt der Beter aber auch eine übermenschliche Stärke, die Gott ihm verliehen hat: „Du machtest mich stark wie einen Wildstier, du salbtest mich mit frischem Öl“ (Ps 92,11). In den Gottesreden des Ijobbuches lebt der Stier nach seinen eigenen Gesetzen. Er lässt sich nicht von Menschen zähmen und dienstbar machen. Und das ist von Gott so gewollt. „Wird dir der Wildstier dienen wollen, bleibt er an deiner Krippe zur Nacht?“ (Vers 9)

Der Mensch betrachtet sich gerne als Krone der Schöpfung. Alles in der Welt, so eine verbreitete Auffassung, sei nur von Wert, wenn es auf die Bedürfnisse des Menschen hingeordnet sei. Eine derart anthropozentrische Weltsicht wird in den Gottesreden des Ijobbuches zurechtgerückt. Es gibt Bereiche des Lebens, die sich menschlichen Zwecken entziehen. „Hältst du den Wildstier am Seil in der Furche, pflügt er die Täler hinter dir her“? (Vers 10) Die Faszination, die von wilden Tieren ausgeht, besteht gerade darin, dass sie nicht auf die Zwecke des Menschen verweisen. In ihrer Gefährlichkeit lassen sie Menschen sogar erzittern. Die antike Welt hat in ihnen immer etwas Göttlich-Abgründiges vernommen. In Ägypten wurden Götter in Gestalt von Tieren dargestellt. Auch Israels Gott kann als Löwe sein Volk überfallen: „Ich bin wie ein Löwe für Efraim“ (Hos 5,14). „JHWH brüllt vom Zion her, aus Jerusalem lässt er seine Stimme erschallen. Da welken die Auen der Hirten, und der Gipfel des Karmel verdorrt ... Der Löwe brüllt – wer fürchtet sich nicht? Gott, der Herr, spricht – wer wird da nicht zum Propheten?“ (Am 1,2; 3,8)

Gott führt Ijob in eine Welt, die sich nicht nach *dessen* Wünschen richtet. In den Gottesreden wird Ijob von der Anthropozentrik (einer Sicht, die den Menschen als Mittelpunkt der Welt ansieht) zur Kosmozentrik geführt, zu einer Sicht, in der die Welt in ihrem eigenen Sosein erkannt und anerkannt wird. Es ist eine Welt, die in ihrer Zwecklosigkeit auf Gott verweist. Dem Wildesel „gab ich zur Behausung die Steppe, zu seiner Wohnung die salzige Trift" (Vers 6). Eine Weltsicht, die auch einmal von menschlichen Belangen absieht, kann heilend und befreiend sein. Sie zu erlernen, braucht Zeit.

Schule der Wahrnehmung (39,13–25)

> 13 *Lustig schlägt die Straußenhenne die Flügel.*
> *Ist ihre Schwinge darum so wie die des Storches und Falken?*
> 14 *Sie gibt der Erde ihre Eier preis,*
> *lässt sie erwärmen im Sand,*
> 15 *vergisst, dass sie ein Fuß zerdrücken,*
> *das Wild des Feldes sie zertreten kann.*
> 16 *Sie behandelt ihre Jungen, als wären es nicht ihre;*
> *war umsonst ihre Mühe, es erschreckt sie nicht.*
> 17 *Denn Gott ließ sie Weisheit vergessen,*
> *gab ihr keinen Anteil am Verstand.*
> 18 *In dem Moment aber, da sie in die Höhe schnellt,*
> *verlacht sie das Pferd und seinen Reiter.*
> 19 *Gibst du dem Pferd die Heldenstärke,*
> *kleidest du mit einer Mähne seinen Hals?*
> 20 *Lässt du es springen wie eine Heuschrecke?*
> *Furchtbar ist sein stolzes Wiehern.*
> 21 *Es scharrt im Tal und freut sich,*
> *zieht mit Macht dem Kampf entgegen.*
> 22 *Es spottet der Furcht und kennt keine Angst*
> *und kehrt nicht um vor dem Schwert.*
> 23 *Über ihm klirrt der Köcher,*
> *Speer und Sichelschwert blitzen.*
> 24 *Mit Donnerbeben wirbelt es den Staub auf,*
> *steht nicht still beim Klang des Horns.*
> 25 *Sooft das Horn hallt, wiehert es „hui"*
> *und wittert den Kampf schon von weitem,*
> *der Anführer Lärm und das Schlachtgeschrei.*

Als unheimlich gilt dem Alten Testament der Strauß. Er gehört zu den unreinen Tieren (Lev 11,16; Dtn 14,15). Mit Schakalen und Eulen bewohnt er verwüstete Städte und Landstriche (Jes 13,21–22; 34,11–15; 43,20; Jer 50,39). Sein Geschrei vernahm man als Klageruf. „Ich erhebe ein Geheul wie Schakale, ein Klagegeschrei wie die Strauße", bekundet der Prophet Micha (1,8). Die Straußenhenne wurde als komischer Vogel empfunden. Zwar schlägt sie lustig mit ihren Flügeln, doch sie kann nicht fliegen wie Storch und Falke (Vers 13). Ihre Flügel scheinen funktionslos zu sein. Völlig unverständlich, geradezu lieblos erscheint, dass sie ihre Eier im warmen Sand vergräbt (Vers 14). Weiß sie denn nicht, „dass ein Fuß sie zerdrücken, das Wild des Feldes sie zertreten kann" (Vers 15)? „Sie behandelt ihre Jungen, als wären es nicht ihre" (Vers 16). Offensichtlich gab Gott ihr keinen Anteil an Weisheit und Verstand (Vers 17).

Das Pferd gehört im Alten Testament nur selten zu jener verlassenen Welt der Dämonen, die alle bisher angeführten Tiere der ersten Gottesrede bewohnen. Und doch löste auch das Pferd im alten Israel ausgesprochen negative Vorstellungen und Gefühle aus. Pferde gehörten zur Welt der Kriege, denen Israel nur allzu oft zum Opfer fiel. Die Ägypter jagten mit allen Pferden und Streitwagen des Pharao hinter den Israeliten her (Ex 14,9). Israel wurde gerettet, da JHWH „Rosse und Wagen ins Meer warf" (Ex 15,21). Lange waren die Kanaanäer den Israeliten überlegen, da sie eiserne Kampfwagen besaßen, die von Pferden gezogen wurden (vgl. Jos 11,6.9; Ri 1,19; 5,22). So hat JHWH „kein Gefallen an der Kraft des Pferdes" (Ps 147,10). Der Prophet Jesaja warnt diejenigen in seinem Volk, „die nach Ägypten ziehen, um Hilfe zu finden, und sich auf Pferde verlassen. Doch auf den Heiligen Israels blicken sie nicht" (Jes 31,1). In der Heilszeit werden Kriege und Pferde verschwinden (Mi 5,9–10), und der König, der den Völkern den Frieden verkündet, wird, ähnlich wie einst David auf einem Maultier (1 Kön 1,33.38), auf einem Esel reiten – nicht auf einem stolzen Pferd (Sach 9,9–10; Mt 21,1–11).

Vor diesem Hintergrund sind die Worte über das Pferd in den Gottesreden des Ijobbuches eine Provokation. Keine Rede davon, dass JHWH „die Pferde in deiner Mitte vernichten und die Kriegswagen zerstören" wird (Mi 5,9). Im Gegenteil: „Gibst du dem Pferd die Heldenstärke?" (Vers 19) „Es zieht mit Macht dem Kampf entgegen ...

und kehrt nicht um vor dem Schwert" (Vers 21–22). Was soll damit gesagt sein?

Wir Menschen teilen unsere Welt in gut und böse, in rein und unrein, in zweckmäßig und unzweckmäßig ein. Ohne diese Unterscheidung könnten wir wohl gar nicht leben. Ausführlich beschäftigt sich das Alte Testament mit reinen und unreinen Tieren, mit Reinheit und Unreinheit bei den Menschen, mit Aussatz und Krankheit (Lev 11–15). Äußerlich und innerlich soll sich „die Gemeinde der Israeliten" reinigen, um dem Heiligen, der in ihrer Mitte Wohnung genommen hat (Ex 40,34), in rechter Weise zu begegnen. „Seid heilig, denn ich, der Herr, euer Gott, bin heilig" (Lev 19,2). Jesus vergleicht das Himmelreich mit einem königlichen Hochzeitsmahl. Als der König eintrat, „um sich die Gäste anzusehen, bemerkte er unter ihnen einen Mann, der kein Hochzeitsgewand anhatte. Er sagte zu ihm: Mein Freund, wie konntest du hier ohne Hochzeitsgewand erscheinen? Darauf wusste der Mann nichts zu sagen. Da befahl der König seinen Dienern: Bindet ihm Hände und Füße, und werft ihn hinaus in die äußerste Finsternis!" (Mt 22,1–14)

Das ist die eine Seite des Glaubens. Es gibt aber auch noch eine andere. Vereinzelt begegnet man Menschen und Zeugnissen in der Literatur der Mystik, die, in oft gebrochener Rede, davon berichten, dass – plötzlich und ohne Absicht – in etwas ganz und gar Ekeligem etwas unendlich Schönes und Göttliches geschaut wurde. Solche verwirrenden Einbrüche in die vertraute Erfahrung verschwinden gewöhnlich wieder nach einer gewissen Zeit; und das ist auch gut so. Denn andernfalls droht – wie es dem Benediktinernovizen Adson in Umberto Ecos Roman „Der Name der Rose" beinahe ergangen wäre – „der wache Sinn für die Differenz" zu erlöschen. „Und das ist stets, so scheint mir, das Zeichen der Entrückung und des Sturzes in die Abgründe der Identität" (Der Name der Rose, München 1986, 327–328). Und doch: In derartigen Erfahrungen zeigt sich, dass „*alle* Dinge ... für die innerlichen Menschen eine inwendige göttliche Seinsweise" haben (Meister Eckehart, Reden der Unterweisung, 21). „Ich erschaffe das Licht und mache die Finsternis, ich bewirke das Heil und erschaffe das Unheil. Ich bin JHWH, der das alles vollbringt" (Jes 45,7).

Als hoch geachteter Mann, der wie ein König thronte und die Trauernden tröstete (29,25), wusste Ijob sich von „Gott beschirmt". Damals stand Gottes Freundschaft über seinem Zelt (29,4–5). Jetzt aber ist er ein Aussätziger geworden: „Den Schakalen wurde ich zum Bruder, den Straußenhennen zum Freund" (30,29). In dieser Welt der wilden, unreinen Tiere kann er Gott nicht mehr finden (23,8–9). Hier setzt nun Gottes Rede an. Sie zeigt und erschließt Ijob eine Welt, in der auch das Komische, das Unreine, das Erbarmungslose, das Wider-Göttliche von Gott umfangen wird. Ijob wird in eine Schule der Wahrnehmung geführt. Auch im Ekel seines Lebens (10,1) ist Gott gegenwärtig. Ijob wird die Gnade verliehen, dies nicht nur zu glauben, sondern zu erkennen (42,2) und zu schauen (42,5).

Wo ein Aas ist ... (39,26–30)

> 26 *Schwingt von deiner Einsicht der Falke auf*
> *und breitet seine Flügel nach Süden aus?*
> 27 *Fliegt auf dein Geheiß der Geier empor*
> *und baut seinen Horst in der Höhe?*
> 28 *Auf Felsen wohnt und nächtigt er,*
> *auf der Felsenzacke und an steiler Wand.*
> 29 *Von dort erspäht er die Beute,*
> *seine Augen schauen ins Weite.*
> 30 *Seine Jungen gieren nach Blut;*
> *wo Erschlagene sind, ist er zur Stelle.*

Die erste Gottesrede schließt mit zwei Raubvögeln. Damit gelangt die Aufzählung von zehn (fünf Mal zwei) Tieren an ihr Ende. Die Tiere, um die es hier geht, sind der Falke und der Geier, nicht der Adler, wie es in vielen Übersetzungen heißt. Beide Tiere gehören – wie die meisten der zuvor genannten – zu den unreinen Tieren. Es dürfte kein Zufall sein, dass mit ihnen die erste Gottesrede endet. Denn mit ihnen kommen zwei für den weiteren Gesprächsverlauf wichtige Motive zur Sprache: das der Erkenntnis und das von Leben und Tod.

Der als erster genannte Vogel ist wahrscheinlich der *Wanderfalke*. Er kommt im Alten Testament nur hier und in zwei Listen unreiner Tiere vor (Lev 11,16; Dtn 14,15). Er ist mit Einsicht begabt. Wie anders könnte er den Weg nach Süden finden (Vers 26)? Will man die hebräische Wortstellung nachahmen, so müsse man übersetzen: „Von *deiner Einsicht* schwingt der Falke auf?" Ijob wird hier, wie bereits zu Beginn der Gottesrede (38,2), auf seine fehlende Einsicht angesprochen.

Als zweiter Raubvogel wird der *Geier (näschär)* genannt. Dass hier ein Geier und kein Adler gemeint ist, geht aus Vers 30 und aus Mi 1,16 hervor: „Scher dir eine Glatze, so kahl wie die eines Geiers, denn man hat deine Kinder verschleppt" (Mi 1,16). Der Geier als das zuletzt genannte Tier lässt noch einmal die ganze Ambivalenz des bisher von Gott Gesagten anklingen. Mehr noch: Der Geier deutet hier in geheimnisvoller Weise auf Gott und auf eine bevorstehende Wende in Ijobs Geschick.

Othmar Keel hat darauf hingewiesen, dass der Geier im Alten Orient keineswegs als verächtlich angesehen wurde (Jahwes Entgegnung an Ijob, Göttingen 1978, 69–70). Sogar JHWH wird an zwei Stellen des Alten Testaments mit einem Geier verglichen: „Ihr habt gesehen, was ich Ägypten angetan habe. Ich habe euch auf Geiersflügeln [nicht: Adlerflügeln] getragen und zu mir gebracht" (Ex 19,4). In Dtn 32,9–11 heißt es: JHWH „fand ihn (Jakob) in der Steppe, in der Wüste, wo wildes Getier heult. Er hüllte ihn ein, gab auf ihn acht und hütete ihn wie seinen Augenstern. Wie ein Geier, der sein Nest aufstört, über seinen Jungen schwebt, seine Flügel ausbreitet, ihn (Jakob) nimmt und ihn auf seinen Flügeln trägt." So übersetzt *Christoph Dohmen* Vers 11 und schreibt dazu: „Die intensive Brutpflege des Geiers, die sich die männlichen und weiblichen Tiere teilen, ist wohl schon in der Antike beobachtet worden und hat dazu geführt, dass der Geier in den antiken Hochkulturen – besonders in Ägypten – zum Inbegriff der Elternliebe wurde und in direkter Verbindung zu Mutter-Gottheiten steht" (Ex 19–40, Herders Theologischer Kommentar zum Alten Testament, Freiburg 2004, 58).

Eine dritte Stelle, die zum Verständnis unseres Textes beitragen kann, ist Psalm 103, der in dem bekannten Kirchenlied: „Lobe den Herren, den mächtigen König der Ehren", vertont wurde (GL 392/ KG 524). Dort heißt es: „der dein Leben vor dem Untergang rettet und dich mit Huld und Erbarmen krönt, der dich dein Leben lang mit seinen Gaben sättigt, dass wie beim Geier sich deine Jugend erneuert" (Ps 103,4–5). Nach Christoph Dohmen „deutet sich hier ... die antike Vorstellung vom aasfressenden Geier als ‚Bestatter' an, weil dies sehr eng mit Regenerationsvorstellungen verbunden war. Während gerade das Aasfressen im Abendland dazu geführt hat, den Geier mit der Symbolik des Todes in Verbindung zu bringen, ist es im alten Ägypten – nicht zuletzt aufgrund der ausgeprägten ägyptischen Jenseitsvorstellungen – der Grund, um den Geier der Lebenssymbolik zuzuordnen. Das Motiv der ‚Erneuerung der Jugend' hat auch mit einer zu beobachtenden Besonderheit beim Fressen der Geier zu tun. Geier ... können durch eine besondere Dehnbarkeit von Kropf und Magen in kurzer Zeit sehr viel verschlingen, oft so viel, dass sie zu schwer sind, um sich wieder in die Lüfte zu erheben. So laufen und stolpern sie gerade in den heißen Wüstenregionen des vorderen Orients, wenn sie aufgeschreckt werden, auf den nächsten Abgrund zu, um sich instinktsicher hinabzustürzen, weil sie dann nur noch ihre großen Flügel ausbreiten müssen, um als ausgezeichnete Aufwindsegler die Thermik zum Fliegen nutzen zu können. Wer dies beobachtet, gewinnt den Eindruck, dass hier von einer zur anderen Minute eine wundersame Verjüngung stattgefunden hat: Zuerst das schwerfällige Tier, das nicht abzuheben vermag, im nächsten Moment dann aber der majestätische, fast bewegungslos segelnde und gleitende große Vogel" (ebd. 59).

So endet Gottes erste Rede mit dem Geier, der in seiner Symbolik Tod und Leben vereint: „Seine Jungen gieren nach Blut, wo Erschlagene [wie Ijob] sind, ist er zur Stelle" (Vers 30). Bedeutsam erscheint, dass Jesus das große Wort: „Wer sein Leben zu bewahren sucht, wird es verlieren; wer es dagegen verliert, wird es gewinnen", seinen nach-fragenden Jüngern mit dem Satz erläutert: „Wo ein Aas ist, da sammeln sich die Geier" (Lk 17,37). In Mt 24,28 findet sich das gleiche Wort im Munde Jesu in seiner großen Rede über die Endzeit. Dort, wo die Not ihren Höhepunkt erreicht, unmittelbar bevor der Menschensohn „auf den Wolken des Himmels kommt", heißt es: „Überall wo ein Aas ist, da sammeln sich die Geier".

Selbsterkenntnis (40,1–5)

1 *Da antwortete JHWH dem Ijob und sprach:*
2 *Mit dem Allmächtigen will der Tadler rechten?*
Der Gott zurechtweist, antworte darauf!
3 *Da antwortete Ijob JHWH und sprach:*
4 *Siehe, ich bin zu gering. Was kann ich dir erwidern?*
Ich lege meine Hand auf meinen Mund.
5 *Einmal habe ich geredet, ich tu es nicht wieder;*
ein zweites Mal, doch nun nicht mehr!

Gott möchte mit Ijob in Kontakt kommen. Deshalb spricht er ihn am Ende seiner Rede erneut an. Er will ihm nicht einfach eine lange Rede „um die Ohren hauen". Er möchte ihn zu einer inneren Einsicht führen, und er möchte, dass Ijob sich zu dieser Einsicht bekennt und sie ausspricht. So eröffnen die Verse 40,1–2 keine neue Gottesrede, sondern sie führen die erste Rede an ihren Anfang zurück.

Ijob hatte Gott herausgefordert. Jetzt fordert Gott Ijob heraus: „Mit dem Allmächtigen will der Tadler rechten? Der Gott zurechtweist, antworte darauf!" (Vers 2) In diesen Worten werden Ijobs Reden wie Strahlen in einem Brennglas auf einem Punkt zusammengeführt. Tatsächlich wollte Ijob mit Gott einen Rechtsstreit führen (*rib*, „rechten"). Doch schon bald wurde ihm klar, dass das nicht möglich ist (9,1–16). Gleichwohl konnte er von seinem Anliegen nicht lassen: „Ich weiß, ich bin im Recht … Meine Schuld und mein Vergehen sag mir an!" (13,18.23) Ijob hatte Gott getadelt und zurechtgewiesen: „Er, der im Sturm mich niedertritt, ohne Grund meine Wunden mehrt … Schuldlos wie schuldig bringt er um" (9,17.22). Obwohl Ijob kaum mit einer Antwort Gottes gerechnet hatte („Wollte ich rufen, würde er mir Antwort geben? Ich glaube nicht, dass er auf meine Stimme hört"; 9,16), geht dieser auf ihn und die von ihm erhobenen Vorwürfe ein.

Es wird oft beklagt, die Gottesreden würden Ijobs Problem nicht lösen. Eine derartige Deutung hat allerdings Ijob nicht auf ihrer Seite. Denn schon in der ersten Antwort erklärt Ijob den Rechtsstreit von seiner Seite aus für beendet: „Einmal habe ich geredet, ich tu es nicht wieder; ein zweites Mal, doch nun nicht mehr" (Vers 5). Wie ist das zu verstehen?

Ijobs Antwort fällt denkbar knapp aus. Sie ist an JHWH gerichtet und enthält im Kern drei Aussagen, die näher zu bedenken sind. Als erstes bekundet Ijob die Einsicht, dass er zu gering (wörtlich: „zu leicht") sei, als dass er JHWH erwidern könnte (Vers 4a). Er vermag der von JHWH an ihn gerichteten Aufforderung, ihm zu antworten (38,3; 40,2), nicht nachzukommen. Das hat Ijob nun erkannt, und er spricht diese Erkenntnis offen aus. Ijob wird zur Erkenntnis seiner selbst geführt.

Sich selbst zu erfahren und zu erkennen, ist vielen frommen Menschen unangenehm. Sie möchten lieber von Gott sprechen und den Menschen seine Heilstaten verkünden. Eine solche Verkündigung „vom Hörensagen" (vgl. 42,5) stößt sehr bald an ihre Grenzen. Ohne Selbsterkenntnis bleibt das, was Menschen von Gott verkünden, in hohem Maße verschattet. Das Buch Ijob zeigt uns, dass der Weg zur Erkenntnis Gottes (42,1–6) über den Weg der Selbsterkenntnis (40,3–5) führt. „Wie sollte jemand etwas anderes verstehen, wenn er sich selbst nicht kennt?", fragt zu Recht Gregor von Nyssa (Homilien zum Hohenlied 3, 72).

Ijob hatte, ähnlich wie seine Freunde, viel über Gott gesprochen. Er hatte ihn zurechtgewiesen, ihn getadelt und angeklagt. Er hatte auch *zu* ihm gesprochen und damit jenen Urakt des Glaubens vollzogen, den wir „Gebet" nennen. Es waren vor allem Klagegebete. Doch bei allem Sprechen zu und über Gott, bei allem Streit auch mit seinen Freunden war Ijob nicht zur Ruhe gekommen. Er hatte weder Gottes Wort gehört noch sein Antlitz geschaut.

Viele Menschen beklagen die Abwesenheit Gottes. Sie fragen aber gar nicht, ob sie überhaupt in der Lage sind, seine Anwesenheit zu erkennen. Einer der ersten Schritte auf dem Weg zur Erkenntnis Gottes besteht in der Erkenntnis der eigenen Blindheit. Das Wort der zwei Blinden bei Jericho: „Herr, wir möchten, dass unsere Augen geöffnet werden" (Mt 20,33), setzt die Einsicht voraus, dass sie blind sind. Diese Einsicht in die eigene Blindheit ist alles andere als selbstverständlich. Ijob wird durch die erste Gottesrede zu dieser Einsicht geführt. Er hatte zu und über Gott gesprochen. Jetzt aber wird ihm klar, dass er dazu noch gar nicht in der Lage war: „Siehe, ich bin zu gering. Was kann ich dir erwidern?" (Vers 4a) Diese Einsicht führt ihn ins Schweigen: „Ich lege meine Hand auf meinen

Mund" (Vers 4b). Ijob schweigt, und damit ist die Voraussetzung gegeben, noch einmal genau hinzuhören. So kann Gott noch einmal sprechen. Erst nach dieser zweiten Gottesrede, die Ijob aus einer existentiell vollzogenen Haltung des Schweigens heraus vernimmt, kann er sagen: „Ich habe erkannt, dass du alles vermagst; kein Vorhaben ist dir verwehrt" (42,2).

Die Selbsterkenntnis im Angesichte Gottes führt Ijob ins Schweigen. Schweigen ist hier Ausdruck der Anerkennung und Ehrfurcht gegenüber einem Höhergestellten. Ijob selbst hatte es in der Zeit, da es ihm gut ging, so erfahren (vgl. 29,9). Schweigen deutet hier nicht auf eine Abwendung („eisiges Schweigen"), sondern ist Ausdruck einer hochgradigen Form der Zuwendung, der Kommunikation. Es führt in eine tiefere Form der Wahrnehmung. „Dir ist Schweigen Lobpreis, Gott auf dem Zion" heißt es in Psalm 65,2 (entgegen der EÜ). „JHWH aber wohnt in seinem heiligen Tempel. Alle Welt schweige in seiner Gegenwart" (Hab 2,20).

Aber Ijobs Schweigen ist nicht nur das heilige Schweigen angesichts der Gegenwart Gottes. Er deutet auch eine Rücknahme seiner bisherigen Worte an. So, wie er bisher gesprochen hatte, will er nicht weitersprechen: „Einmal habe ich geredet, ich tu es nicht wieder; ein zweites Mal, doch nun nicht mehr!" (Vers 5) Damit erklärt er den Rechtsstreit mit Gott für beendet.

Maße des Menschseins (40,6–14)

> 6 *Da antwortete JHWH dem Ijob aus dem Wettersturm und sprach:*
> 7 *Auf, gürte deine Lenden wie ein Mann!*
> *Ich will dich fragen, du belehre mich!*
> 8 *Willst du wirklich mein Recht zerbrechen,*
> *mich zum Frevler machen, damit du Recht behältst?*
> 9 *Hast du denn einen Arm wie Gott,*
> *dröhnst du wie er mit Donnerstimme?*
> 10 *Schmücke dich doch mit Hoheit und mit Majestät,*
> *und kleide dich in Glanz und Pracht!*
> 11 *Lass die Fluten deines Zornes sich ergießen,*
> *schau an jeden Stolzen, demütige ihn!*
> 12 *Schau an jeden Stolzen, zwing ihn nieder!*
> *Zertritt die Frevler an ihrem Ort!*

13 *Verbirg sie allesamt im Staub,*
schließ ein ihre Gesichter im Verborgenen!
14 *Dann will auch ich dich preisen,*
weil deine Rechte dir geholfen hat.

Gott ist es gelungen, Ijob in die Stille zu führen. Dieser will fortan schweigen: „Ich lege meine Hand auf meinen Mund. Einmal habe ich geredet, ich tu es nicht wieder, ein zweites Mal, doch nun nicht mehr!" (40,5) Mit göttlicher Hilfe hat Ijob ins Schweigen gefunden. Auf diesem Weg wird er zu weiterer Erkenntnis geführt.

In der nun folgenden zweiten Gottesrede (40,6–41,26) geht es um die Frage der Gerechtigkeit. Ijob hatte den Vorwurf erhoben, die Erde sei der Gewalt eines Verbrechers ausgeliefert (9,24). Darin war angedeutet, Gott selbst sei ein Verbrecher: „Schuldlos wie schuldig bringt er um" (9,22). Ijob weiß sich von Gott ohne Grund verfolgt (7,20; 9,17–18; 10,5–7). Gott geht nun auf diesen Vorwurf ein: „Willst du wirklich mein Recht zerbrechen, mich zum Frevler machen, damit du Recht behältst?" (Vers 8)

In seinem Urteil über Gott und die Welt hatte Ijob einen Standpunkt eingenommen, der ihm offensichtlich selbst gar nicht bewusst war. Gott deckt dies nun auf: „Hast du denn einen Arm wie Gott, dröhnst du wie er mit Donnerstimme?" (Vers 9) Hier kommt die Ur-Sünde des Menschen ans Licht: sein zu wollen wie Gott (Gen 3,5). Tatsächlich hatte Ijob aus einem solchen Bewusst-Sein heraus gesprochen. Jetzt zeigt ihm Gott, dass dies eine Täuschung war, ein bloßer Schein, kein wahres Sein. Erneut hilft er Ijob durch die Form einer rhetorischen Frage, zu dieser Erkenntnis zu finden: „Hast du denn einen Arm wie Gott?" (Vers 9a) Der Arm steht hier wie an vielen anderen biblischen Stellen für die Macht Gottes. Insbesondere erinnert er an die Rettung Israels aus der Todesmacht Ägyptens: „Ich führe euch aus dem Frondienst für die Ägypter heraus und rette euch aus der Sklaverei. Ich erlöse euch mit hoch erhobenem Arm und durch ein gewaltiges Strafgericht über sie" (Ex 6,6; vgl. 15,16; Dtn 4,34). In Jes 51,9–10 handelt JHWH mit der Macht seines Armes in Schöpfung und Geschichte: „Wach auf, wach auf, bekleide dich mit Macht, Arm des Herrn! ... Warst du es nicht, der die Rahab zerhieb und den Drachen durchbohrte? Warst du es nicht, der das Wasser austrocknen ließ, die Wasser der großen Flut, der die Tiefen des Meeres zum Weg gemacht hat, damit die Erlösten hindurchziehen konnten?" Ähnlich steht die göttliche Donnerstimme für Gottes Macht und Herrlichkeit (vgl. Ex 19,16; Ps 29). „Dröhnst du wie er mit Donnerstimme?" (Vers 9b) Nur mit einem „Nein" kann Ijob darauf antworten, wenn er denn ehrlich ist.

Mit zehn rhetorischen Imperativen wird die so eröffnete Einsicht vertieft (Vers 10–13). JHWH fordert Ijob auf, die Stolzen in Schach zu halten und die Frevler niederzutreten (Vers 11–12). Der Befehl kommt der Aufforderung gleich, an die Stelle Gottes zu treten: „Schmücke dich doch mit Hoheit und mit Majestät, und kleide dich in Glanz und Pracht" (Vers 10). Wenn Ijob dies vermag, dann will JHWH ihn, den „Ijob-Gott", preisen (Vers 14). Doch Ijob ist nicht Gott, und er kann es nicht sein.

Mit der Einsicht, etwas nicht zu können, wird oft an etwas sehr Schmerzliches gerührt. Der Mensch erfährt seine Ohnmacht. Der Schmerz erwächst nicht selten daraus, dass Menschen meinen, etwas können zu müssen, was sie tatsächlich jedoch nicht können. Es gibt Fälle, in denen das Meinen seine Berechtigung hat und Menschen angespornt werden, ihr Nicht-Können zu überwinden. Bei Ijob aber liegt der Fall anders. In dem von Ijob angezielten Können werden die Maße des Menschseins überschritten. Das war ihm offensichtlich gar nicht bewusst. Er hatte unbewusst einen Anspruch erhoben, dem er gar nicht gerecht werden kann. Einzusehen, dass man etwas nicht tun *kann*, vermag auch zu der Erkenntnis zu führen, dass man etwas nicht tun *muss*. Diese Einsicht kann Menschen von einer schweren Last befreien. Ijob kann nicht sein wie Gott, er muss es auch nicht. Er kann das Böse in der Welt („die Stolzen, die Frevler") nicht besiegen. Er muss es auch nicht. Aber wer wird es tun? Wird Gott seinem Können gerecht? Wird *er* die Frevler niedertreten? Darauf geht der weitere Verlauf der Rede ein.

Das Nilpferd (40,15–24)

> 15 *Sieh doch das Nilpferd, das ich wie dich (oder: mit dir) erschuf.*
> *Gras frisst es wie ein Rind.*
> 16 *Sieh doch seine Kraft in seinen Lenden*
> *und seine Stärke in den Muskeln seines Leibes!*

17 *Wie eine Zeder streckt es seinen Schwanz;*
straff sind verflochten seiner Schenkel Sehnen.
18 *Seine Knochen sind Röhren von Erz,*
wie Eisenstangen sein Gebein.
19 *Es ist der Anfang der Wege Gottes;*
der es erschaffen hat, gab ihm sein Schwert.
20 *Doch die Berge tragen ihm Futter zu,*
und alle Tiere des Feldes spielen dort.
21 *Es lagert unter Lotusbüschen,*
in dem Versteck von Schilf und Sumpf.
22 *Lotusbüsche bedecken es mit Schatten,*
Pappeln am Fluss umgeben es.
23 *Schwillt auch der Fluss, es zittert nicht,*
bleibt ruhig, wenn auch die Flut ins Maul ihm dringt.
24 *Kann man an den Augen es fassen,*
mit Haken ihm die Nase durchbohren?

In der ersten Gottesrede (38–40,2) ging es um den Vorwurf Ijobs, die Erde sei derart von chaotischen Mächten durchsetzt, dass es besser sei, sie würde ganz ins Chaos zurückfallen (Kap. 3). Gott gesteht zwar ein, dass es chaotische Mächte in der Welt gibt, doch als „Schöpfer der Welt" (38,4–38) und als „Herr der Tiere" (38,39–40,30) hält er die chaotischen Mächte in Schach. Sie können die Schöpfung stören, aber nicht zerstören. In der zweiten Gottesrede (40,6–41,26) geht es um den Vorwurf Ijobs, die Erde sei der Gewalt eines Verbrechers ausgeliefert (9,24). Es herrschen die Frevler, und die Gerechten kommen um (21,7–21; 24). Diesen Vorwurf sucht Gott in seiner zweiten Rede zu entkräften.

Von Ijob und Gott unbestritten ist, dass es in der Welt „Frevler" gibt. Entschieden ist bereits die Frage, ob *Ijob* in der Lage sei, die „Stolzen niederzuzwingen und die Frevler zu zertreten" (40,11–12). Ijob kann es nicht. Schließlich ist er selbst Opfer eines „Schlägers" (2,7) geworden. Offen ist die Frage, ob die Frevler die Herrschaft über die Welt vollständig übernommen haben, wie Ijob behauptet hatte. Darauf geht Gott nun näher ein. Dabei greift er auf zwei Gestalten des Mythos zurück: auf Behemot (40,15–24) und Leviatan (40,25–41,26). Damit sind zwei Tiere gemeint, wahrscheinlich Nilpferd und Krokodil. In ihnen kommt etwas Mythisch-Ursprüngliches ans Licht.

In Ägypten war es Aufgabe des göttlichen Königs, das *Nilpferd* zu jagen und zu töten. Othmar Keel hat zahlreiche bildliche Darstellungen der Nilpferdjagd aus dem Alten Ägypten zusammengetragen und gedeutet (Jahwes Entgegnung an Ijob. Eine Deutung von Ijob 38–41 vor dem Hintergrund der zeitgenössischen Bildkunst, Göttingen 1978). In der ägyptischen Spätzeit (664–332 v. Chr.), in der auch das Buch Ijob entstanden ist, war es Aufgabe des Gottes Horus, das nun völlig verfemte männliche („rote") Nilpferd zu töten. Das Nilpferd nimmt nun die Gestalt des Gottes Seth an; er ist „Herr der Wüste", „Gott des Kampfes und der Stärke", Gegner des Kulturgottes Osiris. Auf einem Bild aus dieser Zeit ersticht der König im Kult vor dem Gott Horus ein männliches Nilpferd. So unterstützt der König den Gott Horus „bei seinem immer neu zu erringenden Sieg über das Böse bzw. den Bösen" (ebd. 141). Nach Othmar Keel wird das Bild des ägyptischen Gottes Horus in der zweiten Gottesrede auf JHWH übertragen. Dabei geht es, so Othmar Keel, „nicht um Beherrschung, sondern um Vernichtung des Bösen" (ebd. 157).

Ein näherer Blick auf unseren Text zeigt allerdings, dass hier die Akzente anders gesetzt werden. Von einem Kampf JHWHs gegen das Nilpferd kann keine Rede sein. Zwei Mal wird gesagt, dass er es erschaffen habe (Vers 15 und 19). So wird die mythische Gestalt des Nilpferds in den Herrschaftsbereich Gottes gestellt. Sie steht ihm nicht (mehr) als eigene, gleichursprüngliche Macht gegenüber. Damit rückt ein zweiter Aspekt des Nilpferds in den Vordergrund, welcher der ägyptischen Religion in älterer Zeit ebenfalls vertraut war. In Darstellungen der vor- und frühgeschichtlichen Zeit und des Mittleren Reiches (2040–1650 v. Chr.) repräsentiert das Nilpferd die Idee der Regeneration, „weil dieses Tier das chaotische Element des Wassers beherrscht und durch sein Verschwinden und Wiederauftauchen das Schicksal des Toten vorwegnimmt" (*Erik Hornung*, Geist der Pharaonenzeit, München 1993, 155). So kann das weibliche („weiße") Nilpferd schließlich als Göttin Toeris in der Götterwelt erscheinen und als Schutzgottheit der Schwangeren und Neugeborenen verehrt werden.

Was in der ägyptischen Tradition in rotes und weißes Nilpferd, in Götter-Menschen-Feind („Seth") und Götter-Menschen-Freund („Toeris"), aufgespalten wird, hält das Nilpferd der zweiten Gottesrede spannungsvoll in sich vereint. Die Schilderung bewegt sich in der Spannung von Kraft, Stärke (Vers 16–18) und Gefahr (Vers 24) auf der einen und Ruhe, Friedfertigkeit und Idylle (Vers 15.20–23) auf der anderen Seite. Das Nilpferd erscheint als „gebändigte Kraft", als „gebändigte Gefahr" inmitten einer Welt des Friedens: Es frisst Gras wie ein Rind (Vers 15), „die Berge tragen ihm Futter zu, und alle Tiere des Feldes spielen dort" (Vers 20).

Dem Nilpferd als „Zusammenkunft von Tod und Leben" kommt etwas Ursprüngliches zu. „Es ist der Anfang der Wege Gottes", heißt es in Vers 19. Was im Buch der Sprichwörter (8,22) von der Weisheit gesagt wird, wird hier vom Nilpferd als einem „Ur-Tier" (hebräisch: *Behemot*, das heißt: „Tier schlechthin") gesagt. Es ist wie die Weisheit eine Art von „Schöpfung vor der Schöpfung", eine Gestalt, die der sichtbaren Schöpfung ihr Siegel aufgedrückt hat. So wie Gott „in Weisheit" (Spr 3,19) die Erde gegründet hat und so wie die Weisheit eine Signatur der Welt ist, so ist auch das Nilpferd als Zusammenfall von Tod und Leben „Anfang der Wege Gottes", Signatur seiner Schöpfung. Mit dieser Wirklichkeit zu leben, ist das, was Ijob und jeder Mensch mit ihm zu lernen hat: „Sieh doch das Nilpferd, das ich wie dich (oder: mit dir) erschuf" (Vers 15).

Das Krokodil (40,25–41,3)

25 *Kannst du das Krokodil am Angelhaken ziehen,*
26 *mit der Leine seine Zunge niederdrücken?*
26 *Legst du ein Binsenseil ihm um die Nase,*
durchbohrst du mit einem Haken seine Backe?
27 *Fleht es dich groß um Gnade an?*
Richtet es zärtliche Worte an dich?
28 *Schließt es einen Bund mit dir,*
so dass du es nehmen kannst zum Knecht auf Lebenszeit?
29 *Kannst du mit ihm wie mit einem Vogel spielen,*
bindest du es für deine Mädchen an?
30 *Feilschen darum die Jagdgenossen,*
verteilen sie es stückweise unter die Händler?
31 *Kannst du seine Haut mit Spießen spicken,*
mit einer Fischharpune seinen Kopf?
32 *Leg nur einmal deine Hand daran!*
Denk an den Kampf! Du tust es nie mehr.

41,1 *Sieh, das Hoffen darauf wird enttäuscht;*
sein bloßer Anblick bringt zu Fall.
2 *So kühn ist keiner, es zu reizen;*
wer könnte ihm wohl trotzen?
3 *Wer begegnete ihm und bliebe heil?*
Unter dem ganzen Himmel gibt es so einen nicht.

Weitaus umfangreicher als die Beschreibung von Aussehen und Verhalten des Nilpferds (40,15–24) sind die Ausführungen über das *Krokodil* (40,25–41,26). Grundsätzlich kommt dem Krokodil eine ähnliche Bedeutung zu wie dem Nilpferd. Beide treten in der ägyptischen Kultur häufig gemeinsam als Chaosmächte und Götterfeinde auf. In einem Text aus dieser Zeit, der bildliche Darstellungen von Nilpferd- und Krokodiljagd kommentiert, spricht der Gott Horus: „Ich stoße den Stier des Sumpfes (d.h. das Nilpferd), und ich verwunde das Krokodil mit schrecklichem Gesicht" (zitiert nach O. Keel, Jahwes Entgegnung an Ijob, Göttingen 1978, 154). Beim weiblichen Nilpferd gibt es allerdings auch die „freundliche" Seite des mütterlichen Schutzes. Sie prägt sogar das Bild, das in der zweiten Gottesrede von diesem mythisch-realen Ur-Tier des „Anfangs der Wege Gottes" (40,15–24) gezeichnet wird. Beim Krokodil ist das anders. Hier beherrschen Kampf und Gefahr die Szene. So beginnt der hier auszulegende erste Abschnitt über das Krokodil sogleich mit der Jagd auf dieses so gefährliche und unbezähmbare Tier.

Das Krokodil ist in unserem Text, ähnlich wie das Nilpferd, nicht in einem rein zoologischen Sinn zu verstehen. Darauf deutet schon das hebräische Wort *Leviatan,* das hier mit „Krokodil" übersetzt wird. Der Leviatan ist eine mythische Gestalt der Urzeit. Er lebt in der Tiefe des Meeres. Sein schlangenförmiger Körper mit mehreren Köpfen lässt an einen Drachen denken. Er repräsentiert eine widergöttliche Macht. Nach biblischer Schöpfungstheologie hat Gott diese Macht „überwunden". Ja, Schöpfung *ist* im Grunde Überwindung dieser Macht: „Mit deiner Macht hast du das Meer zerspalten, die Häupter der Drachen über den Wassern zerschmettert. Du hast die Köpfe des Leviatan zermalmt, ihn zum Fraß gegeben den Ungeheuern der See" (Ps 74,13–14). Der Leviatan ist überwunden, aber nicht beseitigt. Er lebt noch: „Da ist das Meer, so groß und weit, darin ein Gewimmel ohne Zahl: kleine und große Tiere. Dort ziehen die Schiffe dahin, auch der Leviatan, den du geformt hast, um mit ihm zu spielen" (Ps 104,25–26; vgl. Jes 27,1). Letztlich ist Leviatan ein Bild des Todes. Der Sicht des Alten Testaments vom Leviatan entspricht die Sicht des Neuen Testaments vom Tod. Christus hat den Tod überwunden, aber nicht beseitigt (vgl. 1 Kor 15,54–55). Gottes lange Ausführungen wollen Ijob helfen, in diese gleichsam paradoxale Struktur des Lebens hineinzufinden. Paulus schreibt im Brief an die Römer: „In der Schrift steht: *Um deinetwillen sind wir den ganzen Tag dem Tod ausgesetzt; wir werden behandelt wie Schafe, die man zum Schlachten bestimmt hat.* Doch all das überwinden wir durch den, der uns geliebt hat" (Röm 8,36–37; vgl. 1 Kor 15,32). Das Krokodil lebt, und wer ihm zu nahe kommt, tut es nicht noch einmal: „Leg nur einmal deine Hand daran! Denk an den Kampf! Du tust es nie mehr" (40,32).

Ähnlich wie in der ersten Gottesrede sind auch hier die Ausführungen mit rhetorischen Fragen durchzogen: „Kannst du mit ihm wie mit einem Vogel spielen, bindest du es für deine Mädchen an?" (40,29) Die hier geschilderte Jagd auf das Krokodil will deutlich machen, dass das überaus gefährliche und unberechenbare Tier mit rein menschlicher Kraft nicht bezwungen werden kann. Das entspricht insofern der ägyptischen Tradition, als dort die Jagd auf das Krokodil eine göttlich-königliche Aufgabe war. Aus eigener, rein menschlicher Kraft kann dieses Tier nicht überwunden werden.

Mit diesem Bild wird Ijob seine eigene Lage vor Augen geführt und ihm wird zugleich eine Hilfe angeboten, sie zu verstehen und zu bestehen. In der Gestalt von Tod und Krankheit ist das Krokodil in seine Familie eingebrochen. Die Kinder hat es genommen und Ijobs eigener Leib ist angefressen. Ijob kann den Kampf gegen das Krokodil nicht gewinnen. Das Krokodil, der Tod, bleibt da. Gibt es die Möglichkeit, in der Gegenwart dieses Tieres zu leben, ohne dass es für Ijob zur bestimmenden Macht wird? Das ist die entscheidende Frage, die sich durch das ganze Buch hindurchzieht. Der weitere Verlauf der Erzählung scheint diese Frage mit einem klaren „Ja" zu beantworten. Gott hilft Ijob, von der bestimmenden Macht des Krokodils frei zu werden. Ijob atmet auf, noch bevor er wieder gesund wird (42,6). Am Ende stirbt er, „hochbetagt und satt an Lebenstagen" (42,17).

Todesmeditation (41,4–16)

4 *Ich will nicht schweigen von seinen Gliedern,*
wie groß und mächtig, wie wohlgeschaffen es ist.
5 *Wer öffnet die Hülle seines Kleides,*
wer dringt ein in sein doppeltes Gebiss?
6 *Wer öffnet die Tore seines Gesichtes?*
Rings um seine Zähne lagert Schrecken.
7 *Reihen von Schilden sind sein Rücken,*
verschlossen mit Siegel aus Stein.
8 *Einer reiht sich an den andern,*
kein Lufthauch dringt zwischen ihnen durch.
9 *Fest haftet jeder an dem andern,*
sie sind verklammert, lösen sich nicht.
10 *Sein Niesen lässt Licht aufleuchten;*
seine Augen sind wie Wimpern des Morgenrots.
11 *Aus seinem Maul fahren brennende Fackeln,*
feurige Funken schießen hervor.
12 *Rauch dampft aus seinen Nüstern*
wie aus kochendem, heißem Topf.
13 *Sein Atem entflammt glühende Kohlen,*
eine Flamme schlägt aus seinem Maul hervor.
14 *Stärke wohnt in seinem Nacken,*
vor ihm schlottert die Angst umher.
15 *Straff liegt seines Wanstes Fleisch,*
wie angegossen, unbewegt.
16 *Sein Herz ist fest wie Stein,*
fest wie der untere Mühlstein.

Die breiten Ausführungen über das Krokodil gliedern sich in drei Teile: in die Schilderung seiner Jagd (40,25–41,3), die Beschreibung seines Verhaltens und seiner Gestalt (41,4–16) und die Charakterisierung seiner Widerstandsfähigkeit und seines Lebensraums (41,17–26). Im vorangehenden Abschnitt wurde gezeigt, dass der Mensch mit rein menschlichen Kräften nicht in der Lage ist, das Krokodil zu fangen, zu bändigen und zu töten. Im nun folgenden Text werden sein Aussehen, sein Körper und sein Verhalten beschrieben. Nicht zuletzt die hier vorliegende Beschreibung zeigt, dass mit dem hebräischen Wort „Leviatan" in den Gottesreden des Ijobbuches das Krokodil gemeint ist.

Warum findet sich in einem Buch, in dem es um das Leid eines gerechten Menschen geht, eine derart ausführliche Beschreibung des Krokodils? Redet Gott nicht völlig am todkranken Ijob vorbei, wenn er ihm eine Lehrstunde in Zoologie erteilt?

Wenn ein Dompteur im Zirkus das Maul eines Krokodils öffnet (Vers 5–6) und seinen Arm hineinsteckt, hält das Publikum den Atem an. Unsere Zeit bringt immer wieder „Helden" hervor, deren „Berufung" es zu sein scheint, sich mit wilden Tieren zu umgeben. Nicht selten fallen sie ihnen in einem Moment der Unachtsamkeit zum Opfer. Mit hoher Risikobereitschaft testen vor allem Jugendliche die Grenzen ihres Lebens aus – zum Leidwesen ihrer Eltern: „No risk, no fun." In den wohlhabenden Gesellschaften des Westens erfreuen sich Risikosportarten zunehmender Beliebtheit. In diesen Phänomenen zeigt sich die im Kern richtige Einsicht, dass es zum Reifungsprozess eines Menschen gehört, in seinem Leben dem Tod zu begegnen. In einer nach allen Seiten abgesicherten bürgerlichen Behaglichkeit kommt der Mensch auf Dauer nicht weiter. Er bleibt infantil und unglücklich.

Diese Einsicht gehört zum Kernbestand christlicher Spiritualität. Der Kampf mit den wilden Tieren wird in der christlichen Tradition von seinen Äußerlichkeiten befreit zu einem inneren, zu einem geistigen Kampf. In der allen Extremen abholden Regel des heiligen Benedikt findet sich unter den Werkzeugen der geistlichen Kunst *(instrumenta bonorum operum)*: „Den Tod täglich vor Augen zu haben" *(Mortem cotidie ante oculos suspectam habere)* (4,47). In geistigen Übungen christlicher und zen-buddhistischer Tradition spielt die Wahrnehmung, die „Realisation" des Todes, des eigenen Sterbens eine Schlüsselrolle. Äußerlich zeigt sich das bisweilen an extremen Formen der „Übung", am langen Sitzen in der Stille, mitunter so lang, bis das „Ich", das den Schmerz erleidet, nicht mehr „existiert". Auch das (frühe) christliche Mönchtum kannte und kennt Extremformen der Übung, der Askese, des geistigen Kampfes. In all dem zeigt sich die im Kern wahre Einsicht, dass nur derjenige ins (wahre) Leben findet, der den Tod überwindet. Herakles, der berühmteste der griechischen Helden, der unter anderem den nemeischen Löwen und die lernäische Hydra überwand, wurde schon beim frühen christlichen Schriftsteller Justin zum „Vorläufer

Christi". In der antiken christlichen Kunst findet sich die Typologie Herakles-Christus.

Aus diesen Zusammenhängen heraus ist die ausführliche Beschreibung des Krokodils in der zweiten Gottesrede des Ijobbuches zu verstehen. Ijob wird von Gott angeleitet, alle Facetten dieses todbringenden, unbezwingbaren Tieres sorgsam wahrzunehmen und auf sich wirken zu lassen. Gott führt Ijob in eine Art Todesmeditation hinein. „Rings um seine Zähne lagert Schrecken" (Vers 6), „eine Flamme schlägt aus seinem Maul hervor" (Vers 13). Am Ende wird Ijob zuteil, was der heilige Benedikt denen verspricht, die die Werkzeuge der geistlichen Kunst „Tag und Nacht" gebrauchen: „Was kein Auge gesehen und kein Ohr gehört hat, hat Gott denen bereitet, die ihn lieben" (4,77; Jes 64,3; 1 Kor 2,9).

Das Böse bekämpfen? (41,17–26)

17 *Erhebt es sich, erschrecken selbst die Starken;*
vor Schrecken wissen sie nicht aus noch ein.
18 *Trifft man es, kein Schwert hält stand,*
nicht Lanze noch Geschoss und Pfeil.
19 *Eisen achtet es wie Stroh,*
Bronze wie morsch gewordenes Holz.
20 *Kein Bogenpfeil wird es verjagen,*
in Stoppeln verwandeln sich ihm
die Steine der Schleuder.
21 *Wie Stoppeln dünkt ihm die Keule,*
es lacht nur über Schwertergerassel.
22 *Sein Unteres sind Scherbenspitzen;*
ein Dreschbrett breitet es über den Schlamm.
23 *Die Tiefe lässt es brodeln wie den Kessel,*
macht das Meer zu einem Salbentopf.
24 *Es hinterlässt eine leuchtende Spur,*
man meint, die Ur-Flut sei wie Greisenhaar.
25 *Auf Erden gibt es seinesgleichen nicht,*
dazu geschaffen, um sich nie zu fürchten.
26 *Alles Hohe fürchtet sich vor ihm,*
König ist es über alle Stolzen.

Im dritten und letzten Abschnitt der langen Ausführungen zum Krokodil wird Ijob die Unbezwingbarkeit dieses beeindruckenden Tieres vor Augen geführt. Teils sind die Beschreibungen sehr realistisch, teils überschreiten sie die Grenze der Erfahrung und gehen über ins Mythische. Krokodile verharren oft stundenlang in absoluter Ruhe. Setzen sie sich in Bewegung, bricht Schrecken aus (Vers 17). Keine Waffe vermag das Tier zu stoppen (Vers 18–21). Auf weichem Schlamm hinterlässt es mit seinen Bauchschilden Spuren, als wäre ein Dreschschlitten, ein mit Flintsteinen bespicktes Brett, darübergezogen worden (Vers 22). Gleitet es ins Wasser, fängt dieses zu brodeln an wie eine Salbe, die der Salbenmischer zum Kochen bringt (Vers 23). Das Wasser, hier die „Ur-Flut", schäumt auf und hinterlässt eine Spur „wie Greisenhaar" (Vers 24). So braucht sich das Krokodil vor niemandem zu fürchten, „König ist es über alle Stolzen" (Vers 26).

Auch hier will die beeindruckende Schilderung nicht einfach mit naturkundlichem Wissen unterhalten oder gar belehren. In der Unbezwingbarkeit dieses Ur-Tiers, des Krokodil-Leviatan, kommt etwas sehr Grundsätzliches zur Sprache. Etwas, das zur Welt gehört, aber oft übersehen oder verkannt wird, wird zur Anschauung gebracht.

Die Heilige Schrift ist geprägt von der klaren Unterscheidung zwischen Gut und Böse. Die jüdisch-christliche Tradition ist im Vergleich mit anderen Religionen in ethischer Hinsicht – grundsätzlich betrachtet – eine starke Tradition. Ihre Kritiker haben ihr das oft als „Hypermoral" vorgeworfen und darin einen Verrat an der Fülle des Lebens gesehen – „jenseits von Gut und Böse". Gleichwohl ergibt sich aus der Existenz des Bösen in der Welt nach biblischem Verständnis nicht als erstes der Impuls, das Böse zu bekämpfen und dagegen in den Krieg zu ziehen. Dies ist ein verbreitetes Missverständnis der christlichen Tradition, bei „Progressiven" wie „Konservativen" gleichermaßen anzutreffen. Die der biblischen Botschaft entsprechende Grundbewegung, die sich aus der Konfrontation mit dem Bösen in der Welt ergibt, ist die Hinwendung zum Guten, die Hinwendung zu Gott. Erst aus dieser Hinwendung heraus erwächst dem Menschen die (gottgegebene) Kraft und Einsicht, dem Bösen in rechter Weise zu widerstehen. In vielen Geschichten der Bibel wird diese Bewegung eindrucksvoll veranschaulicht. Die drei Jünglinge im Feuerofen wurden nicht gerettet, weil es ihnen gelungen wäre, die Flammen zu löschen, sondern weil sie „im Ofen wie aus einem Munde sangen, Gott rühmten und priesen" (Dan 3,51–90). Sie sangen einen Lobpreis auf die Güte Gottes mit ständiger Wiederholung und richteten so ihr Bewusstsein ganz auf die verborgene Gegenwart Gottes aus. Das Feuer blieb, aber „es berührte sie gar nicht, es tat ihnen nichts zuleide und belästigte sie gar nicht" (Dan 3,50). Ähnlich wurde Daniel in der Löwengrube nicht gerettet, weil es ihm gelungen wäre, die Löwen zu töten, sondern „weil er seinem Gott vertraute" (Dan 6,24). Die Löwen blieben, aber sie konnten ihm nichts zuleide tun. Im Kampf gegen seinen Erzfeind Amalek (Ex 17,16) macht Israel die Erfahrung: „Solange Mose seine Hand zum Gebet erhoben hielt, war Israel stärker; sooft er aber die Hand sinken ließ, war Amalek stärker" (Ex 17,11). Diese und ähnliche Geschichten der Bibel wollen weder zum Quietismus (einer falsch verstandenen Form von Passivität) verleiten noch zum heiligen Krieg aufrufen, sondern auf etwas ganz Elementares und Alltägliches aufmerksam machen: Es ist im Hinblick auf die Qualität des Lebens ein grundlegender Unterschied, ob jemand seinen Tag mit dem Vorsatz beginnt, seine und der Mitmenschen Laster und Nöte zu bekämpfen, oder ob er sich zunächst einmal ausrichtet auf die Gegenwart Gottes.

Das Krokodil (der Leviatan), so haben wir gesehen, stellt in der biblischen Tradition die Urkraft des Bösen und Chaotischen dar. Dieses kann vom Menschen nicht beseitigt, nicht getötet werden. Selbst „die Starken erschrecken, wenn es sich erhebt, vor Schrecken wissen sie nicht aus noch ein" (41,17). Die breite und poetisch eindrückliche Schilderung des Krokodils soll Ijob zu dieser Einsicht verhelfen. Der Mensch kann alle ihm zur Verfügung stehenden Kampfwerkzeuge einsetzen – Schwert, Lanze, Geschosse, spitze Pfeile, Eisenstangen, Steine, Keule – das Krokodil, das Böse kann darüber nur lachen (Vers 18–21).

Im Hinblick auf die Qualität des Bösen kommt der Bibel das Verdienst einer Aufklärung von nicht zu überschätzender Bedeutung zu. Ijob wird unausweichlich mit dem Bösen konfrontiert. Grundlos wird er vom Satan geschlagen (2,7). Er droht nun zwischen zwei Haltungen zerrissen zu werden: der Resignation (3,3: „Ausgelöscht sei der Tag, an dem ich geboren") und der Versuchung, als „Gerechter“ den Kampf selbst in die Hand zu nehmen, weil Gott im Kampf gegen das Böse versagt: Die Häuser der Frevler „sind in Frieden, ohne Schreck, die Rute Gottes trifft sie nicht“ (21,9). In seiner Not wendet er sich an Gott und erfleht eine Antwort. In der Gestalt des Krokodils führt Gott Ijob vor Augen, dass ein Mensch mit all seinen Waffen dieses Tier nicht besiegen kann. Erst wenn diese Einsicht existentiell vollzogen, gleichsam erlitten ist, kann der Mensch weiter sehen. Davon erzählt die folgende Antwort Ijobs.

Ijobs Erkenntnis (42,1–3)

1 *Da antwortete Ijob dem Herrn (JHWH) und sprach:*
2 *Ich habe erkannt, dass du alles vermagst,*
kein Vorhaben ist dir verwehrt.
3 *„Wer ist es, der ohne Einsicht den Rat verdunkelt?“*
Ja, ich habe geredet, ohne zu verstehen,
zu Wunderbares für mich, ohne zu erkennen.

Auf die zweite Gottesrede (40,6–41,26) folgt eine zweite Antwort Ijobs (42,1–6). Sie stellt gegenüber der ersten (40,3–5) eine Steigerung dar. Hatte Ijob in seiner ersten Antwort den Rechtsstreit für beendet erklärt, so bekennt er in seiner zweiten Antwort ausdrücklich seinen Widerruf (42,6). Die zweite Antwort entfaltet dies in zwei Schritten, in den Versen 2 bis 3 und 4 bis 6. Jeder der beiden Abschnitte enthält ein Zitat aus einer der beiden vorangehenden Gottesreden. Gott hatte in 38,2 die Frage gestellt: „Wer ist es, der den Ratschluss verdunkelt mit Gerede ohne Einsicht?“ Ijob zitiert sinngemäß diese Frage (Vers 3a) und gesteht in seiner Antwort, dass *er* es war, der dies getan hat (Vers 3b). Er gibt zu, dass er geredet hat, „ohne zu verstehen, zu Wunderbares für mich, ohne zu erkennen“ (Vers 3).

Im hier auszulegenden ersten Teil seiner Antwort spielt das Wortfeld „erkennen“ eine wichtige Rolle. Viermal kommen Worte mit der Bedeutung „erkennen, einsehen, verstehen“ vor. Durch die JHWH-Reden ist Ijob zu einer Erkenntnis geführt worden: „Ich habe erkannt, dass du alles vermagst, kein Vorhaben ist dir verwehrt“ (Vers 2). In seinem übergroßen Leid schien es Ijob so zu sein, als habe Gott nicht (mehr) alles in der Hand. Erneut schien sich das

Chaos der Schöpfung zu bemächtigen, schien sich dem Wüten der Frevler keine Macht entgegenzuwerfen. Gott greift in seinen Reden Ijobs Erfahrung auf, eröffnet aber zugleich einen neuen Horizont. Er führt ihn – in Wahrnehmung und Erkenntnis – einen großen Schritt nach vorn: Es gibt chaotische Mächte, die sich menschlichem Zweck und Zugriff entziehen, und es gibt in Gestalt von Nilpferd und Krokodil das von Menschen nicht zu bezwingende Böse in der Welt. Beide Größen jedoch werden von göttlicher Macht umfangen. Sie sind keine letzten Realitäten, die im Begriffe stehen, die Schöpfung zu verschlingen, auch wenn es bisweilen den Anschein hat.

So ist Ijobs Blick nun realistischer geworden. Aber es ist kein Realismus der Hoffnungslosigkeit. Menschen, die eine gewisse Zeit in äußerlich glücklichen Umständen lebten, können völlig aus der Bahn geworfen werden, wenn sie ein schweres Unglück trifft. So scheint es auch Ijob ergangen zu sein. Viele Jahre seines Lebens verbrachte er – wie er selbst im Rückblick eingesteht (Kap. 29) – in vollkommenem Glück, „als meine Schritte sich in Milch gebadet, Bäche von Öl der Fels mir ergoss“ (29,6). Zudem war er gerecht und fromm. Mit Erfolg stellte er sich dem Treiben der Frevler entgegen: „Ich zerschmetterte des Bösen Kiefer, entriss die Beute seinen Zähnen“ (29,17). Das rief bei ihm den trügerischen Glauben hervor, dass es immer so weitergehe: „So dachte ich: Mit meinem Nest werde ich verscheiden und gleich dem Phönix meine Tage mehren“ (29,18). Dieses Denken hat sich nun als eine Täuschung erwiesen. Mit dem Unglück, das ihn getroffen hat, bricht eine andere Seite in sein Leben ein und nimmt sein Bewusstsein ganz und gar in Beschlag. Aus diesem „Wissen“ heraus hatte Ijob gesprochen. Die Gottesreden leugnen es nicht. Sie bestätigen es. Gott macht nicht den Fehler, den manche begehen, die es gut meinen mit ihrem Trost, wenn sie um jeden Preis vom Unheil abzulenken und zu zerstreuen suchen. Gott bestätigt Ijobs Erfahrung, führt ihn aber zugleich einen entscheidenden Schritt darüber hinaus: Weder Chaos noch Nilpferd und Krokodil sind die Mächte, die *alles* vermögen, sondern ... – Hier enthalten die beiden Gottesreden eine Leerstelle. Nirgends sagt Gott, dass *er* es sei, der diese Mächte in Grenzen hält. Ijob selbst hat es erkannt, und er spricht es offen aus: „Ich habe erkannt, dass *du* alles vermagst, kein Vorhaben ist dir verwehrt“ (Vers 2). So hat sich Gott in seinem Wort als wahrer

Mystagoge erwiesen. Er teilt Ijob keine Erkenntnis „von außen" mit, sondern er stellt Fragen und führt Ijobs Wahrnehmung so, dass dieser *selbst* zur wahren Erkenntnis gelangt.

Und doch mag sich der Leser fragen, worin denn das Neue dieser Erkenntnis besteht. Denn dass Gott alles vermag (Vers 2), hatten doch auch schon Ijobs Freunde gesagt (vgl. 11,2–12; 22,12–20; 36,22–32), und auch Ijob selbst hatte es zuvor bereits „gewusst" (12,7–13,2; 26,5–14). Hinterlässt der Dialog zwischen Gott und Ijob, wie ein Kommentator bemerkte, nicht doch einen zwiespältigen Eindruck? Die Antwort darauf gibt Ijob im zweiten Teil seiner Rede (Vers 4–6).

Gott schauen (42,4–6)

> 4 *„Höre doch, ich will nun reden,*
> *ich will dich fragen, du belehre mich!"*
> 5 *Vom Hörensagen nur hatte ich von dir gehört,*
> *jetzt aber hat mein Auge dich geschaut.*
> 6 *Darum widerrufe ich und atme auf,*
> *in Staub und Asche.*

Ijobs zweite Antwort (42,1–6) gliedert sich in zwei Teile. Auch der hier auszulegende zweite Teil (Vers 4–6) wird mit einem Zitat eingeleitet. Erneut zitiert Ijob einen Satz vom Anfang der ersten Gottesrede: „Höre doch, ich will nun reden, ich will dich fragen, du belehre mich!" (Vers 4) So hatte Gott seine erste Rede eingeleitet: „Ich will dich fragen, du belehre mich!" (38,3) Ijob fügt, durchaus sinngemäß, ein „Höre doch!" hinzu und liefert damit das entscheidende Stichwort, das zur unmittelbar folgenden Aussage überleitet: „Vom Hörensagen nur hatte ich von dir gehört, jetzt aber hat mein Auge dich geschaut" (Vers 5). Diese Aussage im Munde Ijobs ist der Schlüssel zum Verständnis des gesamten Buches. Wie ist sie zu verstehen?

Auffallend ist zunächst einmal die Gegenüberstellung von „hören" und „schauen". Die Septuaginta hat sie noch dadurch verstärkt, dass sie in Vers 5a, durchaus sinngemäß, die Zeitangabe „einst" *(to proteron)* hinzugefügt hat: „*Einst* hatte ich gemäß dem Hören des Ohres von dir gehört, jetzt aber hat mein Auge dich geschaut." Was ist damit gemeint?

Im vorliegenden Zusammenhang bezieht sich „hören“ auf etwas Äußerliches, „schauen“ auf etwas Innerliches. Mit dem „Hören des Ohres“ dürfte jenes „Gotteswissen“ gemeint sein, das Ijob durch Tradition übermittelt wurde: all die vielen und schönen Geschichten über Gott, auch all das beeindruckende theologische Wissen seiner Freunde. Von all dem hatte er gehört „gemäß dem Hören des Ohres“. Zu seinen Freunden hatte er gesagt: „Seht, all das hat mein Auge gesehen, mein Ohr gehört und wohl gemerkt. Was ihr wisst, weiß ich auch; ich falle nicht ab im Vergleich mit euch“ (13,1–2). Jetzt aber ist etwas anderes geschehen: Sein Auge hat Gott geschaut.

Der Ausdruck „Gott schauen“ dürfte ursprünglich im Kontext altorientalischer Religionen jenen Vorgang bezeichnen, bei dem ein Mensch das (im Tempel aufgestellte oder bei Prozessionen gezeigte) Bild einer Gottheit schaut. Das Alte Testament hat diese Begrifflichkeit übernommen (Gen 32,31; Ex 24,10; Ps 42,3). Da es aber in Israel aufgrund des Bilderverbots (Ex 20,4–6) offiziell keine bildlichen und rundplastischen Darstellungen JHWHs gab, konnte der Ausdruck hier nicht mehr das äußerliche Sehen eines Gottesbildes bezeichnen. Das Wort „Gott(es Antlitz) schauen“ wird zur Metapher für den inneren Vorgang einer Gotteserfahrung. Genau darauf zielt Ijob 42,5. Dass hier kein äußerer Vorgang, auch kein Besuch im Tempel, sondern eine *innere Erfahrung* zur Sprache kommt, ergibt sich schon allein aus dem Kontrast zur vorangehenden JHWH-Rede: JHWH hatte „gesprochen“, doch Ijob hat „geschaut“. Nirgends wird hier das Aussehen Gottes beschrieben. Ijob hat keine göttliche Gestalt gesehen (vgl. Dtn 4,12). Was hier beschrieben wird, ist die der Mystik sehr wohl vertraute Form einer bildlosen Gottesschau.

Damit ist etwas für die jüdisch-christliche Tradition Wesentliches gesagt, das in unserer Zeit weitgehend in Vergessenheit geraten ist. Der „innere Mensch“ *(homo interior)* kommt in den Blick. Die Entdeckung des inneren Menschen gehört, wie der Philosoph Theo Kobusch gezeigt hat, zum bleibenden Verdienst der christlichen Philosophie (Theo Kobusch, Christliche Philosophie. Die Entdeckung der Subjektivität, Darmstadt 2006). Sie hat ihre Vorläufer in der antiken, insbesondere platonischen Tradition und ihre Wurzeln in der Heiligen Schrift. Äußerlich gesehen hat sich für Ijob noch nichts geändert. Er sitzt noch „in Staub und Asche“ (Vers 6). Doch innerlich ist er ein anderer geworden. Den Streit mit Gott erklärt er für beendet (40,4–5). Er verwirft das, was er *vor* dem Ereignis, welches ihm jetzt widerfahren ist, gesagt hat (Vers 6), wenngleich er *damals* nicht anders sprechen konnte, weshalb er auch von Gott – im Unterschied zu seinen Freunden – nicht getadelt wird (42,7).

Es ist ein Unterschied, ob jemand Gott nur vom Hörensagen her „kennt", oder ob er ihn „geschaut" hat. Das Ijob-Problem und damit das Grundproblem des menschlichen Lebens, welches nichts anderes ist als ein Lauf in den Tod (vgl. 7,6f), ist nicht vom Hörensagen her zu lösen. Zwar wird der Glaube vor allem über Erzählen und Hören, über narrativ eingekleidete rituelle Handlungen tradiert (vgl. Ex 12,25–27; 13,14–16; Dtn 6,20–25). Ohne Tradition und ohne die Weitergabe „religiöser Wahrheiten" kann keine Religion auf Dauer bestehen. Doch die religiösen Wahrheiten verweisen nicht auf sich selbst. Sie sind kein Selbstzweck. Sie wollen letztlich einen Weg in die Erfahrung der Wirklichkeit Gottes weisen. Wo sie dies nicht mehr tun, widersprechen sie ihrem eigenen Selbstverständnis. Daran sind die Freunde Ijobs gescheitert, darum werden sie von Gott getadelt (42,7). Ihre Antworten konnten Ijobs Fragen nicht stillen. Das letztlich Unbefriedigende ihres Auftritts hatte Ijob von Anfang an gespürt (vgl. 6,14–30). Und so richtet sich ein großer Teil seiner Energie zunächst einmal darauf, die Freunde zum Schweigen zu bringen (13,5). Erst so wird der Weg frei, sich mit aller Kraft der Wirklichkeit Gottes zuzuwenden (13,3). Gott zu schauen hatte Ijob am Tiefpunkt seiner Not in einem einzigartigen Vertrauensbekenntnis als Hoffnung und innere Gewissheit zugleich bekundet (19,25–27). Dieses Vertrauen ist am Ende nicht enttäuscht worden.

Vom Glauben zum Schauen (42,5)

> 5 *Vom Hörensagen nur hatte ich von dir gehört,*
> *jetzt aber hat mein Auge dich geschaut.*

In den Gottesreden wird Ijob vom Glauben zum Schauen geführt. In der christlichen Tradition ist das der Weg der Kontemplation. Wenn wir im Himmel sind, so die einhellige Lehre der Kirche, werden wir nicht mehr an Gott glauben, sondern wir werden ihn schauen, „von

Angesicht zu Angesicht" (vgl. 1 Kor 13,12; 1 Joh 3,2; Offb 22,4) – so zumindest hat Papst Benedikt XII. im Jahre 1336 „kraft Apostolischer Autorität" entschieden (vgl. Denzinger-Hünermann 1001). Damit wird er wohl recht haben. Denn im Hebräerbrief heißt es: „Glauben ist: Feststehen in dem, was man erhofft, Überzeugtsein von Dingen, die man nicht sieht" (Hebr 11,1). Wenn wir Gott im Himmel schauen und wenn „glauben" bedeutet „Überzeugtsein von Dingen, die man *nicht* sieht" (Hebr 11,1), dann können wir im Himmel nicht mehr an Gott glauben, da wir ihn schauen. Jetzt, da wir noch auf Erden sind, glauben wir an Gott. Deshalb sagt der Apostel Paulus: „*Für jetzt* bleiben Glaube, Hoffnung, Liebe" (1 Kor 13,13). Doch was geschieht, wenn der Glaube in eine Krise gerät, wenn er nicht mehr trägt, wie bei Ijob?

Dann bieten sich drei Möglichkeiten an. Zum einen, den Glauben zu verwerfen. Ijobs Frau schlägt dies vor: „Lästere Gott und stirb!" (2,9) Eine zweite Möglichkeit bieten Ijobs Freunde an: im überkommenen Glauben („was wir gehört haben", 5,27) zu verharren und zu versuchen, die missliche Lage mit klugen Worten zu erklären und zu verstehen. Beide Möglichkeiten werden von Ijob verworfen. Zu seiner Frau sagt er: „Wie eine Törin redet, so redest du" (2,10). Seinen Freunden empfiehlt er: „Dass ihr endlich schweigen wolltet, das würde Weisheit für euch sein" (13,5). Ijob wählt eine dritte Möglichkeit: Er *geht* den Weg, den der Glaube weist: „Ich will zum Allmächtigen reden, mit Gott zu rechten ist mein Wunsch" (13,3). Auf dem Höhepunkt seiner Not ist er zutiefst davon überzeugt, dass dieser Weg ihn dahin führen wird, Gott zu schauen: „Ihn selber werde ich dann für mich schauen, meine Augen werden ihn sehen, nicht mehr fremd" (19,27).

Der im Alten Testament übliche Ausdruck für „Glaube an Gott" ist „Gottesfurcht" oder „JHWH-Furcht". Als ein gottesfürchtiger, das heißt: als ein gläubiger Mann wird Ijob zu Beginn der Erzählung vorgestellt (1,1). Zunächst schien es so zu sein, als könne er das schwere Leid, das ihn getroffen hatte, im Glauben bewältigen: „Noch immer hält er fest an seiner Frömmigkeit" (2,3). Doch als nach einem zweiten satanischen Schlag und nach siebentägigem Schweigen das ganze Ausmaß des Elends zum Vorschein kam und immer tiefer in sein Bewusstsein eindrang, begann sein Glaube zu zerbrechen. Hellsichtig haben das seine Freunde erkannt: „Du brichst sogar die

Gottesfurcht, zerstörst das Besinnen vor Gott", hält ihm Elifas, der Wortführer der drei Freunde, vor (15,4; vgl. 6,14). Mit einem „Überzeugtsein von Dingen, die man nicht sieht" (Hebr 11,1), konnte sich Ijob nicht mehr zufriedengeben. Zu groß war die Not, die ihn getroffen hatte. Mit Gott selbst wollte er in Kontakt kommen und nicht nur mit dem, was über ihn gesagt wird (vgl. 13,1–3). Tatsächlich ist ihm dies gelungen. So ist folgerichtig im Schlussteil der Erzählung (42,7–17) nicht mehr davon die Rede, dass Ijob Gott fürchtet, dass er an Gott glaubt. Er ist den Weg des Glaubens zu Ende gegangen und ein Schauender geworden. In der Erzählung heißt es, dass er noch hundertvierzig Jahre (so) gelebt habe (42,16).

So wichtig der Glaube an Gott ist, er ist nicht das Letzte, was uns die Heilige Schrift zu bieten hat. Viele Menschen sind auf ihrem Weg zu Gott schon weiter, als gewöhnlich angenommen wird. Nicht wenige befinden sich an einer sensiblen Stelle des Übergangs. In der Seelsorge wird dies oft nicht erkannt. Hier scheint die Meinung vorzuherrschen, jede Glaubenskrise sei dahingehend zu überwinden, dass derjenige, der in die Krise gerät, „irgendwie" wieder in den Glauben hineinfinden möge. Man bemüht sich redlich, den Glauben zu erklären, mal etwas moderner, mal etwas konservativer, mal etwas freundlicher, mal etwas strenger. Den Glauben zu erklären hilft aber nur Menschen weiter, die den Glauben verstehen wollen. Wer jedoch Gott schauen will, braucht eine andere Kost.

Gott schauen zu wollen, ist das innerste Verlangen der menschlichen Seele. „Wann darf ich kommen und Gottes Antlitz schauen?", fragt voll Sehnsucht der Beter der Psalmen (Ps 42,3; vgl. Mt 5,8). Dieses innerste Verlangen der Seele wird gewöhnlich durch allerlei Wünsche und Erfahrungen verdeckt. Sind diese Wünsche aber nicht mehr zu erfüllen, bricht alles, was zuvor als „wahr" und wichtig erkannt wurde, allmählich oder plötzlich in sich zusammen, dann kann die ursprüngliche Sehnsucht der Seele wieder erklingen. Bisweilen bricht sie auch eruptiv und ungeordnet hervor. Letzteres war bei Ijob der Fall. Im Anschluss an die Psychotherapeutin Verena Kast hatten wir in diesem Zusammenhang von einem Gefühlsschock gesprochen. Die Freunde wollen Ijob beruhigen und ihn in die alten, vertrauten Bahnen lenken: „Ist deine Gottesfurcht nicht deine Zuversicht, deine Hoffnung nicht die Unschuld deines Lebenswandels?"

(4,6) Sie versuchen, Ijobs Glaubenskrise auf der Ebene des Glaubens zu beheben und ihm die Dinge theologisch zurechtzulegen. Doch Ijob spürt intuitiv, dass er auf dieser Ebene nicht weiterkommt, dass es auf dieser Ebene keine (Er-)Lösung gibt. Er gibt der inneren Dynamik seines Verlangens nach und wird auf eine neue Ebene gehoben: vom Glauben zum Schauen. Er ist den Weg gegangen, den der Glaube weist, und wurde dabei überreich beschenkt (42,10–16).

Vielfacher Segen (Ijob 42,7–17)

Versöhnung (42,7–9)

> *7 Als JHWH diese Worte zu Ijob gesprochen hatte, sagte JHWH zu Elifas von Teman: Mein Zorn ist entbrannt gegen dich und deine beiden Gefährten, denn ihr habt nicht recht zu mir gesprochen wie mein Knecht Ijob. 8 So nehmt nun sieben Jungstiere und sieben Widder, geht hin zu meinem Knecht Ijob, und bringt ein Brandopfer für euch dar! Mein Knecht Ijob aber soll für euch Fürbitte einlegen. Ich werde sein Angesicht erheben (das heißt: sein Gebet annehmen), um nicht an euch gemäß eurer Torheit zu handeln. Denn ihr habt nicht recht zu mir gesprochen wie mein Knecht Ijob. 9 Da gingen Elifas von Teman, Bildad von Schuach und Zofar von Naama hin und taten, wie JHWH ihnen gesagt hatte. Und JHWH nahm Ijobs Gebet an.*

Mit der zweiten Antwort Ijobs ist der Dialogteil (3,1–42,6) beendet. Ijobs Verhältnis zu Gott, durch das Leid in eine schwere Krise geraten, ist bereinigt, die Auseinandersetzung beendet. Die Erzählung fährt in Prosa fort und kehrt somit formal an ihren Anfang zurück (1–2). Ungeklärt ist noch das Verhältnis der Freunde zu Gott und zu Ijob.

Zwei Fragen bedürfen der Klärung. Zunächst: Worin haben Ijobs Freunde in den Augen Gottes gefehlt? Nach der Einheitsübersetzung sagt Gott zu Elifas: „... ihr habt nicht recht *von mir* geredet wie mein Knecht Ijob". Diese Übersetzung ist in zweifacher Hinsicht problematisch. Zum einen ist nicht recht einsehbar, inwiefern die Freunde nicht recht *über* Gott gesprochen haben sollten. Wir hatten doch gesehen, dass sie in allem, was sie sagten, aus der biblisch bezeugten Tradition heraus sprachen. Zum anderen dürfte diese Übersetzung dem vorangehenden Widerruf Ijobs (42,6) widersprechen und seinem Eingeständnis, über Dinge geredet zu haben, „die zu wunderbar für mich und unbegreiflich sind" (42,3). Sollte Ijob doch recht *über* Gott gesprochen haben? Somit bietet sich eine andere, von dem Alttestamentler *Manfred Oeming* vorgeschlagene Übersetzung an, die dem hebräischen Text besser gerecht wird (vgl. *M. Oeming / K. Schmid,* Hiobs Weg. Stationen von Menschen im Leid, Neukirchen-Vluyn 2001, 121–142). Die hebräische Präposition *ael* ist hier – wie an vielen anderen Stellen des Ijobbuches auch (1,7; 2,10; 42,7) – mit „zu“ wiederzugeben. Der Vers hieße dann: „... ihr habt nicht recht *zu mir* gesprochen wie mein Knecht Ijob“. Damit ist in der Tat die entscheidende Differenz zwischen der Gott-Rede Ijobs und der seiner Freunde benannt. Wir hatten gesehen, dass die Freunde niemals *zu* Gott sprachen (vgl. die Auslegung zu 10,1–12). Sie sprachen ausschließlich *über* Gott, nie *zu* ihm. Diese Form des Redens hält auf Dauer aber der Wirklichkeit Gottes nicht stand – so wäre wohl das hebräische Wort *nekonah* hier zu deuten. Es kommt von *kun*, das heißt „gründen“, im Passivstamm „fest stehen“, „gegründet sein“. So enthält der an die Freunde gerichtete Vorwurf in einer verkürzten Redeweise zwei Aspekte: Die Freunde haben „Grundloses“ gesprochen, etwas, das nicht fest gefügt ist, und sie haben nicht *zu* Gott gesprochen. Ijob dagegen wendet sich nach anfänglichem Sprechen über Gott (Kap. 3; 6) sehr bald an Gott (Kap. 7). Er spricht *zu ihm* – in aller Unvollkommenheit, mit allem, was ihn innerlich bewegt und aufwühlt, und mit manchem, was sich im Rückblick als ein Sprechen „im Unverstand“ erweist (vgl. 42,3). Ein derartiges Sprechen zu Gott ist, bei aller Unvollkommenheit, gleichwohl be-gründet.

Nun sollen die Freunde ein Brandopfer darbringen und Ijob soll für sie beten, denn Gottes Zorn ist entbrannt gegen Elifas und seine beiden Gefährten (Vers 7). Wie ist das zu verstehen? Zeigt sich hier nicht ein zu überwindendes magisches Denken? Wenn wir mit Menschen zusammentreffen, von denen negative Energien ausgehen, sehen wir uns, um uns vor ihnen zu schützen, im Allgemeinen vor zwei Handlungsmöglichkeiten gestellt: uns zu wehren oder davonzulaufen. Gegenüber seinen Freunden, die ihm zu Feinden geworden waren (vgl. 19,22), hat Ijob beide Möglichkeiten praktiziert: Er hat, um sich zu schützen, verbal zurückgeschlagen (vgl. 12,2–6; 13,2–5.13; 16,2–5) und sich schließlich von ihnen abgewandt. Jetzt, da er Gott geschaut hat (42,5), bietet sich ihm eine dritte Handlungsmöglichkeit an. Wir können im Umgang mit bösen, ungeordneten und verblendeten Menschen das Negative, das von ihnen ausgeht, aufnehmen und es in jenen Strom der Liebe hineinhalten, der uns mit Gott verbindet. So werden auch diese Menschen – und wir mit ihnen – in einen Prozess der Reinigung hineingenommen, der sich ihnen selbst noch nicht erschlossen hat. Das kann aber wohl nur von Menschen vollzogen werden, die selbst – zumindest anfänglich – einen Zugang zu Gott gefunden haben. So sind die großen Fürsprecher des Alten Testaments „Gottesmänner", von Gott in seinen Dienst gerufene Menschen wie Abraham (Gen 20,7), Mose (Ex 32,10–14), Amos (Am 7,1–6) und Jeremia (Jer 11,14; 37,3; 42,1–4). Der Gottesmann schlechthin ist nach christlichem Bekenntnis Jesus von Nazaret, der in der Begegnung mit dem Bösen weder zugeschlagen hat noch davongelaufen ist, sondern als „Knecht Gotttes" „unsere Krankheiten getragen und unsere Schmerzen auf sich geladen" (Jes 53,4; Mt 8,17), die Sünden vieler hinweggenommen (Jes 53,12; Joh 1,29; Hebr 9,28) und sein Leben als Sühnopfer hingegeben hat (Jes 53,10; Röm 3,25; 1 Joh 2,2).

Nach diesem „Gesetz" handelt auch Ijob. Er bleibt, wie zu Beginn (1,8; 2,3), „Knecht Gottes" (Vers 7–8), ist aber erst jetzt in der Lage, sein „Amt" als Knecht im Dienste der Versöhnung auszuüben. So gesehen ist er, wie Gregor der Große zu Recht bemerkt hat, eine „figura Christi". Denkbar wäre auch ein ganz anderer Ausgang der Erzählung: Ijob hätte auch nach seiner Gotteserfahrung gegenüber seinen Freunden groß auftrumpfen können, er hätte ihnen Vorhaltungen machen und ihnen darlegen können, dass er im Streit mit ihnen Recht behalten habe. Doch davon ist keine Rede. Ijob stellt seine Gotteserfahrung nicht in den Dienst seiner Selbstbehauptung. Er *spricht* gar nicht über sie, er *lebt und handelt* aus ihr. In der christlichen (katholischen) Tradition ist vor allem Maria, die Mutter Jesu, die große Fürsprecherin – auch sie eine „Magd des Herrn" (Lk 1,38), die „alles, was geschehen war, in ihrem Herzen bewahrte" (Lk 2,19; 2,51).

Auch die Freunde werden angehalten, das Ihrige zur Versöhnung beizutragen. Sie sollen das tun, was sie tun können: Stiere und Widder herbeiholen und ein Brandopfer darbringen. „Mein Knecht Ijob aber soll für euch Fürbitte einlegen. Ich werde sein Gebet annehmen, um nicht an euch gemäß eurer Torheit zu handeln" (Vers 8). Die Freunde sind gehorsam und tun, was Gott ihnen aufgetragen hat (Vers 9). So besteht auch für sie noch Hoffnung, denn: „Viel vermag das inständige Gebet eines Gerechten" (Jak 5,16).

Vielfacher Segen (42,10–11)

> *10 JHWH aber wendete das Geschick Ijobs, als er für seinen Nächsten Fürbitte einlegte; und JHWH mehrte den Besitz Ijobs auf das Doppelte. 11 Da kamen zu ihm alle seine Brüder, alle seine Schwestern und alle seine früheren Bekannten und aßen Brot mit ihm in seinem Haus. Sie bezeigten ihm ihr Mitleid und trösteten ihn wegen all des Unglücks, das JHWH über ihn hatte kommen lassen. Ein jeder schenkte ihm eine Kesita und einen goldenen Ring.*

Wir können nicht – so schreibt Hugo von Sankt Viktor (1095–1141) –, solange wir in diesem Leben sind, ununterbrochen auf dem Gipfel der Gottesschau verweilen (Studienbuch 5,9). Das Leben geht weiter, auch nachdem Ijob Gott geschaut hat, auch nach der Erleuchtung, die ihm zuteilwurde. Aber es geht anders weiter. Auch Jesus verheißt seinen Jüngern, die alles verlassen haben, dass sie mehr als alles zurückbekommen, und zwar *„jetzt in dieser Zeit"*, nicht erst in der kommenden Welt: „Jeder, der um meinetwillen und um des Evangeliums willen Haus oder Brüder, Schwestern, Mutter, Vater, Kinder oder Äcker verlassen hat, wird das Hundertfache dafür empfangen: *Jetzt in dieser Zeit* wird er Häuser, Brüder, Schwestern, Mütter, Kinder und Äcker erhalten, wenn auch unter Verfolgungen, und in der kommenden Welt das ewige Leben" (Mk 10,29–30). Ähnlich wird auch Ijobs „spätere Lebenszeit mehr gesegnet als seine frühere" (Vers 12). In wunderbarer und völlig unaufdringlicher Weise hören wir hier vom überreichen Segen der *contemplatio Dei*, der Schau Gottes. Ijob wurde alles genommen, und er hat, unter Schmerzen, alles gelassen. Am Ende wollte er nichts mehr haben, weder seinen Besitz, noch seine Kinder, noch seine Gesundheit. Er wollte nur noch Gott schauen: „Ohne meine Haut, die so zerfetzte, und ohne mein Fleisch werde ich Gott schauen ... Danach sehnt sich mein Herz in meiner Brust" (19,26–27). Ijob ist bereit, dafür den Tod in Kauf zu nehmen: „Er mag mich töten, ich harre auf ihn" (13,15). In diesen Worten kommt die Struktur und Dynamik des biblischen Glaubens, jeder wahren Religion, zum Vorschein: „Wer sein Leben retten will, wird es verlieren; wer aber sein Leben um meinetwillen verliert, der wird es retten" (Lk 9,24). „Suchet sein Reich, das übrige wird euch hinzugegeben werden" (Lk 12,31). So „wendete JHWH das Geschick

Ijobs, als er für seinen Nächsten Fürbitte einlegte; und JHWH mehrte den Besitz Ijobs auf das Doppelte" (Vers 10).

Auf den ersten Blick scheint es so zu sein, als habe das Ijobbuch in der vorliegenden Gestalt zwei Lösungen anzubieten: eine, die darin besteht, dass Ijob Gott schaut und die Auseinandersetzung für beendet erklärt (42,5), eine andere, die darin besteht, dass er wiederhergestellt wird (42,10–17). Möglicherweise gehen beide Lösungen auf verschiedene Stufen in der Entstehungsgeschichte des Buches zurück: Die Wiederherstellung Ijobs (42,10–17) repräsentiert wahrscheinlich zusammen mit einem Grundbestand des Prologs die ältere Phase einer Ijob-Novelle, die später durch Einfügung des Dialogteils (2,11–42,6) aufgebrochen und erweitert wurde. In der vorliegenden Endgestalt des Buches jedoch lassen sich die beiden Lösungen als zwei Seiten *einer* Lösung verstehen: Die Gottesschau als die innere, die Wiederherstellung als die äußere Seite der Lösung. Von der Wiederherstellung Ijobs fällt noch einmal Licht auf ein rechtes Verständnis seiner Gottesschau. Sie wird ihm nicht erst *nach* seinem Tod zuteil. Ijob schaut Gott *in* seinem Leben. Allerdings wird die Gottesschau einem Menschen zuteil, der alles, was er besaß, verloren hat, und um den seine Freunde bereits getrauert haben wie um einen Toten (vgl. 2,13). So gesehen bewahrheitet sich dann doch das Gotteswort: „Kein Mensch kann mich sehen und am Leben bleiben" (Ex 33,20).

In zweifacher Hinsicht bedenkenswert erscheint der Besuch von Ijobs Verwandten und Bekannten. Zum einen führen sie uns Ijobs volle Wiederherstellung vor Augen. Wir hatten gesehen, dass Ijob durch sein Leid in eine vollkommene soziale Entfremdung und Isolation gestoßen wird (vgl. 19,13–22). Er stirbt den sozialen Tod. Auch dieser Zustand wird nun wieder aufgehoben. Ijob wird von seinen Verwandten und Bekannten wieder aufgesucht und angenommen. Die Gotteserfahrung führt ihn nicht in die esoterische Absonderung, sondern neu in die Gemeinschaft mit „all seinen früheren Bekannten" (Vers 11).

Zum anderen fällt auf, dass seine Verwandten und Bekannten gekommen sind, „um ihn zu trösten wegen all des Unglücks, das JHWH über ihn hatte kommen lassen" (Vers 11). Bedarf Ijob nach der Wiederherstellung noch des Trostes? Manche Exegeten halten den Vers an dieser Stelle für deplatziert. Sie meinen, er gehöre ursprünglich an das Ende des zweiten Kapitels, wo Ijob noch „auf der Erde sitzt". Doch mir scheint, dass die vorliegende Stellung des Verses eine für die biblische Tradition typische Sensibilität für das Leid zu erkennen gibt. Das Leid wird, auch wenn es überwunden ist, nicht einfach vergessen. Wir dürfen uns Ijob nicht als jemanden vorstellen, an dem das Leid spurlos vorübergegangen ist. Er ist ein vom Leid Gezeichneter und gerade so ein vom Leid Verwandelter. Jakob „hinkte an seiner Hüfte" (Gen 32,32), nachdem er „Gott von Angesicht zu Angesicht geschaut hatte und doch mit dem Leben davongekommen war" (Gen 32,31). Ebenso wird der Auferstandene an seinen Wundmalen erkannt (Joh 20,19–29). Und wenn Gott unter den Menschen wohnt, wird nicht so getan, als hätten wir nicht geweint, sondern „Gott, der Herr, wischt die Tränen ab von jedem Gesicht" (Jes 25,8; Offb 21,4).

Vollendung (42,12–17)

> *12 Und JHWH segnete die spätere Lebenszeit Ijobs mehr als seine frühere. Er bekam vierzehntausend Schafe, sechstausend Kamele, tausend Joch Rinder und tausend Eselinnen. 13 Auch bekam er sieben Söhne und drei Töchter. 14 Die erste nannte er Jemima („Turteltaube"), die zweite Kezia („Zimtblüte") und die dritte Keren-Happuch („Schminkhörnchen"). 15 Man fand im ganzen Land keine schöneren Frauen als die Töchter Ijobs; ihr Vater gab ihnen Erbbesitz unter ihren Brüdern. 16 Ijob lebte danach noch hundertvierzig Jahre; er sah seine Kinder und Kindeskinder, vier Generationen. 17 Dann starb Ijob, hochbetagt und satt an Lebenstagen.*

Ijob wird wiederhergestellt. Gott mehrt seinen Besitz auf das Doppelte. Was innerlich geschah, wird auch äußerlich sichtbar. Erneut bekommt er sieben Söhne und drei Töchter. Jetzt werden sogar die Namen der Töchter genannt. Ihre Schönheit wird gerühmt, zudem erhalten sie „Erbbesitz unter ihren Brüdern" (vgl. Num 27,1–8).

Ijob lebt nach seiner Wiederherstellung noch hundertvierzig Jahre (Vers 16). So wird auch seine „natürliche" Lebenszeit verdoppelt: „Unser Leben währt siebzig Jahre, und wenn es hochkommt, sind es achtzig" (Ps 90,10). Doch am Ende muss auch Ijob sterben. Das scheint aber kein Problem mehr zu sein. Es gibt keine Klage wie in seinen früheren Jahren (Kap. 14), keinen Widerstand mehr. Wie ist das zu verstehen?

In den ältesten Texten der Bibel ist der Tod an sich kein Problem. Beklagt wird der allzu frühe und plötzliche Tod, nicht der Tod derer, die „satt an Lebenstagen“ sind. Das scheint unserer modernen Kultur schwer verständlich zu sein. Für viele von uns wird beinahe jeder Tod zum Problem. Viele können vom Leben nicht genug bekommen, sie werden nicht „satt an Lebenstagen“, auch wenn sie lange gelebt haben. Offensichtlich kommt es gar nicht auf die Länge des Lebens an. Das hat schon der weise Kohelet erkannt: „Wenn jemand hundert Kinder zeugen und viele Jahre leben würde, ja so viele wie die Tage seiner Jahre, sein Verlangen sich am Gut aber nicht sättigen würde, ja, auch wenn ihm niemals ein Grab zuteilwürde – ich sage: Eine Fehlgeburt hätte es besser als er ... Und falls er zweimal tausend Jahre gelebt, aber kein Gut gesehen hätte – geht nicht jeder zu ein und demselben Ort?“ (Koh 6,3–6)

Die für uns provokative Sicht des Alten Testaments wird zudem dadurch verschärft, dass hier über weite Strecken von einem ewigen Leben bei Gott im Himmel noch gar keine Rede ist. So auch nicht bei Ijob. Wie ist das zu verstehen?

Die Grundfrage des Alten Testaments lautet nicht: „Gibt es ein Leben *nach* dem Tod?“, sondern: „Gibt es ein Leben *vor* dem Tod?“ Die Antwort heißt: Ja! Dort gibt es ein Leben vor dem Tod, wo der Mensch in die Wirklichkeit Gottes, in das „göttliche Milieu“ (Pierre Teilhard de Chardin) hineinwächst. Wo dies geschieht, erscheint alles in einem neuen Licht: „Der Herr ist mein Licht und mein Heil, vor wem sollte ich mich fürchten?“ (Ps 27,1) Wo aber Gott nicht mehr wahrgenommen werden kann, ist Gefahr im Verzug. So ist es Ijob ergangen, so ergeht es den Betern der Klagepsalmen. Das geschieht häufig beim Einbruch einer äußeren Not. Das kann aber auch schleichend vor sich gehen. Ganze Kulturen können von der Unerkennbarkeit Gottes infiziert sein. Für den Beter des 73. Psalms war es „eine Qual, das zu begreifen“ (Ps 73,16). Wer aber Gott erfahren und bleibend in die Gemeinschaft mit ihm hineingefunden hat, fürchtet den Tod nicht mehr. Er weiß, dass der Tod die *im* Leben gefundene Gemeinschaft mit Gott nicht aufheben, sondern nur verwandeln kann: „Ich habe den Herrn beständig vor Augen. Er steht mir zur

Rechten, ich wanke nicht. Darum freut sich mein Herz und frohlockt meine Seele; auch mein Leib wird wohnen in Sicherheit. Denn du gibst mich nicht der Unterwelt preis; du lässt deinen Frommen das Grab nicht schauen" (Ps 16,8–10; Apg 2,27–28). So ist der Glaube an ein ewiges Leben bei Gott nicht, wie vielfach angenommen wird, die Projektion eines unerfüllten irdischen Wunsches ins Jenseits. Er ist von seinem Ursprung her nicht nur und nicht in erster Linie Ausdruck einer Hoffnung, sondern *gewährtes* Wissen, dass die *im* Leben erfahrene Gemeinschaft mit Gott durch den Tod nicht aufgehoben wird: „Ich aber bleibe immer bei dir, du hälst mich an meiner Rechten. Du leitest mich nach deinem Ratschluss und nimmst mich am Ende auf in Herrlichkeit" (Ps 73,23–24).

So kennt die biblische Tradition ein „Scheiden in Frieden". Nicht durch die Länge seines Lebens wird der Mensch gesättigt, sondern durch das „Gut", das er geschaut hat (Koh 6,6), durch Gott, den er geschaut hat (Ijob 42,5). Die biblische Tradition bezeugt, dass dies möglich ist. Aufgabe der Kirche ist es, den Weg zu weisen, der dorthin führt.

Die christliche Tradition weiß, dass es auch „außerhalb" des Gottesvolkes Menschen gibt, die die Wahrheit geschaut, gelebt und verkündet haben und so in Frieden scheiden konnten. Sokrates war nach einem verbreiteten Urteil der Kirchenväter ein solcher Mensch. „Die gemäß der Vernunft gelebt haben, sind Christen, selbst wenn sie als Atheisten galten, wie bei den Griechen Sokrates, Heraklit und Leute ihresgleichen ... Christus wurde teilweise auch von Sokrates erkannt", schreibt Justin der Märtyrer (1 Apologia 46,3; 2 Apologia 10,8). „Indem sie gewissermaßen ‚der richtigen Seherstimme ihres Inneren' (Platon, Nomoi 792d) folgten, stimmten sie nicht ohne Gottes Hilfe überein, um in einigen Worten der Propheten die Wahrheit partiell und unter bestimmten Aspekten zu erfassen" (Clemens von Alexandrien, Stromateis 5,29,4).

So gibt es in der Tat in biblischer Tradition wie auch außerhalb derselben ein Sterben in Frieden. Wer das Heil geschaut hat, kann in Frieden scheiden. Das ist die Grundstruktur christlichen Lebens. So ist die Ijob-Geschichte, bei Licht besehen, kein skurriles, außergewöhnliches Ereignis einer märchenhaften Vergangenheit. Die Ijob-Existenz ist die Signatur eines jeden Menschenlebens, mal verborgen, mal offenkundig. Die christliche Liturgie macht, wenn sie recht verstanden wird, sichtbar und nachvollziehbar, was hier geschieht. Auch Simeon, wie Ijob ein Knecht des Herrn, gerecht und fromm, hatte lange „auf die Rettung Israels gewartet" (Lk 2,25). Mit ihm betet die Kirche am Ende eines jeden Tages (Lk 2,29–32):

> *„Nun lässt du, Herr, deinen Knecht,*
> *wie du gesagt hast, in Frieden scheiden.*
> *Denn meine Augen haben das Heil gesehen,*
> *das du vor allen Völkern bereitet hast,*
> *ein Licht, das die Heiden erleuchtet,*
> *und Herrlichkeit für dein Volk Israel."*

Literaturverzeichnis

Bonaventura, Collationes in Hexaemeron. Das Sechstagewerk. Lateinisch und deutsch, übersetzt und herausgegeben von Wilhelm Nyssen, München: Kösel ²1979.

Denzinger-Hünermann, Enchiridion symbolorum definitionum et declarationum de rebus fidei et morum. Kompendium der Glaubensbekenntnisse und kirchlichen Lehrentscheidungen, Freiburg: Herder ⁴⁵2017.

Deselaers, Paul, Sehnsucht nach dem lebendigen Gott. Das Buch Ijob (Bibelauslegung für die Praxis 8), hg. von der Deutschen Bibelgesellschaft, Stuttgart: Kath. Bibelwerk 1983.

Dohmen, Christoph, Exodus 19–40 (HThKAT), Freiburg: Herder 2004.

Dumoulin, Heinrich, Geschichte des Zen-Buddhismus, Band I: Indien und China, Bern – München: Francke Verlag 1985.

Engljähringer, Klaudia, Theologie im Streitgespräch. Studien zur Dynamik der Dialoge des Buches Ijob (SBS 198), Stuttgart: Kath. Bibelwerk 2003.

Fohrer, Georg, Das Buch Hiob (KAT XVI), Gütersloh: Gütersloher Verlagshaus 1963.

Gerhards, Meik, Gott und das Leiden. Antworten der babylonischen Dichtung *Ludlul bēl nēmeqi* und des biblischen Hiobbuches (BEATAJ 60), Frankfurt: Peter Lang 2017.

Gradl, Felix, Das Buch Ijob (NSK.AT 12), Stuttgart: Kath. Bibelwerk 2001.

Gregorii Magni, Moralia in Iob / Commento Morale a Giobbe (I/1–4). A cura di Paolo Siniscalco, Roma: Città Nuova Editrice 1992–2001.

Gregor von Nyssa, In Canticum canticorum homiliae. Homilien zum Hohenlied I–III (FC 16/1–3), übersetzt und eingeleitet von Franz Dünzl, Freiburg: Herder 1994.

Grenzer, Matthias, Die Armenthematik in Ijob 24, in: *Theodor Seidl / Stephanie Ernst* (Hg.), Das Buch Ijob. Gesamtdeutungen – Einzeltexte – Zentrale Themen, Frankfurt: Peter Lang 2007, 229–306.

Grün, Anselm, Womit habe ich das verdient? Die unverständliche Gerechtigkeit Gottes, Münsterschwarzach: Vier-Türme-Verlag 2005.

Hadot, Pierre, Philosophie als Lebensform. Geistige Übungen in der Antike, Berlin: Gatza 1991.

Heckl, Raik, Hiob – vom Gottesfürchtigen zum Repräsentanten Israels (FAT 70), Tübingen: Mohr Siebeck 2010.

Hornung, Erik, Geist der Pharaonenzeit, München: dtv 1993.

Horst, Friedrich, Hiob 1–19 (BKAT XVI/1), Neukirchen-Vluyn: Neukirchener Verlag ⁴1983.

Hugo von Sankt Viktor, Didascalicon de studio legendi. Studienbuch (FC 27), übersetzt und eingeleitet von Thilo Offergeld, Freiburg: Herder 1997.

Kast, Verena, Trauern. Phasen und Chancen des psychischen Prozesses, Stuttgart: Kreuz Verlag 1982; 1999.

Keel, Othmar, Jahwes Entgegnung an Ijob. Eine Deutung von Ijob 38–41 vor dem Hintergrund der zeitgenössischen Bildkunst (FRLANT 121), Göttingen: Vandenhoeck & Ruprecht 1978.

Kobusch, Theo, Christliche Philosophie. Die Entdeckung der Subjektivität, Darmstadt: Wissenschaftliche Buchgesellschaft 2006.

Köhlmoos, Melanie, Das Auge Gottes. Textstrategie im Hiobbuch (FAT 25), Tübingen: Mohr Siebeck 1999.

Krüger, Thomas / Oeming, Manfred / Schmid, Konrad / Uehlinger, Christoph (Hg.), Das Buch Hiob und seine Interpretationen. Beiträge zum Hiob-Symposium auf dem Monte Verità vom 14.–19. August 2005 (AThANT 88), Zürich: Theologischer Verlag Zürich 2007.

Meister Eckehart, Deutsche Predigten und Traktate, hg. und übersetzt von Josef Quint, München: Carl Hanser Verlag 1963.

Mendl, Hans / Schwienhorst-Schönberger, Ludger / Stinglhammer, Hermann, Wo war Gott, als er nicht da war? (Glauben und Leben, Bd. 33), Münster: LIT-Verlag 2006.

Müllner, Ilse, Das hörende Herz. Weisheit in der hebräischen Bibel, Stuttgart: Kohlhammer 2006.

Oeming, Manfred / Schmid, Konrad, Hiobs Weg. Stationen von Menschen im Leid, Neukirchen-Vluyn: Neukirchener Verlag 2001, 121–142.

Pinçon, Bertrand, Le livre de Job, Paris: Cerf 2016.

Schmid, Konrad, Hiob als biblisches und antikes Buch. Historische und intellektuelle Kontexte seiner Theologie (SBS 219), Stuttgart: Kath. Bibelwerk 2010.

Schwienhorst-Schönberger, Ludger, Kommentar zum Buch Ijob, in: *Erich Zenger* (Hg.), Stuttgarter Altes Testament. Einheitsübersetzung mit Kommentar und Lexikon, Stuttgart: Kath. Bibelanstalt 2004.

–, Ijob: Vier Modelle der Interpretation, in: *Theodor Seidl / Stephanie Ernst* (Hg.), Das Buch Ijob. Gesamtdeutungen – Einzeltexte – Zentrale Themen, Frankfurt: Peter Lang 2007, 21–37.

–, Vom Glauben zum Schauen. Der Weg Ijobs, in: *Thomas Pröpper / Michael Raske / Jürgen Werbick* (Hg.), Mystik – Herausforderung und Inspiration. FS Gotthard Fuchs zum 70. Geburtstag, Ostfildern: Grünewald 2008, 150–159.

–, „Und er ruhte aus von der Schwere des Glücks". Joseph Roths „Hiob" vor dem Hintergrund seiner biblischen Vorbilder, in: *Johann Georg Lughofer* (Hg.), Im Prisma. Joseph Roths Romane, Wien – St. Wolfgang: Edition art science 05/2009, 223–236.

–, Seelsorger in Extremsituationen: Die Freunde Ijobs, in: Theologisch-Praktische Quartalschrift 2/2011, 146–153.

–, „Der Herr hat gegeben, der Herr hat genommen, gelobt sei der Name des Herrn" (Ijob 1,21). Das Leid und seine Bewältigung im Buch Ijob, in: Una Sancta 4/2014, 274–287.

–, Das Leid und die Frage nach Gott. Eine Relecture des Ijobbuches, in: Religion lehren und lernen in der Schule 17/3 (2015) 4–9.

–, Das Buch Ijob, in: *Erich Zenger u. a.,* Einleitung in das Alte Testament (Kohlhammer – Studienbücher Theologie 1,1), Stuttgart: Kohlhammer [9]2016, 417–430.

–, Das Buch Ijob und Meister Eckharts Buch der göttlichen Tröstung, in: *Martina Roesner* (Hg.), Subjekt und Wahrheit. Meister Eckharts dynamische

Vermittlung von Philosophie, Offenbarungstheologie und Glaubenspraxis (Eckhart: Texts and Studies 8), Leuven: Peeters Pub 2018, 179–224.

–, Wie kann der Satan dem Menschen Gott austreiben? Ijob und Faust – ein Vergleich, in: zur debatte, Katholische Akademie in Bayern 31 (6/2018) 37–39.

–, „Jetzt aber hat mein Auge dich geschaut!“ (Ijob 32,5). Gibt es im Ijobbuch eine Lösung des Problems auf der Ebene des Bewusstseins?, in: *Takayoshi M. Oshima / Susanne Kohlhaas* (Hg.), Teaching Morality in Antiquity. Wisdom Texts, Oral Traditions, and Images (ORA 29), Tübingen: Mohr Siebeck 2019, 164–172.

–, Giobbe e Qohelet, quale rapporto?, in: e-biblicum 6: Il Salterio e il libro di Giobbe. Seminario per studiosi e docenti di Sacra Scrittura, Roma 2020, 20–24 (ePub; www.gbpress.org).

–, Ein Weg durch die dunkle Nacht. Ijob und Johannes vom Kreuz, in: Religionsunterricht heute. Zeitschrift des Dezernates Bildung im Bischöflichen Ordinariat Mainz 02/2020, 12–18.

–, Ijobs Weg zu Gott, in: Bibel und Kirche 3/2020, 141–148.

–, Verwandlung durch das Leid. Der Weg Ijobs, in: Korrespondenz zur Spiritualität der Exerzitien 118 (2021) 15–26.

–, Das Buch Ijob. Ein Weg durch das Leid, in: Katholisches Bibelwerk e.V. (Hg.), Lectio Divina. Altes Testament II. Einheitsübersetzung (2 Bde.), Stuttgart: Kath. Bibelwerk 2021, 711–752.

Seow, Choon Leong, Job 1–21. Interpretation and Commentary (Illuminations), Grand Rapids / Cambridge: Eerdmans 2013.

Stump, Eleonore, Wandering in Darkness. Narrative and the Problem of Suffering, Oxford: Oxford University Press 2010.

Wieland, Wolfgang, Platon und die Formen des Wissens, Göttingen: Vandenhoeck & Ruprecht [2]1999.

Wolke des Nichtwissens und Brief persönlicher Führung. Anleitung zur Meditation. Neu übertragen und herausgegeben von *Willi Massa,* Freiburg: Herder 2003.

Zenger, Erich / Böswald, Rupert, Durchkreuztes Leben. Besinnung auf Hiob, Freiburg: Herder 1976.